国家社科基金重大委托项目
"蒙古族源与蒙古帝陵综合研究"

蒙古族及呼伦贝尔诸民族族源关系研究

汪立珍 主编

中国社会科学出版社

图书在版编目(CIP)数据

蒙古族及呼伦贝尔诸民族族源关系研究/汪立珍主编.—北京：中国
社会科学出版社，2014.7
ISBN 978 - 7 - 5161 - 4446 - 6

Ⅰ.①蒙…　Ⅱ.①汪…　Ⅲ.①蒙古族—族源—呼伦贝尔市—文集
Ⅳ.①K281.2 - 53

中国版本图书馆 CIP 数据核字(2014)第 135936 号

出 版 人	赵剑英	
责任编辑	郭沂纹	
特约编辑	丁玉灵	
责任校对	王　斐	
责任印制	李寡寡	

出　　版	中国社会科学出版社	
社　　址	北京鼓楼西大街甲 158 号（邮编 100720）	
网　　址	http://www.csspw.cn	
	中文域名:中国社科网　　010 - 64070619	
发 行 部	010 - 84083685	
门 市 部	010 - 84029450	
经　　销	新华书店及其他书店	

印　　刷	北京君升印刷有限公司	
装　　订	廊坊市广阳区广增装订厂	
版　　次	2014 年 7 月第 1 版	
印　　次	2014 年 7 月第 1 次印刷	

开　　本	710×1000　1/16	
印　　张	25.25	
插　　页	2	
字　　数	428 千字	
定　　价	75.00 元	

凡购买中国社会科学出版社图书,如有质量问题请与本社联系调换
电话:010 - 64009791
版权所有　侵权必究

首届学术研讨会学术论文编辑委员会

目　　录

第三编　语言篇

前　　言

　　《蒙古族及呼伦贝尔诸民族族源关系研究》是2012年度国家社会科学基金重大委托项目"蒙古族源与蒙古帝陵综合研究"首届学术研讨会"口头传统视域下的蒙古族及呼伦贝尔诸民族族源关系研究"学术论文集。该学术讨论会于2013年6月22日至23日在内蒙古呼伦贝尔海拉尔召开。

　　蒙古族源及元朝帝陵研究是一项十分重要的综合性研究课题。国内外学者先后利用文献学、考古学、人类学、民族学、语文学等多种研究方法进行研究，系统地梳理蒙古族族源问题，得出了匈奴说、突厥说、吐蕃说、东胡说、东夷说等十余种结论。可见，蒙古族族源问题同我国北方各民族，尤其是呼伦贝尔诸民族的历史文化有密切的联系，这种联系多年来没有引起学术界的广泛关注和深入研究。尤其是，从神话学、传说学、语言学、民族学、民俗学、历史学角度进行比较和综合研究蒙古族与呼伦贝尔民族族源关系的论证，至今还没有见到。

　　近年，我国口头传统研究取得了极为可观的成就，神话传说等口头传统研究成果深入考古学、心理学、民族学等诸多研究领域，赢得国家话语的关注。口头传统早于书面书写几千年，每个民族口头讲述的神话传说等内容保留了一个民族历史、宗教等重要的文化核心内容，至今保留在各民族民众的深层记忆和文化血脉中。但是，在我们的研究视阈里，口头传统往往被忽视或者边缘化。对于蒙古族与呼伦贝尔民族族源问题研究，从口头传统的角度深入挖掘将有利于进一步揭示该问题的本质。蒙古族与鄂温克族、鄂伦春族、达斡尔族等呼伦贝尔民族历史渊源关系十分密切，而鄂温克族、鄂伦春族、达斡尔族等呼伦贝尔民族有语言无文字，有关他们的历史起源等重大问题的历史资料大量保存在民间叙事中。蒙古族发源于呼伦贝尔草原上源源流淌的额尔古纳河畔，额尔古纳河承载着蒙古族以及这条河流上生生不息的鄂温克族、鄂伦春族、达斡尔族，他们在民族起源与文明建构上的天然联系不容我们忽视。特别是，鄂温克族、鄂伦春族、达斡尔族有语言无文字，从这个特殊的历史现象来讲，有关本民族历史重大事项或者周边民族的秘史无可避免地保存在神话、传说、史诗等他们特有的思想体系与叙事话语里。要想认识蒙古族源与元朝帝陵的真正历史，要想了解蒙古族的思想感情和风俗习惯，不能抛开他们世代传承的口头传统。因此说，本论文集的出版对于国家社会科学基金重大委托项目"蒙古族源与元朝帝陵综合研究"课题的开展具有重大的现实意义、学术价值和推动作用。

本论文集收录中国社会科学院民族学与人类学研究所、考古所、民族文学所，中央民族大学、内蒙古大学、内蒙古师范大学、内蒙古社会科学院、呼伦贝尔学院等科研院所及大学著名专家学者、博士、硕士撰写的38篇学术论文。本论文集38篇学术论文分别从民间文艺学、语言学、历史学、民俗学、宗教学等多元学科角度，运用神话学、母题学、比较研究等国内外研究方法和理论，把"蒙古族源与元朝帝陵研究"放在蒙古族、满族、鄂温克族、鄂伦春族、达斡尔族等呼伦贝尔土著民族这样一个综合民族文化体系里进行研究，没有局限在蒙古族单一族群里就问题研究问题，而是从局内和局外两个层面，进行多学科多角度的系统研究"蒙古族源与元朝帝陵"这一民族起源与迁徙等重大历史问题。

本论文集的创新点和学术价值在于，突破以往仅以蒙古族为单一研究对象的思维范式，从蒙古族以及呼伦贝尔地域上各土著民族的神话、传说、语言、历史、宗教、民俗等领域入手研究蒙古族源和元朝帝陵文化，通过解读与蒙古族紧密相关的呼伦贝尔土著民族的神话、传说、历史、语言等多元学科内容，从关联与局外的角度揭示蒙古族源与元朝帝陵这一神秘而伟大的世界文化。

本论文集通过上述问题的研究和论证，提出内蒙古呼伦贝尔地区各民族历史文化与蒙古族源及元朝帝陵具有重要关联，而关于蒙古族及呼伦贝尔各民族口头传统在蒙古族源与帝陵文化研究中具有重要历史地位，为此本项课题的确立和本论文集的出版将推动国际蒙古族源研究走向新的学术台阶，揭开尘封多年的蒙古族源与元朝帝陵文化的内核。

这种研究理念和思维，使得本论文集研究成果超越以往"蒙古族源与元朝帝陵研究"学界固有的常规研究套路，从跨学科、跨民族的切入点对蒙古族源与元朝帝陵问题进行深入而系统的综合研究，从而为我国乃至世界学术界关注已久、悬而未决的蒙古族源与元朝帝陵综合研究打开新的学术天地，为建立中国特有的蒙古族源与元朝帝陵综合研究学术体系奠定学术理论基础。

呼伦贝尔这一辽阔的土地和族群文化为我们提供了天然的养料。呼伦贝尔集草原、森林、河流多种地势为一体，是我国历史上幽静而厚重的神奇土地。这片土地地处我国边缘地带，看似幽静而淡定，然而历史上这片土地上的辽阔草原、茂密森林、奔涌江河养育了蒙古族、鄂温克族、鄂伦春族、达斡尔族等横跨世界欧亚大陆的英雄族群，孕育了中华文化绵延不息的血脉。如今，这片土地静默而优雅的矗立在我国东北一隅，伟岸而神秘，蕴涵着许多我国北方民族的文化密码，有待我们去阐释和探索。

原中国社会科学院院长陈奎元对蒙古族源研究项目予以高度重视。他指出，"蒙古族源与元朝帝陵综合研究"项目非常重要，在蒙古族源研究方面取得学术突破的同时，做好呼伦贝尔的历史文化宣传工作，使人们更好地认识呼伦贝尔作为游牧民族的文化摇篮和中国历史上幽静的后院的重要地位。

本论文集的诸多论文主旨不谋而合地体现了陈奎元先生的思想，揭开了呼伦贝尔诸民族的历史文化、语言文学、神话传说史诗等在中国文化史上不可或缺的学术地位，这些论文对于探索蒙古族源与元朝帝陵研究这一举世瞩目的世界性谜题具有重要的启迪与参考价值。

第一编　历史文化篇

蒙古族源相关记载辨析

乌 兰

蒙古族族源的研究，已经有了一定的历史，曾形成过几种不同的说法，主要有匈奴说、突厥说、东胡说等。

研究历史，首先离不开史料。古今一切社会史料的总称即文献，而文献包括文字资料（文）和言论资料（献）。现今所说汉文文献，一般偏重于"文"，尤其偏重于古代的"文"。研究少数民族的历史，还涉及民族语言文字的文献，其古代意义上的"文"和"献"的特征都比较明显。就蒙古族族源的研究来说，文献相对丰富、特征多样。不仅有汉文、蒙古文、波斯文的史料可资直接利用，还有突厥文的史料可以间接使用。不仅有根据口传资料记载下来的早期说法，也有后期人为的刻意改造。对于这些文献资料，都应予以足够的重视，加以科学的分析，理清其实质，进而合理地应用到研究当中。

除了文献资料，历史研究还离不开科学的研究方法和手段。亦邻真先生指出："识辨族源是带有综合性的研究，除了分析研究历史文献记载之外，还常常需要借助于语文学、人类学、民族学和考古学手段，在缺少文献根据的时候，这些手段尤其显得重要。"①

历史研究还需要正确的理论指导。坚持马克思主义的辩证唯物主义和历史唯物主义，坚持实事求是的原则，是学术研究应当遵循的根本指导思想。亦邻真先生发表于1979年的《中国北方民族与蒙古族族源》一文，站在马克思主义理论的高度，运用多学科的研究手段，从文献资料的搜集、辨析入手，进而展开科学的论证，系统深入地探讨了蒙古族族源问题，得出了合理的结论，确立了东胡说，堪称研究古代民族族源的成功典范。该文对进一步多方面展开蒙古族族源的研究具有指导性意

---

① 亦邻真：《中国北方民族与蒙古族族源》，《亦邻真蒙古学文集》，第544页。

义和普遍的参考借鉴意义。

蒙古族族源问题同中国北方诸民族的历史有着密切的联系。通过蒙古高原诸族历史研究的成果，可以获得对蒙古族族源的总体把握，即蒙古地区见于文字记载的历史至少可以追溯到战国时期。从匈奴以来，大大小小的民族和部落出没在这个广阔的高原地带，兴衰频繁。13世纪以后，在蒙古地区形成了具有语言、地域和文化的共同性，以及在经济生活中有许多共同特点的蒙古族。蒙古族继承了我国北方各民族长期分化和融合的历史，把各式各样的部落和民族融成一个民族。[①]

匈奴的活动地域原在蒙古高原南部（漠南），后来又占有北部（漠北）。匈奴与蒙古之间的关系，根据史料记载可以归纳为：匈奴除了南进和西迁外，一部分人留在蒙古高原，同化在其他的民族和部落中，这些人的后裔在13世纪以后成了蒙古族的成员。二者之间是一种间接的继承关系。留在蒙古高原的匈奴人主要并入了鲜卑人当中。

与匈奴同时见于史乘的有"东胡"。东胡人就是后来的鲜卑人和乌桓（丸）人。[②] 东胡及其后裔的居地，大体上就是内蒙古的东部地区。从昭乌达松漠到额尔古纳河流域，是以东胡人和他们的后裔——鲜卑人，后来的契丹人、室韦—达怛人为主体的，语言相同或相近，地域相连，风俗习惯也相似的各个部落的居住地，可以称作"东胡及其后裔历史民族区"[③]。

鲜卑属东胡系，是一个复杂的民族学集团。[④] 其中曾于4世纪后半叶建立北魏王朝的拓跋鲜卑，因同样起源于呼伦贝尔高原，而与蒙古人的渊源关系更为直接。鲜卑各方言属于东胡后裔诸语言，这些语言与蒙古语有着共同的祖源。留居故地的鲜卑后称"室韦"。在拓跋鲜卑迁进

---

① 亦邻真：《中国北方民族与蒙古族族源》，《亦邻真蒙古学文集》，第544页。

② 《史记》卷一一〇《匈奴传·索隐》载："东胡，乌丸之先，后为鲜卑。"中华书局1975年版，第2885页。《三国志》卷三十《乌丸鲜卑东夷传》载："乌丸、鲜卑，即古所谓东胡也。"中华书局1959年版，第832页。

③ 亦邻真：《中国北方民族与蒙古族族源》，《亦邻真蒙古学文集》，第556页。

④ 慕容鲜卑（西晋时分出吐谷浑部）、段氏鲜卑是道地的东胡后裔；宇文鲜卑是阴山匈奴人的后裔；拓跋鲜卑源出东胡，最初活动在呼伦贝尔高原，经过长期的辗转迁徙，来到内蒙古土默川平原（258年进入盛乐），后来统一黄河流域，建立了北魏王朝（民族学构成逐步复杂化）。

内蒙古西部和内地以后，北魏时期在东胡故地居住的主要有契丹人和室韦人。① 契丹人居住在西拉木伦河和老哈河流域。室韦人居住在呼伦贝尔高原，散布于大兴安岭东西、额尔古纳河与黑龙江沿岸，由不同的部落分支组成。主要的部落成分又被称为"达怛（鞑靼）"②，由于室韦、达怛二名经常互换使用，因此可以称他们为"室韦—达怛"。这些人应该被视为"原蒙古人"，而呼伦贝尔高原就是原蒙古人的故乡。

　　蒙古高原自汉代以后还曾出现不少属于阿尔泰语系突厥语族的民族，包括坚昆（后译黠戛斯、乞儿吉思、吉尔吉思、柯尔克孜等）、丁令（敕勒、铁勒）；北魏时期（386—534）柔然汗国内的大多数臣民；6世纪中叶（552）推翻柔然汗庭建立突厥汗国的青突厥人；8世纪中叶（745）推翻突厥汗庭建立回鹘汗国的回鹘人等。他们的活动区域主要分布在漠北以及漠南的中西部。到突厥和回鹘统治时期（552—840），其贵族首领都力图加强对内蒙古东部地区契丹人和室韦—达怛人的统治，在其地驻有官员并有少量移民。突厥、回鹘势力进入内蒙古东部地区，为那里的人们打开了通向大漠南北的门户，而室韦—达怛人以及后来的蒙古人进入蒙古高原，吸收土著的突厥铁勒人口，使其民族学面貌发生了变化。

　　这些民族和部落的发展史，都客观上直接或间接为后来蒙古族的形成准备了条件，铺平了道路。

　　结合唐代以来汉文史籍、突厥文碑铭文献、元朝时期蒙古文文献以及波斯文文献的记载，可以相当清晰地勾勒出古代蒙古人发展的轨迹。

　　到8世纪，室韦—达怛人已经发展到了大约30个部落，因此又被称为"三十姓鞑靼"③。当时这些部落主要分布在洮儿河流域以北直至石勒喀河流域广阔的区域内。关于蒙古人最早最直接的记载即《旧唐书》所述"蒙兀室韦"，谓："大室韦部落，其部落傍望建河居。其河源出突厥东北界俱轮泊，屈曲东流，经西室韦界，又东经大室韦界，又

---

　　① 《隋书》卷八四《室韦传》载："其南者为契丹，在北者号室韦。"中华书局1973年版，第1882页。

　　② 鞑靼、达怛等，均为Tatar的音译，Tatar是原蒙古人诸分支之一，活动在呼伦湖以西的草原上。因势力强盛而被突厥人用作所有室韦部落的泛称。

　　③ 《阙特勤碑》，东面第4行，见耿世民《古代突厥文碑铭研究》，中央民族大学出版社2005年版，第121页。《通典》、《旧唐书》等汉文史料所记室韦诸部落的名称共约20个。

东经蒙兀室韦之北。"① 而《新唐书》说俱轮泊"四面皆室韦"②。望建河即额尔古纳河，俱轮泊即今呼伦湖，蒙兀室韦即室韦诸部之一，亦即30姓鞑靼之一，属原蒙古人，还活动在呼伦贝尔高原额尔古纳河东岸一带。这就是蒙古族的雏形。

9世纪前后，漠南阴山南北出现了室韦—达怛人，漠北也迁进了不少室韦—达怛部落。辽金时代，蒙古高原诸部已经是以原蒙古人为主，被契丹人和女真人泛称为"阻卜"、"阻鞑"③。当时蒙古高原较大的出自原蒙古人的部落有札剌亦儿、塔塔儿、篾儿乞、八儿忽、外剌等等。蒙兀室韦人大约在9世纪中叶回鹘汗国崩溃以后进入外蒙古高原。

现存蒙古人自己最早的史书《元朝秘史》，原文为畏吾体蒙古文，本为蒙元宫廷秘籍脱卜赤颜最初的部分，始完成于13世纪前半期。书中开篇即讲成吉思汗先祖的由来，谓：Činggis qahan-（n）u huja'ur de'ere tenggeri-e če jaya'atu töregsen Börte čino aju'u. Gergei inu Qo'ai maral aji'ai. Tenggis ketüljü irebe. Onan müren-（n）ü teri'ün-e Burqan qaldun-（n）a nuntuqlaju……（成吉思汗合罕的根源，是应上天之命而出生的孛儿帖·赤那。其妻是豁埃马阑勒。[他们]渡过大湖而来。在斡难河源头不儿罕山扎下营盘……）④ 接着记述了从孛儿帖·赤那至成吉思汗共23代的世系。⑤

从这段文字里可以获取的信息有：蒙古汗国创建者成吉思汗的先祖可上数22代，最早追溯到孛儿帖·赤那。孛儿帖·赤那与妻子豁埃马阑勒曾从其他地方迁徙到漠北斡难河（今作鄂嫩河）源头不儿罕山（今肯特山）之地居住，途中渡过了一个大的湖泊。

14世纪初完成于蒙古伊利汗国的波斯文史书《史集》，记载了关于包括孛儿帖·赤那与妻子豁埃马阑勒在内的蒙古人冲出额尔古纳河流域的山地，奔向草原的传说故事，说道："古代称为蒙古的部落被另一些部落打败，遭到屠杀，仅剩下两男两女两家人，他们逃到群山和森林环

---

① 《旧唐书》卷一九九《北狄传·室韦》，中华书局1975年版，第5358页。
② 《新唐书》卷四三下《地理志·羁縻州》载："俱伦泊，泊之四面皆室韦。"
③ 即"革 + 業"，实为一个字，偏旁是"革"，后半部分是"業"。
④ 明初汉译本总译为："当初元朝的人祖，是天生一个苍色的狼，与一个惨白色的鹿相配了。同渡过腾吉思名字的水，来到于斡难名字的河源头，不儿罕名字的山前住着……"《元朝秘史》第1节，乌兰《〈元朝秘史〉校勘本》，中华书局2012年版。
⑤ 《元朝秘史》第1—60节，乌兰《〈元朝秘史〉校勘本》。

绕、人迹罕至的额儿古涅—昆，在那里生息繁衍，逐渐发展出很多分支，后来那些人熔铁化山，走出山林，全体迁徙到草原上。"① 又说："所有的蒙古部落都是从逃到额儿古涅—昆的那两个人的氏族产生的，那两个人的后代中有一个名叫孛儿帖—赤那的异密，其长妻名叫豁埃—马阑勒。"② 还记述了从孛儿帖·赤那至成吉思汗共 19 代的世系。③

《史集》的相关信息无疑来自蒙古人方面，可以补充《元朝秘史》的内容有：古代蒙古部落的先人曾在额儿古涅—昆即额尔古纳河流域的山林地带生活，后因人口繁衍，遂离开山林迁往草原，其中包括孛儿帖·赤那与妻子豁埃马阑勒。

从额尔古纳河东岸到外蒙古高原的肯特山一带，迁徙的方向是由东而西，途中路过的大湖只能是呼伦湖。

结合《元朝秘史》、《史集》的记载，就是说，蒙古人的先民原来生活在大兴安岭额尔古纳河东岸的山林里，后来相继走出这片山林，迁徙散布到蒙古高原，其中孛儿帖·赤那一支渡过呼伦湖，来到鄂嫩河源头肯特山一带的草原上生息繁衍，而孛儿帖·赤那成为了成吉思汗家族的始祖。再加上联系汉文文献的相关记载，可以进一步确认元朝时期的蒙古人出自唐代的蒙兀室韦。

《元朝秘史》、《史集》有关成吉思汗家族系谱的记载略有不同，世代多寡不一。综合起来看，从成吉思汗上至孛儿帖·赤那期间的时间跨度估计应该在 300 年左右。从成吉思汗出生的 1162 年上溯 300 年，约在 9 世纪中叶。这基本与蒙兀室韦人大约在 9 世纪中叶回鹘汗国崩溃以后迁入外蒙古高原的推测相吻合。

出自草原方面的说法与汉文史籍的记载相合，说明早期史书有关蒙古人起源所述内容基本真实、可信。

然而，在研究的过程中也应当对文献中不能直接用作信史的内容予以充分注意。文献中出现这类现象，大多与民族的社会发展程度、历史观的形成及变化、修史意识及技巧的成熟等诸多方面有着密切的关系。就目前来说，民族文字历史文献的情况尤其如此。在文字产生之前，人

---

① 《史集》，余大钧、周建奇汉译本，商务印书馆 1983 年版，第 1 卷第 1 分册，第 251—252 页。

② 《史集》，余大钧、周建奇汉译本，第 1 卷第 2 分册，第 6 页。

③ 同上书，第 6—80 页。

们由于无法用文字记载自己的历史，只能靠口耳相传，这样的历史叫作传说历史或叫作历史的传说阶段。其中神话和长篇史诗较为常见。进入阶级社会，又产生了长篇叙事诗。长篇史诗、长篇叙事诗，是逐步接近于历史题材的文学作品。不同民族都先后经历过这一阶段。有关部落、民族起源的记载多来自古老的口头传说，同时多带有图腾的印记。而为了维护统治家族及其阶级的利益，人们往往不惜篡改历史，这就使得后人难以直接了解历史真相。对于这种情况，只能在细致辨析史料的基础上，通过科学的研究去伪存真。

在《元朝秘史》、《史集》有关成吉思汗家族系谱的记载中，可以发现一个有趣的问题。一方面，两书都把孛儿帖·赤那记为成吉思汗家族的始祖，说他携妻子迁来鄂嫩河源头之地驻营生活，另一方面，《元朝秘史》说孛儿帖·赤那是"应天命而生的"，《史集》却说他是出自额尔古纳河流域的蒙古乞牙惕氏的首领。应天命而生的说法，只能是一种托词，并不能说明他的真实来源。对于《史集》的说法，《元朝秘史》的一处记载使人产生了怀疑，该书在讲述到孛儿帖·赤那的 9 世孙孛儿只吉歹蔑而干时，提到他的妻子称"忙豁勒真豁阿"（Mongqoljin qo'a）。[①] 问题就出在这里。因为，如果说孛儿帖·赤那来自额尔古纳河流域，那他就是出自蒙兀室韦的人，应该有蒙兀或蒙古之姓，而他 9 世孙媳的称呼中见有 Mongqoljin 一词，事情就变得微妙起来了。Mongqoljin 一词，由姓氏名 Mongqol（蒙古）缀加女性姓氏词尾 jin（名词复数词尾 d + 生格附加成分 in = din ~ jin）构成，表明拥有这一称呼的女性出自蒙古部落，即她的父姓是蒙古。亦邻真先生曾指出："假如这个忙豁勒真豁阿实有其人，那么，依照族外婚惯例，孛儿只吉歹蔑而干决不可能与本族人通婚，也就是说，成吉思汗十四代祖还不属于名为蒙古的氏族或部落。"[②] 按照古代蒙古人族外婚的习俗，同一姓氏或氏族的男女是不能通婚的。既然女方姓蒙古，男方的孛儿只吉歹蔑而干就不可能保有蒙古之姓，他的男性祖先孛儿帖·赤那自然也就无姓蒙古之理。再者，古代蒙古社会中常见通婚氏族存在的现象，即两个氏族长期保持互相嫁娶关系的状况。照此推想，蒙古和孛儿帖·赤那所属的氏族很可能就是一对通婚氏

---

① 《元朝秘史》第 3 节，乌兰《〈元朝秘史〉校勘本》。
② 见《成吉思汗与蒙古民族共同体的形成》，《亦邻真蒙古学文集》，第 391 页。

族，豁埃马阑勒与忙豁勒真豁阿一样，都出自蒙古部落。

通过上述分析，可知被记为蒙古部贵族家族始祖的孛儿帖·赤那本来不姓蒙古，那他应该姓什么呢？从其名称来看，他应该是个图腾式的传说人物。孛儿帖·赤那（Börte Čino），意为"苍灰色的狼"，《元朝秘史》没有将其视为人名，而是直接译成了"一匹苍色的狼"。《蒙古源流》叙述成吉思汗出兵西夏途中的一次围猎时讲道，事先成吉思汗预知将会有一只惨白色的母鹿（豁埃马阑勒）和一匹苍灰色的狼（孛儿帖·赤那）进到猎围中，于是命令手下的人到时将它们放出，不得杀害。① 这反映了古老的图腾观念在 17 世纪蒙古人头脑中的遗存。甚至，约 15 世纪前半叶的汉族文学作品中还见有说蒙古人为"惨白鹿青狼苗裔"的文字。② 图腾，被界定为原始社会的人认为跟本氏族有血缘关系的某种动物或自然物，一般用作本氏族的标志。它直接与氏族起源的认识相关。在蒙古人进入蒙古高原之前，铁勒（高车）、突厥人都是以狼为部族始祖的。③ 蒙兀室韦人进入外蒙古高原，不少突厥铁勒人口融入其中，相互通婚的现象可以想见。照此分析，孛儿帖·赤那应该只是突厥系氏族的标志，反映出对草原游牧民狼祖图腾观念的承袭。而豁埃马阑勒则是蒙兀室韦氏族的标志，反映出其森林狩猎时代鹿祖图腾的观念。除了以上提到的忙豁勒真豁阿、孛儿帖·赤那（苍灰色的狼）等线索，还有一些迹象似乎显示成吉思汗家族的出身与众不同。《元朝秘史》所记孛儿只吉歹蔑而干（Borjigidai mergen）之名，实由姓氏名和美称组成，Borjigidai 去掉男性姓氏词尾 dai（名词复数词尾 d + 生格附加成分 ai），留姓氏名称 Borjigin；mergen 常用作善射之人的美称，这个全称实际意味"孛儿只斤氏的神箭手"。关于孛儿只斤一名，《史集》说"在突厥语中，[意谓]蓝眼睛的人"④，又说乞牙惕姓氏当中分为两支，一为"一般的乞牙惕"，一为"乞牙惕—孛儿只斤"⑤。明确将孛儿只斤区别于一般的乞牙惕，说明它有特殊之处。起码拥有突厥语氏族名

① 乌兰：《〈蒙古源流〉研究》，辽宁民族出版社 2000 年版，第 223 页。

② 见方龄贵《关于〈元朝秘史〉书名问题之再探讨》，《蒙古史研究》第 8 辑，2006 年。

③ 《魏书》卷一百三《高车传》，中华书局 1974 年版，第 2307 页；《周书》卷五十《突厥传》，中华书局 1971 年版，第 907—908 页。

④ 《史集》，余大钧、周建奇汉译本，第 1 卷第 1 分册，第 254 页。

⑤ 同上书，第 130 页。

称、具备蓝色眼睛非蒙古生理特征的描述，本身就很说明问题。这些现象应当都和其先祖的突厥出身有着直接的关系。孛儿帖·赤那（苍灰色的狼）和豁埃马阑勒（惨白色的母鹿）组成一个家庭、繁衍出众多部落、形成伟大民族的美丽传说，原来隐藏着的原始信息之一竟然是该氏族的父系祖先出自突厥某一分支，母系祖先出自原蒙古人室韦—达怛的一支蒙兀室韦。至于传说为何把孛儿帖·赤那归入从额尔古纳河流域走向草原之一员的缘由，观察历史上的先例，不外乎攀附心理的作用。当时的蒙古高原，突厥的势力早已陷入颓势，原蒙古人诸部落的势力增长强劲，蒙古部的势力也逐渐做大，发展出许多分支，自成吉思汗的十世祖孛端察儿以降，其家族在整个蒙古部落中的地位不断上升，到其曾祖合不勒汗时更是坐上了全蒙古部的汗位。随着家族政治、经济地位的提升，其后人改编祖源传说的举动就显得自然了，于是孛儿帖·赤那就由突厥系被转到了蒙古系，冒了蒙古之名。

另外，17世纪蒙文史书对成吉思汗祖源传说的篡改也值得注意。早期史书有关成吉思汗祖源的传说，不仅记载了成吉思汗家族一支的起源，而且关系到整个蒙兀室韦的发展走向，以及它进入蒙古高原后与突厥系部落互动的情形。这一传说神奇而生动，既具有人类早期文明的特征，又不失鲜活的历史真实感。写入蒙元宫廷秘籍脱必赤颜并在成吉思汗黄金家族中传留的这个祖源传说，对当时的蒙古人来说是至高无上的。然而到了17世纪的蒙文史书，情况发生了变化。虽然成吉思汗的始祖仍然被记为孛儿帖·赤那和豁埃马阑勒夫妇，仍然是从其他地方迁到蒙古高原的，但是他们的出身和来处却与几个世纪前的《元朝秘史》和《史集》的说法有了出入。孛儿帖·赤那在这里成了落难的吐蕃王子，携妻北上逃至蒙古地方定居下来。

故事的具体细节，诸书中叙述最系统完整的是《蒙古源流》，谓："古时吐蕃〔诸〕王，从颈座王共主下传七代时，名叫隆南的大臣弑杀海穴后侧金座王，篡夺了王位，王的三个儿子孛喇出、失宝出、孛儿帖·赤那逃往异地。其中幼子孛儿帖·赤那去了公布地方。他同那些人过不惯，于是携带妻子豁埃马阑勒渡过腾吉思海，向东行，来到拜合勒江流域不儿罕合勒敦山下，与巴塔人众相遇。他们向他询问来由，孛儿帖·赤那就从古时候印度的众恭王以及吐蕃的共主〔颈座王〕开始从头至尾讲述了一遍。那些巴塔人认为讲得有理，就说：'这是个有根脚人家的子嗣，我们没有首领，可以奉他为那颜。'〔就这样〕奉戴他作了那颜，一切遵照他的旨令行事。"①

在这段文字中可以明显看出对《元朝秘史》等早期史书相关内容的篡改。把孛儿帖·赤那改为吐蕃王子，意在将成吉思汗家族的祖先上挂至吐蕃王统，并进一步追溯到古印度的王族，因为 17 世纪蒙文史书又都说吐蕃王统起源于释迦牟尼所属的古印度王族。

在讲述吐蕃王统起源方面，仍旧是《蒙古源流》最为完备，说古印度"跋蹉国能现王生了一个儿子，这个儿子天生卷发、牙如白螺、手指脚趾像鹅〔掌〕一样〔有蹼〕相连、眼睛像鸟眼一样〔眨眼时〕下眼皮上合，妙相俱足。〔能现王〕令占卜者们来占相。〔占卜者们〕说：'这孩子剋父，应当杀掉。'父王于是令大臣杀死这个〔儿子〕。大臣遵令去杀，无奈什么刀剑也伤害不了他，于是〔把他〕装入铜匣丢进了恒河。却说毗舍离城附近有一位老农正在河边种地，看见〔河中〕有一只箱子闪闪发光，捞上来打开一看，〔里面〕原来是一个俊秀的男孩儿。老人无儿无女，心想：'养养看吧。'于是背着国王放在树底下养起来，立刻有各种飞鸟给他衔来鲜果，各种动物给他叼来净肉，哺养了他。待长大成人后，孩子问：'我是什么人的儿子？我是谁？'老人就把事情的经过都讲给他听，那孩子惊呆了一般，〔只身〕前往东方雪山之地。却说来到高墙神山，从游戏神山的山顶沿九级福阶而下，来到雅隆〔地方〕具势平川的四户塔旁，遇见天安教士、地灵教士等人。他们问道：'你是什么地方的人？叫什么名字？'〔那孩子〕不吱声，用右手食指向天上一指。〔那些人〕说：'哎，你肯定是天子，相貌与凡人不同。'〔那孩子〕说：'我是天子，我的祖先是古时众恭王的黄金后裔。'随后给众人讲述了事情的缘由。众人议论说：'这就是从前那个不曾被水淹死，后来又得到各种鸟兽相助长大的〔孩子〕，所以一定是天子。'〔他们〕用木头做成座椅让他坐上，架在肩上登上尚布雪山，众人一致尊他为首领。这样，〔他〕于从前那个戊子年一千八百二十一年后的戊申年即了王位，以'颈座王共主'闻名于世。〔他〕战胜四方各部，成为八十八万吐蕃国之主"。②

---

① 乌兰：《〈蒙古源流〉研究》，第 142 页。
② 同上书，第 74 页。

　　在这段文字中，能看到的依旧是王子落难、去往他方的故事，只是具体情形不同而已。① 通过两个这样的故事，蒙古汗统就被上联到了吐蕃王统、印度王统，形成了印藏蒙王统同源之说。16 世纪后半叶，在蒙古实力派首领俺答汗等人的倡导下，藏传佛教开始大规模传入蒙古地区，在蒙古人的意识形态领域和日常生产生活中都产生了广泛的影响。新宗教的传入，需要舆论支持，印藏蒙王统同源之说应运而生。为了给藏传佛教在蒙古地区的传播制造"合理"借口，人们不惜篡改早期正统的祖源传说。就当时的需要来说，这样的举动同样也是很自然的。

　　自 17 世纪蒙文史书中出现印藏蒙王统同源的传说故事后，18 世纪、19 世纪的蒙文史书纷纷效仿，《元朝秘史》、《史集》等早期史书有关蒙古汗统起源的记载已几乎得不到重视，或者说已经干脆不为那时的人所知了。印藏蒙王统同源的传说故事为藏传佛教在蒙古地区的传播发挥了重要的舆论作用，反过来，藏传佛教的普及又为印藏蒙王统同源的传说故事迅速扎根于蒙古地区、深入蒙古人心提供了保证。

　　通过史料辨析，成吉思汗祖源乃至蒙古族源传说故事的实质更加透明，发展脉络更加清晰，有利于人们准确了解和掌握其所要传达的历史信息以及所反映出的不同时期历史观的变化。

（作者单位：中国社会科学院民族学与人类学研究所）

---

　　① 关于印藏蒙王统同源传说故事产生的缘由和过程，参见乌兰《印藏蒙一统传说故事的由来》，《蒙古史研究》第六辑，2000 年。

从历史学的视野探究蒙古族文化之变迁原因及特点

巴·孟和

一

数千年来雄踞于北亚的游牧民族晚期的主要代表——蒙古人，是一个非常特殊的社会群体。作为游牧民族，它是以畜牧业为主，以狩猎为辅助的经济实体。这种经济结构是由它所处的自然环境所决定的。也正是由于这种自然环境和主体经济特点决定了蒙古人的心理素质、文化特色、社会结构、风俗习惯、价值观、审美意识、性格特点和发展必然走势等。

茫茫草原，信马由缰，恣意驰骋是他们的生存状态；逐水草而居，四季迁徙，不蓄家产，则是他们的生活方式；而迎风斗雪，驱狼逐虎，面对恶劣的自然环境，养成了他们独特的民族性格。从民族心理学角度看，蒙古人喜欢对酒当歌，无拘无束，自由自在的生活，对权力、固定财富、个人名声等看得十分淡薄。他们的性格开朗刚毅、豪放直爽，思想简单敏捷，为人坦诚随和、爱憎分明、表里一致；说话直言坦白、做事敢做敢当；他们讲义气、讲信用、守承诺，任何时候，哪怕是最艰难困苦之际，也对生活充满坚定的信心，对未来抱有极大希望，乐观从容，勇往直前。正是他们的这些固有的心理素质和性格特点书写了其全部历史。他们在铁马金戈、狂飙突进、征服欧亚大陆、走在世界民族前列之时，并没有像许许多多古代游牧民族那样，被胜利和所得利益冲昏头脑，渐次沉沦于奢靡豪华之中意志消沉，斗志全无，直至彻底消亡而退出历史舞台；也没有因被外来民族所打败、降伏而俯首帖耳、面北称臣，继而被同化、融合，直至销声匿迹。但是，从另一个学科视野去认真观察、分析和研究蒙古民族时，我们却能得到这样一个结论：包括蒙古人在内的所有游牧民族的最大特点是接受外来文化特别快，与此同时丢掉自己传统文化也十分迅速，也就是他们的吸纳、包容性极强而固守传统则不足。由于游牧民族具有这样一个非常明显的特点，他们在漫长的历史发展过程中，无论处在顺境还是逆境中，都在不断尝试着传承、吸纳、再传承、再吸纳这样一个过程，并由此形成了将多种文化汇集于一身独具特色的游牧文化。这是蒙古族传统文化的多样性之原因和渊源，也是蒙古文化至今没有被历史所淘汰或被强势民族、时尚文化吞并的主要原因。

二

蒙古人的好奇心理也非常强烈。这是由他们的经济基础和生存、生产环境所造成的。蒙古人主要居住在北纬38°以北的亚洲内陆高原。这些地域的自然环境十分恶劣：气候寒冷，雨量少，蒸发量大，一年四季风沙天气居多，无霜期短，昼夜温差大，季节性很强。在这样的生态环境下，只能游牧，而没有其他更好的生存选择。而畜牧经济的最大特点是它的排他性，即放牧者只能以家庭或以一顶毡包（蒙古包）为基本单位进行生产、生活，而不可能像农耕、渔业和手工业、工业经济那样定居生活，并主要以协作或集体化的合作方式进行生产。这就是游牧文化与其他文化，如农耕文化、渔业文化、城镇文化、工业文化，甚至与狩猎文化不同的原因所在。由于蒙古人以家庭为单位生存生产、繁衍发展，蒙古包就是一个缩小的社会。社会的所有功能几乎都在家庭中很自然地得到实现，如性生活、生育、生产、消费、抚育、赡养、文化、教育、娱乐、休息、情感交往、宗教、伦理道德、社会控制等。每一个人所频繁接触和交往的人就是该家庭的成员，即父母、丈夫、妻子和儿女。对大社会的接触频率却非常低，所见所闻的人和事也是屈指可数。而这种特殊的自然和社会环境造就了蒙古人单纯好奇、率真豪放、诚实守信、勤劳勇敢、热情好客、无私坦荡，同时又孤僻警觉、少言寡语、简单粗犷、尚武逞强、热衷于对力量式英雄的追逐与崇拜等诸多看似矛盾纠结的性格特征和层次丰富的思想意识结构。蒙古人的理想与欲望也是十分有限和现实的，他们只想娶一位貌美贤惠、勤劳善良的妻子（或嫁给一位诚实勇敢、力气超众的丈夫），养育几个各方面都将超过自己的儿子和伶俐聪明的女儿，拥有一匹让人羡慕的骏马，每天能够喝到美酒，吃上鲜肉，与亲朋好友欢歌豪饮，红火叙旧。再就是期盼自己能够健康长寿了。他们的这些性格和向往，在其日常生活、对外社会交流中表现得淋漓尽致。对此，蒙古族口头文学，例如古老的神话、传说、祭词、神歌、祝词、赞词、格言、成语、史诗、民歌、故事、谚语、箴言等为我们提供了十分丰富的第一手资料，而且在其历史文献资料、书面文学作品等中也能找到大量的佐证材料。

三

自13世纪初开始，蒙古人的文化越来越向着多样化的方向发展了。当然，自古以来随水草而牧的蒙古人为了自己的生存和发展，以四海为家，在到处游牧放畜的过程中，搬到哪儿就需要唱哪儿的歌，学习和模仿哪儿的风俗习惯，信奉哪儿的宗教；与此同时，随着迁徙蒙古人有意识和无意识地把这个地区的文化习俗传播到另一个地区，又把曾经游牧过、生活过的地方或部落（民族）的文化习俗带回自己的家乡进行传播推广。尽管他们游牧的地域十分广阔，而且很自由，可是大多数牧民毕竟还是没有离开过生他养他的蒙古高原，他们的活动一般在方圆几十到几百公里间，最大也就是在一两千公里范围内进行。所以，整个蒙古诸多部落的文化虽然不尽相同，但基本的要素还是相同或相似的。然而，自从成吉思汗统一了蒙古高原，建立蒙古帝国之后，情况就不同以往了。随着蒙古铁骑的蹄印踏遍欧亚大陆，蒙古征服者的身影出现在世界很多地方，并以统治者的姿态在异国他乡称王称霸，蒙古传统文化也随之发生了巨大变化。一方面蒙古人把自己的传统文化传播到所到之处；另一方面又在自觉不自觉或有意无意之间受到了异国他乡文化的影响，吸收了大量的外国或外民族的文化。我们就从民族之最基本的特点——语言来说，自中世纪以来蒙古人借用了大量的外国或外族语词汇而极大地丰富了自己的民族语言，其中包括梵、藏、汉、突厥、维吾尔、波斯、契丹、女真、希腊等语言，后来又吸收了英、德、俄、拉丁等语的词汇。可以这样说，现代蒙古语中除了与自己传统的畜牧业或游牧经济文化有关的词语是古老的蒙古语之外，其他几乎是早已蒙古化了的外来语。还有为数不少的蒙古人由于所处环境的变化、宗教信仰的变更、文化的异化、风俗习惯的改变而被其他民族同化，成了某一个民族之成员；也有的虽然知道自己或自己的祖先是蒙古人，但由于社会生活的变迁、强势文化的影响，早就忘掉了本民族的语言、文化、风俗习惯等，成了理论意义上的，或者说名义上的蒙古人。这一切都是蒙古人性格特有的开放性和兼容性所带来的结果。更值得一提的是，由于游牧民族特有的极大包容性，从古到今，蒙古人在家庭、婚姻等方面没有什么约束禁忌、条规戒律的限制，只要两情相悦，自己愿意就可以与任何民族、种族组成家庭，生儿育女，繁衍后代。在这样的家庭中，往往不是外来的家庭成员被融化、改造，而被改造或同化的却是蒙古人自己。这种现象在我们的现实生活中是极为普遍的。蒙古人对宗教信仰也没什么强行限定。研究成吉思汗的许多专家学者认为，在蒙古帝国时期（1206—1260）所制定并实施的"各种宗教一律平等，宗教信仰自由"政策是来自于成吉思汗这位世纪伟人之超前思想。事实上，这些政策或成吉思汗的治国方略的渊源在于成吉思汗及蒙古统治者所成长的特殊社会环境。迄今为止，世界上没有哪一个民族像蒙古人一样信仰过佛教、基督教、天主教、伊斯兰教、景教、祆教、玛尼教、东正教、道教……凡此种种，只要是他们所能够接触到的所有宗教。也没有哪一个民族像蒙古人一样在不到800年的发展过程中创造、使用和废弃过六种以上的文字。今天我们在回顾或研究成吉思汗及他的继承者们所制定的方针、政策时不得不承认，成吉思汗的宗教政策确实是超前的、科学的和正确的。但也正是由于它的这种超前性和极大的包容性，在客观上给后来的蒙古社会和蒙古民族造成了巨大的危害，使本来人口不多的蒙古人当中的一大部分随着蒙古帝国，以及后来的窝阔台汗国、伊利汗国、金帐汗国（也称钦察汗国）、察合台汗国等的相继灭亡，也像一盘沙子一样灰飞烟灭了。这种社会现象的出现与上面所述的蒙古家庭的组合与发展，同属一个道理，只是一个是国家和民族，而另一个则是最小的社会单位——家庭罢了。

四

　　在元代（在大多数汉文史料中把元代从1271年或1279年开始计

算，实为 1260—1368 年），由于世祖忽必烈及其子孙们主要以汉民族的治国理念和藏传佛教的教理去治理国家，因此在蒙古统治阶层中汉化的程度比较高，信仰藏传佛教的人也居多。在"以法治身、以教治心"，即主要效仿汉族历代统治者的治国之道来治理国家政权、以藏传佛教的教理教规来治理人们思想的元朝统治者和包括喇嘛僧人在内的上层阶级中形成了蒙、汉、藏三种文化相互交融的主体文化。而依旧游牧于蒙古高原的广大中下阶层却几乎没有受到这种三元文化的影响。正是由于元朝统治下的绝大多数蒙古人没有像在其他诸汗国的蒙古人和后来的满族一样进城"享受"胜利者的优越生活，从而躲过了整个民族被同化的危险，使蒙古人在艰难恶劣的自然、社会环境下生存至今。这也算是一个不幸中的万幸吧。其原因在于蒙古人的性格和追求的特殊性上，即他们喜欢和追求自由自在、不受约束、适己任性的生活，把名誉、权力、社会地位、财富等看得十分淡薄。

五

整个北元时期（1368—1634）的蒙古社会可以用"混乱"一词来概括。大元帝国作为入主中原的游牧政体，在其异族地区的统治结束之后，不可一世的蒙古统治者被迫退回到了故土，这一时局几乎又返回到了 13 世纪初的阶段。所不同的是，13 世纪初叶是蒙古人欣欣向荣、迅速强盛，势不可当，所向无敌，并即将走向世界的辉煌时期。而 14 世纪 70 年代则是蒙古人日趋败落、土崩瓦解，走向下坡的起点。历史与蒙古人，或者可以说蒙古人与历史开了个天大的玩笑，他们从什么地方开始走向异国他乡的，数百年之后又灰溜溜地回到了原地故乡。被乘胜追击的明朝胜兵赶回蒙古高原的元朝统治者从此一方面不甘心自己的失败，妄图卷土重来，恢复在汉、藏等异族地区的统治而纠结残余势力不断地向南侵扰；另一方面又拼命应付来自明朝统治者一次又一次的袭击和剿灭（自土木堡事变之后明朝的侵袭才有所收敛）。与此同时，上了明朝统治者拉拢、离间、分化、最终各个击破，——消灭之阴险当的蒙古各部落首领，特别是东蒙古和卫拉特（汉文文献里常写成瓦剌）蒙古部落首领之间的内讧却更加激化，他们不断地你争我夺、互相残杀，最后两败俱伤，共同被重新崛起的昔日宿敌女真民族所吞食。这期间，虽然在北元达延汗巴图孟克在位时期（1479—1516），这位少年得势的大汗在其夫人满都海彻辰的鼎力辅佐下消灭了诸多政敌，基本消除了内乱，稳定了社会秩序，树立了黄金家族名副其实的统治地位，给蒙古社会创造了难得的和平环境，使北元迎来了一段繁荣时期。但是好景不长，达延汗逝世不久，其嫡生十一子（实为九子，达延汗的大子和九子在少年时就夭折了）成为除了左翼兀良哈万户之外剩余五个万户（即鄂尔多斯万户、土默特万户、察哈尔万户、喀尔喀万户和永谢部万户）的直接统治者。为了争夺地盘、财物和属民，他们同室操戈，兵戎相见，使北元王朝再一次进入了战火四起、戮杀不断、一片混乱的阶段。到了16世纪70年代末，右翼三万户之土默特万户首领阿拉坦汗（汉文史书里也写成俺答汗），虽然胸怀统一全蒙古、恢复元朝鼎盛时期蒙古人霸主地位的政治理想和大志大勇，力图与其爷爷巴图孟克那样以武力征服蒙古各部，重新统一全蒙古，并为实现其理想而多次率兵南袭明朝，西征今宁夏、甘肃、青海、新疆，以及陕西北部、四川西北部和西藏东北部等地区，并取得过一些战绩。但遗憾的是，对阿拉坦汗来说，天时、地利、人和这些成势的基本条件，他几乎无一具备。于是，他在右翼三万户之鄂尔多斯万户首领呼图克太彻辰洪台吉（皇太子）等的鼎力相助下，效仿昔日的元世祖忽必烈和元朝帝师八思巴，试图用佛教这个"法力"无可论辩的精神武器来实现其用武力难以达到的政治目的，故而开始笃信藏传佛教。可是，结果却适得其反。早已厌倦、腻烦、痛恨战争，期盼和平、安定、自由生活的蒙古人没有因信奉藏传佛教而接受阿拉坦汗及其子孙们的统治，反而藏传佛教为后金或后来的清政府彻底征服蒙古，以报昔日之仇，扫清了障碍，提供了强大的政治武器和理论依据。

虽然北元末期，蒙古人信奉了藏传佛教，蒙古各部落统治者投入了巨大的人力、物力、财力修建了很多寺庙，翻译了《甘珠儿》等佛教经典，蒙古青少年中有不少人出家当了喇嘛，但当时蒙古人的原始信仰——萨满教势力仍十分强大，它全力抗衡企图以消灭自己为目的的异教——藏传佛教。这样，藏传佛教虽然在蒙古上层阶级中取得了绝对的优势地位，受到了广泛的拥戴，可是在一直崇拜蒙古人的原创宗教——萨满教的中下层中却遭到了冷落。所以，在整个北元时期的蒙古族传统文化结构中并没有出现大的变化，基本处于多元文化的时代。

六

到了清代，整个蒙古社会发生了根本性的变化，蒙古人建立的400多年（1206—1634）王朝已经成为历史，取而代之的女真人之后裔满族贵族成了蒙古人的"太上皇"或绝对的统治者。具有敏锐而长远政治目光的清廷统治者们，为了其统治的长治久安，一方面以金钱、官位、联姻等各种政治、经济、社会等手段拉拢、挑拨离间、分化和腐蚀蒙古各部的首脑人物；另一方面，他们诉诸武力、毫无顾忌地征伐和消灭所有反抗自己的蒙古人。同时，他们又十分巧妙而最大限度地利用了佛教，与达赖喇嘛、班禅额尔德尼等藏传佛教格鲁派当权者相互勾结，暗中媾和，形成了灭蒙的"统一战线"，在精神上彻底麻醉、迷惑、征服和奴役了骁勇善战、威猛强悍，但又单纯而率真、少谋而轻信，且带有几分罗曼蒂克色彩的蒙古人。值得一提并亟待深入研究的是，蒙古人被同样来自游牧、狩猎民族——满族或清朝政府征服之后，走上了一条大定居、大分隔，小游牧、小分散的生存、生活和生产之路。即清朝统治者为了彻底征服和奴役自己的宿敌蒙古民族，在政治上采取"分而治之"，设置盟旗社会管理制度把原有的蒙古24个较大部落划分为内属蒙古和外藩蒙古，以及把游牧于青海（包括今阿拉善地区的蒙古族）、新疆地区的蒙古族分别划属于一百多个旗、十几个盟（或汗部），并全部统辖于理藩院。到了18世纪中叶时，清朝政府在蒙古地区共设立了196个札萨克旗（漠南蒙古49个旗、漠北喀尔喀86个旗、青海蒙古29个旗、新疆伊犁地区蒙古13个旗、新疆科布多19个旗），再加上察哈尔8个旗、阿拉善额鲁特1个旗、额济纳1个旗、土默特两个旗、巴尔虎2个旗、蒙古内8个旗，另外还设札萨克喇嘛5个旗，共223个旗。按清政府的法令，蒙古各个旗之间人员不得来往，政治、经济等方面不能发生联系，更不能与汉族等内地其他民族发生关系等。与此同时，为了在精神上彻底地奴役蒙古族，清政府一开始就极力鼓动、扶持藏传佛教（俗称黄教）在蒙古地区的传播。在清廷和蒙古统治者的全力支持下，藏传佛教在不到100年的时间内占据了蒙古至高无上的统治地位，与政治合二为一，成了蒙古人的精神支柱或思想上的最高统治者。当时，蒙古地区寺庙林立，蒙古的男人们脱离了生产劳动，纷纷入寺受戒，成了不是在召庙传教诵经的喇嘛，就是游走四方的教丐，成了被社会抚养、吃闲饭的特殊阶层。而广大的蒙古族妇女却成了社会生产的主力军，她们用自己柔弱的肩膀扛起了整个蒙古社会的大梁。这样，以男性为主的蒙古族传统家庭一下子变成了以女性（母亲）为核心的、残缺不全的家庭。这些不仅给蒙古社会的生产力带来了极大的破坏、生产关系也因此而失去了往日的基本平衡、男女性别比例严重失调、人口数量锐减、人口素质下降，而且也造成了蒙古社会的空前大分化，传统的游牧生产方式被迫改变，形成了以僧俗统治阶层（即王公贵族的宫殿和喇嘛僧人的寺庙）为核心的社会结构或形态。这就是前面所提到的，蒙古地区形成了大分隔、大定居、小分散、小游牧的社会结构和生活、生产方式。另外，值得注意的是，在蒙古草原上的屯垦拓荒、大肆开发，导致水土流失，生态环境失去平衡、遭到破坏，这并不是近一二百年的事，而早在 17 世纪中叶就已开始了，只不过是近现代以来，特别是近30 年来所遭到的破坏更加严重罢了。

　　失去自己独立和自主的蒙古族广大人民，在清政府、蒙古王公贵族和蒙藏宗教上层阶级这三股强大的政教势力之共同统治和残酷的镇压下，开始变得过于麻木了，学得十分"老实听话"了。他们甘愿接受他人的任意摆布、统治和奴役，却淡忘了自己曾经辉煌的历史，失去了很多值得称道的优秀品质和勇猛精进、桀骜不驯的特有性格。清康熙皇帝在与蒙古人长期打交道中悟出"向蒙古地区派十万精兵，远不如修建一座寺庙"的基本道理，在其实践中得到了充分的印证和发挥了其无比的威力。在蒙古地区修建的数千座寺庙成了蒙古人接受教育的唯一"学校"；耸立在青藏高原上大大小小的藏传佛教寺庙成了蒙古人日益向往的"天堂"和"留学"、"培养"的中心；被邀请到蒙古地区的藏族高僧、活佛，乃至流窜、行乞到蒙古高原的藏族僧人，统统成了蒙古人的座上宾、"救世主"，受到了极高的崇拜，享受到意想不到的极高待遇；藏文、梵文成了蒙古人必须学习和掌握的主要文字。蒙古人把自己所创造的几乎所有财富都注入拜佛、取经、学经和修建寺庙等佛事活动中。而他们世代游牧的富饶辽阔的草场，变成了清廷和蒙古王公贵族们运用于股掌之上取之不尽的商品，被大块大块地出卖或佃租给汉民族的地主商人，而所得的钱财则用来偿还巨额战争赔款、各种各样的债务和供其自身享乐。如此，蒙古草原几乎成了满蒙王公贵族、蒙藏高僧活佛、汉民族地主商人和土匪恶霸的私有财产，而绝大多数蒙古民众不仅失去了草场、牲畜，也失去了生存和生活的基本权利，变成了赤裸裸的"无产者"，或沦为不折不扣的奴隶。

随着大片大片的土地成了寺庙和汉民族地主阶级的私有财产，汉民族的农民、手工业者、商贩、兵匪、无赖、逃犯、乞丐、打工者等大批大批地纷纷涌入蒙古地区开始强占土地，建村筑巢，开荒种田，造城修墙，经商办厂，开铺设店，成了蒙古高原的新主人。而失去了草场和牲畜的牧人不得不从事农业，走上了一条从牧业到半牧半农、半农半牧，最后走上从事农业的艰难但不得不走的道路。从此蒙古人逐渐告别了传统的游牧生活，开始过起了定居生活。与汉人杂居或以汉人为多数的蒙古社会结构和形态开始变了；蒙古人的处事待人的观念或整个思想意识开始变了；蒙古人的性格、品质、价值观和审美观也变了；蒙古人的饮食结构、服饰穿戴、居住方式和风俗习惯，甚至语言都开始变了。也就是说，蒙古人的整个文化发生了巨大的变化。这个变化就是迅速汉化。由于在历史的演进过程中，长期受到了排斥、打压、隔离、弱化，致使蒙古社会的民众心理也发生了普遍性的扭曲异化。出于趋利避害的考量，导致明哲保身、俯首权贵、迎合讨好等市侩心理也在一定范围之内有了蔓延，特别是在蒙古族上层社会中渐渐形成，并成了主流思潮。其结果是蒙古人所固有的英雄气概残存无几，过去的那种极大的包容性、兼容性、开放性和豁达性等乐观积极的民族性被狭隘性、嫉妒性、好争性，以及对金钱、地位、权力的无限欲望性等所代替。当然，我们从另一个角度来观察，也能得出他们对大自然的完全依赖性有所减少，协作性、自信心等得到了进一步的提高，对知识、技能的渴望和追求也强化了不少等在今天看来是一种进步和有益的这样一个客观结论。

到了19世纪后半叶，随着清朝政府的没落和西方列强的侵入，蒙古地区的贫困化程度更加严重了。进入生活的绝境和几乎走投无路的蒙古人把生存希望的目光投向了西方传教士和已经进入资本主义社会的日本国。与汉族地区接壤的蒙古地区有了一些新的西方式的建筑——教堂；一些蒙古人开始在十字架和圣母玛利亚的画像前跪拜祈祷了；一批又一批的蒙古青少年东渡日本，去学习日本文化或通过日本学习西方文化；汉文化的渗透进一步加剧，学习和精通汉文化的蒙古人越来越多；儒家思想、道教、基督教、天主教、伊斯兰教甚至东正教等的一些教理教规越来越深入人心，受到蒙古人的推崇和崇拜；而对佛教和喇嘛、活佛的信仰却动摇降温了。一些有识之士开始对藏传佛教产生了怀疑，他们通过诗歌等形式对一些高僧喇嘛的胡作非为提出了无情的揭露和尖锐的批判。

从总体上讲，在整个清代蒙古族文化逐渐从原来的多元性向三元性过渡，并形成了日益淡化的传统文化与日趋渗透的汉文化、西方近现代文化间的相互碰撞、相互融合和共存的新局面。

七

到了 20 世纪初，腐朽无能的清政府被赶下了历史的舞台，以孙中山为代表的深受西方民主、自由和资本主义文化熏陶的共和派夺取了政权，成立了中华民国。积极响应和拥护共和的漠南蒙古上层阶级成了北洋政府和民国政府的座上贵客。取代清廷牢固控制漠南蒙古地区的中华民国政府继承了清政府统治蒙古的"分而治之"等政治手段，把蒙古地区分割成多块，设立了绥远、热河、察哈尔等省，并新建了数以百计的县。同时，把原属于内蒙古的阿拉善、额济纳、鄂托克、乌审、察哈尔、哈拉沁、蒙古贞、科尔沁、郭尔罗斯、东土默特、杜尔扈特等盟旗整个或一部分划拨给了甘肃、宁夏、陕西、山西、河北、辽宁、吉林和黑龙江等与蒙古接壤的省或地区。在民国统治时期，又有数百万计的汉民族涌入了蒙古地区开荒种田、建城筑镇、经商办学等。如果说清代蒙古地区的主要建筑是寺庙的话，到了民国时期，以十几户或几十户为基本单位的汉人村庄已经布满了凡是能够开荒种田的所有蒙古地区。在这种急速发展的农业化和村镇化过程中，牧民的生存和生活、生产环境变得越来越狭小，大部分地区已经无法游牧，甚至无法从事畜牧业，很多蒙古人只能弃牧从农了。失去了草场和牲畜的牧民们为了生存不得不出卖他们最后的一点"资本"——劳动力，给已富裕了的汉民族地主、富农、军阀、奸商们当佃农、当奴隶。蒙古人的生产方式之改变和蒙古人与汉人的杂居通婚等，促进了蒙古传统文化的迅速消失、加速了汉化的进程，蒙古人主动或被动地接受了汉文化，其中包括饮食、居住、穿戴、风俗习俗、宗教信仰、思想意识、价值观、伦理道德、文字语言、文学艺术、生产技能等。这些充分说明，到了民国时期汉文化成了漠南蒙古人所学习和崇尚的主流文化。虽然它可能是蒙古人的自觉行为或者是一种无可奈何的选择。

　　与此同时，在充满动乱的 20 世纪上半叶，随着英、美、德、日、俄、法、荷、奥、葡等西方列强通过渗透、侵占、支援等合法或非法的手段，在中国开矿办厂，修路筑桥，创办学校、医院、银行、教堂等，进一步把他们的文化传授过来。同时一批又一批的中国人赴西欧、苏联、日本等国家留学深造，他们学成回国时也带来了西方文化。作为中华民国之一部分的漠南蒙古人也卷进了这股历史潮流，或多或少地接受了包括日本在内的西方文化之影响。这样又形成了以蒙古传统文化与汉文化为主要旋律，再加上西方文化的部分掺和的三位一体的蒙古三元文化体系。

　　此外，蒙古部落中的卡尔梅克、布里亚特等部居住的地方早在 17 世纪时就被俄国人所占领，这些部落的文化因被俄罗斯文化熏染而逐渐俄化是意料之中的事。20 世纪初漠北喀尔喀蒙古人也走上了独立化的道路，建立了几乎由单一民族组成的蒙古人民共和国（20 世纪 90 年代更名为蒙古国）。处于两个大国之夹缝中的这一弱小国家，一开始就采取了"一边倒"的国策，即"联俄防中"的方针，因而蒙古国的蒙古人同样深受俄罗斯文化的影响，并通过俄罗斯接受了西方文化的影响。这样，就蒙古人整体文化的格局而言，形成了居住在西北、北部和东北（三北）地区的蒙古人崇尚或深受俄罗斯及西方文化的影响，而居住在漠南及青海、新疆地区的蒙古人主要接受了汉文化，并不同程度地受了西方文化的影响，从而逐步形成了汉文化占主导地位的文化格局。从某种意义上讲，在汉民族和俄罗斯及西方强势文化的渗透影响下，蒙古民族的传统文化分化成东西两大块，而消失的却是蒙古人独有的优秀文化。

八

　　可以预料的是，随着全球经济的一体化、市场化和各个民族、地区、国家之间的关系越来越密切（尽管在这样的过程中也可能不断地发生局部或全面的碰撞、冲突、战争等），东西方文化将会不断地相互影响渗透，融合在一起，人类文化的共性越来越多，而其个性会越来越少。作为古老的蒙古民族，随着城镇化、一体化、集群化、大生产化之社会变革的加速，造成他们长期赖以生存的传统经济基础将彻底崩溃，游牧生产方式即将消失，基本上以家庭为单位的社会组织形式将很难维系，甚至将会不复存在。"皮之不存，毛将焉附？"毫无疑问，在游牧经济基础上所形成的蒙古族传统文化也将会日渐式微，不断地消亡，取而代之的将会是一种以强势文化为核心的、多种文化融合为一体的新的文化体系。

"无可奈何花落去。"不管历史将怎么发展，社会出现什么样的变化，我们都不希望在数千年的历史发展进程中逐渐形成的人类游牧文化会有这样的悲惨结局！因为这不仅仅是蒙古一个民族的悲哀，也是全人类的悲哀。

参考文献

[1] 郝维民、齐木德道尔吉总主编：《内蒙古通史》，人民出版社2012年版。

[2] 曹永年主编：《内蒙古通史》，内蒙古大学出版社2007年版。

[3] 内蒙古社会科学院历史研究所编著：《蒙古族通史》，民族出版社1991年版。

[4] 泰亦赤兀惕·满昌主编：《蒙古族通史》（蒙古文），辽宁民族出版社2004年版。

[5] [蒙] 赤老温·达来著，古润撰写：《蒙古史》（蒙古文），内蒙古人民出版社2010年版。

[6] [蒙] 策·达来著，周太平、朱乐撰写：《大蒙古帝国》（蒙古文），内蒙古文化出版社2010年版。

[7] 朱耀廷：《蒙元帝国》，人民出版社2010年版。

[8] [苏] B. R. 符拉基米尔佐夫：《蒙古社会制度史》，伍月、宝力道译，民族出版社1980年版。

[9] [日] 田山茂：《清代蒙古社会制度》，宝音德勒格尔译，内蒙古文化出版社1988年版。

[10] [英] 约·费·巴德利：《俄国·蒙古·中国》，吴持哲、吴有刚译，商务印书馆1981年版。

[11] [波斯] 拉施特主编：《史集》，余大钧、周建奇译，商务印书馆1983、1985、1986年版。

[12] 韩儒林：《元朝史》，人民出版社1993年版。

[13] 周良肖、顾菊英：《元代史》，上海人民出版社1993年版。

［14］卢明辉：《清代蒙古史》，天津古籍出版社 1990 年版。

［15］兀特日·额日德穆·巴雅尔编著：《北元史》，中国作家出版社 2012 年版。

［16］［伊朗］志费尼：《世界征服者史》，何高济译，内蒙古人民出版社 1980 年版。

［17］［瑞典］多桑：《多桑蒙古史》，阿萨拉图、额尔敦特古斯译，内蒙古人民出版社 1988、1991、1999 年版。

［18］［法］勒尼·格鲁塞：《草原帝国》，魏英邦译，商务印书馆 1989 年版。

［19］［蒙］沙·毕热等编著，齐木德道尔吉转写：《蒙古文化史》，民族出版社 2010 年版。

［20］宝·胡格吉勒图编著：《蒙元文化》，远方出版社 2003 年版。

［21］乌云巴图、葛根高娃：《蒙古族传统文化论》，远方出版社 2001 年版。

［22］赛航、金海、苏德毕力格：《民国内蒙古史》，内蒙古大学出版社 2007 年版。

（作者单位：内蒙古师范大学）

蒙古族起源及兴起中的萨满教影响

孛·蒙赫达赉

　　呼伦贝尔地区的萨满教是原生性宗教的一种，是中国北方民族萨满教中的一个重要组成部分，具有鲜明的民族特点和呼伦贝尔的地域特征，仿佛是一个经历了不同历史时代的活化石而残存至今。如果说欧亚草原像一条长长的纽带传播着游牧民族创立的畜牧文明，那么呼伦贝尔草原则是这条纽带上最璀璨的一颗明珠，这片草原几千年来一直是我国许多游牧民族繁衍生息的地方。呼伦贝尔作为世界上少数几个在人类历史的不同阶段都存在萨满教现象的地区之一，其中操阿尔泰语系通古斯语言和蒙古语言的各民族将之传承至今，使我们在不同的历史发展阶段都能看到萨满教不同的表现形态。呼伦贝尔地区的古代先民尽管由不同的氏族、部落和民族组成，但他们信奉的萨满教却呈现出某种连续性和某些相似的面貌，既有共性又有特性。蒙古族先民关于本民族始祖由来的传说，大部分产生于蒙古民族共同体形成以前的历史阶段，其雏形生成于蒙古各部落尚未迁徙到今天居住地之前的时期。蒙古族各部落族源由来的传说与各部落形成的历史密切相关，蒙古族先民的生存环境和历史地理决定了各个部落族源传说的内容及形式。从始祖传说所反映的经济文化类型来看，它形成于蒙古人脱离狩猎生活过渡到游牧社会的初期，即早期封建关系得到初步确立的时期，它带有鲜明的森林生活痕迹并反映了我国北方民族萨满教文化圈的诸多共同文化特征。萨满教是一种具有适应性的社会现象，在呼伦贝尔古代民族的经济和社会生活中，它始终随着生产和生活内容的变迁而发生变化。蒙古族各部落不管起源于何处，普遍经历了由森林走向草原的过程，生产形态也由狩猎业逐渐转向经营畜牧业。呼伦贝尔地区古代各族先民共同信奉的萨满教，对蒙古族的起源传说和形成统一民族等均起过重要作用。

一　呼伦贝尔地区早期的萨满教影响

我国北方民族自古以来就生活在典型的萨满教文化区域，他们在社会生活的原始阶段及其后来发展的某些阶段曾经普遍信仰萨满教。呼伦贝尔"哈克文化"中的代表性标志——哈克玉面人玉雕，经考证就是5000年前海拉尔河边哈克人祭祀用的神器，属于古代萨满用的佩具。哈克玉面人玉雕造型古朴，雕像面孔圆润呈女性特点，不但带有鲜明的蒙古女神形象，而且反映了古代呼伦贝尔人对女祖先或女萨满的崇拜。从哈克玉面人玉雕浑圆一体的造型上看，它与后来蒙古族普遍供奉的青铜型"翁衮"（偶像）极其相似，具有小巧玲珑、便于随身携带和隐藏性、私密性等特点。"翁衮"崇拜是萨满教发展到一定阶段的产物，其中包含着祖先崇拜和灵魂崇拜等诸多内容。在古代蒙古社会，萨满在举行宗教活动时都要随身携带翁衮，将它放在小皮口袋中，在祭祀或驱鬼等活动时作为保护神的代表配合萨满完成宗教活动。萨满在举行宗教仪式时携带"翁衮"的目的，是将"翁衮"作为萨满保护神来增加驱鬼降魔时的法力。此外，传说萨满死后他的灵魂会附体于"翁衮"之上，成为山脉、江河、湖泊、森林等的保护神，与敖包祭祀融为一体。

呼伦贝尔出土的5000多年前的哈克玉面人玉雕，其鲜明的女神形象证明了古代呼伦贝尔人，早在母系氏族社会时期就已信奉萨满教了。进入父系氏族社会后，虽然萨满已大多改由男性担任了，但对女祖先或女萨满的崇拜仍有遗存，如继续穿女萨满的"花法裙"、萨满的传承在舅甥之间进行等。据考证，男性萨满后来戴铜面具或在神帽前用皮条和布穗遮挡面孔，其目的就是让人分辨不出他的性别。另外，在"哈克文化"还有3处由动物遗骨和陶片组成的祭祀堆，当为新石器时期的人们进行祭祀活动的遗存物。"清理发现摆放整齐的一些动物骨骼，有肩胛骨（其上有4个人为的小钻孔）、椎骨和肢骨等，在骨堆的东南侧清理出1件较大的石块。"[①] 动物的肩胛骨和其他穿孔的骨板，应是萨满的专用占卜物品，属于意识形态方面的超现实物品，与原始萨满信仰有着密切关系。"哈克文化"中的玉雕人面像被专家们称为稀世珍宝，其形

---

① 赵艳芳编著：《哈克文化》，内蒙古文化出版社2012年版，第26页。

成的年代与著名的"红山文化"大致相当，说明那时的呼伦贝尔已经进入"玉器时代"。

进入父系氏族社会后，萨满教的活动内容更加广泛，这在遗存的古人类岩画中也有丰富的反映。2011 年年底，在扎兰屯市绰尔林区发现一处有 50 多幅的彩色岩画，这是继额尔古纳市、根河市和鄂伦春自治旗之后在呼伦贝尔境内又一次发现远古时期的岩画。"根据图案还原的情况分析，大多为人物活动和符号，活动的内容与原始宗教有关，推测是新石器时代早期古代先民的作品。"[①] 这一发现具有十分重要的意义，为研究呼伦贝尔早期萨满教的发展与古代文明的传承提供了不可多得的实物资料。近几年呼伦贝尔市境内已经发现了 9 处岩画，其中 1 处是磨凿刻的，8 处是颜色为红色的彩绘岩画。这些彩绘岩画约 3000 幅，分布范围为十多万平方公里的山林地带。经专家考证，呼伦贝尔彩绘岩画最早产生时期为新石器时代，距今有 4000 年以上，主要反映的是呼伦贝尔古代先民的自然崇拜，包括动物崇拜、祖先崇拜、原始宗教和祭天图等，还有大量在岩石上刻绘的特殊的符号。彩绘岩画群的发现对研究呼伦贝尔地区萨满教的起源和发展提供了新的佐证，它作为古人类在森林文明时期留下的珍贵文化遗迹，不仅极其难得和十分宝贵，而且具有极高的学术价值。

（一）天鹅和水鸟类崇拜

呼伦贝尔古代先民的图腾崇拜对象十分广泛，由于对飞翔的渴望和对蓝天的向往，他们的崇拜对象中还有许多水鸟，如白天鹅、白水鸟、水鸬鹚和各种野鸭等。呼伦贝尔古代先民的图腾崇拜不仅遗存在岩画等文物上，而且也保留在神话传说、英雄史诗和萨满的祝词中。世代繁衍生息在呼伦贝尔与贝加尔湖之间的巴尔虎人和布里亚特人，有一个代代相传的关于本部落祖先由来的神话传说，即巴尔虎人和布里亚特人是"巴尔虎代巴特尔与天鹅始祖母"的后代，"天鹅始祖母"成了巴尔虎人和布里亚特人历代崇拜的女神。从这个传说透露出的历史信息中，我们可以看到他们对白天鹅的崇拜已不是简单的动物崇拜和自然崇拜，而是将白天鹅上升到了人类始祖母和本部落保护神的崇高地位。他们对天

---

① 崔越领：《绰尔林区彩绘岩画》，《呼伦贝尔日报》2011 年 11 月 23 日（头版）。

鹅的崇拜以及禁捕、禁杀、禁食的严格禁忌习俗，便是把天鹅作为祖先图腾从远古一直沿袭下来的结果。

（二）猎鹰和猫头鹰崇拜

早在原始狩猎时代，鹰就受到人们的钦慕崇敬，它那高超的飞翔技术、凶猛异常的擒拿扑击本领以及傲然挺立的威武雄姿，使人们觉得神奇而不可思议。古代狩猎民族所生存的自然环境是极其残酷的，在这种环境中对鹰鹫类猛禽产生崇敬之情也是极其自然的。猫头鹰崇拜与猎鹰崇拜有着诸多相似点和联系，并都在萨满教信仰中占据着非常重要的位置。

萨满教传统的说法是："鹰是天的神鸟使者，它受命降到人间和部落头领成婚，生下一个美丽的女孩，神鹰便传授给她与天及众神通灵的神术，并用自己的羽毛给女孩编织成一件神衣，头上插上了羽毛做的神冠，让她遨游天界，把她培养成了一个了不起的世界上最早的'渥都根'（üdügen，即女萨满）。"① 由于传说萨满是由神鹰孕化而来的，所以鹰类便成了萨满始祖灵魂的象征物。在很多萨满神帽上除了装饰鹿角作为法力标志外，那铜制的飞鸟就是神鹰的标志。鹰不仅在古代萨满教的仪式中占据着非常重要的位置，而且还与古代人的祖先崇拜有密切关系。"据说鹰神是萨满的保护神，它的双翅可以保护主人，它的双眼能识破妖魔鬼怪，它的利爪能捉鬼神。"② 猎鹰曾是许多北方狩猎民族的崇拜对象，蒙古族的先民便经历过海东青（一种猎鹰）崇拜，他们幻想着能像鹰一样自由地飞翔和迅猛地捕获猎物，这无疑是森林狩猎时代的产物。另外，有关鹰为守护神的传说在布里亚特人中普遍存在，布里亚特人认为最初的萨满是一只鹰变来的。神鹰下界娶了一位布里亚特女子为妻，后生一子即最初之萨满，鹰在这里是善神派来的保护人类的守护神。"在萨满教的发展史上，鹰能够成为萨满巫师、天神的助手，成为萨满职业代表性的象征符号，是与上述各狩猎民族经历过的生活道路分不开的。"③

---

① 乌丙安：《神秘的萨满世界》，三联书店 1989 年版，第 216 页。
② 希德夫：《萨满信仰与生态环保》，载内蒙古自治区鄂温克族研究会编《鄂温克研究》2011 年第 2 期。
③ 孟慧英：《封尘的偶像——萨满教观念研究》，北京出版社 2000 年版，第 227 页。

（三）鹿蛇等动物崇拜

北方狩猎民族对鹿的崇拜带有普遍性，其中驯鹿崇拜占有突出的地位。人们把驯鹿作为人与某些神灵之间的媒介，死者的灵魂会借助它前往另一个世界。猎人们认为萨满的灵魂不仅可以变成鹰类，有时还以驯鹿的形态出现。把驯鹿作为萨满真魂化身的观念，是鹿神灵崇拜的集中表现。驯鹿与其他鹿科动物不同，它性格温顺易于饲养，很早就被人类驯化，成为早期人类生活中不可缺少的辅助工具。驯鹿耐寒，适宜在高纬度的严寒气候下生存，但它们以食森林中的苔藓为生，其特殊的食料构成决定了它们仅分布于有苔藓生长的地方。"早在旧石器时代驯鹿就与人类结下了不解之缘。新石器时代，生活在北半球严寒地带的一部分狩猎民族，以驯鹿为主要食物来源。驯鹿在这些民族的社会生活中起着某种具有决定性的重要作用。对这些民族的文化有着重大的影响。"①把野生动物驯养成家畜不是一件小事，而是继发明取火和弓箭之后，具有划时代意义的一件大事。动物驯养促进了生产力发展，改善了狩猎民族的生活条件，提高了狩猎民族的生活水平，加速了原始公有财产的分化，推动了私有观念的产生，为游猎社会内部结构的进一步发展打下了物质基础。巴尔虎萨满帽的鹿角造型，也反映了巴尔虎人狩猎时代的鹿图腾意识。鹿角后来成为萨满最突出的标志之一，一叉叉向上伸展的鹿角被看作通天的象征，是萨满灵魂上行的凭借物。各族萨满神帽上的鹿角，"叉数越多，萨满的本领越大"②。

蛇也是西伯利亚和呼伦贝尔地区"翁衮"中常见的图例之一，萨满服上也有代表蛇的皮条和蛇形布袋等。蛇无足而善行，无论是山洞、草丛、水里、树上，凡是有人的地方就能见到蛇的踪迹，它的许多超群本领是人类所望尘莫及的。北方许多少数民族将人类的来源也归功于蛇，将人类始祖描绘成人面蛇身的形象。人们由于惧怕蛇而将其神化并顶礼膜拜，目的是为了求得它的保护与帮助。蛇还被视为是太阳神和生育神，能给人们送来温暖并保佑人丁兴旺。蒙古人早期的萨满服，曾经有

---

① 任国英：《满—通古斯语族诸民族物质文化研究》，辽宁民族出版社2001年版，第167页。

② 孟慧英：《封尘的偶像——萨满教观念研究》，北京出版社2000年版，第222页。

过用五色布条拧成的仿蛇形飘带，因此萨满被称为"穿花裙者"。达斡尔族、鄂温克族和鄂伦春族先民的萨满服上，也有蛇形图案。巴尔虎萨满服上至今挂满仿蛇形飘带，代表他们从古至今的蛇图腾崇拜意识。

（四）动物上升为保护神

巴尔虎人和布里亚特人认为他们是"巴尔虎代巴特尔"与天鹅变成的妻子所繁衍的后代，这个优美的神话作为人类童年时代的遗留物，反映了古代巴尔虎人和布里亚特人对外在世界和人类自身的认识。这个优美的天鹅处女型的神话故事，无疑是带有鲜明图腾色彩的，它不仅告诉我们人类与天鹅之间的爱情关系，同时它还告诉我们另一个重要的信息——白天鹅是巴尔虎人、布里亚特人的保护神和始祖母。由于巴尔虎人和布里亚特人过去没有文字，千百年来这个优美的神话凭萨满和部落长老口耳相传，一直保留在他们的群体记忆中并世代相传着。正因为如此，该神话更具有无可替代的史料价值，成为后人研究和追踪他们历史源头的重要参照物。

巴尔虎人和布里亚特人为什么会将天鹅认定为自己的始祖母，这与他们当时生活的环境有密切的关系。水禽栖息的水面，仙女洗浴的池水，鸟类参与了创造人类的伟大活动，这些都是与萨满教的宇宙神话及以鸟为象征的生育神话相一致的。正因为如此，"霍里·巴尔虎等布里亚特部族的传说中，天鹅化作女子与青年婚配生子繁衍成为后来的部族，从而天鹅被认定是这些部族的始祖母"。巴尔虎人和布里亚特人将天鹅认定为始祖母，也是有很深的文化背景的，他们认为鸟类本身就是天地之间信息的传递者，因此天神派鸟类来人间是合情合理的事情。"蒙古史诗中也有仙女始终以鸟类形象出现。"[1] 蒙古人认为鸟类是神圣的，鸟类生活在位于天地之间的宇宙神树上，类似于天堂派往人间的使者。蒙古人从不破坏鸟巢，不动鸟蛋，认为鸟或与鸟有关的东西都是神圣的，高不可攀的东西。同时在蒙古人的观念中，认为鸟类是死者灵魂的象征，好人死了上天堂，其灵魂会变成鸟类再回到人间。从蒙古族古老的猫头鹰始祖型族源传说来看，蒙古族的猫头鹰及鹰崇拜文化传统，与北方民族萨满教信仰有着紧密的联系。在图腾崇拜时期，人们认为人

---

[1] 萨仁格日勒：《蒙古史诗生成论》，中央民族大学出版社2001年版，第45—46页。

与某种动物有直接的血缘关系，这一思想后来发展成为关于动物祖先的图腾传说。那时妇女多留在住所的灶火旁准备饭食和哺育孩子，妇女以老祖母的形象成为家灶的守护者，以其永恒的灼热发挥着特殊的力量。"此后，这种思想又导致女萨满巫师的出现。"① 因此，这一阶段的萨满起初应该全部由妇女担当，后来开始出现了男萨满，萨满的裙服和神帽前的遮穗等也显示了女性化的特点。

（五）始祖传说与祖先崇拜

古代原始先民在经历了自然崇拜、图腾崇拜之后，进入了祖先崇拜阶段。人们除了对周围世界变幻莫测的现象感到不可思议而产生自然崇拜、植物崇拜和图腾崇拜外，还因人们受梦中景象的影响，开始思考人死后灵魂会继续活着，这样就产生了灵魂不死和鬼神崇拜的观念。某一氏族成员认为自己源于某种动植物，并将某种动植物视为本氏族的图腾对象，这当中实际上已经包含着祖先崇拜的内容。祖先崇拜以灵魂崇拜为基础，是灵魂崇拜的一种形式。祖先崇拜是对人的灵魂崇拜，而不是对动物的崇拜，使崇拜对象更贴近人类自己。"特别是巫师集体促进了祖先崇拜的制度化和宗庙系统的出现，这对文明和国家的起源起到了决定性的作用。"②

从"巴尔虎代巴特尔与天鹅始祖母"的传说来看，就其内容而言无疑是一个人类起源的故事，和中国历史上传说的"女娲造人"的故事相似。从"巴尔虎代巴特尔与天鹅始祖母"这个传说来看，天鹅不仅创造了人类，是人类的创造之神，而且是人类的婚姻之神，她和"巴尔虎代巴特尔"婚配后使人类得以繁衍，她的 11 个儿子及其后代便是例证。天鹅母亲的光辉形象同时还说明，她就是巴尔虎人和布里亚特人的开天辟地之神，她就是远古万物世界的化育者，她的事迹像折光镜一样反映着母系氏族社会的残留痕迹，表现了妇女在人类社会的那一重要阶段所起的决定性作用。从这个传说中反映出来的巴尔虎人和布里亚特人只知道其男祖先的名字，而不知道其女祖先的名字来看，可以认定巴尔虎人和布里亚特人记忆中最早的始祖产生于父系时代。由于古代的部落

---

① 嘎尔迪：《蒙古文化专题研究》，民族出版社 2004 年版，第 8 页。
② 童恩正：《中国古代的巫》，《中国社会科学》1995 年第 5 期。

酋长同时大多兼任本部落的萨满，因此可以认定"巴尔虎代巴特尔"可能就是巴尔虎人和布里亚特人历史上最早的大萨满之一。这种情况在"巴尔虎代巴特尔"之后也有反映，如巴尔虎著名的姓氏"达楞古特"，其先人"达楞古特"就是一个大萨满。他的后代以他为荣，将"达楞古特"作为本氏族的名称。关于"达楞古特"这个著名姓氏的由来，据巴尔虎人达楞古特·古柏礼称：达楞古特起源于巴尔虎诺颜五子达鲁赤蔑而干。达鲁赤蔑而干为萨满，他有三个儿子，长子乌日吉乐、次子韩都盖、幼子布衮查尔均为萨满。达鲁赤蔑而干的三个儿子都活到70多岁，且都信崇"肩胛骨占卜法"。兄弟三人"萨满"的子孙繁衍众多，从而由先辈的名字"达鲁赤"演变为达鲁赤努特，由指年岁的70（蒙古语谓"达拉"）演变为达拉努特，进而演变成为"达楞古特"或"达郎古惕"，成为这一姓氏的称呼。① 在"天鹅始祖母的神话传说"中，白天鹅的后代不仅仅是图腾动物所生或所变，而是学术界所认为的父系氏族社会的产物——由图腾动物与某男子婚配的产物，这是适应于父系氏族社会的婚姻特点的。

蒙古族先人关于猫头鹰始祖型族源传说，反映了蒙古人在森林中生活时期的生活风貌及萨满教信仰遗俗。这种将鸟和树有机地联系起来，即"鸟和树是生命之源"的传说，在其他民族的族源传说中也普遍存在。很多在森林里生活过的部落都有吉祥鸟和幸福树的传说，鸟和树在这里成为一个部族的族徽，其作用等同于图腾。鹰类崇拜在这里不仅是一个标志，并且还代表着它是森林里活的"翁衮"，不仅有氏族守护神的功能，而且还具有祖先神及图腾的功能。在卫拉特蒙古人关于本部族起源传说中，有"树洞母亲、猫头鹰父亲"和"瘤树为母、猫头鹰为父"以及"天之外甥"的族源传说。此类传说在蒙古族各部落的神话传说、英雄史诗和萨满唱词中也广为传承，大多由猫头鹰父亲、树母亲、弃儿英雄等诸母题有机组合而成，它是在阿尔泰语系各民族的猫头鹰崇拜、神树崇拜、英雄崇拜、天神崇拜等古老观念的基础上形成的复合型族源传说，具有鲜明的萨满教色彩。从蒙古族"鸟和树"族源传说的起源上来看，蒙古族先民鹰始祖型族源传说脱胎于萨满教神话，充

---

① 新巴尔虎右旗政协文史委员会编：《新巴尔虎右旗巴尔虎世谱》（蒙文），内蒙古文化出版社 1990 年版，序言第 3 页。

分反映了蒙古族先民对人类摇篮——森林的怀念。

(六) 鲜卑故乡的萨满遗物

呼伦贝尔的森林和草原是拓跋鲜卑人魂牵梦绕的故乡，这里也留下了一些珍贵的拓跋鲜卑人早期萨满教活动的痕迹。"1992 年考古工作者发掘的拉布大林鲜卑古墓群出土了两件文物，桦树皮人形饰。这就为我们研究拓跋鲜卑人早期原始宗教提供了重要的实物依据。"[①] 将在拉布大林鲜卑墓中出土的两件文物进行比对，其人形饰的形制基本相同，其中的一件文物出土于墓葬的填土中，另一件文物出土于棺盖上。1997 年在谢尔塔拉墓地中出土的铜质"人面形饰"，也应该是呼伦贝尔地区萨满教的早期遗物。把拉布大林鲜卑古墓群出土的两件桦树皮人形饰，与其后出土的不同时代、不同民族的同类器物相比较，尽管各自制作偶像器物的质地和原料不同，但从中可以看出祖先崇拜已成为当时萨满教共同的祭祀内容之一。特别是拉布大林墓葬中出土的两件桦树皮人形神偶，与后来民间广为流传的萨满教用尖顶表现女性神，用方形头顶表现男性神的观念是完全一致的。这些拓跋鲜卑人留下来的桦树皮人形饰和铜质"人面形饰"，与后来蒙古人长期供奉的"翁衮"（神偶）功能是一样的，均起到氏族保护神的作用。

在拉布大林墓葬中还出土了 1 件铜铃和 9 件喇叭口骨角状饰，发掘报告称铜铃和骨角状饰是"首次发现"。关于墓葬中出土的铜铃，还有人认为"可能为早期萨满教遗物"。在完工墓葬中也出土有铜铃，铜铃是萨满在跳神时必备的神器之一。另外，在扎赉诺尔、伊敏河和拉布大林等地鲜卑墓葬中还出土了较多的羊矩骨（即"嘎拉哈"）。有的"嘎拉哈"上钻有小孔，显然是萨满生前随身佩带的器物。"此外，萨满的神衣的前后、两袖、下裙、裙边都要用小面神镜或闪光的蚌壳、贝壳、石片、水晶岩片、骨角片、鱼鳃片等晶莹闪光的物件组合而成。这些象征物件或者镶嵌在神衣上，或者用皮条串起来，挂在神衣上。与此同时，我们看到在扎赉诺尔鲜卑墓中出土有中间穿孔的圆形铜护和大蚌壳，伊敏车站和完工的鲜卑或乌桓的古墓出土很多贝壳，应是萨满服上

[①]　程道宏：《呼伦贝尔史话》，内蒙古文化出版社 2010 年版，第 80 页。

日月星辰的象征。"① 圆形铜护和大蚌壳同时出现在墓葬内，说明在没有铜制的护镜之前，鲜卑萨满是将大蚌壳挂在胸前代表太阳崇拜，漂亮光滑的铜制护镜出现后，逐渐代替了大蚌壳。将大蚌壳或贝壳缝在萨满服上，这也是当时北方萨满服饰的一个显著特征。铜制物件出现后，铜制护镜和挂铃、饰片等开始出现在萨满服上，至今巴尔虎萨满服上仍保留着这些物件。

二　蒙兀室韦时期的萨满教影响

额尔古纳河流域是蒙古人的摇篮，蒙古人的祖先是从这里走出森林、进入草原的，因此这里被世人称为"蒙古之源"和"天骄故里"。蒙古族的先民在"额儿古捏·昆"的深山密林里生活时，严酷的自然环境和生存条件使人们只能在萨满教世界里寻找精神寄托，并使萨满教在这一时期有新的丰富和发展。蒙兀室韦是蒙古族的源头，其宗教信仰方面的习俗无疑也应成为蒙古族宗教信仰的源头。这一时期，蒙兀室韦人的祖先崇拜、天体崇拜和亡灵崇拜观念较为发达，为蒙古民族统一前后萨满教信仰进入鼎盛时期奠定了基础。

（一）祖先崇拜

蒙兀室韦与蒙古之间有着密切的联系，在宗教信仰方面也是一脉相传的。《蒙古秘史》开篇当中便称："成吉思汗的根祖是苍天降生的孛儿帖·赤那（苍色狼）和他的妻子豁埃马阑勒（白色鹿）。他们渡腾汲思水来到位于斡难河源头的不儿罕，生有一个儿子叫巴塔赤罕。"② 鹿为鲜卑、室韦森林狩猎部落崇拜的图腾，狼为匈奴、突厥等草原游牧部落崇拜的图腾。成吉思汗的祖先为森林狩猎人，后来走出森林西迁来到草原后才转为游牧人的，因此不但继承了狩猎人母系氏族时代鹿图腾和鹿母传说，而且还继承了草原游牧人狼图腾观念和狼祖传说。从流传甚广的"苍狼白鹿"传说看，蒙古人的祖先肯定是离开森林后才来到草原地带的，否则也不会形成既有鹿图腾又有狼图腾的崇拜习俗。与此相

① 程道宏：《呼伦贝尔史话》，内蒙古文化出版社2010年版，第85页。
② 特·官布扎布编译：《成吉思汗称霸天下》，重庆出版社2012年版，第2页。

适应，萨满教祭祀的内容也发生一些变化，开始更关注和解决人与人之间的关系问题。

（二）天体崇拜

蒙兀室韦人的"柯克腾格里"崇拜，即"苍天"崇拜由来已久，某些方面与匈奴、突厥、回纥等北方民族对天的崇拜具有一致性和延续性。早期萨满教的天体崇拜，既是自然崇拜的主要对象之一，也可作为自然崇拜的单独对象，但是先民往往把对天体的崇拜和对天上其他自然现象的崇拜混杂在一起。由于萨满教的早期天穹观，常是包含着许多具体内容的天体对象，是一种模糊性或综合性的观念，"人们直接称日、月、星都为天"①。在萨满教信仰系统中，神灵崇拜从自然神、职能神到天神的演变经历了漫长的历史发展过程。起初，众多的自然神各司其职，从不越权，互不相统，无所谓上下和主次关系。后来，随着萨满教信仰体系的充实，开始出现天神并逐渐成为主神，其他神灵则成为属神，诸神之间的关系逐渐变得复杂化，这使萨满教的神灵系统变得非常庞杂。游牧民族的萨满教祭祀，有按照生产节律和祭祀传统举行的规律性祭祀，也有因偶然事件而进行的临时性祭祀活动。规律性祭祀活动包括各民族集体的祭祀活动，以及分散在民间的传统祭祀活动，如祭敖包、祭天等。"敖包"祭祀由来已久，属于萨满教独有的祭祀形式。据《蒙古秘史》记载，每当蒙古部落举行重大庆典时，部众们便在萨满带领下毕恭毕敬地向宝木勒守护神祈祷，并围绕着神松树欢跳媚神、娱神的舞蹈。蒙古人祭敖包时在敖包上添石插柳是一个重要内容，他们认为石头是"山神"集合体中的一个分支，树枝或柳条也是"树神"集合体中的一个分支。森林是蒙古人的摇篮，他们在那里度过了历史的童年，也留下了永久的回忆和深深的烙印，敖包上的石头和柳枝就是山石和林木崇拜意识的具体物化形式之一。

经过多方面的努力，专家们在呼伦贝尔地区额尔古纳河流域找到了许多蒙兀室韦人留下的遗址，如激流河旁的黄火地蒙兀室韦人祭祀或墓地遗址等，使人们看到破解"蒙古之源"千年谜团的曙光。激流河与蒙古乞颜部的"乞颜"的意思相同，都是"激流"之意。"乞颜的意思

---

① 孟慧英：《尘封的偶像——萨满教观念研究》，北京出版社 2000 年版，第 408 页。

是从山上流下的狂暴湍急的洪流。"① 激流河旁的皇火地附近还有铁矿，以及烧焦的铁矿石渣。2010 年在莫尔道嘎林区黄火地发现了祭祀石堆 77 处（后经细查有 83 处），这些遗迹让人很自然地想起蒙兀室韦人出山时几十个部落宰杀 70 头牛"化铁出山"的壮举。黄火地遗址系在大兴安岭森林中首次发现的石砌建筑遗存，对追溯蒙古先民的萨满教信仰习俗亦有重要意义。这些石堆均位于激流河南长满落叶松的半山腰的阳坡上，激流河在山脚下由东折向西北，每处石堆都相距不远，方形或圆形的石堆排列有一定规律。中国社会科学院考古研究所研究员刘国祥等专家初步认定，石头遗迹为蒙古先人的祭祀场所。这些遗迹不晚于 12 世纪。另外，在奇乾一带还发现了许多蒙古先人居住的半地下穴居遗址。"奇乾遗址位于中俄边境，是一处保存较好的蒙古先人半地下穴居遗址，发现有 53 座半地下穴式房址，年代检测为 10 世纪中叶。在中俄边境地区发现同类性质的遗址还有十八里和岭后等。"在这一区域发现的蒙古先人墓葬和祭祀遗迹等，有力地说明了呼伦贝尔是蒙古族起源的最核心地区，是蒙古民族走向世界的起点和发祥地，对破解"化铁出山"千年历史谜团，以及追溯蒙古先人宗教信仰的源头具有非常重要的作用。从黄火地发现的 83 处祭祀石堆，以及出山是宰杀 70 头牛做鼓风机等分析，当时蒙古先人内部已分有近百个氏族，而每个氏族都应有本氏族的萨满，这 83 处祭祀石堆应该属于纪念祖先和森林保护神的敖包。当近百个氏族的萨满聚集在一起，在每一个氏族立起的敖包前祈祷发愿，并共同为"化铁出山"跳神作法时，其场面应该是非常宏大和壮观的。

（三）亡灵崇拜

蒙兀室韦人已有"人有灵魂，灵魂不死，亡灵与活着的人们关系密切"的观念，这种观念直接导致"亡灵崇拜"的意识和行为的产生，而"亡灵崇拜"最集中的体现就是在丧葬行为上。"灵魂观念的产生是蒙古族思想史上的第一次伟大飞跃。"② 它表明蒙古人的直观和形象思

① 薄音湖主编：《蒙古史词典》，内蒙古大学出版社 2010 年版，第 13 页。
② 王立平、韩广富：《探求蒙古族萨满教文化发展的轨迹》，《黑龙江民族丛刊》2011 年第 4 期（总第 117 期）。

维开始向初步的抽象思维发展，标志着蒙古族先民从混沌中觉醒后，开始对自己的内心世界和周围世界进行探索。正是这些观念的形成，极大地丰富了蒙古族萨满教的文化内涵。谢尔塔拉墓地的发掘，证明了这批墓葬的文化内涵与鲜卑、契丹等民族的文化遗存有明显区别，这不仅表现在墓葬结构和埋葬习俗方面，而且表现在随葬品的种类及特征方面。1998 年中国社会科学院考古研究所等单位联合对海拉尔河北谢尔塔拉的一处古墓群进行了正式发掘，出土了一批具有鲜明草原游牧民族特色的珍贵文物。根据考古结果得知，该墓地的年代相当于 9—10 世纪，该墓地的发掘填补了相当于晚唐五代时期呼伦贝尔地区少数民族文化遗存的空白。

　　1985 年以来，呼伦贝尔地区的文物考古学家在陈巴尔虎旗西乌珠尔苏木等地，发现了一些令人吃惊的室韦人遗址和墓葬，这就为破解蒙兀室韦的历史谜团提供了新的希望。陈巴尔虎旗西乌珠尔苏木室韦墓葬，其年代为 7—8 世纪左右，其文化内涵与谢尔塔拉墓葬遗存有较多共性，应为谢尔塔拉墓葬文化的早期形式。谢尔塔拉墓葬出土的人面形饰："铜质，头顶正中为一鼓起的圆包，其下为 3 个相连的圆包，代表额头，两颊略弧，两个圆孔代表双眼，鼻梁略凸，下颌明显变窄，近半圆形，正中有一椭圆形长孔，代表嘴部。"[①] 还出土 3 件肩胛骨，其中马肩胛骨 1 件、羊肩胛骨 2 件。萨满教发展到一定程度之后，才出现了铜制面具，而从野兽的肩胛骨到马、羊等放养的家畜肩胛骨，则说明了蒙兀室韦已掌握了较高的畜牧业生产技能，其萨满教信仰也进入一个不断丰富内容的时期。西乌珠尔室韦墓群的葬具是独木棺，独木棺就是把整根圆木劈成两半，再将中间凿空制成葬具，这种葬俗是室韦等森林民族所特有的，并为后来的蒙古人所继承。从西乌珠尔独木棺墓群使用的葬具看，反映的是蒙兀室韦人特有的葬俗，而其后蒙古人用整段圆木凿成的独木棺下葬深埋，正是沿用了蒙兀室韦人古老的葬俗。

　　根据西乌珠尔室韦古墓群出土的陶片分析，其年代上限不应早于隋唐，下限不应晚于金代初年。据考古资料证明，这一时期在这一带活动的居民正是蒙古人的先人蒙兀室韦人。这种墓葬形式，与额尔古纳河北

---

　　① 中国社会科学院考古研究所等编：《海拉尔谢尔塔拉墓地》，科学出版社 2006 年版，第 58 页。

岸著名的"达布孙文化"有密切的关系，两者葬具都采用单片形式的独木棺，并随葬小口陶壶等器物，无疑属于同一种文化。20 世纪 80 年代末，俄罗斯考古学家在中俄界河额尔古纳河对岸发现了与蒙古族族源相关的一系列墓葬，并将之称为"达布孙文化"。这些墓葬死者的头部朝向西北，安葬在独木棺里。"达布孙文化"不晚于 9 世纪，而西乌珠尔蒙兀室韦墓葬年代与之相比稍晚一些，不早于 10 世纪。因为自古以来，从贝加尔湖到黑龙江上游的额尔古纳河一带就是蒙古族先民的繁衍生息之地，额尔古纳河也不能阻挡他们越过两岸自由往来，因此在中俄界河额尔古纳河对岸发现与呼伦贝尔境内一致的"达布孙文化"也就不足为奇了。据专家考证，西乌珠尔的独木棺是从大兴安岭下山的蒙古乞颜部遗留下的古墓，发现的其他桦树皮棺或桦木板棺则为与蒙古乞颜人通婚的某个"迭列列斤"部落。

三　蒙古汗国建立时的萨满教影响

萨满教在大蒙古国时期被定为国教，经历了由氏族、部落向民族集体和国家层面的转化过程，产生了主持国家祭祀活动的大萨满。大萨满享有"穿白袍骑白马"和"列于百官之上"的特殊待遇，因此可以将这段时期视为萨满教的鼎盛时期。

(一) 神圣家族的传说

在蒙古各部统一之前，蒙古各部几乎都有关于自己部族起源的传说，这些传说都带有浓重的萨满教色彩。这些传说几乎都将本部族的起源神圣化，其中阿阑豁阿"感光生子"的传说颇具传奇色彩，为尼伦蒙古（即纯洁出身的蒙古人）掌管汗权统治其他部落，披上了神圣的、合法的和其他人无法比拟的外衣。蒙古族先民离开额尔古纳森林后，来到腾吉思海（呼伦湖）以东草原，然后再沿克鲁伦河西迁到不儿罕山（肯特山）一带。据《蒙古秘史》记载，带领他们下山的首领名叫"朵奔伯颜"，他的妻子名叫"阿阑豁阿"。《蒙古秘史》在讲到阿阑豁阿时，将相关的地点和人物交代得非常清楚，特别是将阿阑豁阿的身世和血缘关系交代得十分清晰：这群百姓原来是巴儿忽真河谷的主人。巴儿忽歹蔑儿干的女儿，名叫巴儿忽真豁阿，她出嫁后生下了一个名叫阿阑豁阿的女孩，阿阑豁阿的亲外祖父就是巴儿忽歹蔑儿干。朵奔伯颜与阿阑豁阿结婚后生有两个儿子，朵奔伯颜去世后，阿阑豁阿又感光而生了3个儿子。因为后3个儿子是神人的后代，他们组成了尼伦蒙古（即纯洁出身的蒙古人，意思是"出自阿阑豁阿圣洁的腰"），其中第五子孛端察尔的后代称为孛儿只斤氏，这就是成吉思汗出生的氏族。而两个大儿子的子孙组成了迭儿勒勤蒙古，也就是一般出身的蒙古人。阿阑豁阿与朵奔伯颜婚配之事，说明了两件事：一是古代蒙古社会普遍存在抢婚制；二是巴尔虎部很早就与蒙古乞颜部存在婚姻关系，处于你中有我、我中有你的状态。从那时到现在，每当蒙古人讲团结的重要性及不团结的危害性时，举的例子无疑都要首选阿阑豁阿"五箭训子"的故事。阿阑豁阿——这位具有巴尔虎血统的伟大母亲的崇高形象，已成为全体蒙古人的精神财富，千百年来一直闪耀着其不灭的光辉。

阿阑豁阿"感光生子"的神圣传说，为她的第五子孛端察尔的后代形成"黄金家族"披上了神圣的光环。孛端察尔是成吉思汗"黄金家族"的始祖，这一说法无疑是想确立孛端察尔和孛儿只斤氏族在蒙古诸部的统治地位。蒙古诸部由分离走向统一，到最后成吉思汗最终确立了其在蒙古各部的统治地位，都是在这种萨满教思想观念的指导下完成的。在留传下来的文献和传说中，普遍存在着萨满对成吉思汗的高度颂扬和大力支持，成吉思汗被称为天的儿子，这种思想在成吉思汗完成统一蒙古大业中的作用是不能低估的。由此可见，蒙古社会中"蒙克·腾格里"（长生天）观念的形成，是把人间君主专制观念推广到神灵世界的结果，也是这一时期蒙古萨满教为成吉思汗汗权观念服务的集中体现。

（二）萨满的特殊地位

父系氏族社会是蒙古诸部族生成发展的重要阶段，尤其是在野蛮时代的中后期，蒙古诸部族开始进入国家体制发展的英雄时代（即部族的全盛时代），因而"天父地母"的世界观已不能适应这一时代的发展需求。于是，伴随着蒙古诸部族与中亚诸突厥语民族的交往以及为争夺蒙古高原游牧世界统治权而进行的斗争，蒙古诸部族创造了许多充满萨满教思想观念的英雄史诗，来进一步强化"天父地母"和萨满的重要作用。蒙古社会进入10世纪中后期，从氏族社会向阶级社会过渡时往往

"酋长同时兼任萨满"。从 11 世纪汗权的出现到成吉思汗时期，萨满在蒙古社会仍占有重要地位，并逐渐趋于专业化和为汗权服务。10 世纪中期以后，生产力的发展促使蒙古游牧社会出现了贫富分化，掠夺和兼并也成为扩大财富的一种重要方式。此时的萨满大多兼任部落酋长，萨满教中的神灵也被分为多种等级。随着各部落之间交往的增多，萨满的职能也发生了一些变化，即并不是只为本部落或本氏族成员服务，有时开始跨越部落和氏族界限为其他部落的人跳神治病。这一时期出现的跨氏族、跨部落的萨满活动，应该是萨满教发展史上的一件重要事情并具有里程碑般的意义，说明萨满教也在努力适应社会的发展需要和不断拓展自己的影响范围。"萨满的地位亦随着阶级的分化而升级，由原来的普通的人与神之间的中介者，变成了半人半神。"①

由于人们相信萨满具有通天和让人起死回生的本领，当萨满给人治不好病时人们便会怪罪于他，甚至会引来杀身之祸和爆发部落之间的战争。《史集》上记载有这样一件事：蒙古部合不勒汗的妻弟赛因的斤患病，请塔塔儿部派来的一名萨满治病。塔塔儿萨满施展法术后，不仅没有治好赛因的斤的病，还让他死去了。赛因的斤的兄弟们因此怪罪于萨满，后来到塔塔儿部杀死了这个萨满。合不勒汗的儿子们由于与赛因的斤有亲属关系，便多次攻打塔塔儿部，杀死了塔塔儿勇士蔑年把阿秃儿等人。由此，塔塔儿人与蒙古人之间产生了仇恨、敌对和战争。"两部落的利益冲突固然是争斗的根源，但毫无疑问，萨满扮演了矛盾激化的导火索。"② 塔塔儿人当时主要居住在贝尔湖附近，这个因治病而遭杀身之祸的塔塔儿人萨满，也成了呼伦贝尔历史上第一个被杀死的萨满。

蒙古人杀死塔塔儿人的萨满，激起了塔塔儿人对蒙古人的仇恨。萨满在各部落中享有和部落首领相同的威望，杀死一个部落的萨满就等于宣告两个部落之间处于敌对状态。合不勒汗死后，他的弟弟俺巴孩继承汗位，为了变敌为友，他表示愿意同塔塔儿人结亲，将爱女嫁给塔塔儿人的一位首领。为了表达诚意，他还亲自送女成亲，塔塔儿人将他们抓住交给了金朝。金朝统治者对俺巴孩汗施以最残酷的刑罚，将他钉死在木驴上。成吉思汗 9 岁的时候随父亲也速该巴特尔来呼伦贝尔订亲，成

① 苏鲁格：《蒙古族宗教史》，辽宁民族出版社 2006 年版，第 18 页。
② 王铁峰编著：《黑龙江萨满文化》，黑龙江人民出版社 2011 年版，第 118 页。

吉思汗的父亲在订亲回来的路上被塔塔儿人毒害了。蒙古人与塔塔儿人两个部落之间的仇恨，也因此变得更加难解难分。旧仇未报又添新恨，幼年丧父的悲痛成为成吉思汗复仇的主要动力之一，而此事的源头则归结于那个因治病而遭杀身之祸的塔塔儿人萨满。

（三）萨满教的鼎盛时期

成吉思汗在统一蒙古各部的过程中，十分重视萨满教和萨满的作用，他将一些著名的大萨满笼络到自己的周围，利用他们的特殊地位制造和散布舆论，给自己统一蒙古各部和登上汗位披上神秘的外衣。除了重大事情由萨满占卜外，成吉思汗家族还有"专门驮用家族供奉萨满的神龛和神具的马"①。当年泰亦赤兀惕人来袭时，"诃额伦母抱帖木伦于怀中，一马备为从马，孛儿帖夫人阙马矣"②。在人命关天的时刻，没马的人也不能骑那匹负有特殊使命的"从马"，由此可见萨满神像崇拜当时占有多么崇高的地位。

1. 阔亦田之战中的萨满斗法

阔亦田之战是发生在呼伦贝尔草原上，对成吉思汗统一蒙古各部有重大影响的一次重要战役。当时成吉思汗与王罕组成的同盟在阔亦田之野上，同以札木合为首的跨部族联盟之间，展开了一场关系到谁将统一蒙古各部的大决战。据考证，新巴尔虎右旗的"辉腾乌尔图草原"应是阔亦田古战场遗址。双方激战开始后，札木合联军的攻势异常猛烈，而且联军中有乃蛮部的不亦鲁黑汗、忽都合二人懂得"札达石"呼风唤雨的法术。当两位萨满施展法术时，果然天气发生了骤变，双方交战的战场上一时天昏地暗、风雨大作，夹带着飞沙走石，令人十分恐惧。奇怪的是风雨没有袭向成吉思汗与王罕的大军，却向施法的一方袭去。继而吹雨变雪，鹅毛大雪伴着大风向札木合联军袭来。得到"长生天"相助的成吉思汗指挥大军就势顺风发起进攻，像秋风扫落叶一样将札木合联军打得大败。阔亦田之战是成吉思汗联合王罕与札木合联军的第三次大战，也是一场成吉思汗与札木合争夺蒙古部最高权力的最后一战。

2. 豁儿赤帮助铁木真称汗

---

① 孟松林：《成吉思汗与蒙古高原》，新世界出版社 2009 年版，第 91 页。

② 道润梯步：《新译简注〈蒙古秘史〉》，内蒙古人民出版社 1978 年版，第 57 页。

成吉思汗一生当中两次称汗，第一次是 1189 年（金大定二十九年），成吉思汗建立乞颜联盟，被推举为汗；第二次是 1206 年（金泰和六年），成吉思汗统一蒙古各部，建立大蒙古国并称汗。引人注意的是这两次称汗都得到了大萨满的鼎力相助，由此可见当时萨满威望之高和萨满教对蒙古社会政治生活的影响之大。成吉思汗曾吸纳一大批萨满来为他的政治和军事行动服务，如豁儿赤不仅率领自己的部众投靠铁木真，而且还联络了其他部落的一些萨满来共同支持铁木真，宣称："天地商量着国土主人教铁木真做，我载着国土送与他去，神明告与我，教眼里见了铁木真，我将这等言语与你。"①萨满豁儿赤的上述言论，使成吉思汗在社会舆论方面占据了主导地位，其产生的社会影响力是巨大的，其社会价值也远远高于一般将领的武功，所以成吉思汗才答应以后让他当万户长并满足他提出的其他要求。后来豁儿赤按成吉思汗答应的条件，前往位于贝加尔湖附近的"森林百姓"秃马惕部落（巴尔虎人的近亲）索要 30 个美女，引起秃马惕人的反抗，还被秃马惕人杀死了号称成吉思汗"四杰"之一的博尔术。

3. 阔阔出首创成吉思汗称号

阔阔出又名帖卜腾格里（即通天巫），是蒙力克的第四子，是一个非常有名的大萨满。他曾经说自己如何跨上灰色的骏马，怎样自由地升天并与神灵谈话。在成吉思汗称汗前，萨满阔阔出称他与"长生天"沟通后，说"长生天"让成吉思汗称"成吉思汗"，并说这是天意。正是有了萨满的支持，铁木真于 1206 年称汗并统一了蒙古各部，而萨满教由此取得了在蒙古族社会的主导地位，各类萨满自身也成了蒙古统治阶级中的一个特殊阶层。萨满依靠在铁木真称汗过程中立下的汗马功劳，不仅享有较高的声望，而且也拥有较大的权势。萨满教此时已逐渐改变了其原始简朴的面貌，具有越来越多的阶级内容，某些方面"萨满已完全变成统治者的代言人"。大萨满阔阔出甚至可以向成吉思汗的权威发起挑战，因为他觉得"成吉思汗"这个称号都是他从"长生天"那里讨要来的，其他人就更不放在眼里了。他竟然敢诬蔑成吉思汗的亲族、曾带领 6 个兄弟吊打成吉思汗的大弟哈萨尔；当成吉思汗的幼弟斡

---

① 额尔登泰、乌云达赍校勘：《蒙古秘史校勘本》，内蒙古人民出版社 1980 年版，第 959 页。

惕赤斤前往阔阔出处索要逃走的属民时，阔阔出兄弟又要斡惕赤斤跪在阔阔出面前。阔阔出此时已不满足于自己目前的地位和权势，而是"且欲当权"，要与成吉思汗"齐等"。为此他极力扩充势力，"在后有九等言语的人，都聚在贴卜腾格里（即阔阔出）处，多如太祖处聚的人"[①]。

4. 成吉思汗与阔阔出的较量

在成吉思汗称汗之前，大萨满阔阔出就利用自己的特殊身份经常肆无忌惮地和成吉思汗平起平坐地讲话，但由于这些话都是支持成吉思汗称汗的，所以得到了成吉思汗的赞扬，他因此也变得飘飘然和有恃无恐。成吉思汗称汗后阔阔出也因此获得了很大的权势，甚至连成吉思汗的诸弟都不放在眼里。一个萨满敢公开挑战成吉思汗家族的权威，这绝不是一个偶然的现象。后来，成吉思汗因大萨满阔阔出专横跋扈，其所作所为已变成公开向成吉思汗争权和与其抗衡的一种分裂势力，加之此时成吉思汗已"无须其助"，便"命其弟拙赤俟其入帐发言无状时即杀之"[②]。成吉思汗义无反顾地杀掉了自以为是的大萨满阔阔出后，让对成吉思汗忠诚和驯顺的兀孙老人担任了大萨满。当成吉思汗除掉阔阔出后，亦言是"天不受他，连他身命都将去了"[③]。从成吉思汗果断地杀掉专横的大萨满阔阔出，以及让温顺的兀孙老人担任大萨满这两件事中可以看出，此时成吉思汗已摆脱了萨满教的控制和束缚，"汗权"已高于一切，萨满教又重新成为成吉思汗利用和控制的对象。尽管兀孙大萨满有"骑白马穿白袍"和"列于百官之首"等特权，但由于蒙古族此时已进入较为发达的民族阶级社会，其统治阶级出于自身的政治和经济利益的需要，已不再允许萨满利用昏迷法术来控制和左右他们的行为。"不难看出，萨满教已完全改变了其原有的性质和面貌，具有了阶级社会的新内容。"[④]

（三）萨满文化的充实

萨满教作为蒙古族历史上的主要宗教信仰，对蒙古族文化的形成和发展所产生的影响是多方面的，一方面萨满教作为蒙古族文化的一部

---

① 鲍思陶点校：《元朝秘史》卷12，齐鲁书社2005年版，第167页。

② 余大钧：《一代天骄成吉思汗——传记与研究》，内蒙古人民出版社2002年版，第197页。

③ 鲍思陶点校：《元朝秘史》卷12，齐鲁书社2005年版，第169页。

④ 高文德：《蒙古奴隶社会研究》，内蒙古人民出版社1987年版，第227页。

分，为蒙古族文化增加了丰富的内容；另一方面萨满教文化对蒙古族早期文化的其他方面存在着各种各样的影响，从而使蒙古族的早期文化在具有游牧民族文化特点的同时，也具有了鲜明的萨满教文化的特点。在漫长的历史发展过程中，蒙古人信奉的萨满教不断得到丰富和发展，从原本的自然崇拜逐渐演化为集自然、宗教、政治于一体的国教，对蒙古族的社会生活产生了深刻的影响。

1. 突出了"长生天"的作用

萨满教对蒙古族传统文化的影响，最重要的是对蒙古族民众世界观的影响，即对蒙古族古代哲学产生了深刻影响。早期蒙古族的"万物有灵"观念的集中表现是"图腾崇拜"，这种"图腾崇拜"是和蒙古族的始祖传说联系在一起的。随着社会生产力的发展，人们对自然界的认识也在不断深化，那种把某种动物作为始祖的图腾崇拜逐渐消失，代之而起的是逐渐系统化的各种信仰和崇拜，因萨满而得名的萨满教就是适应这种需要而产生的。随着社会生产力的进一步发展，蒙古族社会内部出现了私有制和贫富差距的现象，萨满教为适应这种新型的社会关系，把众多的神灵分成不同的等级，确定了天神的主导地位，并宣扬"富贵在天"、"汗权神授"的天命论思想。萨满不仅宣扬"贫贱富贵命也"，而且传播"汗权神授"的天命论思想，积极为"汗"的出现和蒙古诸部的统一做思想准备。在萨满教信仰体系中，以神统观为核心的诸神从自然神、职能神到天神的演变经历了漫长的历史发展过程。起初，众多的自然神各司其职，从不越权，互不相统，无所谓上下和主次关系。后来，天神出现并成为主神，其他神则成为属神，诸神之间的关系逐渐复杂化，使得蒙古族的萨满教神灵体系变得非常庞杂。

蒙古人"长生天"概念的出现，主要有两个原因：一方面，由于蒙古族在现实生活中出现了一个统一的君主，因而反映到宗教领域中就出现了一个统一的神；另一方面，随着社会的发展，人们的抽象思维能力也得到了迅速的提高，能够从众多的个别事物中概括出一般的类别概念。"长生天"不只是成吉思汗自信心和必胜信念的源头，而且他的部众也都确信成吉思汗是天命所归。蒙古萨满教在诸神中突出了"腾格里"的作用，但"至上神"崇拜并不等于一神教，因为它并不否认"至上神"以外存在众神。"腾格里"的产生可能和自然崇拜的其他诸神一样，出现的时间很早，但它真正成为"万神之主"和蒙古人主要崇拜之神的原因，可能是为了适应蒙古人追求统一和"汗权神授"观念的需求。在蒙古各部兴起之际，部落联盟已成为十分普遍的现象，部落联盟首领的地位已确定，但这种部落联盟是松散的，有的还经常处在敌对的关系中，互相仇视和互相倾轧的现象也非常普遍。在这一历史条件下，蒙古萨满教原来分散的、各自独立的、彼此不相隶属的众多神灵，开始由无序向有序转化，最突出的一点是产生和强化了"长生天"意识，代表着蒙古萨满教在这一时期已发展到了较高层次。这种有序的新型神灵世界的产生，显然是人类社会等级观念在萨满教神灵世界中的真实反映。

2. 敖包祭祀的核心是祭天地

除了"长生天"这一最高神之外，蒙古人认为仅次于"长生天"的崇拜对象，就是位于"长生天"之下的大地。古代蒙古人按照自己的神权观念，认为大地是排在"长生天"之后居第二位的神灵。因此，蒙古人历来有"父亲天母亲地"的说法。在《蒙古秘史》的记载中，大蒙古国时期的萨满已经将"天地"这两个观念并列起来使用，成吉思汗统一蒙古各部和登上汗位，也是因为"依靠长生天的气力和天地的佑护"。这一时期古老的敖包崇拜被赋予了更多的内容，但敖包祭祀的核心仍是以祭天地为主。"敖包神是古代蒙古族萨满神之一，为氏族的最高保护神。"[①] 蒙古族先民认为永恒的苍天是最高尚的神，敖包和立在敖包上的树枝则是通向苍天的长梯。按照蒙古人的说法，"腾格里"天神与敖包神是统一的神祇。无论是对自然界的神化，还是对超自然力的神化而形成的天神，祈祷者都以祭祀敖包的形式向天神祈求幸福和安康，而"腾格里"诸神则要保护向他们祈祷的人。

3. 创造了畜牧之神

畜牧业是草原经济的命脉，游牧民族最为关心和忧虑的莫过于自己畜养的牲畜了。因此如何防治牲畜疫病和预防狼害，如何照顾牲畜使其顺利繁殖和健康发育等，都成为牧民日夜操心的事情。在相信"万物有灵"的游牧社会中，他们把驯养和看护牲畜中遇到的难题，寄托在能为他们解除困惑的各种牲畜保护神，相信神灵能够帮助人们保护牲畜。萨满教认为宇宙分为上、中、下三界，上界为天神所居，中界为人类和

---

① 盖山林编著：《蒙古族文物与考古研究》，辽宁民族出版社1999年版，第142页。

各种神灵居住，下界为鬼魂的住所。人死后的亡灵要到阴间去，那里的生活与人间基本相似，如果人死后的亡灵去不了阴间，那它就要在人间游荡作祟。在人间的深山老林及河川沃野中，还生活着各种自然神，它们既可以造福于人，也可以作祸于人，这取决于人们对它们的崇拜程度。为了适应蒙古人进入草原从事畜牧业的需求，人们把自己创造的这些经验异化为新的崇拜对象，创造了畜牧业的专职神灵——"吉雅其"神。"吉雅其"其实属于一种职能神，在游牧时期牧人的放牧技能非常重要，一些有技术专长的人死后成为职能神，"吉雅其"正是以其"理想的牧人"形象和技能，进入了蒙古族萨满教的神灵殿堂。"吉雅其"职能的这种转化反映了由狩猎过渡到畜牧业的蒙古人，希望通过神灵恩赐好运的方式获得畜牧业丰收的美好愿望，其特点不在于追溯人与神的血缘关系，而是赋予这种神灵一种特殊的保护作用，即能给牧人带来某种幸运的作用。畜牧保护神的出现，表明当时尽管畜牧业已发展到了一定程度，但仍然无法抗拒严重的自然灾害，还需要某种有预见性而技术高强的人或神来维护畜牧业生产。"由于受到人们的尊敬和赞赏，逐渐被人们擢升为神，再通过萨满教的认可，就成了宗教灵界的神偶，吉雅其的形象经勃额的传播更赢得人们的普遍爱戴而在民间扎下根来。"[1]由于他的职能涉及牲畜饲养、牧民财富和牲畜医病治疗等诸多方面，"吉雅其"就成了能赐给牲畜运气的幸运神、保护神，以及能给牧人创造幸福的命运之神和财富之神。

（作者单位：呼伦贝尔学院民族历史文化研究院）

---

[1] 荣苏赫、赵永铣、梁一儒、扎拉嘎主编：《蒙古族文学史》第一卷，内蒙古人民出版社 2009 年版，第 64 页。

东亚文化中的蒙古式狩猎传统

易 华

[摘 要] 游牧与狩猎是两种不同的生产方式或文化传统，两者结合使蒙古族如虎添翼。游牧并不总是蒙古族或北方民族的经济基础，狩猎才是其根本的生存方式。狩猎是"生业"或"常业"，也是最重要的社会活动。游牧经济是分散性的，不需要联合；而狩猎特别是围猎需要协作，形成了十进制社会军事组织。游牧文化来自西亚或中亚，狩猎传统可能源于东亚。射箭术有两大传统：地中海式射法和蒙古射法。本文试图以射猎为例探讨狩猎源流，将历史记述、考古发现与民族学调查相结合系统梳理东亚狩猎传统，并由此窥视东亚历史演变轨迹。

[关键词] 游牧 狩猎 射箭术 民族考古学

一 引言

弓箭是人类旧石器时代最伟大的发明，一直影响到当代。最早的箭镞见于六万年前的非洲，欧亚大陆东西两端均发现了万年以前的射猎遗物。射箭术源远流长，形成了两大传统：地中海式射法（The Mediterranean release technique）和蒙古式射法（The Mongolian release technique）。地中海式射法以中间三指同时拉弦，主要流行于欧亚大陆中西部；蒙古式射法用大拇指勾弦，主要流行于东亚。西方流行单体长弓，而东方多用复合弓；弓弦、箭杆、箭镞、箭羽等亦各具特色。两者大同而小异，相互交流与影响亦约略可考。

鹿科动物（Cervidae）属哺乳纲偶蹄目，现存约16属50余种，分布于欧亚大陆、南北美洲及非洲，栖息于林区、灌丛、沼泽、苔原和荒漠，是典型草食动物。约3500万年前（渐新世）起源于亚洲东部，东亚现有鹿科动物20余种，占世界40％左右，是鹿类资源最丰富的地区。中国是鹿科动物种类最多的国家，有 10 属约 20 种，分布于长江、黄河流域和北方草原、森林地区。鹿科动物是古代东亚人主要狩猎对象和衣食之源，鹿成了国家或权力的象征。逐鹿中原确有其事，鹿死谁手意味深长。满洲、蒙古、女真、契丹、鲜卑屡屡得手，突厥、柔然、匈奴、俨狁、鬼方亦跃跃欲试，可能还有商人或东北夷。北方民族与中原王朝结下了不解之缘。

　　射猎在东亚有悠久的传统。徐中舒早就注意到弋射与弩是东亚的发明："中华民族当三千年前即已利用此种最进步之利器，实可惊异。近代学者对于东方蚕丝、瓷器、造纸、印刷、火药等物之发明，无不盛为称道；独于此则尚不详其所由来。"① 谢肃方对亚洲传统射艺情有独钟，做过系统考察；② 马明达搜集历代射书考证射学源流；③ 仪德刚对中国传统弓箭技术进行过专门调查研究；④ 锋晖寻求"弓道"，出版了综合性弓箭文化著作。⑤

　　考古发现和研究揭示东亚射箭可追溯到旧石器时代晚期。山西峙峪遗址镞形细石器可能是石镞⑥；下川遗址十三枚石镞是目前公认东亚最早箭镞。⑦ 广泛分布于东亚的细石器中有相当一部分是箭镞，新石器时代增加了骨镞和蚌镞，青铜时代出现了铜镞，后来流行铁镞。弓亦由单体弓演变为复合弓和弩，还留下了箭袋、箭端和扳指等有关器物。安家瑗对史前弓箭进行过初步考察⑧，李新伟对箭杆整直器做过有趣探讨。⑨ 杨泓发现新石器时代早期人们多用骨镞，而龙山文化时代石镞比例大大超过了骨镞。⑩ 最近我们在赤峰和海拉尔进行了发掘并对相关遗址进行了调查，发现了一批与狩猎有关的重要遗物，为揭示东亚射猎的起源和

---

　　① 徐中舒：《弋射与弩之渊源及关于此类名物之考释》，《中央研究院历史语言研究所集刊》四本四分册，1934 年。

　　② 谢肃方：《百步穿杨——亚洲传统射艺》，香港海防博物馆 2003 年版。Stephen Selby, *Chinese Archery*, Hong Kong University Press, 2000.

　　③ 马明达：《中国古代射书考》，《暨南史学》第二辑，暨南大学出版社 2004 年版。

　　④ 仪德刚：《中国传统弓箭技术与文化》，内蒙古人民出版社 2007 年版。

　　⑤ 锋晖：《中华弓箭文化》，新疆人民出版社 2006 年版。

　　⑥ 贾兰坡等：《山西峙峪旧石器时代遗址发掘报告》，《考古学报》1972 年第 1 期。

　　⑦ 王建等：《下川文化——山西下川遗址调查报告》，《考古学报》1978 年第 3 期。

　　⑧ 安家瑗：《试论我国史前的弓箭》，《中国历史博物馆馆刊》1994 年第 1 期。

　　⑨ 李新伟：《我国史前有槽箭杆整直器》，《考古》2009 年第 6 期。

　　⑩ 杨泓：《中国古代兵器论丛》（增订本），文物出版社 1985 年版。

发展提供了新资料。

20世纪初期史禄国在东北亚地区进行了开创性的民族学调查研究，提出了通古斯民族概念。① 其中鄂伦春人是保持狩猎传统最好的民族，为我们研究古代射猎提供了现代参照。史籍中有零星记述，20世纪50年代民族社会历史大调查积累了第一手资料，秋浦②、吕光天③、赵复兴④等出版了专著多部。最近我们又重访呼伦贝尔鄂伦春自治旗，了解现状，回顾历史，增加了感性认识。

宋兆麟等率先用民族考古学方法研究弓弩。他们比较研究了鄂伦春族、纳西族、独龙族、哈尼族木弩和古代青铜机弩，指出青铜机弩源于木弩。⑤ 我们试图将历史记述、考古发现与民族学调查相结合，即以民族考古学方法系统梳理东亚狩猎传统，并由此窥视东亚历史演变轨迹。

二　历史记述

游牧与狩猎是两种不同的生产方式或文化传统。蒙古族曾威震欧亚，谱写了世界历史辉煌篇章；一般认为是游牧民族的典型代表，其狩猎本色还没引起足够重视。其实早在13世纪，亚美尼亚学者就认为蒙古族是一个擅于骑马射箭的民族，撰写了《弓手民族史》。⑥ 宋代《黑鞑事略》云："四五岁挟小弓短矢，及其长也，四时业田猎。"⑦ 《蒙鞑备录》亦云："自春徂冬、旦旦逐猎、乃其生涯。"⑧ 明代《北虏风俗》更具体："若夫射猎虽夷人之常业，然亦颇知爱惜生长之道，故春不合围，夏不群搜。惟三五为朋，十数为党，小小袭取，以充饥虚而已。乃至秋风初起，塞草尽枯，弓劲马强，兽肥隼击，虏酋下令，大会蹛林，千骑雷动，万马云翔，校猎阴山，十旬而反，积兽若丘陵，数众以均

① 史禄国：《北方通古斯的社会组织》，吴有刚等译，内蒙古人民出版社1985年版。

② 秋浦：《鄂伦春人》，民族出版社1956年版。

③ 吕光天：《北方民族原始社会形态研究》，宁夏人民出版1981年版。

④ 赵复兴：《鄂伦春族游猎文化》，内蒙古人民出版社1991年版。

⑤ 宋兆麟、何其耀：《从少数民族的木弩看弩的起源》，《考古》1980年第1期。

⑥ Grigor of Akanc, *History of the Nation of the Archers* (the Mongols), English translation and notes by R. P. Blake and R. N. Frye, Harvard University Press, 1954.

⑦ 彭大雅、徐霆：《黑鞑事略》，《海宁王静安先生遗书》本。

⑧ 赵珙：《蒙鞑备录》，《海宁王静安先生遗书》本。

分，此不易之规也。然亦有首从之别，如一兽之获，其皮毛蹄角以颁首射，旌其能也，肉则瓜分同其利也。"① 《译语》云："虏善猎，觇兽所在，则集众合围多至万人，或数千人，或数百人，自疎而密，任其驰驱，僵禽毙兽，烂若磆砾，此正彼之为生也。"② 李心传断言："塔坦（鞑靼）止以射猎为生"③；故毛泽东曰：一代天骄，成吉思汗，只识弯弓射大雕。

　　蒙古人以射猎为特色有史为证。符拉基米尔佐夫指出："古代蒙古人不是单纯的游牧民，而是游牧狩猎民。"④ 吉田顺一认为蒙古人始终一贯积极热心地进行狩猎，草原狩猎是与游牧并存的重要经济领域。⑤后藤富男⑥、原山煌⑦等亦不约而同地主张狩猎是游牧经济的重要补充。张长利怀疑游牧是蒙古族或北方民族的经济基础，指出狩猎才是其根本的生存方式。狩猎是北方民族的"生业"或"常业"，也是最重要的社会活动，正是狩猎推动了社会的发展。游牧经济是分散的，不需要联合；而狩猎特别是围猎需要协作，于是形成了千户制等适于狩猎与战争的社会组织。⑧

　　北方游牧民狩猎不仅以动物为对象，而且以人为对象，战争亦是一种狩猎。马克思肯定地指出："一种最古老的协作形式是例如在狩猎中出现的、同样也是在战争出现的，战争也是狩猎，不过是对人的狩猎，是更为发展的狩猎。"⑨ 蒙古人进行战争的方法或战略战术来自集体围猎的方法。波斯文《史集》屡次提到蒙古人用围猎的方法作战：决定以围猎的方式继续行动，一个土绵接一个土绵攻占和破坏他们所经过的一些城市、地区或城堡。⑩《世界征服者史》亦云："战争以及战争中的杀戮、清点死者和饶恕残存者，正是按这种（围猎）方式进行的，确

　　① 萧大亨：《北虏风俗·耕猎》，《国学文库》本。

　　② 岷峨山人：《译语》，《纪录汇编》本。

　　③ 李心传：《建炎以来系年要录》，上海古籍出版社 2008 年版。

　　④ 符拉基米尔佐夫：《蒙古社会制度史》，刘荣焌译，中国社会科学出版社 1980 年版，第 66 页。

　　⑤ ［日］吉田顺一：《蒙古族的游牧与狩猎》，《东洋史研究》第四十卷第三号。

　　⑥ ［日］后藤富男：《内陆亚洲游牧民社会研究》，吉川弘文馆 1968 年版。

　　⑦ ［日］原山煌：《蒙古狩猎考》，《东洋史研究》第三十一卷第一号。

　　⑧ 张长利：《狩猎与古代北方游牧社会》，《内蒙古社会科学》1993 年第 3 期。

　　⑨ 马克思：《经济学手稿》，《马克思恩格斯全集》第 47 卷，人民出版社 1979 年版。

　　⑩ 拉施特主编：《史集》，余大钧等译，商务印书馆 1986 年版。

实，每个细节都是吻合的。"①汉文史籍也有类似记述，"以战为猎"是蒙古国俗："国家用兵，一以国俗为制，而不师古，不计师之众寡，地之险易，敌之强弱，必合围把稍猎取之若禽兽然。"②成吉思汗将战争对手蔑儿乞部主火都当作猎物，遣使对钦察部主亦纳思说："汝奚匿吾负箭之麇?"③忽必烈自称猎手："吾犹猎者，不能擒圈中豕、野猪以供汝食，汝可破圈而取之。"④《经世大典》明言："神元上世，北戴斗极以立国，寓兵法于猎，开圈聚散严矣。"

游牧与狩猎相结合使蒙古族或东亚民族如虎添翼。游牧文化源于西亚或中亚，狩猎传统可能源于东亚。《说文解字》："夷，平也，从大从弓，东方之人也。"夷人善射源远流长。夷羿射日见于《楚辞·天问》："羿焉彃日，乌焉解羽?"王逸注曰："尧命羿仰射十日，中其九日，日中九乌皆死，堕其羽翼。"《山海经》多次提到羿，"帝俊赐羿彤弓素矰"。《淮南子·本经训》归纳为："逮至尧之时，十日并出，焦禾稼，杀草木，而民无所食。猰貐、凿齿、九婴、大风、封豨、修蛇皆为民害。尧乃使羿诛凿齿于畴华之野，杀九婴于凶水之上，缴大风于青丘之泽，上射十日而下杀猰貐，断修蛇于洞庭，擒封豨于桑林，万民皆喜，置尧为天子。"⑤

羿又称夷羿或后羿，是神话中尧舜时代神人，亦是传说中夏代人物。《楚辞·天问》："帝降夷羿，革孽夏民，胡射夫河伯而妻彼雒嫔?"《左传·襄公四年》云："昔有夏之方衰也，后羿自鉏迁于穷石，因夏民以代夏政，恃其射也，不修民事，而淫于原兽。"《楚辞·天问》"浞娶纯狐，眩妻爰谋，何羿之射革而交吞揆之?"《左传·昭公二十八年》云："昔有仍氏生女，黰黑而甚美，光可以鉴，名曰玄妻；乐正后夔取之，生伯封，实有豕心，贪婪无厌，忿颣无期，谓之封豕。有穷后羿灭之，夔是以不祀。"《荀子》更生动："夏王使羿射于方尺之皮，径寸之的。乃命羿曰：'子射之，中，则赏子以万金之费；不中，则削子以千邑之地。'羿容无定色，气战于胸中，乃援弓而射之，不中，更射之，

---

① 志费尼：《世界征服者史》上册，何高济译，内蒙古人民出版社1981年版，第31页。
② 郝经：《东师议》，《陵川集》卷23，《四库全书》本。
③ 《元史》卷128《土土哈传》。
④ 《元史》卷147《张柔传》。
⑤ 参见袁珂《中国神话传说》羿禹篇（上）第二章，中国民间文艺出版社1984年版。

又不中。夏王谓傅弥仁曰：'斯羿也，发无不中！而与之赏罚，则不中的者，何也？'傅弥仁曰：'若羿也，喜惧为之灾，万金为之患矣。人能遗其喜惧，去其万金，则天下之人皆不愧于羿矣'。"

羿是善射者的象征。《孟子·离娄》："逢蒙学射于羿，思天下惟羿愈己，于是杀羿。"《荀子·正论》："羿、蜂门（逢蒙）者，天下之善射者也。"《淮南子·说林》："百发之中，必有羿、逢蒙之巧。"羿亦被认为是弓箭的发明者。《墨子·非儒》"古者羿作弓"，《吕氏春秋》"夷羿作弓"。荀子《解蔽》："锤作弓，浮游作矢，羿精于射。"《太平御览》三百四十七卷记载夏朝已有教授射箭的"序"。《孟子》云："序者，射也。"商代有"庠"。《礼记·王制》云："耆老皆朝于庠，元日，习射上功。"习射是夏、商学校教育的主要内容。

1926 年 E. Krkes 指出中国人、满—通古斯人和美洲印第安人流传类似的射日神话。[①] 1937 年 Manchen-helfen 专门研究了射太阳问题，拓展了射日神话研究。在此基础上何廷瑞出版《台湾土著神话传说比较研究》指出，射日神话可能起源于中国，由此传播扩散到其他地区。[②] 李福清进行了系统考察指出，射日神话主要流行于中国大陆、中国台湾和菲律宾、印度尼西亚及印度东北部地区。东北亚满—通古斯语族和蒙古人中亦流行射日神话[③]，最近谢肃方从萨满教角度解读射日神话[④]，值得进一步探讨。

其实射日是东夷或夷人的神话传说或传统。商代晚期武乙射天体现了夷羿善射传统，宋康王是殷商射日传统的继承者。《史记·殷本纪》："帝武乙无道，为偶人谓之天神，与之博，令人为行，天神不胜，乃僇

---

①　E. Krkes，"Chinesisch-Amerikanische Mythen-parallelen"，pp. 32 – 53，Toung Pao，V. 24，1926.

②　Ho Ting-jui，A Comparative Study of Myths and Legends of Formosan Aborigines，Orient Cultural Service，1971.

③　李福清（B. Riftin）：《从黑龙江至台湾——射太阳神话比较研究》，《神话与鬼话》，社会科学文献出版社 2001 年版。"Our folk legends tell of Erekhe Mergen, the great archer who saved the people from a drought by shooting down six suns." Mongolian National Archery by Munkhtsetseg.

④　Stephen Selby，The Archery Tradition of China：Some 3，500 years ago，there was a shamanistic archery cult in China. The shamans and rulers performed archery rituals to pray for rain，reduce floods and keep barbarians from Chinese lands. Famous among the shamans were the clan called "Yi"，whose founder，according to Chinese folklore，shot from the sky nine suns which appeared causing a drought and famine.

辱之；为革囊盛血，仰而射之，命曰射天。武乙猎于河渭之间，暴雷，武乙震死。"与殷人射天不同，周人只射四方，对天敬而远之。从商亡于周到宋亡于齐，商人及其后裔在文化上的话语权丧失，射天被认为是大逆不道。周人、吐火罗人或印欧人、突厥或匈奴人敬天不射，这也说明夷夏（周）有不同的射箭传统或信仰体系。

武王伐纣和周公平定叛乱，弓箭起了重要作用。统治者深知掌握武力的重要，制定了射礼、弓制、矢制等。射礼源于原始狩猎文化，西周时期演变为周天子威慑诸侯、维护集权的手段。《易·系辞》："弦木为弧，剡木为矢，弧矢之利，以威天下。"弓有不同的种类和用途。《周礼·司弓矢》载，弓有王弓、弧弓，夹弓、庾弓、唐弓、大弓；矢有八种，最常用的是"兵矢"。春秋战国时代矢的样式很多，有双翼、三棱、四棱、镂空翼等形状。儒家倡导，射箭成为人们才艺修养的重要方式。《史记·孔子世家》："孔子以诗书礼乐教，弟子盖三千焉，身通六艺者七十二人。"六艺指礼、乐、射、御、书、数。射艺融合生产活动、体育运动、军事训练、社交礼节、审美情趣和儒家思想，成为独特的东亚文化现象。

东北地区的肃慎以"楛矢石砮"知名。孔子周游列国到陈国碰到隼死于陈侯之庭。《国语·鲁语》仲尼曰："隼之来也远矣！此肃慎氏之矢也。昔武王克商，通道九夷、百蛮，使各以其方贿来贡，使无忘职业。于是肃慎氏贡楛矢石砮，其长尺有咫。先王欲昭其令德之致远也，以示后人，使永监焉，故铭其栝曰'肃慎氏之贡矢'。"三国韦昭注曰："肃慎，东北夷之国，去扶夷千里。"《史记·孔子世家》有类似记载，《集解》引郑玄曰"息慎，或谓之肃慎，东北夷"。肃慎为众夷之一，一般认为是北夷或东北夷，与中原王朝早有联系。《大戴礼·少闲》："昔虞舜以天德嗣尧……海外肃慎、北发、渠搜、氏羌来服。"《竹书纪年》载帝舜二十五年："息慎氏来朝贡弓矢。"《汉书·武帝纪》："周之成康，刑错不用，德及鸟兽，教通四海。海外肃眘、北发、渠搜、氏羌来服。"

秦汉以降仍往来不断，魏玄菟太守接触到了肃慎本土。《三国志·明帝纪》载："丁巳，肃慎氏献楛矢。"《三国志·陈留王本纪》更具体："辽东郡言肃慎国遣使重译入贡，献其国弓三十张，长三尺五寸，楛矢长一尺八寸，石砮三百枚，皮骨铁杂铠二十领，貂皮四百枚。"《三国志·毌丘俭传》载："正始六年……俭遣玄菟太守王欣追之，过沃沮千有余里，至肃慎氏南界。"《三国志·东夷传》云："又遣偏师致讨，穷追极远，蹦乌丸骨都，过沃沮，践肃慎之庭，东临大海。"肃慎最后一次见诸正史是《北齐书·文宣帝纪》："秋七月戊子，肃慎遣使朝贡。"《三国志·东夷传》云："自虞暨周，西戎有白环之献，东夷有肃慎之贡，皆旷世而至，其邈远也如此。"楛矢石砮不仅表明东夷善射，亦是万邦协和的象征。钟会《檄蜀文》曰："布政垂惠而万邦协和，施德百蛮而肃慎致贡。"①

由此看来肃慎位于今黑龙江或大兴安岭一带，特产楛矢石砮，间接反映了肃慎或东北夷善于射猎。《三国志·挹娄传》提到了肃慎和楛矢石砮："其弓长四尺，力如弩，矢用楛，长尺八寸，青石为镞，古之肃慎氏之国也。善射，射人皆入，因矢施毒，人中皆死。"楛矢是指楛木为箭杆。《说文解字》云："楛，木也。"《后汉书·孔融传》注曰："今辽左有楛木，状如荆，叶如榆也。""楛矢"是桦的肃慎语读音，至今蒙古语或满语读"桦"为楛矢。"楛矢"或桦是制造箭杆的好材料。石砮指石镞，青石可能是矽化木。《辽东志》卷九："江中有石，名木化石，坚利，可锉矢镞，土人宝之。"《大明一统志》卷八九亦云："黑龙江口出名水化石，坚利入铁，可锉矢镞；土人将取之，必先祈神。"矽化木可做镞，石砮还可包括玛瑙、石髓、碧玉、燧石、黑曜石等制成的镞。

几乎与肃慎在正史中消失同时，室韦始见于正史。《魏书·失韦传》："唯食猪、鱼，养牛、马，俗又无羊。夏则城居，冬逐水草，亦多貂皮。丈夫索发，用角弓，其箭尤长。"室韦继承了善射的传统。武定年间室韦多次遣使东魏，建立了"贡赐"关系，室韦成了嫩江流域及大兴安岭地区诸部落的泛称。隋代记录有五大部落群，唐代达20余个，契丹称蒙古高原室韦为阻卜。②蒙古兴起之后，室韦大部分融入蒙古之中，其射猎传统得到了发扬光大。成吉思汗东征西讨获得大量工匠，弓弩制造更加精良。

历史记载表明夷人善射，代不乏人。《国策·周策》："楚有养由基者，善射。去柳叶者百步而射之，百发百中。"赵武灵王，胡服骑射；秦代强弓硬弩，领先世界。汉代"猿臂善射"飞将军李广："出猎，见

---

① 《册府元龟》卷415《将帅部·传檄一》。

② 张久和：《北朝至唐末五代室韦部落的构成和演替》，载《海拉尔谢尔塔拉墓地》，科学出版社2006年版。

草中石，以为虎而射之，中石没镞，视之石也，他日射之，终不能入矣。"唐代薛仁贵："将军三箭定天山，壮士长歌入汉关。"沈括《梦溪笔谈》云："以至击剑驰射，皆尽夷夏之术；器械铠胄，极今古之精巧。"东亚射猎水平蒙元之际达到顶峰，明末清初是最后一个高潮，源远流长，形成了独特的蒙古式射箭传统。

三　考古发现

中国的细石器主要分布于北方特别是东北地区[1]，海拉尔细石器是东亚细石器的代表。[2] 细石器中相当一部分是箭镞。弓箭出现在旧石器时代晚期，新石器时代镞的种类增多，大多有铤，有些铤部、腰部有穿孔，有的铤部有刻痕或铤尾处有凸棱，表明镞插在木杆中还要用绳子加以固定或向弋射发展。新石器时代弓箭除保留原有功能外，逐渐演变为兵器；龙山文化晚期弓箭用于部落战争对国家、文明的产生起了不可忽视的作用。[3]我们准备对东亚石镞、骨镞和蚌镞做一系统研究，顺便涉及铜镞和铁镞，然后分别研究弓、弓弭与弓弦，箭杆、箭端与箭袋，扳指及有关狩猎射箭的岩画与器物，并考察遗址中动物骨骼种类和数量的变化。

（一）箭镞

扎赉诺尔煤矿遗址第四层出土石镞可能是东亚最早的石镞。[4] 海拉尔松山遗址的石镞可分为三类：一类较原始，以石叶毛坯加工成柳叶形，两侧及底部为原状；二类为弧边三角形石镞，通体加工；三类为直边三角凹底形石镞，更加精致。[5] 大体可以看出石镞由原始到成熟的演变过程。昂昂溪遗址采集到箭镞 150 件。[6] 东乌珠尔新石器时代古墓破坏严重，仍然发现了一件原始的玉璧、（203 件细石器中有）147 件三角凹底形石镞和

---

① 佟柱臣：《试论中国北方和东北地区含有细石器的诸文化问题》，《考古学报》1979 年第 4 期。

② 安志敏：《海拉尔的中石器遗存——兼论细石器的起源和传统》，《考古学报》1978 年第 3 期。

③ 安家瑗：《试论我国史前的弓箭》，《中国历史博物馆馆刊》1994 年第 1 期。

④ 赵越：《古代呼伦贝尔》，内蒙古文化出版社 2004 年版，第 41 页。

⑤ 同上书，第 19 页。

⑥ 黑龙江省博物馆：《昂昂溪新石器时代遗址的调查》，《考古》1974 年第 2 期。

35 件两端尖状骨镞，说明射猎已成为主要的生产生活方式。佟臣柱认为："这种大小相似，形式一样，工艺一致，类似范制，实为手制，表明了工艺的娴熟稳定程度，登上了细石器的顶峰。"[1]哈克遗址也发现了玉璧和大量石镞，材料有玛瑙、黑曜石、燧石等，"压剥工艺"更是登峰造极。[2]鄂温克旗辉河水坝遗址从旧石器时代晚期到新石器时代地层中发现了多种石镞和众多动物骨骼，反映了该地区狩猎的进程。汉代鲜卑墓中大量出土骨镞；吉林榆树老河深鲜卑墓出土了双翼式铜镞。[3]

图 1　呼伦贝尔民族博物馆藏海拉尔打制石镞，庞雷摄，2009 年

河北武安磁山遗址[4]和河南新郑裴李岗遗址出土了大量骨镞[5]，新乐、小珠山、富河沟门、红山、仰韶、良渚等均有箭镞出土。山西襄汾

---

① 转引自赵越《古代呼伦贝尔》，内蒙古文化出版社 2004 年版，第 34 页。
② 刘国祥等：《内蒙古海拉尔市团结遗址调查》，《考古》2001 年第 5 期。
③ 魏坚主编：《内蒙古地区鲜卑墓葬的发现与研究》，科学出版社 2004 年版。
④ 河北省文物管理处等：《河北武安磁山遗址》，《考古学报》1981 年第 3 期。
⑤ 中国社会科学院考古研究所河南一队：《1979 年河南裴李岗遗址发掘报告》，《考古》1982 年第 2 期。

陶寺一座大型墓中 110 枚石镞成组出现，每组 10 枚至 20 枚不等，可能是捆绑成束插在箭箙里。① 二里头遗址铜、石、骨、蚌镞并出，并发现了箭头刺入人骨的实例，弓箭肯定是实战兵器。最早的青铜镞见于二里头三期文化，7 件铜镞可分为圆头与双翼两种。大致以河西走廊为界，东部多有铤镞，西边多带銎镞。许宏认为这可能与东部多竹而西方无竹有关。② 管銎青铜斧、青铜矛、青铜镞有共同的技术渊源。战国秦汉时代带銎镞常见于中原，反映了西方射箭传统对东方的影响。（东北无竹地区）谢尔塔拉墓地出土箭 70 余支，均是铁镞且有铤，锈蚀严重，大致可分为凿形、菱形、铲形、燕尾形镞，还有鸣镝。箭镞由简单的单片型发展成三棱型或倒钩型，大大提高了杀伤力。有铤镞和带銎镞可能正好反映了东亚与西方不同的射箭传统。

（二）弓与弓弣

谢尔塔拉墓地出土了完整的弓和大量的箭杆、箭镞、箭袋，还有成套的马具，完整地展示了骑射状况。弓发现了四件，其中一件是结构复杂的实用弓。弓体为桦木，由三段组成，弓弣外侧有挂弦的凹槽，弣部有鬃毛，外缠绕桦树皮，弓弦长 144 厘米。弓在不上弦时为"C"形，上弦之后中节被拉而呈"M"形，这是双曲反弯复合弓。其他三件较简单，是明器。③

《考工记》将弓分为王弓、弧弓、夹弓、庾弓、唐弓和大弓 6 种。王弓、弧弓用于守城和车战，夹弓、庾弓用于田猎，唐弓、大弓用于习射；其中上制长约 1.52 米，中制长约 1.45 米，下制长约 1.38 米。《唐六典》记载，唐代弓有四种：一曰长弓，二曰角弓，三曰稍弓，四曰格弓。《武经总要》提到宋代弓有四种：黑漆弓、黄桦弓、麻背弓、白桦弓，并配有插图。谢尔塔拉出土的弓似属中制白桦长弓。弓体包裹桦树皮是北方弓的特色，不仅有装饰效果，而且可以防雨防水，后来引进了中原。戚继光《纪效新书》提到为适应南方多雨环境，弓外部用桦树皮包裹。《大清会典事例》："胎长三尺七寸，其面缚牛角，背加以筋

---

① 中国社会科学院考古研究所等：《1978—1980 年山西襄汾陶寺墓地发掘简报》，《考古》1983 年第 1 期。

② 许宏：《最早的中国》，科学出版社 2009 年版，第 134 页。

③ 中国社会科学院考古研究所等：《海拉尔谢尔塔拉墓地》，科学出版社 2006 年版。

胶，外饰桦皮。"《八旗通志》云："八旗需要桦皮，俱于宁古塔地方采取。""六材既聚，巧者合之。"《考工记》载：造弓所需六材是干、角、筋、胶、丝和漆；凡取干之道七：柘为上，檍次之，桑次之，橘次之，柳次之，荆次之，竹为下。没有提到桦木和桦皮，说明先秦时代桦木弓可能还没有随楛矢石砮传播到中原。

鲜卑墓中还大量出土了骨镞和骨制弓弭。[1]

（三）箭杆、箭端与箭袋

谢尔塔拉墓地出土箭70余支，均是铁镞木杆，成组置于箭袋里。箭杆形制相近，中部略粗，尾部有U形缺口，通长约80厘米。中部略粗的箭杆即是流线形箭杆，深得流体力学的奥妙。《大清会典事例》："箭笴以杨木、柳木、桦木为质，取圆直之杆削成之。别用数寸之木，刻槽一道，曰箭端。箭笴必取范于端，以均停其首尾。刻衔口以驾弦曰括，其端受镞。"

箭端可能就是箭杆整直器，石制箭杆整直器可称之为石箭端。北美、欧亚大陆和非洲的史前文化中有一种扁长方体凹槽石器，北美学者依据民族学调查和实验考古研究将其定名为"箭杆整直器"，中国所出此类器物至少有一部分也是箭杆整直器。[2]谢尔塔拉墓地出土箭袋四件均呈长筒状，由桦树皮缝制而成。

（四）扳指

殷墟玉扳指高2.7厘米—3.8厘米，直径2.4厘米，壁厚0.4厘米，1976年于殷墟妇好墓出土。《诗经·芄兰》："芄兰之叶，童子佩韘。虽则佩韘，能不我甲？"《说文》云："韘，射决也，所以钩弦。以象骨系着右巨指。"韘即戴在大拇指上用以钩弦的工具，俗称扳指，材质有牙质、骨质、玉质、木质。早期扳指大抵呈短圆筒状，扣弦的牙较短小；战国以后韘演变成为"鸡心佩"，其审美功能超越实用功能，成为一种弄器。南越王墓主棺室内出有五件玉韘，形似鸡心，装饰华丽。清代扳指种类繁多异常精致，不仅是实用器具，更是工艺美术品。扳指是蒙古

---

① 赵越：《"弧形器"即鲜卑弓弭——兼论鲜卑文化之一》，《呼伦贝尔文物》1991年第1期。

② 李新伟：《我国史前有槽箭杆整直器》，《考古》2009年第6期。

式箭射法的特有器物，后来随匈奴西征传播到了西方。这是东方射箭文化对西方产生影响的有力证据。

（五）狩猎场面与射猎方法

"剡木为矢"，最早的箭是木质且无镞，因此考古不太可能发现最早弓箭实物。欧亚大陆西端原始的弓箭见于旧石器时代晚期岩画，我们也准备对东亚众多岩画中的狩猎场面进行考察和研究。流行于欧亚大陆的野兽纹（animal style），青铜器狩猎风格明显，安德森就特别强调了野兽纹中的狩猎风格。[①] 壁画亦反映了众多狩猎场面，值得关注。

（六）动物骨骼种类和数量研究

袁靖对中国新石器时代获取肉食的方式进行了初步系统考察，发现野生动物众多的地区家畜罕见，人们驯养家畜是被动的。[②] 鹿科动物是主要的狩猎对象，逐鹿中原不只是形象比喻。东北亚地区长期"无羊少马"，野兽多而家畜寡，是狩猎者的摇篮。通过对动物骨骼种类和数量的研究可以阐明狩猎的兴起和规模。鲜卑、契丹、女真、蒙古、满族兴起于东北不是偶然的，可能还有商人。

四　民族学调查

从前狩猎环境十分优越。新中国成立前鄂伦春人生活的大兴安岭是原始森林，素有林海之称。落叶松、樟子松等针叶林与白桦、黑桦、柞树、白杨等阔叶林交替分布，其他灌木、乔木、草本植物不计其数，木耳、蘑菇等真菌也十分丰富。在这样的自然环境中常见的野生动物有 50 余种，其中地上跑的有狍子、獐子、马鹿、梅花鹿、驯鹿、驼鹿、野猪、野兔、赤狐、猞猁、黄鼠狼、貂、水獭、灰鼠、熊、狼、老虎等，天上飞的有飞龙（榛鸡）、雉（野鸡）、天鹅、大雁等，水中游的有马哈鱼、鳇鱼、哲罗鱼、细鳞鱼等。这些野生动物都是鄂伦春人的狩猎对象和衣食之源。

鄂伦春人的狩猎工具比较古朴，他们主要的狩猎工具是木棒、石

---

① J. G. Andersson, Hunting Magic in the Animal Style, *BMFEA* 1932（4）.
② 袁靖：《论中国新石器时代居民获取肉食资源的方式》，《考古学报》1999 年第 1 期。

器、扎枪和弓箭,清朝开始使用火枪。传说中"恩都利"用桦树皮造人之后,鄂伦春人就用木棒和石头打野兽,后来用扎枪和弓箭狩猎。鄂伦春人用落叶松或榆木制造弓体,鹿筋为弦,长约1.7米;箭杆用桦木,早期用石镞、骨镞,后来用铁镞。《西伯利亚东偏纪要》载鄂伦春人:"善使鸟枪、木弓、桦矢。低答弓以黄瓢木为之,性直不弯,长五尺,盈握为度,用麻绳或皮作弦,弛直如矢,矢以蜂桦为之,长视左手至左肩,镞长视食指,本窄末宽约四分。"① 鄂温克和鄂伦春人还使用简单复合弓。弓体用韧性很大的黑桦木做里层,落叶桦木做表层,两层木胎之间夹垫鹿筋等,然后用细鳞鱼皮熬成的胶黏在一起,弦用鹿筋制成。② 用鹿筋、鱼胶、阴阳木制弓,遵循的是古法。《列女传·晋弓工妻》:"今妻之夫治制此弓,其为之亦劳矣! 其干生于太山之阿,一日三睹阴三睹阳,缚以燕牛之角,缝以荆麇之筋,粘以河鱼之胶,此四者皆天下之妙选也。"《天工开物》云:"凡造弓以竹与牛角为正中干质(东北夷无竹以柔木为之),桑枝木为两弰。驰则竹为内体角护其外,张则角向内而竹居外。竹一条而角两接,桑弰则其末刻锲,以受弦弢。""由于有了弓箭,猎物便成了日常的食物,而打猎也成了普通的劳动部门之一。"③

17世纪鄂伦春人迁徙到黑龙江南岸,基本上生活在四个相对固定的地区,鄂伦春自治旗是其中之一。每一个地区土地或猎场相当辽阔,鄂伦春人可以相对自由游猎。狩猎方式可以分为个人单独狩猎和集体狩猎。集体狩猎一般以"乌力楞"或"安嘎"为单位,也可多个"乌力楞"或"安嘎"联合狩猎。"乌力楞"是鄂伦春父系氏族公社基本社会组织,包括一对父母所生的几代子孙及其妻子。"乌力楞"狩猎男女老少均可参与,一般以小规模的围猎方式进行,主要是为了生存。实行按户平均分配和共同消费,祭祀时也共同参加。"一家获牲,必各家同飨,互为聚食。"④ 老人回忆说共同消费的场面很壮观,喝酒吃肉,有狂欢气氛。赠送或与他人共享猎物亦是一种独特的社会风俗,称之为"尼玛都伦"。一

---

① 转引自赵复兴《鄂伦春族游猎文化》,内蒙古人民出版社1991年版,第26页。
② 秋浦等:《鄂温克人的原始社会形态》,中华书局1962年版。
③ 恩格斯:《家庭、私有制和国家的起源》,《马克思恩格斯选集》第4卷,人民出版社1975年版,第18页。
④ 《瑷珲县志》卷13。

人出猎打到猎物，碰到别的猎手一无所获，会主动将猎物赠送给他或分享。几人共同出猎，第一个打到猎物的人会把猎物赠送给狩猎水平或运气较差的人。对孤寡残疾人的照顾性赠予也叫"尼玛都伦"。

"安嘎"是猎手自助组织，人数可多可少，一般自愿参加，民主推举领导者"塔坦达"。塔坦达一般由德高望重富有狩猎经验的人担任；当仁不让，领导大家狩猎并主持分配。安嘎狩猎，共同生活，大体上实行平均分配；能者多劳，并不多得，但可以赢得同伙的敬佩。安嘎狩猎可以进行远距离、大规模围猎，一年四季均可进行，有时长达两个月。正月至二月为"鹿胎期"，鹿胎药用价值很高；四月至六月为"鹿茸期"，"四杈平头"鹿茸最好；九月至落雪前为"叫鹿尾期"，发情期野兽膘肥体壮，是猎取狍、鹿、犴晒肉干的季节；下雪后为"打皮子期"，主要猎取紫貂、猞猁、水獭、灰鼠等珍贵毛皮动物。"鹿胎期"、"鹿茸期"、"叫鹿尾期"表明鹿是鄂伦春人主要的狩猎对象。

图2　鄂伦春好猎手"莫日根"，
汪永基摄，2009 年

鄂伦春人崇拜山神"白恰那"，对大森林充满敬畏和感恩。他们在山中高大的老树干上雕刻人面象征山神，不时崇拜祭祀，祈求风调雨顺、野兽众多。鄂伦春人崇拜熊，认为熊和人有亲缘关系，是祖先或图腾。许多有关熊的神话传说和习俗值得认真研究和探讨，叶舒宪认为鄂伦春熊崇拜与红山文化女神庙熊泥塑和黄帝有熊氏相关。[①] 鄂伦春人还用占卜预测吉凶祸福和生产生活中的问题，主要有骨卜、树枝卜和枪卜。他们用火灼狍子肩胛骨看裂纹占卜，与商代骨卜类似，可能是新石器时代流行东亚骨卜方法的遗存。

鄂伦春人普遍相信萨满教。萨

① 叶舒宪：《熊图腾——中国祖先神话探源》，上海文艺出版社 2007 年版。

满分为两类："穆昆"萨满和"德勒库"萨满。穆昆萨满为氏族萨满，又称"恩都利"萨满，即万能萨满，每个氏族只有一位。"德勒库"萨满数量较多，又称流浪萨满。萨满的神衣和法器比较复杂，祛病、祭神是他们的主要工作。张光直认为商文化是萨满文化且与北美印第安文化有联系，提出"中国—玛雅文化连续体"概念，论证"中国文明环太平洋底层"。鄂伦春与中原上古文化的相似性值得我们深思。

四　讨论与小结

弓箭发明之后可以远距离猎获陆地动物、空中飞鸟、水中游鱼，大大增强了人类的能力。火器发明之前弓箭一直是人类最得力的狩猎工具和作战武器，正如恩格斯所说："弓箭对于蒙昧时代，正如铁器对于野蛮时代和火器对于文明时代一样，乃是决定性的武器。"[1]

狩猎、采集、游牧、种植四种生产生活方式中唯有狩猎有可能成为英雄好汉。好猎手受人爱戴和崇拜，可称之为英雄。鄂伦春语好猎手称为"莫日根"，有英雄之意。做一名"莫日根"不仅要有高超的狩猎技能，而且要有卓越的领导能力，"必须是受猎民公认的值得信赖和爱戴尊敬的人"[2]。鄂伦春自治旗莫日根库布旗长认为做好猎手（莫日根）首先是做好人。同理战斗英雄亦受人崇拜和尊敬。有采集好手、种地能手，没听说过采集好汉、种地英雄。放牧是一项艰辛的工作，挤牛奶、剪羊毛、接春羔并不轻松，做得再好也不会受人崇拜。牧马或放牛不是一项崇高的职业；放羊的人被称为羊屁股后面的人，羊倌有"牧奴"之意。射箭、骑马、摔跤是和平时期男人成为好汉的手段。游牧民族英雄绝不是善于放牧，而是善于狩猎和战斗。铁木真肯定放过牧，但《蒙古秘史》中几乎没有提及：成吉思汗的一生基本上是狩猎与战斗的一生。

狩猎、采集、游牧、种植四种生产生活方式中唯有狩猎让人心发狂。人类普遍怀念田园生活或留恋草原牧歌，也喜欢采摘，但真正酷爱

---

[1]　恩格斯：《家庭、私有制和国家的起源》，《马克思恩格斯选集》第4卷，人民出版社1975年版，第18页。

[2]　何青花：《金色的森林》，民族出版社2002年版，第48页。

种地牧、羊风餐露宿的人并不多。《老子》："五色令人目盲，五音令人耳聋，五味令人口爽，驰骋畋猎令人心发狂。"老夫聊发少年狂，左牵黄，右擎苍；会挽雕弓如满月，西北望，射天狼。射猎有一种令人难以言传的快乐，可以让人上瘾。商王纵情田猎就有淫乐之意。"卜辞中所有关于田猎的记载，都是时王为逸乐而行的游田，并无关乎生产。"①此话说得有点极端，但并非全错；田猎目的很多，其中之一是游乐。耶律德光对宣徽使高勋曰："我在上国，以打围食肉为乐。"② 狩猎是猎民命根子，禁猎使猎民失魂落魄。率先交枪的积极分子听到有可能恢复狩猎时眼睛发亮，仿佛年轻了十岁。功夫在诗外，狩猎的快乐并不全在于猎物或结果，而在其过程。时过境迁，狩猎仍然是现代贵族运动，射箭是奥运会正式比赛项目。郑锷云："射之为艺，用于朝觐宾燕之时，其事为文；用于田猎攻守之时，其事为武。"射箭运动讲究专注稳健、正心正体，确有调节心理、磨炼意志的功能。久远而时尚，日本弓道益智修身；渊远而流长，蒙古箭术强体健魄。

狩猎、采集、游牧、种植四种生产生活方式中唯有狩猎是推动社会军事组织快速发展的动力。采集和种植相对固定，狩猎和游牧活动范围较大。建州女真精于骑射，弓箭是每个男人必备的工具和武器。明朝末年东北的女真相当一部分熟练掌握了农耕技术和游牧技巧，但是他们还是将狩猎传统发扬光大，形成了宜于狩猎和战争的社会组织。牛录意为箭，额真意为主，牛录额真即箭主。"满洲人出猎开围之际，各出箭一枝，十人中立一人总领，属九人而行，各照方向，不许错乱，此总领呼为牛录额真，于是以牛录额真为官名。"一呼九应到一呼百应，组织不断扩大升级。满人入关建立清朝之后，康熙、乾隆认为"国语"、"骑射"是满洲的根本。"国语"的作用还难以肯定，"骑射"确是满人的特长，在清朝建立过程中起了关键作用。牛录额真演变成了盟旗制度；盟旗制度下的基层组织苏木原意就是箭。

这种十进制社会军事组织通过蒙古、突厥、匈奴可追溯到先秦。《元史·兵志》载："有蒙古军，皆国人；探马赤军，则诸部族也。其法，家有男子，十五以上，七十以下，无众寡尽签为兵。十人为一牌，

---

① 陈梦家：《殷虚卜辞综述》，中华书局1988年版，第552页。
② 《新五代史·四夷附录·契丹》。

设牌头,上马则备战斗,下马则屯聚牧养。"结果"元起朔方,俗善骑射,因以弓马之利取天下"。《新唐书·突厥传》:"可汗分其国为十部,部以一个统之。人受箭,号十设,亦曰十箭。"匈奴为"引弓之国",亦以十进制为社会军事组织基础。张政烺曾注意到商周实行过十进制社会军事组织。①

　　狩猎、采集、游牧、种植四种生产生活方式中唯有狩猎和战斗可以互不耽误且可相互促进。战争影响农耕自不待说,影响游牧亦可想而知,当然也会耽误采集。狩猎与战争相互促进在历史上屡见不鲜。蒙古人围猎也是为了准备战斗:"行猎是军队将官的正当职司,从中得到教益和训练是士兵和军人应尽的义务……当他们不打仗时,他们老那么热衷于狩猎,并且鼓励他们的军队从事这一活动,这不单为的是猎取野兽,也为的是习惯狩猎锻炼,熟悉弓马和吃苦耐劳。"②成吉思汗把集体围猎当作军事训练或演习:"对集体围猎之际的猎人的诸制度在战斗之际完全变成了军事方面的制度。"③另一方面,蒙古人又把战争当作狩猎:"凡破城守,有所得,则以份数均之。"④铁木真与王罕结盟时宣誓:"多敌人处剿捕时,一同剿捕;野兽行围猎时,一同围猎。"⑤阿勒坛等推举铁木真为汗宣誓云:"立你做皇帝,你若做皇帝呵,多敌行俺做前哨,但掳的美女妇人,并好马都将来与你;野兽行打围呵,俺首先出去围将野兽来与你。"⑥成吉思汗格言:"我们出猎时打死了许多马鹿,我们出征时消灭了许多敌人。"⑦《史记·匈奴列传》:"儿能骑羊,引弓射鸟鼠,少长则射狐兔,用为食。士力能毋(弯)弓,尽为甲骑。其俗,宽则随畜因射猎禽兽为生业,急则人习战攻以侵伐,其天性也。其长兵则为弓矢,短兵则为刀鋋。"《汉书·匈奴列传》:"数万骑南旁塞猎,行攻塞外亭障,略取吏民去。"

　　① 张政烺:《古代中国的十进制氏族组织》,《历史教学》1951年第3、4、6期。
　　② 志费尼:《世界征服者史》上册,内蒙古人民出版社1981年版,第29—30页。
　　③ 〔日〕青木富太郎:《古代蒙古人的集体围猎与兵制》,《加藤博士还历纪念东洋史集说》,富山房刊,1941年。
　　④ 赵洪:《蒙鞑备录》。
　　⑤ 《元朝秘史》卷5,164节。
　　⑥ 《元朝秘史》卷3,123节。
　　⑦ 拉施特主编:《史集》第一卷第二分册,余大钧等译,商务印书馆1986年版,第357页。

匈奴以骑射作为谋生与战争手段。"进行掠夺在他们看来是比进行创造的劳动更容易甚至更荣誉的事情。"① 也许他们认为狩猎和战斗是习惯成自然的创造性劳动，狩猎与战争在古代游牧民族看来是可以合二为一的核心事业。既然狩猎是"生业"和"常业"，"以寇抄为生"或"以战功为事"就不足为奇。

　　寓战于猎或猎战合一并非蒙古、匈奴的创造，古已有之。《谷梁传·昭公八年》："因蒐狩以习用武事，礼之大者也。"周代征伐和田猎同属军礼。《周礼·春官·大宗伯》："大田之礼，简众也。"郑玄注："古者因田习兵，阅其车徒之数。"《周礼·春官·小宗伯》："若大甸，则有司而膳兽于郊，遂颁禽。"《礼记·仲尼燕居》云："以之田猎有礼，故戎事闲也。"《尚书大传》亦云："战斗不可不习，教于蒐狩以闲之也。"周武王灭商之际在太行山南侧举行空前大规模武装狩猎。《逸周书·世俘解》云："武王狩，禽虎二十有二、猫二、麋五千二百三十五、犀十有一、氂七百二十有一、熊百五十有一、罴百一十有八、豕三百五十有二、貉十有八、麈十有六、麝五十、麞三十、鹿三千五百有八。"② 麋、麈、麞、鹿等近万只，可见鹿科动物之多，狩猎规模之大。王国维云："殷时天子行幸田猎之地，见于卜辞者，多至二百，虽周亦然。"③ 商代田猎成风，郭沫若主编《甲骨文合集》收录甲骨4500片左右，约1/10占卜田猎，某些时期占1/3。商王田猎规模大，时间长，从组织形式、参加人员到方法、工具皆与战争无多大差别。田猎的方式有逐、射、焚、陷、擒、网等，商王、子弟及贵族、军队共同参加，动用各种兵器包括兵车，既是狩猎，也是军演或战争。董作宾《殷历谱》考证商代帝乙、帝辛时期征人方，多次进行田猎活动，是狩猎与战争合二为一的经典例子。

　　巡狩是狩猎的升华或象征性的战争。"巡"字源于金文、甲骨文"省"。据闻一多考证"省"有巡视、田猎、征伐三义："一字含有三

---

　　① 恩格斯：《家庭、私有制和国家的起源》，《马克思恩格斯选集》第 4 卷，人民出版社 1975 年版，第 160 页。

　　② 顾吉刚考证《世俘解》即《武成》。《书序》云："武王伐殷，征伐归兽（狩），识其政事，作《武成》。"《史记·周本纪》："乃罢兵西归，行狩，记政事，作《武成》。"

　　③ 王国维：《周时天子行幸征伐考》，《观堂集林》观堂别集卷一。

义，正为古者三事总为一事之证。"①"狩"字金文为"兽"、甲骨文为"獸"。《公羊传·桓公四年》："狩者何，田狩也";《尔雅·释天》："冬猎为狩";《说文解字》："狩，犬田也。"狩指畋猎或围猎。巡狩源于狩猎活动，以狩猎形式进行武装巡视。上古时代武器就是狩猎工具，战争方式和围猎方式相似，巡狩途中兼及行猎，既耀武扬威，又可解决军需②，还可训练兵员，或征讨降服、掠取奴隶、开疆拓土，是一举几得的事。③康熙、乾隆木兰秋狝，既是满洲狩猎传统的继续，也是传统巡狩的绝响。

《新序·杂事》云：商汤"网开三面"，德及禽兽，是一个仁慈而高明的狩猎者。相传黄帝亦善射、好猎、能战、乐巡狩，可能是商汤周武秦皇汉武的曲折反映。"黄帝之弓曰乌号"，"教熊罴貔貅貙以虎，与炎帝战于阪泉之野"，三战而后得其志。"逐鹿中原"、"鹿死谁手"正是以猎喻战的经典。《史记·五帝本纪》云："天下有不顺者，黄帝从而征之，平者去之，披山通道，未尝宁居。东至于海，登丸山及岱宗；西至于空桐，登鸡头；南至于江，登熊湘；北逐荤粥，合符釜山；而邑于涿鹿之阿。迁徙往来无常处，以师兵为营卫，官名皆以云命为云师，置左右大监监于万国。万国和，而鬼神山川封禅与为多焉。"

不同时代不同地区狩猎、采集、游牧、种植四种生产生活方式所占比重不同，单纯的采集民、狩猎者、游牧民或种植者社会难以生存或不存在。旧石器时代人们普遍过着采集狩猎生活，演化节奏非常缓慢；新石器时代人类发明了畜牧和种植，演化节奏明显加快。青铜时代弓箭与刀剑使游牧狩猎民武装化，狩猎与游牧结合使北方民族如虎添翼。"逐鹿中原"，猎、牧与农耕的结合使夏、商、周崛起于东亚。商汤、周武、秦皇、汉武、唐宗、宋祖、成吉思汗、康熙、乾隆，都是射猎高手。《武备志》云："弓矢，器之首也。"弓箭为"十八般兵器之首"。射猎是冷兵器时代最重要的军事力量，东亚盛世强国无不建立在射猎基础上。

草原、黄河、长江文化相提并论未尝不可，但早在上古就相互融合

---

① 《闻一多全集》第二卷，湖北人民出版社1994年版，第526页。
② 何平立：《巡狩与封禅》，齐鲁书社2003年版，第11页。
③ 寒峰：《古代巡狩制度的史迹及其图案化》，《中国史研究》1990年第3期。

形成了难解难分的东亚或蒙古式狩猎传统，并且影响到了韩半岛和日本列岛。弓箭见证了不同民族数千年来经历的冲突、交流与融合，狩猎深刻地体现了多民族文化共生的特征。射猎在中国历史发展过程中起过关键作用，狩猎传统是东亚文化的核心组成部分！

（作者单位：中国社会科学院民族学与人类学研究所）

蒙古人与鄂温克人的关系

卡丽娜

[摘　要] 蒙古人与鄂温克人自古以来就毗邻而居，从事游猎游牧等生产生活。他们住同样的蒙古包、穿着同样的服饰，衣食住行几乎没有差别，但在宗教信仰、语言、艺术等精神文化方面却各自保持着迥然有别的民族性。他们有通婚、相互学习语言文字、经济文化和人员交往的悠久历史。蒙古人与鄂温克人相互交往的历史就是开放、吸收、适应、继承、演变的历史，是和睦相处、相互影响、相互尊重、求同存异的历史。本文将从元明时期蒙古人与鄂温克人的关系、清朝以来蒙古人与鄂温克人的关系、蒙古人与鄂温克人毗邻而居中的文化影响等三个方面谈谈蒙古人与鄂温克人的关系。

[关键词] 蒙古人　鄂温克人　关系

鄂温克人是个古老而文明的游猎游牧民族，现居中国北方。在历史上，鄂温克人曾被称为"索伦"、"通古斯"、"使鹿部"等，1958 年新中国政府根据民族意愿统称为"鄂温克族"。鄂温克人属于满—通古斯语系民族之一，有语言无文字，现主要学习汉语文和蒙语文。

由于社会历史的变迁以及所处的自然环境的不同，鄂温克人分布于不同地区，从事着不同的生产生活。据 2000 年中国人口普查数字，鄂温克人有 30505 人，主要分布在中国东北部的内蒙古自治区和黑龙江省的大兴安岭以北以西地区，具体为：使鹿鄂温克人有 351 人，居住在内蒙古自治区呼伦贝尔市根河市；牧业索伦鄂温克人有 8621 人，居住在内蒙古自治区呼伦贝尔市鄂温克族自治旗；农业索伦鄂温克人有 19666 人，主要居住在内蒙古自治区的呼伦贝尔市莫力达瓦达斡尔族自治旗、阿荣旗、扎兰屯市，黑龙江省的讷河市、嫩江县，新疆维吾尔自治区的伊犁、塔城等地；通古斯鄂温克人有 1867 人，从事畜牧业，主要居住在内蒙古自治区呼伦贝尔市陈巴尔虎旗。鄂温克人自古以来就与周边的蒙古人保持着密切的交往与联系。下面就从以下三个方面进行阐述。

一 元明时期蒙古人与鄂温克人的关系

据历史记载，鄂温克人曾居住在贝加尔湖以东、外兴安岭南北、黑龙江直至库页岛的广大地区。在那里他们以氏族为单位从事着渔猎业、饲养驯鹿和马匹等畜牧业的生产生活。元代，鄂温克人居住在上述地区的森林中，属于元朝的和宁路，隶属于岭北行省直接管理，被元称之为林木中百姓、帖儿格阿蓂勒弘吉剌、弘吉剌、兀良哈等。根据波斯史学家拉施特哀丁记载："林木之兀良哈，盖以其人居广大森林之内。故以为名不可与蒙古种之兀良哈相混也。"义说："兀良哈人迁徙时，用野牛载其物，从不出其所居山林之外，其居室以树皮编结之，用桦树皮为顶。"①这里野牛指的就是驯鹿，居室用桦树皮为顶的居住习俗即使在今天的使鹿鄂温克人当中依然可见。同时，我们也可从中看出，史籍中的"兀良哈"既指蒙古人又指鄂温克人，说明这两个族群极其相似、联系密切，使外人无法分辨。由于元朝在这里采取了"随俗而治"的政策，鄂温克人有了稳定的发展。

明朝取代元朝后，1380 年（洪武十三年）明军进全元太祖铁木真的"始兴之地"，便接管了对外贝加尔湖地区以及黑龙江流域的统治权力，其中就包括使马鄂温克人和使鹿鄂温克人。明朝于永乐年间在索伦部地区设立了乞塔卫（赤塔河流域）、坚河卫（额尔古纳河右侧支流根河流域）、兀里溪山卫（额木尔河口对岸稍上一些的涅威尔河流域即清代的乌里苏河）、卜鲁丹卫（涅威尔河东面的博罗穆丹河流域）、古里河卫（外兴安岭南坡的结雅河上游右侧支流吉柳伊河流域）②、阿剌山卫（博罗穆丹河东南的额尔格河流域）、脱木河卫（结雅河下游左侧支流）等卫所。永乐元年（1403）到永乐七年（1409）以前，明在黑龙

---

① 内蒙古自治区编辑组：《鄂温克族社会历史调查》，内蒙古人民出版社 1986 年版，第151 页。

② 《明史》卷九十，《志》十九。注明：古里河卫管辖这一地区的女真北支使鹿部落。清朝接管后，在古里河上源设立了"三年巡逻鄂博"。见清代《达斡尔地区满文地图》。

江南北、乌苏里江东西、松花江流域等地，就先后建置了115个卫所。①

　　明朝把居于东北的满—通古斯语系民族以是否有"耕稼"分为建州女真、海西女真、东海女真（即野人女真）三大部。建州部"喜耕种，善缉纺，饮食、衣服，颇有华风"和海西部"亦多耕稼"，"倚山作寨"②而被列为"熟女真"之列。与"熟女真"相对而言，对于"不食耕稼，惟以捕猎为生"的女真人，则被称为"生女真"③。鄂温克人因在明初还主要从事渔猎业和饲养驯鹿、马等畜牧业，而被归入东海女真（即"野人女真"）之列。在《明一统志》中，称他们为"北山野人"、"乘鹿出入"森林。可见，明朝官僚对鄂温克人的一种歧视和偏见。殊不知，满—通古斯语系民族为适应各自生存环境，从早期就有了明确的社会分工。

　　明朝对女真各部采取了招抚、分而治之、以时朝贡的政策。毕恭的《辽东志》"序"载："建州、海西、野人女真并兀良哈三卫，永乐初相率来归入觐，太宗文皇帝嘉其向化之城乃因其地分设卫所若干，以其酋长统率之，听其飞放畋猎，俾各安生。"明对来京朝贡的女真各部酋长，"因其部族，官其酋长为都督、都指挥、指挥、千百户、镇抚等职，给与印信，俾各仍旧俗，统其属以时朝贡"④。这说明，鄂温克人的首领既是地方官吏，掌管卫、所，又是酋长。"野人女真并兀良哈"同时也从侧面说明了当时的鄂温克人与蒙古种之兀良哈在明朝时的密切关系。

　　明朝为了满足兀良哈三卫和女真各卫互通有无的要求，在广宁设一关一市，在开原设"三关三市"⑤，当时马匹是对外交易的重要产品。鄂温克人凭借着自己丰富的资源，每年都到明边墙北关（即开原），与中原地区的民族进行易货贸易。通过纳贡和马市贸易，他们把貂皮和其他珍贵毛皮以及马匹、鹿茸、熊胆等贵重药材大量输入内地，来换取如铧、锄、锅、瓷器、米、绸缎、布、盐、茶叶等中原先进的生产工具和生活用品。同时，他们与蒙古科尔沁部和车臣汗部也有贸易往来。鄂温

---

①　《寰宇通志》卷116，女直。
②　郑晓：《皇明四夷考》卷上，"女真"。
③　《金史》第1卷。
④　《明一统志》第89卷，女直。
⑤　《明实录》万历四年正月丁未条。南关和北关分别设置马市，当在嘉靖末年或隆庆初年。

克人通过这种互市往来，积累了财富，人丁兴旺，加速了其社会经济的迅速发展，为索伦部的建立打下了坚实的物质基础，也与兀良哈蒙古人以外的其他蒙古支系有了较多的接触机会。

明末清初（17 世纪初期），在黑龙江上源从石勒喀河向东南伸展直到精奇里江，即外兴安岭以南与黑龙江上游中游的广大地区，居住着以索伦鄂温克人为主体和一部分达斡尔、鄂伦春、蒙古人。① 赤塔河一带的鄂温克人与蒙古（布利亚特）人毗邻而居，住蒙古包，从事部分饲养牛、羊、马、骆驼等畜牧业兼营狩猎业的游牧游猎的生产生活，这部分即为现在的通古斯鄂温克人。精奇里江一带的鄂温克人与达斡尔人毗邻而居，如《黑龙江志稿》记载："达斡尔与索伦杂居于精奇里江。"② 这部分鄂温克人数最多，有几个大氏族。各个村屯之间有着密切的联系，并于当时在雅鲁河从事狩猎业和养马等畜牧业的鄂温克人（即现在的牧业索伦鄂温克人）结成了政治经济军事联盟，统一构成了索伦部。"索伦"有来自东方、锋利及神箭手等之意。索伦部最大的酋长是鄂温克人博穆博果尔，住在精奇里江与黑龙江汇合处附近的乌鲁穆丹城，是一位常穿着花花绿绿衣服似彩色绸缎蟒袍的"萨吉尔汗"（意为喜鹊一样）。他一次就可以调动 5000—6000 人的武装部队，是索伦部中势力最为雄厚的一位酋长。③

索伦部有发达的畜牧业，主要有草原游牧业、苔原养鹿业、江河岛屿养马业。其畜牧业和宅旁、园地农业已初具规模。④ 例如，1650 年住在额尔古纳河口额尔图屯的拉布凯（mogol čog），为了逃避沙俄哈巴罗夫侵略军，用自家的 2500 匹马一夜间就驮走了全部家当⑤，由此可知当时岛屿养马业的盛况。索伦部森林资源丰富，全民皆猎。他们将珍贵毛皮、贵重药材等出口到蒙古各部，换回各种日用百货和生产工具。⑥ 索伦鄂温克人博穆博果尔领导的索伦部成为了这一广大地域的政治经济文化中心，外兴安岭以北的阿尔丹河流域的通古斯鄂温克人和居于贝加尔

---

① 魏源：《圣武记》第 1 卷。
② 《黑龙江志稿》卷 9，第 1—3 页。
③ 《朔方备乘》，《索伦内属述略》。
④ 《朔方备乘》第 44 卷。
⑤ 巴赫鲁申：《哥萨克在黑龙江上》。
⑥ 乌云达赉：《鄂温克族的起源》，内蒙古大学出版社 1998 年版，第 17 页。

湖以东地区的使鹿鄂温克人以及蒙古人等也经常到索伦部进行贸易，交往密切。

由此可知，索伦部居住地区曾经有过的繁荣历史痕迹和与蒙古各部的密切往来关系。可以说，正是由于元朝采取的"随俗而治"和明朝采取的"听其飞放畋猎""各仍旧俗""安生"的宽松政策，使得鄂温克人有了休养生息的时间和空间，并得以发展壮大。

二　清朝以来蒙古人与鄂温克人的关系

满族人征战鄂温克人早在明末即已开始。《清太宗实录》（1635 年 1 月 28 日）记载："率章京四十一员、兵二千五百人，往征黑龙江地方。……俘获之人，须用善言抚慰，饮食甘苦，一体共之，则人无疑畏，归附必众。且此地人民，语音与我国同。携之而来，皆可以为我用。攻略时，宜语之曰：'尔之先世，本皆我一国之人，载籍甚明。尔等向未之知，是甘于自外。我皇上久欲遣人，详为开示，特时有未暇耳。今日之来，盖为尔等计也。'如此谕之，彼有不翻然来归者乎？"①

崇德四年至五年（1639—1640），皇太极战胜了索伦部最大酋长鄂温克人博穆博果尔，最后统一了以鄂温克人为主体的包括达斡尔人、鄂伦春人等在内的索伦部广大地区。崇德七年（1642），清太宗皇太极的诏书中所说："予缵承皇考太祖皇帝之业，嗣位以来，蒙天眷佑，自东北海滨，迄西北海滨，其间使犬使鹿之邦，及产黑狐黑貂之地，不事耕种，渔猎为生之俗，厄鲁特部落，以至斡难河源，远迩诸国，在在臣服。"②从中反映出蒙古人与鄂温克人在一起毗邻而居的生产生活场景。

1732 年（雍正十年），清政府从布特哈（即精奇里江）、雅鲁河一带索伦鄂温克人当中征调官兵 1000 余人，配发牛羊马等牲畜，同巴尔虎蒙古人、达斡尔人一起派往呼伦贝尔草原地区戍边，于是这部分鄂温克人便开始了住蒙古包、以饲养牛、羊、马等畜牧业为主兼营狩猎业的游牧经济生产生活，这就是今天鄂温克族自治旗的牧业索伦鄂温克人。

---

① 《清太宗实录》第 21 卷，第 14—15 页。
② 《清太宗实录》第 61 卷，第 3 页。

另外，又将500余人移住格尼河、阿伦河流域地区令其"耕种地亩"[1]，即为现在的农业索伦鄂温克人。从此以后，鄂温克人与巴尔虎蒙古人即在呼伦贝尔大草原上互相依存，协同保卫边疆。到新中国成立前为止，在鄂温克人社会中也像蒙古人社会一样确立了各种封建等级制度，出现了一批官僚贵族。牧主和牧工之间、封建主和平民之间，封建剥削关系已居于主导地位。

1947年后，鄂温克人全体归属于中国政府统辖。80年代初期中国实行改革开放后，物质生活变得丰富多彩，交通变得四通八达，蒙古人与鄂温克人的交往更加互通有无。鄂温克族自治旗是以鄂温克族为主体的多民族杂居的地方，以畜牧业为主。1957年，境内共有9426人，其中鄂温克族有2547人，占27.02%；蒙古族3697人，占39.22%；汉族1265人，占13.40%。[2] 2006年，全旗人口为142791人，有21个民族。其中，鄂温克人10234人，占总人口的7.17%；蒙古族26638人，占总人口的18.66%；汉族86229人，占总人口的60.39%。[3] 由此可见，蒙古人与鄂温克人在现代社会中的杂居状况。

三 蒙古人与鄂温克人毗邻而居中的文化影响

在鄂温克人聚居的地区有很多蒙古人，他们交错杂居，相互影响，相互渗透，互通语言，风俗文化并存，且自古以来就有联姻关系，民族心理也较接近，但也在一定程度上保持了各自的风俗习惯。

鄂温克人在早期就与蒙古人在呼伦贝尔、贝加尔湖东岸等地区毗邻而居。其中与蒙古人中的巴尔虎蒙古人、厄鲁特蒙古人和布利亚特人接触比较多、相互影响比较大的是牧业索伦鄂温克人和通古斯鄂温克人。在毗邻而居中，这两个民族在畜牧业生产生活方面取长补短，共同积累了丰富的经验，掌握了很多的知识和技能。

鄂温克人从事畜牧业之后，为适合游牧生产生活，开始组成了地域

---

[1] 《清世宗实录》第126卷。
[2] 内蒙古自治区编辑组：《鄂温克族社会历史调查》，内蒙古人民出版社1986年版，第354页。
[3] 徐占江主编：《2006年呼伦贝尔市要览》，内蒙古文化出版社2006年版，第494—495页。

组织"尼莫尔",从而使集体狩猎时期的以父系血缘关系为纽带的氏族组织"哈拉"和家族组织"毛哄"开始解体。由于蒙古人与鄂温克人相邻在一起,交往又频繁,加之都从事饲养牛、羊、马、骆驼的畜牧业,这就造就了两个民族比较相似的游牧文化,衣食住行也较接近。此外这两个民族自古通婚也比较普遍,更加剧了彼此间融合。

16世纪70年代,阿勒坦汗将藏传佛教引入蒙古地区,毗邻而居的鄂温克人也开始受其影响。根据1958年中国民族学的调查①,通古斯鄂温克人与布利亚特人在俄国境内杂居期间,由于鄂温克人没有医生,得了重病就让喇嘛医治,喇嘛乘此机会向通古斯鄂温克人宣传:"佛教是为了生命为了万物,而你们信的萨满不是杀牛就是杀羊,杀生命不好,你们还是信佛吧!"开始时,喇嘛的宣传和劝说当时对通古斯鄂温克人并没有起多大作用,但日久天长也就接受了。牧业索伦鄂温克人的情况也是如此。鄂温克人的一位萨满有一个"敖包",每年祭一次。现在牧区的鄂温克人在信仰萨满的同时,也信仰喇嘛教,出现了两种宗教并存的局面。例如,鄂温克人的蒙古包内西北角的柜子上既供奉着自己的祖先神"舍卧刻"、保佑牲畜安康繁殖的神"吉雅奇",又供奉有佛像。而蒙古人把佛像多供奉在庙里,包内只放经卷。没有萨满的鄂温克人家,人死后还请喇嘛念经超度、给死者引路。当牧区的鄂温克人普遍学说蒙文蒙语后,开始有了用本民族语言跳神的萨满和用蒙古语跳神的萨满。据本人调查,20世纪50年代以前,每逢阴历六月十五日在海拉尔的安本寺院都要举行盛大的喇嘛教庙会,每年的8月2—13日在东旗巴尔虎蒙古人的聚居地甘珠尔庙也要举行3—4天的大规模喇嘛教庙会,参加的人除了蒙古人外,当属鄂温克人比较多。但比较起来,萨满教仍然是鄂温克人的主要信仰。

鄂温克人有语言无文字,自蒙古人有文字以来,跟蒙古人有广泛交往的鄂温克人不但会说蒙古语,还学会了蒙古文,方便了彼此间的交往和合作。如今,牧区的大多数鄂温克人仍旧在学习蒙古文,说一口流利的蒙古语,这种历史和传统仍在继续。

---

① 内蒙古自治区编辑组:《鄂温克族社会历史调查》,内蒙古人民出版社1986年版,第334页。

参考文献

[1]《明实录》万历四年正月丁未条。

[2] 郑晓:《皇明四夷考》卷上,"女真"。

[3]《明一统志》第 89 卷,女直。

[4] 魏源:《圣武记》第 1 卷。

[5]《金史》第 1 卷。

[6]《黑龙江志稿》第 9 卷。

[7]《朔方备乘》。

[8]《清太宗实录》。

[9]《清实录》。

[10]《清文献通考》第 271 卷《舆地》三。

[11]《清史录》第 66 卷。

[12]《清世宗实录》第 126 卷。

[13]《清高宗实录》。

[14]《清史稿·地理志》。

[15]《西伯利亚纪行》,第 11 页。

[16]《黑龙江外纪》第 5 卷

[17]《金史·留可传》、《金史·世威传》、《金史·后妃传》、《金史·阿(足栋)传》。

[18] 内蒙古调查组编:《索伦·达斡尔源流》(油印本,满文译本)。

[19] 伪满洲国治安部参谋司调查课:《驯鹿鄂伦春族》(日义本),1939 年。

[20] 内蒙古自治区编辑组:《鄂温克族社会历史调查》,内蒙古人民出版社 1986 年版。

[21] 乌云达赉:《鄂温克族的起源》,内蒙古大学出版社 1998 年版。

[22] 卡丽娜:《使鹿鄂温克人文化研究》,辽宁民族出版社 1997 年版。

[23] 鄂温克族自治旗志编纂委员会:《鄂温克族自治旗志》,中国城市出版社 1997 年版。

[24] 徐占江主编:《2006 年呼伦贝尔市要览》,内蒙古文化出版社 2006 年版,第 494—495 页。

（作者单位：中央民族大学博物馆）

蒙古族源研究范式发微

李 飞

[摘 要] 蒙古族的民族构成颇为复杂，蒙古族源问题多年来一直是学术研究的热点，得出的结论也很丰富。族源问题是民族学研究中最具争议性的问题之一，发展新的研究范式并建立多元化研究范式是推动族源研究的根本。

[关键词] 蒙古族源 研究范式 研究方法

一 说"范式"

范式（paradigm）的概念和理论是美国著名科学哲学家托马斯·库恩（Thomas，Kuhn）于1962年提出的，并在《科学革命的结构》（*The Structure of Scientific Revolutions*）一书中进行了系统阐述，这本书的出版标志着名声大噪、影响深远的范式理论的诞生。范式概念和理论一经提出就引起很大关注，不仅在自然科学中被广泛认同和应用，而且在社会科学领域也普遍被接受，成就了其具有里程碑意义的学科地位。范式就是包括规律、理论、标准、方法等在内的一整套信念，是某一学科领域的世界观，它为某一时期的科学家所共有，持同一范式的科学家因有共同的信念、价值标准、理论背景和研究方法而组成"科学共同体"。"一种范式是，也仅仅是科学共同体成员所共有的东西。反过来说，也正是由于他们掌握了共同的范式才组成了这个科学共同体。"①

中国学者在透彻研究库恩的范式理论精髓，并研读大量的文献后，对范式概念和理论进行了本土化研究及运用过程。中国学者认为，"某

---

① ［美］托马斯·库恩：《必要的张力》，范岱年、纪树立等译，北京大学出版社2004年版，第288页。

一科学共同体在某一专业或学科中所具有的共同信念，这种信念规定了他们的共同的基本观点、基本理论和基本方法，为他们提供了共同的理论模式和解决问题的框架，并使之成为该共同体的一种传统，为该学科的发展规定了共同的方向"①。

范式的核心价值体现在其对于科学共同体而言所具有的三大功能：世界观、价值观和方法论功能。范式的这三大功能，不仅可以系统、全面而集中地概括范式的基本内涵，体现其核心价值之所在，同时可以让人们更加清晰地认识到范式在科学发展历程中的存在功能和重要价值。在社会科学领域中的范式，也不是单一不变的，有多少流派就会有多少种研究范式，同样，在族源研究领域中范式也逐渐体现出它的影响力和重要性，下面我们以蒙古族源研究范式为主要研究对象，进行深度解析。

二　蒙古族源研究的主要范式

（一）神话传说研究范式

蒙古族源研究中出现了一类典型的研究范式，即引用族源神话传说来论证蒙古族的起源。在没有文字之前，神话传说作为一种证据被广泛使用，直至现代化的今天，许多只有语言而无文字的民族仍旧口头传承着这些古老的神话传说，并在族源研究领域被用作可以信赖的证据。它们除了以史书载录的形式传承外，还有大量的以民间口承的形式流传于后世。关于蒙古族的起源，有些学者专家就是依据一些神话传说进行推论的，例如苍色狼与惨白色鹿后裔说。蒙古史学史上的第一部巨著《蒙古秘史》的开篇就是"成吉思·合罕的祖先。孛儿帖·赤那奉上天之命而生。他的妻子是豁埃·马阑勒。〔他们〕渡过腾汲思水来到斡难河源头的不峏罕·合勒敦山，驻扎下来。生下儿子，名叫巴塔赤·罕"。据《蒙古秘史》记载，巴塔赤·罕是蒙古部的始祖，他的子孙后代繁衍为近20个部落。孛儿帖·赤那为苍色的狼之意，豁埃·马阑勒为惨白色的鹿之意。对于这些神话传说，专家学者们有着不同的解释。有人认为苍色狼（孛儿帖·赤那）、惨白色鹿（豁埃·马阑勒）是氏族神，

---

① 刘放桐等：《现代西方哲学》，人民出版社1990年版，第813页。

部落的标识，人们崇拜的图腾，不是人名，不能把它人格化。也有人认为孛儿帖·赤那、豁埃·马阑勒只是人名，并不是苍色狼与惨白色鹿，蒙古族也不是狼与鹿的后裔，直到现在蒙古族中还有用动物命名的习俗，女孩儿的名字叫鹿、兔等，男孩儿名为狼、虎等。还有人认为这些神话传说体现的是蒙古族起源"天命所生"的叙述。

关涉这类神话传说研究范式的例子还有很多，如藏族族源研究领域有一种"神猴说"，这就是一则神话传说，认为藏族是猕猴与罗刹女的后裔，当然是否真实可信有待考证，专家学者对待这则神话的看法不一，但还是在很大程度上影响着藏族族源研究领域。在达斡尔族源研究方面，目前比较受到认可的说法大致有源于契丹说和源于蒙古说，陈述先生认为："达斡尔族的族源，主要是契丹人和契丹以外逐渐结合进来的人们。""契丹人历史上两次向东北方向迁徙，一次在辽末，一次在元末，历史上的线索是清楚的。它和达斡尔的故事传说都相合。结合他们祭祖面向西的习俗和来自西剌木伦的传说，就比较清楚的看出契丹、达斡尔的渊源联系。"① 在族源传说方面也可以看出其源于契丹，例如"萨吉哈勒迪汗"传说，他是达斡尔族家喻户晓的可汗，在达斡尔族民间享有特殊的地位，据考证萨吉哈勒迪最初准确的历史人物原型，就是契丹始祖奇首可汗。

从上述观点可以看出，学者们实际上都不认为这些神话故事本身是真实的，对这些神话传说进行着不同的诠释，试图从全新的视角赋予神话传说更多的价值。神话传说并不能成为一个民族起源的唯一证据，但由于民族是文化的产物，是文化概念，而神话传说又恰好体现了民族共同的心理、民族共同的记忆，因此神话传说研究范式还是具有一定的研究价值的，但研究者们应该辅以史料典籍或实证考察，这样根据神话传说研究范式所得出的结论才会有更高的可靠性。

(二) 历史文献研究范式

在蒙古族源研究领域，运用历史文献是最为普遍的方法。在北方民族与蒙古族的族源关系方面，梳理蒙古族与匈奴、东胡等其他古老民族的关系就需要运用历史文献方法，这方面的研究工作需要查阅大量的史

---

① 陈述：《试论达斡尔族的源族问题》，《民族研究》1959 年第 8 期。

书记载文献，并经过反复印证、推敲方能得出结论，例如新译《蒙古秘史》、汉译《元朝秘史》等一些历史文献是研究蒙古族源问题必须要查阅的资料。但由于学者专家对历史资料考证推理的角度及能力各不相同，因此得出的结论也不尽相同，有的甚至出现较大异议。

在《蒙古秘史》中多次出现一些山名、水名，随着历史长河滚滚向前，这些山、水如今已然面目全非，有很多名称已无从考证，这就为蒙古族源研究设置了很多障碍。运用历史文献资料在考证这些地理名词方面显得尤为重要，但是在应用历史典籍研究族源时，经常出现一些专家学者对历史典籍考证不全面的问题，对这些历史典籍的真伪性及可靠性的考证是非常重要的一个步骤，即使有非常严谨的推理过程也未必能得出正确的结论，因为推理的前提可能是不真实的。蒙古族源的资料是相当丰富的，凡是蒙古语的人名、地名、古迹，凡是北方民族的人物、事迹，都是蒙古族源的有用资料，应当通过分析、解剖，透过现象发现本质，纠正错音、误注，还其本来面目。例如，关于史料中记载的"望建河"、"俱轮泊"是否为现在的额尔古纳河、呼伦湖等，这些问题不仅要对历史典籍进行审慎的考证及推理，而且还要进行实地的考察，因为单一的书面考证并不能满足探求真实性的要求，这就引出了下面即将提及的"实证研究范式"。

（三）实证研究范式

随着科技的不断发展，社会科学的各个领域都不断引入自然科学主义的实证主义方式，族源研究也不例外，如体质人类学、遗传学、考古学、语言学等学科理论，近些年都被引入蒙古族源研究领域，取得了一定成果。这些研究都是以研究现状为特点，通过现状追溯原因，这种推理在逻辑学中被称为回溯推理，通常这种推理结论不是必然性的，因此要结合运用材料，才能推导出可靠的结论。

在运用体质人类学、遗传学、考古学方面，达斡尔族源研究算是较早引入实证研究范式的民族之一，主要运用 DNA 验证这一遗传学手段，得出的实验结果成为达斡尔契丹后裔说的重要佐证。蒙古族源研究方面，孟松林从考古人类学和考古文化学角度进行了考察，并通过实地调研走访，发现在呼伦贝尔新巴尔虎右旗北部有个叫乌胡尔图辉腾草原的地方，并在那里发现了 30 多枚古箭头等一些考古文物，经过多次实地考证、反复推敲认定工作，认为乌胡尔图辉腾草原是"阔亦田"之战的古战场。上述这些都是族源研究领域实证研究范式的典型案例，族源研究中这样的实例还有很多，在此不一一列举。

从语言学角度对蒙古族源进行研究所取得的成果比较丰硕，例如：亦邻真在《中国北方民族与蒙古族族源》一文中运用了大量的语料分析，将查阅历史文献与语言学理论分析有机结合，语言的共同性是民族特征的第一要素。同样，研究语言资料也要有历史的科学方法，二者缺一不可。此文中分析北方民族与蒙古族源关系时大量运用了这些实证研究范式。

在人类学、民俗学田野调查方法方面，取得的成果也很多，例如孟松林走访蒙古国达 30 多次，深入实地进行田野调查，用自己的实际行动对《蒙古秘史》中多次出现的地理方位及事迹进行追寻与探访，取得了不可多得的第一手资料和丰硕的成果。

三　科学的族源研究范式

（一）厘清概念

在蒙古族族源研究领域，我们应该注重基本概念的界定，如蒙古族内部有很多分支，一个地区的蒙古族受到附近的文化影响，并不能说明其他地方也出现同一结果，但许多学者对于这些问题常常是混乱的，经常以偏概全，所以得出的结论有很大差异。

（二）多元化研究范式的建立

蒙古族族源研究单靠某一种范式，很难有新的突破，也难以得出令人信服的结论。我们应该将多种研究范式进行综合运用，多借鉴现代科学技术手段，综合应用考古学、遗传学等多学科知识，建立多元化研究范式，并综合考虑地理状况、战争状况、民族迁徙、民族融合等多方面因素，才能得出具有较高可靠性的结论。

（三）去绝对化

蒙古族族源研究不能推出绝对正确的结论，只有可靠程度高低的分别，只有最优的，没有最正确的。

（四）求实、豁达的态度

族源研究不应带有个人偏见和感情因素。族源研究最容易受到民族情感因素、政治因素的干扰，在族源研究中必须要摒弃所有的偏见和现成的观点，以求实、豁达的态度进行实事求是的研究，反对出于民族情感因素和政治动机，武断地批判其他研究成果。

（作者单位：中央民族大学少数民族语言文学系）

鄂温克族崇火习俗及其禁忌主题

——兼论蒙古族崇火习俗

娜　敏

对火的认识和利用，是人类文明进程中一个具有里程碑意义的重大事件。恩格斯曾经指出："毫无疑问，就世界性的解放作用而言，摩擦生火还是超过了蒸汽机，因为摩擦生火第一次使人支配了一种自然力，从而最终把人与动物分开。"①

对于身处西伯利亚及大小兴安岭寒冷地带的鄂温克人来说，火的重要地位不言而喻。火带来光明与温暖，帮助他们驱散冬季严酷而漫长的严寒，减少冻死冻伤的人数，有利于族群的繁衍生息；火将坚冰融化，将血腥的兽肉变成可口且易于消化的美味，使猎人变得更加结实和强壮；火还能驱逐野外虎视眈眈的野兽，保护族人的生命安全。因此鄂温克人非常地敬重火，他们崇拜火，将其视为神灵。在鄂温克人的萨满信仰里，火神是非常重要的一位神灵，他们十分敬重火神。从而衍生出一系列的崇火习俗及其禁忌主题。古代蒙古族信奉萨满教，火神是他们崇拜的重要神祇之一，这一信仰及其禁忌传承至今成为今天蒙古族习俗的重要组成部分。

禁忌就是禁止某种行为，破坏禁忌，将受到超自然的灾难性惩罚，轻者危及个人性命，重则祸及民族存亡。"禁忌"这个词，国际学术界统称为"塔布"，源自于中太平洋波利尼西亚群岛土语，音译为"Taboo"或"Tabu"。禁忌主题源自于禁忌民俗，鄂温克初民在莽莽丛林中艰难求生，为了更好地适应大自然，顺利地繁衍子孙，约定俗成了一些不可违背的禁忌习俗。他们为了强化某种尤为重要的禁忌习俗，祖祖辈辈在口耳相传的民间口头叙述中反复演述，在不断地重复与强化过程

① 《马克思恩格斯选集》第3卷，人民出版社1972年版，第154页。

中，禁忌习俗与禁忌主题渐渐融为一体。

一 火神崇拜传说

鄂温克族民间故事《火神的故事》讲述了鄂温克族火神崇拜的来源：

听老一辈人说，在很早很早以前，有一个打猎的人。他家里头没有什么人，就一个老哥。一天，他起早去山林里打猎去了，可打到天黑，连一只跳猫也没打着，就回家了。回到家里，他越想越觉得丧气，山里林里地跋蹉了 整天，连个会喘气的也没打着。虽说满心里不痛快，可也得吃饭啊，就赶忙生火做饭。他刚点着火不大工夫，火里就"砰"的一声怪响，崩得火星乱飞。他肚子里本来就满是气，火又崩了这一下子，就更来气了。顺手操起把刀就对着火猛砍起来。把火砍灭了，他晚饭也没做成就倒头睡了。

第二天，他打算还去打猎，就老早地起来生火，可是不管他咋生，火也不着，最后他一赌气连饭也没吃，就又打猎去了。他又打了一整天，还是连啥也没打着，就只好空着手回来了。在回家的半路上，路旁边有一棵老大老大的干巴拉枝的大樟树。树底下一位满头乱蓬蓬头发、满脸是血的老太太，正用两手捂着脸伤心地哭呢！她一边抽抽搭搭地哭，嘴里还一边叨叨咕咕地数落着什么。这个猎人走到她跟前，先恭恭敬敬地作了个揖，然后问道："您老人家有了什么大难事，一个人跑到这大野外哭？"经他这一问，那个老太太哭得就更伤心了。她边哭边说："你还问我，你做的事你自己还不清楚！"打猎的让老太太这一说，就更纳闷儿了。他心里想，你自个儿在这里哭，与我有啥相干？可她还说我"清楚"，真是个怪人！他愈想愈不明白，愈不明白，就愈想问，愈问那老太太就愈伤心地哭。经过再三询问，他才知道，这位老太太原来就是火神。她那满脸血，就是他昨天用刀砍火时把火神的脸给碰伤了。打猎的听了以后，"扑通"就跪在了火神面前。他向火神说明了昨天是无意的之后，又诚恳地请求赎罪，并且发誓：以后在每年的十二月二十三日晚间，都摆上供品敬拜火神。当打猎的跪着把誓发完，一抬头，那位老太太早就不知哪去了。①

猎人因无知冒犯了火神，用刀砍火导致火神的脸被碰伤，因而满脸是血的火神现身，猎人知错认错并立誓从此以后敬拜火神。而通常禁忌故事的模式一般是，先设禁告知"不能做什么"，然后是违禁"做了不让做的事情"，最后受到惩罚"得到不好的结果"。而这则以火为禁忌主题的故事，其结构模式则是"做了不该做的事情——得到不好的结果和告诫——知道不能做什么"。这一模式同生活中禁忌的存在方式如出一辙。禁忌在不被触犯的情况下，人们似乎并没意识到它的存在或根本不知道它的存在，一旦有行为触犯了它，便有人（通常是长者）出来告诫不可如此，否则会怎样怎样，于是违禁者获得了关于禁忌的知识。由于关于不能用刀刺火的禁忌的触犯，还直接导致了人们后来的火神敬拜活动，这样这则禁忌故事又有了解释习俗行为来源的释源功能。禁忌作为社会规范中最古老的行为准绳，对于它的解释及叙述的口传故事，应当有着非常远古的历史。上述这则关于火的禁忌主题，也当是众多以禁忌为主题的故事中较为古老的一种。

鄂温克族的火神是一位老太太的形象。"在萨满教多神崇拜的信仰体系中，火的位置十分重要。在萨满教关于宇宙起源的认识中，火被认为是万物的生母，是原始的宇宙和生命力的象征，是一切创造物的根源，火常常是以女性神的面貌出现，被神话和拟人化，成为了信奉萨满教的包括蒙古族在内的各民族所崇拜的神灵。"② 在我国北方的满族、蒙古族、鄂伦春族等，北亚的吉利亚克人、那乃人等中，火神也都是女性形象。

在蒙古族《火神祭祷词》中有这样的诗句："皇后用嘴唇吹旺，以火石为母，以火镰为父，以石头为母，以青铁为父，青烟冲入云端，热力可达九天，脸像绸缎般光亮，面似油脂般发亮。那发明火的火神圣母啊，我们向你敬献奶油和肥肉，我们向你敬洒醇香的奶酒，祈求你赐予最大的福分，让我们在这幸福中永生。"从保留至今的大量的祭火词中，

---

① 《黑龙江民间文学》（第六集），中国民间文艺研究会黑龙江分会，1983年，第145页。

② 乌仁其其格：《蒙古族火崇拜习俗中的象征与禁忌》，《中央民族大学学报》（哲学社会科学版）2005年第5期。

可以看到蒙古人尊称火神为"嘎勒嘎勒罕·额赫"即"火神圣母",说明蒙古人同样是把火神作为女性神加以崇拜的。

在鄂温克族中,祭祀火神的主祭者是妇女。祭祀时,一家的主妇跪拜在地,口中默念或心中默想:过去一年中,女人对你有些失礼,请饶恕,以后一定注意,尊敬你。祭祀过程中,禁止掏灰,禁止打扫屋内,禁止扔灰。鄂温克族的火神为女性形象,而祭祀火神的主祭者也为女性,这并非巧合,它说明了在鄂温克人的眼中,火是万物之源,具有滋养万物和人类的神力,所以将其拟人化为老妇人。

二　崇火禁忌

在鄂温克人的心目中,火神崇拜同家族兴盛繁衍是联系在一起的。通古斯鄂温克人认为:最不好的征兆是客人尿了褥子,这等于灭了一家人的火,等于绝根。[1]与此相对应的,是一则名叫《鄂温克猎人为啥最忌客人尿褥子》的传说故事。故事诉说了一家在大森林打猎的鄂温克人,家里来了一个客人,夜里他将装满水的皮口袋嘴解开,水流到火堆旁将火熄灭。第二天他假装自己喝多尿了褥子。结果后来猎人的儿子和女儿相继得病去世。萨满告诉他们,那个客人是罗刹(沙皇入侵者),他故意熄灭了火,得罪了火神,所以火神降灾于他们。后来这件事情传开了,"奇怪的事总传的很快,这件事不久也就传到了很多鄂温克猎人耳里,并且说:'客人尿了谁家的褥子,就会得罪火神,谁家就要绝根断后。'所以打这以后,鄂温克人就忌讳其客人尿褥子了。据说直到现在,居住在大森林里的鄂温克猎人家,最忌讳的事,还是客人尿褥子"[2]。火凭借它所带给人间的温暖和光明,滋养着芸芸众生,而熄灭的火,不仅导致寒冷和黑暗,最可怕的是它会断绝人类的繁育能力。由此保护火种,使之长燃不绝,就等于维护了子孙后代绵延不绝。

使鹿鄂温克人称火堆为"golamuta"(古伦木踏),兼有繁衍之意。一个家族的人口多少可从他们的火堆的大小和多少来判断,"golamuta"

---

[1] 内蒙古自治区编辑组:《鄂温克族社会历史调查》,内蒙古人民出版社1986年版,第337页。

[2] 王士媛、马名超、白杉:《鄂温克族民间故事选》,上海文艺出版社1989年版,第44页。

越大越多，表明这个家族人丁越兴旺。每个家族都有一个守灶之人，一般为长子，负责看护火种，如果火种熄灭则意味着家族要灭亡。对于鄂温克人来说，最大的忌讳莫过于熄灭别人家的火种，而"客人尿褥子"就相当于灭掉主人家的火种，于是便有了鄂温克人关于客人尿褥子的禁忌。"信奉萨满教的古代蒙古人认为，火是天神赐给人类的圣物，是生育能力和生命力的源泉，是家族延续的象征。"①

因为火在鄂温克族心目中有着如此的神力和尊贵地位，他们在日常生活中对火有着诸多禁忌：禁用有刃的东西弄火；不能以水泼火；不得将污秽的东西扔入火中；不可向火里投入葱、蒜等有异味的东西；吃东西时，需先献给火神而后再吃。

同样生活在我国北方地区的游牧民族蒙古族在日常生活中至今也保留了诸多关于火的禁忌。禁止踩火、跨火、踩火剪。不能在灶火或火撑上磕烟袋，更忌讳向灶火伸腿，把脚伸到火撑上烤火。火作为一个家庭神圣的"希图根"，人们特别注意保持"嘎拉图拉嘎"（灶火）的清洁卫生，非常忌讳火撑内进入脏物，更不允许往火撑内吐痰；不许浇水熄火。倒炉灰时不可把灰和垃圾混在一起；不允许玩火玩灰；等等。因为这些都是对火神的不敬。

在雅鲁河流域流传的一则《敬火神的传说》中，结尾部分详细记录了鄂温克人对于火的各种禁忌：

> 在他临终前告诫自己的儿女和子孙们："要好好地敬火神，不要冲犯他，他会上天向天皇告状的。"并且给他的子孙后代立了个规矩：在用火做完饭菜后，自己吃饭前，首先给火神敬吃的；行走时，不要在火上跨越。特别是妇女，在火边串行时要规矩：前后衣大襟要裹住身子，不能在火上迈过去；垃圾等污物不能同火和灰堆放在一起，以免把火神弄脏了；腊月二十三火神上天时，给他往嘴巴上浇点油、烧些麻糖来甜他的嘴，让他上天别告状；每当除夕至正月初五，在门口燃起熊熊篝火，以求火神保佑人们的生活像篝火

---

① 乌仁其其格：《蒙古族崇火习俗中的象征与禁忌》，《中央民族大学学报》2005 年第 5 期。

一样越过越兴旺；每当过年时，全家老少都要下跪拜火神……①

　　这则关于火神的传说，有两处触犯禁忌的行为。一则是主人公触犯了保密的禁忌，他向自己的母亲泄露了他以后能当上额金罕（酋长）的秘密。另一则是主人公的母亲触犯了火神，她"又着腿坐在锅台上"，"一边在锅沿上敲着筷子，一边说：'将来当上了额金罕，谁对你好过，谁对你不好，要记得清清楚楚的，好赖都得有个报应。'"被冒犯的火神，上天到恩都日宝日罕（天神）那里告了状，说她骑在他的脖子上，敲击着他的脑袋，并且添油加醋地说："现在就要想以自己的恩怨来惩治人，这是乱世君子。"恩都日宝日罕听后很生气，便换掉了主人公的龙骨，让他变回了普通人。可见，违反了保密的禁忌事小，冒犯了火神事关重大。

　　鄂温克族及蒙古族有关火的习俗中存在许多共通或相似的表层文化表征。究其根源，一则火对于人类的物质作用以及人类对于火的体验的神秘性具有共同的和根源性的特点，能够超越民族的和文化的差异。二则相似的自然地理，曾经共有的萨满信仰，使得北方这两个拥有不同历史背景的民族有了相似的崇火习俗以及相近的禁忌。

三　崇火习俗与禁忌主题的互文

　　互文性（intertextuality），又称"文本间性"，通常被用来指示两个或两个以上文本间发生的互文关系。② 新历史主义有一句名言："文本是历史性的，历史是文本性的。"也就是说新历史主义特别强调着眼于现代世界，运用文本与文化历史语境的互文性关系来解释过去的文本。③ 民间文学是民族文化不可分割的一部分，研究口传文学不能脱离时代的文化语境。鄂温克族民间故事中的禁忌主题，与其狩猎生产方式及其形成的一整套狩猎民俗文化是密切相连的。

　　鄂温克人过去在山上打猎，对火不可乱动，特别是对撮罗子里生的

①　杜梅搜集整理：《鄂温克族民间故事》，内蒙古人民出版社1989年版，第55页。
②　王瑾：《互文性》，广西师范大学出版社2005年版，第1页。
③　同上书，第26页。

火更是尊重，过去他们有保存火种的习惯，生了火之后把它培上不使其
灭。吃饭、喝酒都先往火上稍微滴上一点，嘴里说祝福的话，他们认为
如不这样会遭到火神的不满。鄂温克人对火的诸多禁忌以及他们在行猎
过程中忌讳说大话空话、禁止大声吵闹等的禁忌，都是为其狩猎生产服
务的，可以说鄂温克族古老的狩猎方式是其各类禁忌习俗滋生的土壤。
而禁忌主题的传播与延续需要口头语言的介入，没有口耳相传的反复言
说，禁忌习俗的传承会遇阻受限，直至消亡。对于火的禁忌他们在生活
中如是言说：

> 那肯奇老人的父亲和另一位叫"沙石克"的猎人，一同去打
> 猎，两人在晚间生火时，火出了声，沙石克非常生气，马上用水把
> 火弄灭了。第二天早晨出猎时，走不远就听见鹿声，实际不是鹿
> 声，而是另一猎人的鹿哨声，但沙石克认为是鹿，故沙石克也吹了
> 自己的鹿哨，结果沙石克被对方看成是鹿，被打死了。这也是因为
> 沙石克用水浇灭火的缘故。①

这样的叙述，在鄂温克人过去的狩猎生活并不鲜见，而其影响力及
说服力却远不及富含幻想色彩及教育寓意的民间故事。"在口头传统中，
从叙述者的观点中出现的那些被指认为'不要做'的事，必然会导致
一种可受责备的情况。叙述者要把这样的信息传达给他的听众。"② 为
了传达这一信息，故事的讲述者们会创造出蓬头老妪的火神具象，给人
以真实可信的错觉。在鄂温克族狩猎故事的禁忌主题中为了突出其"不
要做"后果的严重性，往往采用夸张的手法，将违禁的人的下场设计为
死亡乃至断绝后代等极为严重的后果。禁忌主题中拟人、夸张等手法的
运用，都是为了强调禁忌的重要性及其不可违逆。"禁忌习俗运用神话、
传说和民间故事来为自己编织一个最恰当的理由。这些民间口承文学是

---

① 内蒙古自治区编辑组：《鄂温克族社会历史调查》，内蒙古人民出版社 1986 年版，第
237 页。

② ［荷兰］米尼克·希珀：《史诗及其英雄——口头文学的跨文化研究》（叶舒宪），见
［荷］米尼克·希珀、尹虎斌编《中国少数民族文化中的史诗与英雄》，广西师范大学出版社
2004 年版，第 285 页。

集体的，凝结了局内所有人的生活及文学智慧。"①

　　鄂温克族狩猎故事的禁忌主题与鄂温克族的禁忌习俗是互文互构的，前者的具体内容扎根于鄂温克族的狩猎习俗及传统，后者是前者的源头活水，同时前者在现实的讲述活动中又强化和延续了后者。

（作者单位：鄂温克自治旗组织部）

---

　　① 万建中：《解读禁忌——中国神话、传说和故事中的禁忌主题》，商务印书馆 2001 年版，第 299 页。

呼伦贝尔通古斯鄂温克萨满神服
与神器及其象征意义探析

呼格吉乐玛

　　萨满服饰文化是北方原始文化的重要载体，它蕴涵着北方先民在漫长的历史进程中形成的思想观念，积淀着先民的心理意识，表现出丰富多样的原始文化现象。通古斯鄂温克萨满服饰文化是鄂温克族传统文化的重要组成部分，因而是探索通古斯鄂温克的传统文化、历史的重要途径。"通古斯"鄂温克萨满服饰相对于其他萨满服饰文化，呈现出独特的文化形式和内涵，通过对"通古斯"鄂温克萨满服饰的象征意义的研究，可以揭示"通古斯"萨满服饰的丰富的文化内涵和价值。

一　萨满神帽

　　通古斯鄂温克萨满的神帽叫"麦卡布奇"，主要用铁制作而成，神帽顶是两个6厘米宽的铁片，按头的大小制作成十字形冠架，冠架正中间有用铜雕刻的立体的布谷鸟神灵。神帽的两侧是铁制的鹿角，每个鹿角上有代表萨满法力的装饰"古日巴拉"、"扎个达尔"、"毛盖"和五彩绸缎。"古日巴拉"一尺半长由4个方块各种颜色的小绸缎拼缝制成，象征变色龙。帽上还有一种由9块各种颜色的绸缎一个接一个地拼缝的，约一米长，鄂温克语称为"扎个达尔"，每块布上缝有十字形的贝齿，最下面的一块上绣有三棵白桦树。萨满神帽上有三个"扎个达尔"，中间的较大，两边的较小。"古日巴拉"的旁边有用绸缎缝制的蛇形的"毛盖"即蛇灵。这些装饰的多少代表着萨满的资格，在萨满法力的提高神帽上的鹿角增加的同时，鹿角上的这些装饰物也会增加。例如，增加一个鹿角时上面的"毛盖"、"古日巴拉"和五彩绸缎要一个个地增加。铁制的帽架内会有一个呢料的圆形的小衬帽，铁帽下缝制的皮条可以系在衣领下。神帽上的鹿角数量的多少代表着"通古斯"鄂温克萨满的法力。"通古斯"鄂温克萨满神帽上的鹿角数量最多为12个，最少为6个。神帽的帽檐上缝制了皮条、红缨穗的面帘，长度到萨满鼻尖。这些各种彩色的装饰使萨满在跳神时显得更加神秘而让人敬畏。

二 萨满神服

"通古斯"鄂温克语把萨满神服称为"萨马斯卡"，"萨马斯卡"必须用公鹿皮缝制。萨满神服"萨马斯卡"在制作上有很多礼仪，"萨马斯卡"必须出自众人之手，而且必须由已过更年期的女人来缝制，缝制不得在短期内一次性完成，必须分2—3年缝制完成。萨满神服上的盔甲是铁制的。氏族铁匠对"通古斯"鄂温克萨满是非常重要的人，也是萨满非常尊敬的人。如果上一代萨满的盔甲是某个氏族的工匠制作的话，这一代萨满也会找那个氏族承袭工匠来制作盔甲。萨满穿神服时有一定的次序，首先穿护胸兜，然后穿神服和盔甲，氏族内的人或请萨满的人必须帮萨满穿神服，穿时必须从右侧袖子开始穿，神服穿好后才能戴上呢料的帽子，再戴上铁制的神帽。

通古斯鄂温克萨满神服"萨马斯卡"是用公鹿皮为原料缝制，神服厚实而结实。萨满的"萨马斯卡"为凹形圆领、对襟敞开、宽袖长袍。"萨马斯卡"的前胸两侧各缝制一对布制的小蛇神灵，有很多小铃铛叫"库娃"，女萨满的右面有4个，左面有5个；男萨满的右面有5个，左面有4个，缝制在神服的前胸两侧。将三个喇叭形状的铜、铝制的串在一个铁制的圆圈上称为"浩勒宝格"，缝制在神服前胸的两侧各4个，背面各5个。手上拿着锤子、斧子、弓和剑的两个铁制的人形模型是森林之主，称为"苦苦里耶思维"，萨满搏斗快要输时会放走身上的森林之主，这时萨满的神力会变得强大。"阿巴嘎拉戴"是萨满的面具，铁制的"阿巴嘎拉戴"神的无头人型，身上还刻有眼睛、嘴、鼻子等。神服的腰间有很多铁制的动物图腾造型和天体造型等，神服腰间挂的图腾造型有野猪、老虎、狼、熊、鹿，都是铁制的模型。天体造型是一个铜制的、直径约10厘米的圆片，是天神"腾格里"，铜片正中间分成两部分，上半部分刻有北斗星，下半部分刻有太阳、月亮和猎户星座，女萨满要缝在神服的右侧，男萨满要缝在左侧。乌日金汗都萨满神服上的"腾格里"上刻有太阳、月亮、星星、龙、山、河、云。神服上铜制的圆片叫"德勒黑"，意为地球，上面刻有太阳、月亮、北斗星、猎户星座、十字星、九座山、森林、河流等。女萨满要缝在神服的左侧，男萨满要缝在右侧。在"通古斯"萨满教的观念里天与地球是一样的，都有山、河和树林等。神服"萨马斯卡"的后面有三个15个头的巨蟒蛇神灵叫"萨何乂乌"，其中，中间的较大，两边的较小，长度跟神服的长短一样，要依据人的身高用绸缎来缝制蛇体，里面放羊毛絮再缝上15个蛇头，蛇头上缝制眼睛和舌头。斯仁巴图萨满把"萨何乂乌"供奉在蒙古包内东北方向的木箱上。萨满在祭天仪式时必须带上"萨何乂乌"举行仪式、跳神。萨满穿神服时皮绳扣子不能打多结，只能打一个结。

盔甲。"通古斯"鄂温克萨满盔甲叫"胡雅嘎"，是铁制的。萨满的盔甲是仿人体骨骼结构制作的，上肢部分是两节三根铁条一环一环地连着并在下端有铁制的手掌，神服"萨马斯卡"前胸有两块铁条一环扣一环地连着最下面的一环连接着三条铁条。盔甲是用鹿皮绳绑在萨满神服上，所以神服的重量有150公斤左右。

护胸兜。护胸兜也是用鹿皮缝制的，13根肋骨形状的铁片由小到大排列在护胸兜上，护胸兜两边有皮质的绳子，可以系在后面，下方挂有很多皮条。

铜镜。"通古斯"鄂温克萨满有三个铜镜，第一个铜镜叫"额里根陶里"，直径为7—8厘米，平时萨满都会挂在胸前带着走，第二个铜镜叫"旧日很陶里"，直径为12—14厘米，铜镜有保护萨满全身的作用，萨满跳神时用哈达系铜镜戴在脖子上面。第三个铜镜叫"布马勒陶里"，直径为12—14厘米，萨满的这个铜镜上面刻着十二生肖，平时将该铜镜供奉在家中的神盒中，烧香祭拜，当萨满的人一生中只能见两三次的铜镜。斯仁巴图萨满见过两次，一次是在12岁时，在一个巴尔虎萨满的"亲达尔"（已故萨满的墓地）见到过这种铜镜，另一次是在1995年的一个夏天在放牧时见过这种铜镜。"额里根陶里"是萨满平时给病人治病时用的铜镜，萨满将铜镜放入牛奶再拿出来放在病人身上时，铜镜会移动到有病的部位，如没病，铜镜不会在人身上移动。萨满的铜镜有避邪驱鬼的作用。

三 萨满神器

神鼓。"通古斯"鄂温克语把神鼓叫做"恩特屋恩"。萨满神鼓是萨满的重要神器，在举行祭祀仪式，击鼓跳神、驱鬼治病时是必不可少的神器。神鼓被"通古斯"鄂温克萨满视为遨游在天空的坐骑，渡大海的船。

萨满在各种仪式中祭祀天地，请神时按一定的节拍击神鼓唱神歌进行祭祀仪式。如果没有萨满神鼓，萨满将无法在神灵与人之间做传递者。"通古斯"鄂温克萨满使用的是圆形的单面鼓，大小不一，鼓的直径为60—70厘米。萨满单面鼓的鼓面是用鹿皮制作的，神鼓的背面是十字架型的皮条，萨满举行仪式时，从后面的皮条抓着击鼓跳神。"通古斯"鄂温克人中关于为何用单面鼓作神鼓有这样一个传说：

人类出现以前，天神造了地球。起初，地很小，山很矮，河也又窄又细，水更稀稀拉拉。后来，第二次造地球时出现了神通广大的萨满，他把地球变大，山高了，河也宽了，水也长流了。事后又过了多少年，萨满就坐在一面大鼓上，腾云驾雾地除邪去魔，给人类造福。那时，萨满坐乘的神鼓，两面都包着皮子，是整个的大皮鼓。后来世上出现了喇嘛教，便跟萨满打起仗来。先是，萨满占上风，把喇嘛教战败退下去，喇嘛又缓过劲儿来，反把萨满打败，夺了上风，萨满怎么也不肯认输。有一次，喇嘛拿起叟拉（一种法器）一下扔过去，正好打在萨满坐着的皮鼓上，一下打成两片。从那以后，萨满就有了单面包皮的萨满鼓了。[①]

从这个传说可以看出，萨满神鼓被赋予神奇的力量和作为萨满坐骑的功能。"通古斯"鄂温克萨满制作神鼓时通过以下几个步骤来完成。首先是选择材料，萨满亲自跳神以后，决定用哪棵树作为制鼓的神树，制鼓的神树选择比较粗壮的白杨树，向白杨树献哈达后锯树。其次是制鼓的鼓面即鹿皮在完全没有晒干之前要包缝在圆形的木框上先用胶黏上再用动物的筋缝制或用摁钉钉制而成。然后将鼓面在火上烘烤，鼓面会绷紧，这样神鼓就制作完成，在举行仪式时神鼓就能发挥神力，可以请

---

① 敖嫩：《鄂温克民族民间故事集》上册，内蒙古文化出版社2008年版，第19—21页。

神、降妖。当制作完神鼓以后，萨满会说："从贝加尔湖岸接到洁白的
'胡胡尔格'（炼铁的牛皮制的炼铁工具），杜西的主人东格伊娃工匠，
锤子的主人钻石工匠，99 个'胡胡尔格'的主人达尔罕查干'腾格
里'。"萨满说这样的祝词来感谢为他制作神服与神鼓的工匠。"通古
斯"鄂温克萨满的神鼓上有的有绘画，有的没有绘画。有绘画的多为萨
满亲自绘画，内容非常广泛。"通古斯"鄂温克萨满乌日金韩都女萨满
的神鼓上有绘画，神鼓被分成四部分，上部分画有太阳、月亮、神鹿，
左面没有图案，右面画有一群白天鹅、绿草地、狍子，下面画有三棵白
桦树。"通古斯"鄂温克萨满平日里将神鼓挂在蒙古包的东北方向，同
神槌和"巴尔特嘎"一起挂。

　　神槌。"通古斯"鄂温克语把神槌叫做"泰布尔"，击鼓时使用。
把狍子腿部带毛的皮子围裹在 30 厘米长的木棍上缝制而成，手把上刻
有蛇纹，并有 9 个铁圈，铁圈上挂有各种颜色的绸缎。木棍手把的末端
也挂有用皮绳条连接的铃铛和彩色布条。在"通古斯"鄂温克萨满跳
神驱鬼、治病时用神槌"泰布尔"，击鼓时各种颜色的彩缎飘着更显得
神秘壮观。

　　"巴尔特嘎"。"通古斯"鄂温克萨满击鼓时还有一种神器叫"巴尔
特嘎"。"巴尔特嘎"是一种木质的、约 50 厘米长的木棍，有驱灾去污
的作用和功能。

　　"都贵"。"通古斯"鄂温克萨满有一种铁制的拐杖一样的神器叫做
"都贵"。"都贵"与拐杖很相似，在手抓处刻有马头，"都贵"是一对，
把右边的称为公马、左边的称为母马并挂有彩色布条。萨满举行仪式
时，参加仪式的男士手握"都贵"盘坐在右边，平日里"都贵"与神
鼓一起挂在蒙古包的东北方向。

四　神服与神器的象征意义

　　"通古斯"鄂温克萨满神帽叫"麦卡布奇"，神帽上的鹿角鄂温克语
称为"分头"，萨满神帽象征着萨满的神力，萨满神帽上的鹿角越多，
神力就越大。萨满通过神帽上的鹿角的增加来体现萨满法力的提高。
"通古斯"鄂温克萨满的鹿角数从 6 个经过三次的"其那尔"仪式能增
加到 12 个，这不是简单意味着鹿角数量的增加而是萨满的治病能力、

驱灾辟邪的能力都有所提高。萨满神帽上还有一些有象征意义的头饰：
（1）萨满神帽的每个鹿角上挂有布缝制的小蛇的造型和变色龙的造型，
还有五彩的绸缎，这两个动物造型象征着萨满的最高保护神灵。
（2）萨满神帽的冠顶有布谷鸟或鹰的造型，这鸟象征着萨满的保护神，
萨满借助鸟的神灵可以自由地在天空翱翔，也可以与别的神灵和鬼魂交
往。（3）萨满神帽后面有垂下来的"扎格达尔"，"扎格达尔"是用九
块布缝制的，每块布上有十字星的贝齿，最下面一块上绣着三棵神树白
桦树，这神树是萨满自己通天的树。"扎格达尔"象征着通过九个阶梯
和神树可以通天。（4）神帽前的帽帘象征着面具。

　　萨满神服是萨满仪式中不可缺少的标志性的符号，通过萨满服饰外
观上就可以意识到其与众不同，具有特殊的身份和地位。当萨满穿上神
服跳神时给人震慑、威慑的作用，从而使人们虔诚地祈求神灵保佑，满
足其求福驱灾的愿望。萨满神服的象征意义：（1）萨满神服上的盔甲
象征着人体的骨骼结构，护胸兜上缝制着13根与人骨一样的小铁片制
的肋骨造型。像人的肋骨可以保护内脏一样，萨满神服上的盔甲也有保
护萨满全身的作用，任何邪恶的东西都不能穿透这些盔甲。萨满的神服
有300多斤重，常人难以想象萨满穿上神服连续几个小时或几天跳神，
这也充分显示萨满的神力。神服上的骨骼结构基本与人体的一样。
（2）萨满神服后面有布制的大蟒蛇，称为"萨何义乌"，长度约一米。
神服的前胸的两边各缝着一对用布缝制的蛇灵，这些蛇灵象征着萨满的
最大的保护神。蛇的形象用布缝制的筒形长条内，塞一些羊毛絮使蛇更
立体化。蛇灵的扁头上有上颚和下颚，还有红色的舌头和眼睛，蛇的后
颈下方有15根布条制的蛇头竖立着，蛇尾越变越小，用彩布环饰镶包
着。（3）萨满神服上有很多动物的模型，狼、熊、野猪、鹿，这些都
象征着萨满的各种神灵。萨满举行各种仪式时都会需要这些神灵的帮
助。野猪象征着萨满的坐骑。斯仁巴图萨满的母亲讲："小时候有一个
叫'跑日斯蒂耶夫'的年事已高的萨满，这位萨满的法力很高所以人
们都会请他给人看病。每当人们去请他看病时，他会让人们先回家准备
着，每当人们正好准备完时他就会进来，人们会很好奇一个老人怎么能
那么快从很远的地方来。有一次有两个人埋伏在森林里等着，看见萨满
居然骑着野猪穿梭在树林里。"从这个故事可以看出萨满的法力很高，
而且有很多神灵在帮助着萨满。（4）神服上有两个手握锤子和斧子的

人形模型是森林之主，鄂温克语称为"库库里耶斯威"，还有船、船桨、钩子、凿等工具。这些象征萨满的保护神灵，萨满与鬼怪搏斗时可以坐船渡河，如果快要输时，放走身上的森林之主，力量就变得强大无比，可以反败为胜。（5）萨满神服上有两个铁片，一个是"德勒黑"，象征着整个人类的世界，一个是"腾格里"，象征着天界。萨满观念中的天界和人界是一样的，天界也有山、水、森林、鸟等。（6）萨满的铜镜象征着辟邪护身的保护神灵。萨满的"额里根陶里"平时萨满都会挂在胸前带着走，有辟邪驱灾的作用，是一刻也不会离身的。铜镜又称护心镜，在萨满的精神文化里是无限崇拜的核心物件。（7）铃铛"库娃"和"浩拉包嘎"象征着神动，[①] 萨满在举行仪式请神时会晃动全身的铃铛作响请神灵附体。萨满神服表达着复杂的观念和象征意义，萨满神服在人神之间沟通时是必不可少的神圣的物质。

神鼓是萨满仪式中最重要的神器，象征着召唤神灵、震慑妖魔鬼怪，而且还象征着萨满的坐骑。丹巴萨满说："萨满可以乘坐在神鼓上遨游天空，可以渡大海。"萨满用神槌"泰布尔"击鼓时神灵能够听到击鼓的声音，如果没有神鼓和神槌等法器，萨满将无法呼唤各路神灵。"都贵"是一对刻有马头的铁制的拐杖似的神器，一只称为左母马，另一只称为右公马，象征着萨满的坐骑，"都贵"可以让萨满骑神马快速地通神，驱赶鬼怪。

"通古斯"鄂温克萨满服饰及神器作为传统文化之一，有着悠久的历史，并深刻地影响着人们的思想观念。"通古斯"鄂温克人在不断地迁徙的历史过程中，创造了具有民族特点和地域特色的萨满服饰及神器文化。"通古斯"鄂温克萨满文化在现代社会中的传承和保护显得尤为重要。

（作者单位：呼伦贝尔学院民族历史文化研究院）

---

① 李宏复：《萨满造型艺术》，民族出版社 2006 年版，第 100 页。

呼伦贝尔蒙古族仪式中的羊骨文化

——以内蒙古陈巴尔虎旗为个案

塔米尔

长期以来，呼伦贝尔蒙古族仪式中的羊骨文化"被认为是一个可能或可以包容上至宇宙观的认知，下至具体的实践行为"① 的仪式，被当作是民族学或人类学研究者的传统课题以及全面研究社会的一个重要工具。

蒙古族是北方的主要少数民族之一，主要居住在内蒙古自治区，其中的陈巴尔虎蒙古族主要生活在呼伦贝尔草原。呼伦贝尔草原面积辽阔，地势平坦，草场主要以高平原干草为主体，草场、河流、湖泊分布合理，适合发展草原畜牧业。长期生活在这样的地理条件下，畜牧业生产已经成为陈巴尔虎蒙古族人民赖以生存发展的主要生计方式。在长期从事畜牧业生产的过程中，陈巴尔虎蒙古族人形成了独特的羊骨文化，羊骨也被发现贯穿于陈巴尔虎蒙古族社会的仪式中。

一 研究综述和意义

（一）研究意义与现状

"仪式是宗教的实践过程，也被称为'行动中的信仰'，其重要性得到了宗教学和人类学界的长期关注。在人类学的百年发展史中，仪式与亲属制都曾经作为人类学研究的二大支柱，对于人类学科的发展和学科边界的建构都产生过深远和不可磨灭的影响。仪式的探索对宗教和文化的研究提供了独到的视野。"② 蒙古族社会中存在着很多的传统仪式，

---

① 彭兆荣：《人类学仪式中的理论与实践》，民族出版社 2007 年版，第 1 页。
② 彭文斌、郭建勋：《人类学仪式研究的理论学派述论》，《民族学刊》2010 年第 2 期。

这些仪式都是深深扎根于蒙古族文化而存在的。蒙古族的仪式研究在蒙古族文化研究中占据着重要地位，但是贯穿其中的羊骨的运用却从来没有成为研究蒙古族仪式的角度。笔者通过此次调查，获取了一些羊骨在陈巴尔虎蒙古族社会的仪式中的使用方法方面的资料，并在这些资料的基础上，通过羊骨使用的角度对陈巴尔虎蒙古族的仪式做了简单分析，希望可以帮助建立对陈巴尔虎蒙古族仪式研究和文化研究的新角度，具有一定的学术价值和现实意义。

（二）相关研究现状梳理

本文的主要目的是通过对陈巴尔虎蒙古族社会中传统祭祀仪式和占卜仪式中作为祭品的羊骨的使用描述，从而分析羊骨在仪式中的地位、从羊骨的角度窥探陈巴尔虎蒙古族人的神灵观和文化。由于仪式在文化中处于极其重要的地位，所以人类学家和民族学家都将仪式作为研究文化的一个重要角度，仪式的研究也因此成为了人类学家和民族学家的传统课题，仪式中祭品的研究也成为了人类学家和民族学家探究文化的角度。

1. 仪式和仪式中祭品的研究

人类学的仪式研究由许多学派的理论共同组成，这些学派与人类学的理论流派同步。有"神话—仪式学派"、"心理分析学派"、"社会功能—结构学派"、"宗教现象学派"和"象征文化学派"等。这些学派都从不同的角度对仪式进行了阐述：

"神话—仪式学派"的代表为弗雷泽、拉格兰，他们认为"仪式是宗教与文化的源头，宗教是对超自然的崇拜"[1]，并将宗教发展的过程认为是进化的过程；"心理分析学派"的代表为缪勒、弗洛伊德，他们"对于宗教仪式的阐释多看重个体心理成分，比如认为是人们对梦、大自然的恐惧与误解导致宗教仪式的产生"[2]；"社会结构—功能学派"，"关注的是仪式行为的社会属性，关心仪式是怎样推动社会组织与社会生活，即仪式的功能性"[3]，该学派的代表人物认为"仪式的功能在于

---

① 彭文斌、郭建勋：《人类学仪式研究的理论学派述论》，《民族学刊》2010 年第 2 期。
② 同上。
③ 同上。

构建与维护建立人类社区的社会纽带，通过共同的价值观、知识与经验范畴的潜意识运作，实现个体的社会化；舒缓和解决社会争端，巩固群体的团结；对支撑社区生活的社会和观念结构进行周期性的复兴或改革"①；在"宗教现象学派"的阐释中，"宗教应从其本身的角度来加以理解，神圣性通过象征或神话来加以表述，来构建宇宙秩序，神圣就是力量，而且归根到底，就是现实，人对神秘的、强有力的、使人敬畏的东西向往是永恒的，神话与仪式是人们获得经验与人生意义的方式，仪式不过是对神话或象征的展演"②；"象征文化学派"对仪式的研究强调的是"研究仪式应当着重于仪式所表达和传递的观念、价值和情感、态度，并认为仪式为文化观念和社会经验的中介，是社会文化变化的重要机制，它对一个群体的世界观和情感的改变都很关键"③。

　　凯瑟琳·贝尔对仪式进行了分类，她的分类法也就是如今仍流行在人类学界的仪式"六分法"："过渡仪式，历法仪式，交换和共享的仪式，减灾的仪式，宴会、禁食与节日的仪式和政治仪式。"④

　　2. 从萨满教的角度对仪式进行的研究

　　巴尔虎蒙古族主要信仰萨满教，在其历史发展过程中萨满教占据极其重要的地位。受到萨满教地位的影响，陈巴尔虎蒙古族甚至于蒙古族的祭祀仪式都或多或少地成为了萨满教研究中的一部分。在萨满教的研究中，仪式"通常被认为是对神灵的依赖、恐惧、尊敬等宗教感情的基础上采取的宗教行为。信仰者通过这种方式同神灵打交道，或求神帮助，从而达到心理学需求的某种满足"⑤。在信仰萨满教的社会，"人们在祭祀仪式中通常使用牺牲来换取神灵的帮助和恩赐"⑥，北方民族所使用的牺牲多为动物，北方民族在占卜仪式中则会将动物骨头作为神圣物以获取神灵的指示来解决一些现实问题。

---

　　① 彭文斌、郭建勋：《人类学仪式研究的理论学派述论》，《民族学刊》2010 年第 2 期。

　　② 同上。

　　③ 同上。

　　④ Catherine Bell，《Ritual Perspectives and Dimensions》，New York & Oxford University Press，1997，preface.

　　⑤ 孟慧英：《中国北方民族萨满教》，中国社会科学院研究生院博士学位论文，第 108 页。

　　⑥ 同上。

二　研究地点简介

（一）地区概况

呼伦贝尔市位于内蒙古自治区的东部，总面积25万平方公里。这里有水草丰美的草原，松涛激荡的大兴安岭林海，纵横交错的河流，星罗棋布的湖泊。这里的草原被誉为"世界上最美的草原"。这里是中国北方少数民族和游牧民族的发祥地之一。陈巴尔虎旗，地处东经118°22′—121°02′，北纬48°48′—50°12′，位于呼伦贝尔市西北部，是著名的呼伦贝尔草原牧区四旗之一。全旗东西宽约180.7公里，南北长约135.2公里，总面积1.86万平方公里，其中草原面积1.58万平方公里，占总面积的85%。

全旗辖3个镇、5个苏木：巴彦库仁镇、宝日希勒镇、完工镇，西乌珠尔苏木、东乌珠尔苏木、巴彦哈达苏木、鄂温克民族苏木、特泥河苏木。根据第五次人口普查数据：全旗总人口67882人，居住着汉、蒙古、回、满、朝鲜、达斡尔、俄罗斯、白、黎、锡伯、维吾尔、壮、鄂温克、鄂伦春等民族，其中蒙古族占据了43%的比例。

（二）陈巴尔虎蒙古族源流

巴尔虎蒙古部是蒙古族中古老的一支，巴尔虎历史上曾泛指两个地区：一是指贝加尔湖以东的"巴儿古真河"一带；二是指大兴安岭以西的呼伦贝尔地区，现在则主要指巴尔虎三旗（新巴尔虎左旗、新巴尔虎右旗和陈巴尔虎旗）。关于巴尔虎名称的由来，历来就是一个世人非常关注的问题，一些学者认为："'巴尔虎'因地得名，其最早的故乡在今俄罗斯境内贝加尔湖东岸的巴尔古津河流域。元代巴尔古津河称巴尔忽真水，巴尔虎部因水得名。"[①] 此部族最早生活并生产在内贝加尔湖以东巴尔古津河一带。元代称巴尔古津河称巴尔忽真水，蒙古人喜欢按照山河湖泉及生活、生产地区的名称命名本族名的习惯，他们便被称为"巴尔虎"了。后来，巴尔虎蒙古人随着不断迁徙，分散到了贝加尔湖的东部和南部。

---

① 《多桑蒙古史·上册》第1卷，冯承钧译，附录二，上海书店出版社2001年版，第161页。

　　金朝末年，"巴尔忽惕部的活动范围大体上北起今巴尔古津河流域和维季姆河上游，东到雅布洛诺夫山西麓，南到大肯特山和鄂嫩河上游一带，西止贝加尔湖和色楞格河下游"①。"巴尔虎在元代直辖于中书省太仆寺，明初归努尔干都司属下的乞塔河卫（今俄罗斯赤塔）管辖，明末清初由喀尔喀蒙古车臣汗部统领，其活动范围逐渐南移。"②

　　"清康熙年间，有一部分巴尔虎蒙古人被编入八旗，驻牧在大兴安岭以东布特哈广大地区，还有一部分成为喀尔喀蒙古部落的属部。1732 年，清政府为了加强呼伦贝尔地区的防守，将包括索伦（今鄂温克）、达斡尔、鄂伦春族和巴尔虎蒙古族士兵及家属 3796 人迁驻呼伦贝尔牧区，以防俄人侵扰。其中 275 名巴尔虎蒙古人便驻牧在今陈巴尔虎旗境内。"③

三　羊骨在祭祀仪式中的运用

　　"在原始社会，人们的生产力水平十分低下，最大限度地依赖自然界而生存，人们无力战胜自然灾害，对风雪雷电、水旱灾害等自然现象无法解释，便对大自然产生恐惧心理，认为在现实世界之外还存在着某种超自然的精神力量。人们把天地日月、风霜雨雪、电闪雷鸣、山川土地以及各种动植物都当做崇拜的对象，认为自然界都有神灵，神无所不在，无时不有，世界就是一个充满神灵的世界。于是出现了'万物有灵'的观念。"④萨满教也就成为持有"万物有灵"观点的蒙古族的信仰。

　　萨满教，是一种原始多神教，以萨满而得名。在蒙古社会的早期，萨满教曾经起到过极其重要的作用。"尤其是在蒙古帝国建立时期，曾为成吉思汗的权力奠定了'神权基础'。因此，萨满教在蒙古统治者中也备受礼遇，成为蒙古帝国的'国教'"⑤，而受到蒙古族民众的普遍信仰。

　　由于长期生活在草原上，陈巴尔虎蒙古族人开始从事畜牧业生产并延续至今。畜牧业生产是高度依赖气候环境的生产手段，当地的气温、

---

　　① 都兴智：《巴尔虎蒙古族源流考》，《内蒙古大学报》（哲学社会科学版）1994 年第 3 期。

　　② 同上。

　　③ 《陈巴尔虎的由来》，http：//www.cbrhq.gov.cn/xnmj/lyxx/mswh/200806/550.asp。

　　④ 李云霞：《蒙古族萨满教信仰的发展与变化》，《满族研究》2008 年第 4 期。

　　⑤ 色音：《萨满教与中国北方少数民族占卜习俗》，《西域研究》2001 年第 2 期。

风力、降雨、降雪、日照等都对陈巴尔虎蒙古族的畜牧业生产有着很大的影响：在夏季，降水不足就会给草的生长带来很大的影响，这样就会导致羊不长膘，这会影响羊的价格；在秋季，降水不足会大大减少打草量，屯草不足会大大降低羊在冬天的存活率；在冬季，气温过低、风力过大、降雪过多、日照不足可能会冻死大批的羊。这种高度依赖性使得古老的巴尔虎蒙古族人相信自己的生活由自然界的诸神灵主宰并怀着一颗敬畏的心来看待自然界。为了表达这种敬畏之情、寻求神灵的庇佑，他们举行特定的仪式来祭祀自然界诸神灵，这些祭祀仪式一直流传到了今天的陈巴尔虎蒙古族社会。

通过如今流行在人类学、民族学界的仪式六分法，我们可以将陈巴尔虎蒙古族社会的祭祀仪式划入"交换和共享的仪式"。所谓"交换和共享的仪式体现的是人、神、鬼、祖先与动物之间的复杂关系，强调的是相互依存的宇宙观，超越个体和现实需要的人的责任。人们对神的供奉，被泰勒称为礼品理论，人们给予的目的在于回报。供奉的目的可以是赞美取悦或安慰神灵，也可以是直接要求神的帮助"[1]。献祭中的牺牲，是神与人之间沟通、合作的媒介。

因为长期从事畜牧业生产的陈巴尔虎蒙古族人认为羊是最宝贵的，所以他们在举行的仪式时都会将羊作为牺牲。巴尔虎蒙古族人把羊肉供奉给自然界的众神灵，试图通过这样的方式愉悦神灵并得到神灵的庇佑。

（一）敖包祭祀

敖包，是蒙古族专用名词，指堆积起来的石头，有"堆子"之意。敖包的祭祀仪式是在每年农历五月二十三日前后进行的。

敖包由一个主敖包和八个小敖包组成：主敖包是由立在正中央的木制柱子、若干石头和柳条搭建起来的，最中间的柱子（蒙语中称其为"xigen"）高达3米、直径约为20厘米，其顶端有一个葫芦形状的木板（蒙语中称其为"zel"）；小敖包围绕并保护在主敖包旁边；将小敖包和主敖包维系在一起的是八根彩带（蒙语中称其为"himori"），也称吉祥如意带。

祭敖包时，首先要做的就是整理工作。整理工作从收拾往年的祭品开始，然后要把敖包上旧的树枝都拿走，插上新的树枝，此外每隔三年

---

[1]　彭文斌、郭建勋：《人类学视野下的仪式分类》，《民族学刊》2011年第1期。

要更新垒放包的石头。然后主持人要拿着一种蒿草（蒙语中称其为"gangga"）绕着敖包走一圈，这个过程叫作净化敖包。再然后人们开始摆放祭品。

敖包上的祭品（蒙语中称其为"xusilg"），祭品要摆放在主敖包正南方的一块石头上或者很多其他零碎的小石头上。祭品为羊肉，按照羊肱骨（蒙语中称其为"dale"）、肱骨（蒙语中称其为"atahal"）、坐骨（蒙语中称其为"suji"）、股骨（蒙语中称其为"budongxumuge"）、小腿骨（蒙语中称其为"xianta"）在第一层，胸脯（蒙语中称其为"ebqu"）在第二层，最上边的三根肋骨、最后边的四根肋骨（肋骨在蒙语中称为"habrig"）、羊尾（蒙语中称其为"su:l"）在第三层，羊头（蒙语中称其为"tolegai"）在最顶层的层次摆放，羊头朝着主敖包的方向。巴尔虎蒙古族人认为这些肉代表了一整只羊，这样就足以表示自己对祭敖包这一项活动的重视和对敖包的尊重。除了摆放在主敖包正前方的石头上的祭品外，巴尔虎蒙古族人还会将一份祭品（同上）放在一个小木桶（蒙古人称其为"daleg"）中，木桶或成长方体形或成柱形，表面画有五畜（牛、马、骆驼、绵羊、山羊），其提手是由蓝色的哈达卷成的。

在摆放完祭品后，敖包长开始念祭敖包的经文（蒙语称其为"桑"），经文的主要内容是祈福。祈福的内容广泛，从祈求风调雨顺到辟邪消灾再到人畜平安。做完这些，敖包长就拿起装有祭品的小木桶领着所有族人绕敖包三圈并念着"hure、hure、hure……"

做完这些，祭祀敖包的一个家族就会吃木桶里的肉，吃完之后陆续离开，敖包祭祀就结束了。其中最年长、最有威望的敖包长就会把木桶中剩下的肉拿回家祭祀火神，敖包长通过这样的方式祈求神灵保佑祭祀敖包时家族中没有去的其他人。

（二）火神祭祀

祭火是在腊月二十三日晚上进行的，因为这一天是火神将牧民的好坏善恶都向上天汇报的时候。在草原生活的巴尔虎蒙古族人认为他们的生活离不开火、火神能够看到人们的所有行为，加上人们害怕因为火神的不真实的汇报招致上天的惩罚，他们忌讳激怒火神、忌讳对火神不恭，久而久之，形成了一种独特的祭祀习俗。

腊月二十三日这一天，巴尔虎蒙古族人首先要打扫蒙古包、准备祭品。到了晚上，祭火仪式开始了，这个仪式由男性家长主持，仪式从点燃新火开始。他先将早先准备好的祭品拿过来，将去掉下面软骨突起（蒙语中称其为"buderihi"）的羊胸脯（带肉的，蒙语中称为"ebqu"）翻过来像船一样放，在羊胸脯里放上祭品（包括黄油、奶干、果子等自己认为好的奶制品、面食等），摆好祭品后洒上酒，用红布盖上，然后投入蒙古包的炉子里。

将祭品投入炉中之后，一家之主就会祈福，大致内容如下："尊敬的火神啊，感谢您一年的庇佑，我们一家在新的一年里会更加勤奋、努力、诚信，做更多的好事，请您在新的一年里保佑我们家里的牛、羊越来越好，保佑我们家的人身体健康，请您带给我们家更多的福气。"祈福结束后，全家人一起磕三个头。

除了在腊月二十三日的祭火仪式之外，在祭祀敖包的过程中，敖包长在念祭祀敖包的经文之前，还会进行一个简单的祭火仪式。祭品包括羊胸脯（有时可以用最尾部的三根肋骨）、羊肚皮肉、一些奶制品和一些未经处理的谷物。祭品是盛放在一个由一个铁锅和四个铁片（铁片的形状类似于半月形，但是底下的弧度比上面深一点）组成的容器里的。在祭火神时，首先将羊肚子上的肉切成四份，分别挂在铁片上，然后在锅里放上胸脯、奶制品和一些谷物（带皮的），最后把火点起来，洒上酒，祭火仪式就结束了，并可以开始下一步的敖包祭祀。

我们可以发现在这两种祭火的仪式中羊胸脯一直都是祭品的主要组成部分，这是因为在巴尔虎蒙古族人的意识里用胸脯（离心脏最近）祭祀可以代表自己的诚心。

除了在腊月二十三日和祭敖包那一天祭火之外，巴尔虎蒙古人在日常生活中也会进行简单的祭祀。人们在吃手把肉或者其他丰盛的菜肴时，会先割一块肥肉放进炉火里，然后自己才开始吃饭。

（三）萨满祭祀

1. "ongo"的祭祀

"ongo"是已故萨满的灵魂。在祭祀"ongo"的时候，萨满要准备羔羊的一些骨头：包括羊尾骨（"zul"）、肱骨（"atahal"）、小腿骨（"xianta"）、坐骨（"suji"）、股骨（"budongxumuge"）、肋骨（"habrige"最长的四根，一边两根）。把这些骨头供奉给已故萨满的灵魂，以取悦这些灵魂。

2. "ongo" 结婚

"ongo" 结婚是指一个姓氏的已故萨满灵魂没有在自己的姓氏家族中挑选新的萨满，而是挑选了别的姓氏家族的人做新萨满。由于被挑选作为萨满的这一家人没有欢迎 "ongo"，导致被挑选的人生了病，这时，为了欢迎已故萨满的灵魂而举行 "ongo" 结婚的仪式。

在举行仪式时，要选择一只没有去势的公羊羔来进行祭祀。之所以选择没有去势的小公羊羔是因为它具有很大的财富价值，这样才能代表自己深深的歉意。

3. "orige" 祭祀

"orige"，即萨满的一套服饰。包括萨满服、萨满的帽子（蒙语中称其为 "maiholji"）和铜制面具（蒙语中称其为 "obgolde"）（面具上画着眼睛、鼻子、嘴、熊毛做成的眉毛和胡子）。萨满服是驯鹿皮做成的，由一件长衫和一件坎肩组成。在坎肩上挂着 77 个铃铛以及大大小小的 99 个铜镜。坎肩的下摆挂有一些系着小铃铛的彩带，共有 81 条。萨满的帽子是驯鹿皮做成的、由铁丝固定，上面立着两个类似于鹿角的铁枝。萨满的面具是铜做的，上面简单地画着眼睛、鼻子、嘴还有熊毛做成的眉毛和胡子。

在陈巴尔虎蒙古族人的意识里，萨满的服饰也有灵魂。祭祀 "orige" 的时候大多是年三十，是萨满为了取悦萨满服的灵魂而举行的仪式。

在祭祀前，萨满把这一套服饰挂在铁架上，用萨满跳神时拿着的两根拐杖（蒙语中叫做 "horib"）支起来，并将其放在蒙古包的西北角。然后在萨满服前面放一个摆着木盘（蒙语中叫作 "tebxi"）的小箱子，在木盘上按顺序放好羊头（"tolegai"）、肩胛骨（"dal"）、肱骨（"atahal"）、四根最长的肋骨（"habrige"）、坐骨（"suji"）、股骨（"budongxumuge"）、小腿骨（"xianta"）以及羊尾（"sul"）。羊头朝着 "orige" 的方向，面具的牙上挂着从羊尾取出的一块圆形的肥肉。

此时的萨满正坐在蒙古包内北面的床上、萨满的亲人坐在东面的床上、徒弟们则坐在西面的床上。所有准备工作结束后，萨满最厉害的徒弟就会拽三次衣服的右窝，代表祭祀仪式正式开始。这时，徒弟会将蒙古包门上的毡布打开一小块，并通过打开的洞将两碗奶茶和一碗酒洒出去，这两个动作代表请 "萨满服的神灵" 进来。在萨满服的神灵进来并享用这些羊肉时，萨满便开始念咒语，大意为："神灵啊，请尽情享用这些美食，并保佑我和我的徒弟们在新的一年里法力更为高强，为牧民们带来更好的生活。"萨满念完咒语，送走萨满服的神灵，仪式就结束了。

四　羊骨在占卜中的运用

占卜是指"用各种方法来获得尘世间事物的信息或预卜凶吉祸福的活动"①。当鬼神观念发展到一定阶段，人们就认为自己被各种各样的鬼神包围着、操纵着，人们崇拜各种神灵，又为各种神灵所制约。"凡是人间的得失、成败，统统归咎于鬼神的意志，因此，人们每做一项事情的时候，都期望得到好的结果。然而在史前人看来，这不是自己努力的结果，而取决于鬼神的赐予，为此人们急需了解鬼神的态度，对鬼神进行预测，这是产生占卜的社会需要。"②

人与鬼神之间有着密切的联系，人们期望得到鬼神的恩赐却又不能直接对话，所以往往要借助于占卜者，这个占卜者在陈巴尔虎蒙古族社会中既可以是萨满（蒙古族称萨满为"博"）也可以是普通的牧民。占卜者为人们联络神灵，以期说明并解脱人们的痛苦和灾难。

（一）萨满占卜

在古代，占卜术往往掌握在萨满手中。占卜一般有骨卜、石卜、星卜等类型。萨满占卜的内容大到畜牧生产的安排小到日常生活种种问题。

其中，治病是萨满占卜的主要内容。陈巴尔虎蒙古族的萨满善于骨卜。"在信仰萨满教的社会里，生病被认为是病人被不必要的力量所侵入或者体内原有的力量流失了。这种侵入或者流失都被认为是神灵的力量，而萨满具有通灵的能力，能够求助于善的神灵，也能够和恶的神灵进行妥协。"③通过一系列的仪式，萨满能够寻找病因并治愈疾病。

从事着高度依赖自然环境的畜牧业生产，陈巴尔虎蒙古族人认为他

---

① 互动百科，http://www.hudong.com/wiki/%E5%8D%A0%E5%8D%9C，2012/5/19 0点13分访问。

② 刑莉：《游牧文化》，北京燕山出版社1995年版，第494页。

③ 徐佳、缪绍疆、赵旭东：《对两例蒙古族萨满仪式的介绍》，《中国心理卫生杂志》2008年第22卷第12期。

们收成的好坏是由神灵操纵的，生病对他们而言也是由于鬼神的操纵而产生的。因此，陈巴尔虎蒙古族人认为获得这些方面的信息的有效途径之一就是向神灵问卜。在向神灵问卜的过程中，羊骨，尤其是羊的肩胛骨（"dal"）和羊后腿关节（"嘎拉哈"），是主要的问卜工具。陈巴尔虎蒙古族人通过烧骨和相骨这两种骨卜方式从神灵那里获得答案和对事情发展的态度：烧骨，即将占卜用的羊骨煮熟后剔干净肉，放入火里烧，烧后观察羊骨在燃烧结束后龟裂的纹路；相骨，即从各个方向观察剔去肉的羊骨。

笔者通过此次的调查，获取了一些萨满在治疗疾病的过程中使用羊骨进行占卜的材料。

据陈巴尔虎蒙古族的老人介绍，过去他们在生病后会将萨满请到自己的蒙古包中，萨满会问生病前病人的身体状况和经历的事情，在得到大致的信息之后，萨满会根据自身的优势选择用羊肩胛骨或者"嘎拉哈"来判断病人是因为什么得病的并进行治疗。

善于使用肩胛骨判断疾病以及生病原因的萨满到了病人蒙古包中，会拿肩胛骨放在火上烧，烧到骨头发灰但是还可以保留原型的程度，萨满就拿起肩胛骨从正面、背面两个角度观察上面因火烧产生的裂纹，根据裂纹判断病人得了什么病。善于使用羊的膝盖骨（蒙语中称其为"嘎拉哈"）判断的萨满，会拿起"嘎拉哈"吹一口气之后扔进一个有盖子的容器里，口中念念有词的晃容器，念完之后打开盖子，根据当时"嘎拉哈"冲着自己的方向判断病人得了什么病。

个案1：

　　我在一次往家里赶牛的时候，马突然跳了一下，我这才看见了一座坟墓，旁边还有猫头鹰怪异的叫声，被吓了一下，但是那时也没有多想什么，就走了。第二天早晨，我就发现自己的腿肿了，皮肤也发黄了，这时就想到了要请萨满。把萨满请到家里后，萨满拿着一个铁盒，嘴里念念有词，念完之后就把嘎拉哈扔进铁盒里，打开铁盒，根据嘎拉哈当时朝向自己的一面，萨满就问自己说你是不是受到了惊吓，我说是的。这时，萨满就让拿来羊的股骨、髋骨，然后用草做了一个人偶（蒙语中称其为"zolige"），给它穿上我平时的衣服、鞋、帽子，用纸画上脸。将做好的人偶放在羊皮上面。

我就躺在后面的床上，人偶放在东面的床上，萨满这时用铜勺烧油，等到油被烧开后，萨满将自己嘴里的酒喷洒在上面，这样就产生了火焰。这样拿着这个铜勺在病人身上转上一圈，病魔就会被吓跑，躲到人偶上。这时萨满把人偶扔到蒙古包的向南方向，回到蒙古包后告诉我病魔已经走了，过两天就会痊愈。就这样，我的病在两天之后果然就好了。

（二）民间占卜

在当今社会中，占卜不再是专属于萨满的行为，它渐渐走向民间，最终成为民俗知识的一部分。在陈巴尔虎蒙古族社会中，民间流传的占卜多为骨卜。牧民们将羊骨卜作为预测凶吉福祸的一种方式，在一定程度上反映了草原上的人们对风调雨顺的渴望、对美好生活的追求。

相骨时，牧民将肩胛骨和臂骨接合处称为"taogao"，"taogao"翻译成汉语是锅的意思，锅坑深，则代表问卜人家里生活富裕，锅口凸起的一端突出，则代表问卜人主持家务有权威；锅口平，则意味着问卜人家中生活较贫寒，家事无人主持。肩脚骨左侧边沟是马道，沟深则预示着家里蓄养的马会越来越多；右侧的边越尖代表家里蓄养的牛会越来越多。肩胛骨的下部平面代表羊圈，白色骨质越多代表羊圈中的羊越多，白色骨质部分如果可以到边上，则代表羊圈中的羊会多到要冲破羊圈了。

烧骨，这种卜法占卜的范围大多限于寻找丢失或被盗的物品。巴尔虎蒙古族人经常以此推断丢失或被盗的物品的在哪里、何时能找到，等等。

个案2：

> 一个牧民丢了一匹马，怎么找都找不着，这时他想起来一个方法：请当地的一个老人，拿肩胛骨在火上烧，烧到骨头发灰但是还可以保留原型的程度，就拿起肩胛骨观察上面因火烧产生的裂纹，老人根据裂纹判断牧民的马在哪个位置，牧民按照老人说出的方向就找到了自己家的马。

五　结论

长期生活在地势平坦、水草丰美的草原地带，畜牧业生产成为了绝大多数陈巴尔虎蒙古族人的主要生计方式并延续至今。畜牧业生产是高度依赖气候环境的生产手段，当地的气温、风力、降雨、降雪、日照等都对陈巴尔虎蒙古族的畜牧业生产有着很大的影响。这种高度依赖性使得陈巴尔虎蒙古族人将自己的生活质量归因于自然界的主宰并对自然界产生了敬畏之情。为了表达这种敬畏之情、提高自己的生活质量，陈巴尔虎蒙古族人定期举行一定的祭祀仪式和占卜仪式。在这些祭祀仪式和占卜仪式中，羊骨和羊肉都会作为祭品或神圣物出现。

　　通过分析羊骨和羊肉在祭祀仪式和占卜仪式中的运用，我们可以探究陈巴尔虎蒙古族人的神灵观：长期从事高度依赖自然环境的畜牧业生产的陈巴尔虎蒙古族人认为自己所获得的一切都是自然界主宰的结果，陈巴尔虎蒙古族人又将复杂多变的自然环境归因为神灵，他们也因此认为万物有灵。我们也可以将那些陈巴尔虎蒙古族社会中的祭祀仪式和占卜仪式理解为是人们为了愉悦神灵进而获取神灵的庇佑和为了解决现实生活中的问题寻求神灵指示而举行的。从万物有灵的神灵观出发，我们可以进一步发现一种追求天人合一、希望人类与自然和谐相处的陈巴尔虎蒙古族文化。

参考文献

　　[1] 杨圣敏主编：《中国民族志》，中央民族大学出版社 2004 年版。

　　[2]［英］菲奥伊·鲍伊：《宗教人类学导论》，金泽等译，中国人民大学出版社 2004 年版。

　　[3] 鹏兆荣：《人类学仪式中的理论与实践》，民族出版社 2007 年版。

　　[4] 刑莉：《游牧文化》，北京燕山出版社 1995 年版。

　　[5] 郭雨桥：《蒙古通》，内蒙古科学技术出版社 2007 年版。

　　[6] 孟慧英：《中国北方民族萨满教》，中国社会科学院研究生院博士学位论文，2000 年。

　　[7] 都兴智：《巴尔虎蒙古族源流考》，《内蒙古大学报》（哲学社会科学版）1994 年第 3 期。

　　[8] 彭文斌、郭建勋：《人类学仪式研究的理论学派述论》，《民族学刊》2010 年第 2 期。

　　[9] 彭文斌、郭建勋：《人类学视野下的仪式分类》，《民族学刊》2011 年第 1 期。

　　[10] 李云霞：《蒙古族萨满教信仰的发展与变化》，《满族研究》2008 年第

4 期。

[11] 徐佳、缪绍疆、赵旭东:《对两例蒙古族萨满仪式的介绍》,《中国心理卫生杂志》2008 年第 22 卷第 12 期。

[12] 色音:《萨满教与中国北方少数民族占卜习俗》,《西域研究》2001 年第 2 期。

[13][日] 秋道智弥、市川光雄、大塚柳太郎编著:《生态人类学》,尹邵亭、范广荣译,云南大学出版社 2007 年版。

[14] Catherine Bell,《Ritual Perspectives and Dimensions》, New York & Oxford University Press, 1997.

（作者单位：中央民族大学民族学与社会学学院）

附　录

一　羊骨骼图

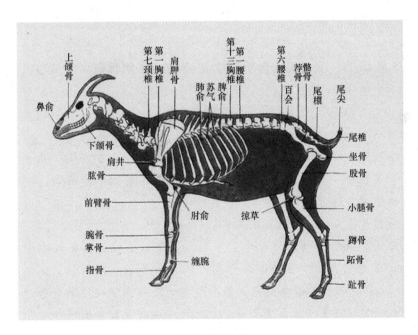

羊的骨骼及穴位

二　在祭祀仪式中主要使用的羊骨的中文蒙语发音

羊头——toləgai

脖子——huju

胸脯——əbqu

肩胛骨——dal

肱骨——atahal

前臂骨——bogto

肋骨——hebirge

腰——nuero

尾巴——sul

坐骨——suji

股骨——budongxumuge

小腿骨——xianta

三　访谈记录

2 月 15 日　受访人：包乐日　完工镇 宝日宏图嘎查

祭敖包

祭敖包时第一个要做的就是整理、收拾干净往年的祭品。垒敖包的石头也要整理一下，每隔两年（也就是三年）要加一次石头，把旧的树枝都拿走，插上新的树枝。

下面简单介绍一下敖包的构成：

首先是主敖包也是树枝中最中间、最重要的柱子，蒙语中称其为"xigen"；柱子顶端有三个类似于葫芦的叠加的形状的木板，蒙语中称其为"zel"；与主敖包共同组成整个敖包的还有围绕在主敖包旁边的八个小型敖包，在蒙古人的意识中，这八个小敖包是起到对大敖包的保护作用的；最后还有将小敖包和主敖包维系在一起的八根彩带，蒙语中称其为"himori"，"himori"在蒙语中代表着吉祥如意。

回到祭敖包的过程，整理的任务完成后，再用"gangga"草净化敖包。净化敖包结束后，开始摆放祭品，首先是最主要的祭品，蒙语中称其为"xusilg"，"xusilg"要摆放在先前就摆放在敖包正南方的一块石头上或者很多其他零碎的小石头上，"xusilg"包括羊头、羊下巴、羊舌头、羊气管、羊食道、羊心脏、羊肺、羊肝，以及羊的右边的三根最长的肋骨、脊椎骨、肩胛骨、羊前腿（前臂骨）、羊后腿（髋骨、股骨、小腿骨）以及羊的两侧的最边上也是最肥的三根肋骨，还有羊尾骨。以上"xusilg"中骨头的摆放顺序是以头向南的方向、按照羊的骨骼的本身的样子摆放的。之所以挑选这些骨头摆放是因为蒙古人认为这样就可以代表整个一只羊，从而表示自己对祭敖包这一项活动的重视和对敖包的尊重；而其中的一些骨头选择羊的右侧的也是出于对敖包的尊重的一种情感，因为他们认为羊在什么时候都是右侧接受着阳光的照射，加之在他们的观念中阳光是非常神圣的、敖包也是因为能够在每天的第一时间照到太阳而喻示着吉祥如意，所以就认为把羊身上能照到阳光的地方奉献给敖包，代表着对敖包的无限尊敬。

除了摆放"xusilg"之外，还会在石头上看见一个木桶，这个木桶在蒙语中称为"dalag"，木桶中摆放着同"xusilg"一样的除了头部以外的肉和骨头。摆放的祭品就是这些。

在摆放完这些祭品后，敖包长开始念祭敖包的"桑"，"桑"就相当于经文，但是可能没有那么正式，"桑"的内容主要是祈祷福气会降临到子孙后代身上，让子孙后代吉祥如意。做完这些敖包长就拿着"dalag"转圈并念着"hure、hure、hure……"做完这些，祭祀敖包的一个家族就会吃木桶里的肉，吃完之后就陆续离开。其中最年长、最有威望的敖包长就会把"dalag"拿回家祭祀火神，这样也就是敖包长祈求神灵保佑祭祀敖包时没有去的家族中的人。这样，祭祀敖包就彻底结束了。

祭火

祭火是在腊月二十三号天黑之后进行的（之所以选择这一天是因为在蒙古人的意识中火神是在这一天离开这个家庭的）。祭火时，把去掉"buderhi"的羊胸骨翻过来像船一样放，这样就可以保证祭品的空间足够大，在羊胸骨里放上祭品，祭品包括黄油、奶干、果子等自己认为好的奶制品、面食等。在摆好祭品后洒上酒，用红布盖上，放进蒙古包的炉子里。祭火时认为火烧得越旺，就代表新的一年里火神可以保佑一个家庭什么事情都会做得越好。

在祭火的时候用羊胸骨是因为无论是羊的胸骨还是人的胸骨都包围着五脏六腑，这样在祭祀时就可以让羊的胸骨代表着一个人。此外因为心脏也是包在胸骨内，这样就代表着祭火人的诚心，这样可以祈祷火神更好地保佑祭祀火神的这一家人，祭完火后，全家人一起磕三个头，这样，祭火就结束了。

2月19日　受访人：乌音太　那日莫　陈旗

祭敖包

祭敖包时用脖子、脊椎、羊前腿大腿骨、前臂骨、后腿大腿骨、股骨（这几个为第一层），胸脯（第二层），最上边的三根肋骨、最后边的四根肋骨、羊尾（第三层），羊头（第四层）。这样分四层放是因为就是这些骨头在羊身体里所处的位置，这样就代表用整个一只羊来进行祭祀。

在祭敖包之前还会祭祀火神，祭祀火神是在一个铁锅里烧祭品的。铁锅是由一个铁锅和四个铁片（铁片的形状类似于半月形，但是底下的弧度比上面深一点，是铁片）。在祭火神时要首先用肚子上的五花肉切成四份，分别挂在铁片上，然后在锅里放上胸脯（有时会放最尾部的三根肋条）、奶制品和一些谷物（带皮的），最后把火点起来，这样就祭完了火神。

然后开始正式的祭敖包，祭敖包时敖包长会念着敖包的"桑"，这时属于这个敖包的姓氏的家族就开始绕着敖包走三圈，转完之后，在木桶里放上小腿骨、最边上的三根肋骨和肩胛骨，再拿着木桶，口里念着"hure，hure，hure…"，这样就可以把敖包的福气带进木桶里的肉（da-leg）里。

萨满的祭祀活动

1. "ongo"的祭祀

"ongo"是萨满家里的已经去世的萨满，也就是萨满的祖先神。在

祭祀 "ongo" 的时候，萨满要准备羔羊的一些骨头：包括羊尾骨、小腿骨、股骨、股骨、肋骨（最长的四根，一边两根）。把这些骨头放置在萨满的祖先神的画像前，放了两天过后就可以自己吃了。

2. "ongo" 结婚

是指因为一个姓氏的萨满祖先没有在自己的姓氏家族中挑选新的萨满，而是挑选了别的姓氏家族的人做新萨满。但是由于被挑选作为萨满的这一家人没有欢迎 "ongo"，导致被挑选的人生了病，这时，为了欢迎萨满的祖先，而举行仪式。

在举行仪式时，要选择一只没有去势的公羊羔来进行祭祀，这是因为祭祀萨满祖先的这一家人认为只有这种没有去势的小公羊羔才能代表自己深深的歉意。

3. 萨满治病

病人家属请萨满到自己家里，看了病人之后，用扔 "galaha" 或者烧肩胛骨的方法或者佛珠判断病人生了什么病，最后定下治疗方案。

例1：用肩胛骨在火上烧，烧到骨头发灰但是还可以保留原型的程度，萨满就拿起肩胛骨观察上面因火烧产生的裂纹，根据裂纹判断病人得了什么病。

例2：扔 "galaha"，扔到哪一面就可以判断是什么病。

根据这样的方法也可以寻找走失的牛羊。

例3：一个牧民丢了一匹马，怎么找都找不着，这时他想起来一个方法：在丢了牲畜时，放一个肩胛骨在邻居家的蒙古包门上，他放上去之后后退了三步，这时里面的人就说到了那达慕的时候就可以找回自己家的那匹马了，结果他在那达慕上真的找到了自己家的马。

例4：有一个牧民在一次往家里赶牛的时候，马突然跳了一下，他这才看见了一座坟墓，旁边还有猫头鹰怪异的叫声，被吓了一下，但是他那时也没有多想什么，就走了。第二天早晨，他就发现自己的腿肿了，皮肤也发黄了，这时他就想到了要请萨满。把萨满请到家里后，萨满拿着一个铁盒，嘴里念念有词，念完之后就把 "galaha" 扔进铁盒里，打开铁盒，根据 "galaha" 当时朝向自己的一面，萨满就问那个牧民说你是不是受到了惊吓，牧民说是的。这时，萨满就说让拿来羊的股骨、髂骨，然后用草做了一个 "zolige"，即用草做的人偶，穿上牧民的衣服、鞋、帽，用纸画上脸。将做好的 "zolige" 放在上面三个骨头上后，一起放在羊皮上面。病人这时躺在后面的床上，"zolige"放在东面的床上，萨满这时用铜勺烧油，等到油被烧开后，萨满将自己嘴里的酒喷洒在上面，这样就产生了火焰。这样拿着这个铜勺在病人身上转上一圈，病魔就会被吓跑，躲到"zolige"上。这时萨满把"zolige"扔到向南方向，回到蒙古包后告诉牧民病魔已经走了，过两天就会痊愈。就这样，牧民在两天之后果然就好了。

祭"orige"

祭祀"orige"的时候大多是年三十，是为了让"orige"高兴。"orige"即萨满的衣服，同时还要拿出萨满的帽子"maiholji"、铜制面具"obgolde"（面具上画着眼睛、鼻子、嘴、熊毛做成的眉毛和胡子）。这三样全部拿出来之后，把这一套萨满的服装就像萨满穿着的时候一样挂在铁架上，这样就可以代表一个萨满。

萨满的衣服是由驯鹿皮做的，穿一件类似于坎肩的衣服，比里面的萨满服短，到大腿根，左右两边和后面都有缝，在这个坎肩上挂上 77 个铃铛。穿好这些之后，用以前的一种叫作"dalin"的布把大大小小的 99 个铜镜挂在萨满服上，其中胸部正中间有一个最大的铜镜，其余的 98 个铜镜中又分为 10 个中等铜镜和剩下的所有小铜镜。除了这些之外，还有用彩带做的上面细直、下面类似于一个心形，上面挂着一些小铃铛的布条，这样的布条总共有 81 个，这些布条首先接在萨满服下面，从大腿根到膝盖，然后在马甲边上还会系上一些。做好了这些工作之后，用两个平时萨满拿着的类似于拐杖的两根"horib"支起来。这样就将一个完整的"orige"组装了起来，这之后，将"orige"放在蒙古包的西北角，在"orige"前面放上一个小箱子，箱子上放一个木盘"tebxi"，在"tebxi"上放好羊尾、羊头、肩胛骨、肱骨、坐骨、小腿骨、股骨、四根最长的肋骨，将它们按照它们平时在羊身体里的位置摆放，羊头朝"orige"的方向放，放之前分别在羊尾最尾部取下两块圆形的肥肉，之中左边的那一块放在木桶"daleg"里的"som"上，右边的那一块就放在面具的嘴里（挂在牙上）。这样，准备工作就结束了。萨满这时坐在蒙古包内北面的床上、萨满的亲人坐在东面的床上、徒弟们则坐在西面的床上，萨满最厉害的徒弟这时就会拽三次衣服的右窝的位置，这样祭祀就正式开始了，开始后，徒弟将蒙古包门上的毡布打开一小块，通过这个洞将两碗奶茶和一碗酒抛出去，代表祭天，这两个动作代表欢迎"萨满祖先神"进来，祖先神进来之后，萨满开始念类似于经文的东西，让祖先神享用美食，这样他就会高兴了。在大家离开蒙古包后的两三天后就可以把"tebxi"里的肉吃了，这样，这个仪式就彻底结束了。

祭 "ongo"

"ongo"是用一个铁做的人（或者银做的人）形放在一块布上，布上面左右都画着雷电，下面左边画着太阳，右边画着月亮，这样放在桌子上，前面放上祭品。

呼伦贝尔驯鹿民俗文化的
传统与现在

龚 宇

我出生于敖鲁古雅鄂温克民族乡（简称敖乡），接受着来自鄂温克族和汉族两种文化的教育。在我的记忆里是这样的：姥姥、姥爷都在山上住，假期母亲带着我，坐很久很久的汽车才能见到他们，后来，姥姥、姥爷在一次意外事故中去世，舅舅一家在山上继续守候着姥姥、姥爷留下来的驯鹿……直到今天，母亲和我还是经常上山看望舅舅一家和驯鹿。我总在想：是什么力量把像姥姥、姥爷、舅舅一家和母亲这样的鄂温克人的命运与那片森林、那片土地、那群驯鹿联系在一起？

整个鄂温克族的历史是一部不断变迁的历史，一部多民族文化碰撞交流的历史，一部进步发展的历史。鄂温克族古老而传统的民俗文化在社会文化变迁中，有的日渐失落逐渐消退，有的日渐发展逐渐壮大。作为中国乃至世界文化宝库中的一部分，鄂温克族的民俗文化，特别是驯鹿民俗，可以说是维系着鄂温克族生存与鄂温克族精神的象征和体现，具有举足轻重的地位。使鹿鄂温克人所饲养的驯鹿是我国唯一一部分驯鹿种群，也是唯一保留传承驯鹿民俗的"活态文化"，近几年来也得到了我国各级政府及国内外许多专家学者的关注。

随着主流社会的现代化推进，鄂温克族民俗不可避免地要受到现代文明的冲击，同时我们看到，鄂温克族的传统文化，很大一部分保存在鄂温克族人民的实际生活中，无孔不入的现代文化也使其受到了前所未有的碰撞，鄂温克族民俗文化的核心——驯鹿民俗及功能也明显地发生着变化，但它也以其顽强的生命力存活至今。鄂温克族民俗文化的保留和传承，很大程度是保存于驯鹿民俗之中，驯鹿民俗是最主要的传承载体，对于其在传承与流变中的研究意义是可想而知的。

一　传统与现在

（一）驯鹿民俗文化的产生

驯鹿业的出现才得以使驯鹿民俗出现与发展，使鹿鄂温克人饲养驯鹿的历史大约可以追溯到汉代以前，① 在《梁书》中就记载道"养鹿如养牛"，从过去对驯鹿的猎取到对驯鹿的驯服，经历了漫长的历史过程，对于他们是怎样得到驯鹿的？鄂温克人古老传说中这样解释：有 8 个鄂温克猎人在山上抓住了 6 头野生驯鹿小崽，回到家后搭建围栏喂苔藓②养起来，渐渐驯鹿开始繁殖。

《新唐书》载："拔野古东北五百里，六日行至其国，有树无草，但是地苔。无羊、马，国畜鹿如牛马，使鹿牵车可乘三四人，人衣鹿皮，食地苔，其俗聚木为屋。"《朔方备乘》卷十七曰："其居民曰倪俄罗斯族，一作通古斯，亦曰喀木尼汉，即索伦部别部也，其俗使鹿，土沃民富。"鄂温克人饲养驯鹿的初期，经过不断探索对驯鹿的饲养与管理，驯鹿民俗也随之出现，但还处于萌芽期。《食货志》曰："……用呼之即来，牧则纵之即去。性驯善走，德同良马，亦美物哉。"《黑龙江外记》载："四不像亦鹿类，鄂伦春③役之如牛马。有事哨之则来，舐以盐则去。部人赖之不杀也，国语谓之俄伦布呼，而异域录称之为角鹿。"历史文献中关于使鹿鄂温克人的记载多数为描述他们在驯鹿饲养及与驯鹿相关的驯鹿民俗文化与生活等内容，可以说驯鹿民俗已经基本形成，但还处于发展的中期。

驯鹿的饲养改变了他们单纯的狩猎生产生活方式，可以说也为鄂温克族民俗增添了一个更为绚丽的篇章。总之，一项新的民俗事象的形成，是需要很长时间的，从其作为人们的生产生活需要而出现，逐步被更多人认同并接受，最后形成了一项相对稳定的完整的民俗事象。据鄂温克老人讲，约在 1892 年使鹿鄂温克人在贝尔茨河和阿巴河流域时，驯鹿曾患疥癣病几乎全部死亡，直到 1897 年他们才用猎物和皮子换来

---

① 孔繁志：《敖鲁古雅的鄂温克人》，天津古籍出版社 1994 年版，第 175 页。
② 苔藓，又称石蕊、驯鹿苔，鄂温克称为"昂靠"。
③ 鄂伦春族也曾饲养过驯鹿，但后来不再饲养。这里多指的是使鹿鄂温克人。

了一些驯鹿。① 很多人家的驯鹿曾由于患病而导致全部死亡，以致驯鹿业的停滞，但是他们又千方百计地与有驯鹿的其他民族或氏族用各种珍贵的皮子换来驯鹿，驯鹿在他们的生活中无处不在，以致使鹿鄂温克人与驯鹿形成了一种共生、一种存在，驯鹿民俗在此中孕育形成，经过萌芽—发展—停止—发展—繁荣—困境的历程，现在驯鹿民俗还在这个过程中发展着，可以说驯鹿业的存在维系着驯鹿民俗的存在。

民俗事象与民俗生活是密不可分的，使鹿鄂温克人的驯鹿业约从汉朝②算起至今已经有 2214 年的历史，驯鹿民俗大约也应有几百年的历史。"如果民俗作为生活而存在，那么它表现为活动、表现为知识的运用和文明的事件，它是动态的，它是人正在进行的过程。"③ 驯鹿民俗为使鹿鄂温克人的生活而存在，驯鹿业给鄂温克人带来了物质生活的需求，而后沿袭与传承，在某种程度上说，驯鹿民俗是使鹿鄂温克人社会长期相沿积久而成的民俗生活与民俗文化的总和，是经鄂温克族社会约定俗成的生活模式，是物质生活与精神生活相结合的结果，也是使鹿鄂温克人文化与生活中的主导模式。

（二）驯鹿民俗文化的记忆

1. 以驯鹿业为主的生产方式

驯鹿是喜迁徙的动物，为了驯鹿有充足的食物，使鹿鄂温克人要经常搬家，过去他们最短两三天就要搬一次家，最长二十多天，现在两三个月搬一次家，不断迁移的生活方式为鄂温克族各民俗的保留创造了基本条件，可见驯鹿民俗在使鹿鄂温克人民俗文化中占有重要的位置。民俗是由生活中那些细小活动的不断重复而形成，大量的活动通常表现得如出一辙，至少对待实际同样需求的方式是一致的，直接动因就是利益，利益起到了推动和始发的作用。④ 民俗也就是通过这种压力遍及每一个个体之上。

大兴安岭的气候属于寒温带湿润性森林气候，并具有大陆性季风气候的某些特征。总体特点为春季干燥风大，夏季短促而温凉，秋季气温

---

① 卡丽娜：《驯鹿鄂温克人文化研究》，辽宁出版社 2006 年版，第 104 页。
② 孔繁志：《敖鲁古雅鄂温克人》，天津古籍出版社 1994 年版，第 174 页。
③ 高丙中：《民俗生活与民俗文化》，中国社会科学出版社 1994 年版，第 104 页。
④ 同上书，第 174 页。

骤降，冬季漫长而寒冷，昼夜温差很大。这一地区的冷资源十分丰富，正适合驯鹿的生存，生活在其中的鄂温克人不断重复尝试着饲养驯鹿，驯鹿民俗在不知不觉中产生，满足人们需求的最初行为直至自觉地追求，在守候很久很久之后，直达人们的精神世界的最高阶段，简言之，人们简单生存需求而生的驯鹿生产方式，发展到深入鄂温克人的精神世界，至此已不再是简单的需求。

驯鹿的管理又分为产仔、锯茸、交配、驯化、阉割等。

2. 森林之舟

在过去的日子里，驯鹿是鄂温克人最主要的交通工具，现在的使鹿鄂温克人已很少骑驯鹿了，摩托车成为猎民主要的交通工具，后来敖乡政府补给定期上山的汽车（每月一次），通向森林深处的公路、铁路，使驯鹿失去了往日的光环，骑在驯鹿背上的生活已保留在人们的记忆中，虽然生活在山上的人们无时无刻都陪伴在驯鹿的身边，但是已经很少有人再去驯服它这种本领，很多人都在怀念骑在驯鹿背上的日子。20世纪的六七十年代，公路、铁路修到了森林之中，人们开始坐火车、汽车上下山，经常性的搬家还是使用驯鹿。开发大兴安岭森林的步伐加快，公路逐渐修入深山之中，汽车也越来越多，不经常性的搬家也就自然被汽车所取代，渐渐就呈现出今天的景象。

3. 饮食

鄂温克人猎取驯鹿最初是为食其肉，驯鹿有80—120公斤重，宰杀后出肉占总体重的一半左右。长期饲养驯鹿，鄂温克人对驯鹿的感情日益加深，加之驯鹿十分温顺，驯鹿数量一直以来都不稳定，以及较先进的狩猎工具快枪的使用，大兴安岭中的野兽很丰富，渐渐很多鄂温克人开始不再吃驯鹿肉，现在还有几位鄂温克老人一直没有吃过驯鹿肉，如今看来这不仅是对过去生活习惯的一种延续，同时是老人感情的源泉。但是在调查中笔者也发现了一个问题，一般是鄂温克妇女较严格地遵守着不吃驯鹿肉的习俗，而男性则没有，这应与妇女与生俱来的母性及担任喂养驯鹿的劳动有直接的关系。到90年代，随着市场经济的发展，驯鹿肉开始在市场上流通，野兽的减少，本地本民族的人又开始食用驯鹿肉。2000年以后，民俗旅游业的兴起和驯鹿及其相关商品的开发，驯鹿肉更好地受到了人们的喜爱。驯鹿肉鄂温克语称为"沃冉乌勒"。

鹿奶，鄂温克语称为"乌库米"，因产奶很少，所以使鹿鄂温克人的奶食品并不发达，经常也仅仅够小鹿食用，有时还会出现不够小鹿食用的情况。鹿奶浓度很高，经专家分析比较，鹿奶比牛奶、山羊奶的水分少，脂肪和蛋白质含量高。用鹿奶可以制作与牛奶相同的乳制品，但是由于产量太少，一头驯鹿日产奶不到200克，最常见的是用鹿奶调制奶茶。

4. 服饰

鹿皮是使鹿鄂温克人服装等生活资料的主要材料。根据所需把鹿皮熟制各异，毛皮加工完全是由妇女来完成的，是一项工序复杂、劳动量很大的工作。鹿皮，鄂温克语称为"那亚哈"。过去，利用其保暖性强的特点，制作成供寒冷环境中使用的"撮罗子"①围子、各样服装、褥子、被子、盐袋、笼头、鞍子上的垫子、装粮食的袋子、放神像等宗教物品的桦树皮盒的外围、滑雪板下的防滑垫等。

随着布料和纺织品的进入，兽皮的使用范围逐渐缩小。大约19世纪与俄罗斯人进行物物交换，也是从那个时候起布料进入鄂温克人的生活中，后来出现与汉人的交换，但是由于鄂温克人的商品观念和数字概念相对薄弱，经常受到俄罗斯人和汉人的欺骗。新中国成立之后鄂温克人才有了进行平等交易的机会，随之各种制作精美时尚的服装涌入，改革开放步伐的加快，使鹿鄂温克人的服装已很难见到兽皮的影子，只有在一些特殊的日用品或宗教用品中偶尔得一见。如今国家对各民族文化认识与保护力度的加大，又一次出现了兽皮制作的服装以及各种精美的物品。

二　驯鹿民俗文化及变迁趋势

通过本研究，对鄂温克人的驯鹿民俗加以关注，随着时代的发展以及人类社会的不断进步，处于边缘而弱势的鄂温克民俗文化不可避免地受到现代文化的冲击。当笔者思考经历上百年历史而依然的使鹿鄂温克人传统民俗文化如何得以保留至今的原因时，惊讶地发现却是因为一种

---

①　"撮罗子"是鄂温克人的传统住宅，俗称"仙人柱"，鄂温克语称为"纠"，圆锥形，由两部分组成，一部分是落叶松的木架子，第二部分是架子上的围子，即桦树皮、兽皮、帆布。

动物——驯鹿。在鄂温克人坚强的背后是他们完完全全地了解一种与他们共同生存在地球上的生物，他们发挥了一切聪明才智与另一种生物交往，可以说在他们的一切民俗文化之中都存在有驯鹿的影子。驯鹿民俗在鄂温克人历史发展过程中逐渐形成、反复、代代相传，融入鄂温克族人的衣食住行、工艺、婚丧、信仰等民俗文化之中。

　　驯鹿民俗是使鹿鄂温克人民俗的主体与核心，"'功能'是指局部活动对整体活动所作的贡献。这种局部活动是整体活动的一个组成部分。一个具体社会习俗的功能，是指它在整个社会体系运转时对整个社会生活所作的贡献。这个观点意味着任何社会体系都具有某种和谐性。对此，我们可以冠以功能和谐。我们可以把这种功能定义为一种条件。在这种条件下，社会体系的所有组成部分能充分和谐，或内部连贯一致地进行工作，即不会形成那种既不能解决，又不能控制的永久冲突"[①]。因此，局部活动——驯鹿民俗是整体活动——鄂温克族民俗的一个组成部分，功能即局部对整体的贡献，任何局部对整体都产生一定的作用，但作用各有不同，鄂温克族民俗可分为诸多部分，驯鹿民俗对鄂温克族民俗的作用是重大而直接的，这也是本文的最终结论。"功能和谐"得以在鄂温克族社会内部和谐、鄂温克人与自然的和谐，而和谐之条件是各部分的和谐，在此条件之下，鄂温克族民俗中各民俗事象是和谐的，在与自然依赖密切相处的"过去时"中使鹿鄂温克族民俗是和谐的，当遇到现代文化之后使鹿鄂温克族的民俗处于了弱势，而显得不那么和谐了，那是因为其功能的不和谐而导致。

　　承载鄂温克民族民俗文化核心的是鄂温克民族。笔者为了了解驯鹿民俗传承过程，试图借助对不同年龄及角色的转换进行观察与分析，发现在无论什么年龄阶段及角色的使鹿鄂温克人的意识形态中，都深深地烙印着驯鹿的痕迹。我们往往在思考民俗文化时忽视"人体的或心灵的习惯"，虽然都是为了"直接的或间接的满足人类的需要"[②]，"俗民"是所处社会文化的创造者与决策者，而一个社会文化的创造者当遇到另一个强大的社会文化就会显得无力回复，不是因为他们的社会民俗文化

---

　　① ［英］A. R. 拉德克利夫－布朗：《原始社会的结构与功能》，潘蛟、王贤海、刘文远、知寒译，中央民族大学出版社 2002 年版，第 203—204 页。

　　② ［英］马林诺夫斯基：《文化论》，中国民间文艺出版社 1987 年版，第 14 页。

的落后，不是因为他们"文化水平低，适应现代生活能力差"，"在社会变革或长期移民文化的融合条件下，使自身的文化多样化发展成为特征，而有的民族即使是移民史悠久的民族群体，依然传承着本民族的民俗文化，并对原有的民俗文化表现出了相对保守的尊重，始终显示着与其他民族不同的民俗特征"①。

　　经历自然环境考验，历经三次搬迁之后，鄂温克族更加清楚什么是自己的，依托生活中的一切承载着存在，生命力是巨大的。在经过相对保守的尊重之后，他们开始清醒地认识自己、认识自己的文化，及认识"现代人"、认识现代文化，寻求自身的发展之路。而民俗文化在其中扮演的是塑造人们精神世界的角色，在笔者长期田野调查与后期研究中，深切体会到驯鹿民俗文化已深深扎根于每一位鄂温克人的行为与思想之中。我才得以理解姥姥、姥爷、妈妈、舅舅一家人……以及许许多多的鄂温克人为什么一直守护着那一群驯鹿、那一片森林……

参考文献

[1]［日］永田珍馨：《驯鹿鄂伦春族》，奥登挂译，额尔古纳左旗敖鲁古雅鄂温克族乡政府，1985年（内部资料）。

[2]［英］马林诺夫斯基：《文化论》，费孝通译，中国民间文艺出版社1987年版。

[3]［美］克利福德·格尔茨：《文化的解释》，韩莉译，译林出版社1999年版。

[4]［俄］史禄国：《北方通古斯的社会组织》，吴有刚等译，内蒙古人民出版社1985年版。

　　　　　　　　　　（作者单位：呼伦贝尔学院民族历史文化研究院）

---

① 乌丙安：《民俗学原理》，辽宁教育出版社2000年版，第49页。

彝族族源北来说探析

吉差小明

[摘　要] 目前彝族族源问题学术界有各种说法。例如北来说、东来说、西来说、南来说、土著说等。本文介绍这几种说法，侧重对彝族族源北来说有关问题进行讨论。本文着重分析了氐羌与彝族的渊源关系，彝族创世史诗《阿黑西尼摩》中通过"西尼"生养万物内容阐释羌族与彝族在文化、语言等方面的关系。彝族是古羌人继续南下在长时期发展过程中与西南土著部落不断融合而成的民族。

[关键词] 氐羌　创世史诗　阿黑西尼摩　母系文化

彝族是我国具有悠久历史和古老文化的民族之一，主要分布在云南、贵州、四川三省和广西壮族自治区的西北部。其分布形式是大分散、小聚居，主要聚居区有四川凉山彝族自治州、云南楚雄彝族自治州、红河哈尼族彝族自治州、贵州毕节地区和六盘地区。彝族是由西南土著氏族部落为主吸收和融合了氐羌南下的一部分而形成的人们共同体。

一　彝族的族称及族源各种说法

彝族在汉文史志中一般称作"夷"或"彝"。彝族的自称主要有诺苏、纳苏、聂苏等。"诺"、"纳"、"聂"其义为"黑"，"苏"是人的意思，"诺苏"（或"纳苏"、"聂苏"）意为"彝族"。此外，还有保保、罗武、所都、洗期麻、改斯、迷撒、纳罗、濮拉、仆瓦、里泼、腊鲁、撒尼、尼泼、阿西、葛泼、阿灵、罗泼、罗卧、阿武、阿乌儒、六米、米利、阿哲、勒苏、山苏、车苏、民期、西期泼、纳若、撒马都、

堂郎让、咪西苏等自称，大体与原有的氏族、部落或居住地有关。以汉
语的他称而言，有黑彝、白彝、红彝、甘彝、花腰、香堂、密岔、子
君、水田等。以上自称与他称合计有 70—80 种之多，属中国少数民族
中称谓最为复杂的现象。但大约自元代起，中原人即以"罗罗"一词
来称呼彝族的先民。中华人民共和国成立后，经过民族识别，按照彝族
人民的意愿，1950 年始，彝族选择了鼎彝的"彝"为共同的族称，替
代了旧史籍文献中的"夷"字。彝族自称黑彝部分属于乌蛮系统彝语
支民族；彝族自称白彝部分属于白蛮系统彝语支民族。"中古时期的
'乌蛮'主要是'夜来夷'、'邛夷'，'白蛮'主要是'哀牢夷'、'滇
夷'而形成近代黑彝和白彝"①。

　　彝族的族源源远流长，历史悠久。史书上对彝族源流没有系统的阐
述，因而，彝族的族源问题成为中外学者聚讼纷纭、讨论和研究的问
题。目前，彝族的族源，在学术界各自提出了不同的观点，归纳起来有
以下几种：

　　（1）彝族来源于"楚人"说，有的称其为"东来说"。认为彝族最
早为"楚人"，居住在洞庭湖流域，后来随楚国将军庄蹻入滇，迁入西
南地区后形成彝族。

　　（2）彝族来源于"卢人"说。这种观点是清代学者王崧提出的。
他根据道光《云南志抄》所记周开王伐纣时有"卢人"参加，认为
"武王牧野之誓有卢人，滇之倮即卢之转音"，"倮"即彝族古称之一，
故彝族来源于"卢人"。

　　（3）彝族来源于"卢戎"说。这是林惠祥在《中国民族史》一书
中提出的，他推测彝族古称之一的"卢鹿"可能与春秋时期的"卢戎"
人有关。

　　（4）彝族来源于"濮人"说。是吕思勉在《中国民族史》一书中
提出的，他认为彝族先民是古代的濮人，认为"濮"，亦作"卜"，又
作"僰"，后称"罗罗"，即今彝族。②

　　（5）彝族来源于"僚"说。认为彝族祖先是古越人或古僚人。是

---

　　① 朱文旭：《彝为土著说——兼论语言与民族史研究》，《西南民族学院学报》（哲学社
会科学版）1998 年第 2 期。
　　② 吕思勉：《中国民族史》，三联书店 1948 年版，第 150—151 页。

马长寿在《四川古代僚人问题》一文中提出的。根据是《魏书·僚传》记载的"僚"人习俗与彝族有相同或相似之处，认为四川的"僚"人就是彝族的先民。

（6）彝族来源于"夜郎人"说。冯汉骥《罗罗的历史起源》一文中提出彝族祖先是"夜郎人"。

（7）彝族来源于云南"土著"说。即彝族南来说，这种观点认为云南是彝族的发祥地，川、黔、桂三省区的彝族均来源于云南"土著"。

（8）彝族来源于"外来说"，19世纪英、法一些"旅行"、"探险"家深入西南彝区考察，写了一些书，将彝族归为"雅利安人种"，所以形成"外来说"（亦称"西来说"）。①

（9）彝族来源于"氐羌"说，也可以称其为彝族族源"北来说"②。

可见，彝族族源有多种说，本文从文献记载中分析氐羌与彝族渊源关系，即侧重探析彝族族源北来说。

二 从汉文文献记载分析古代氐羌与彝族渊源关系

藏缅语族的起源与古代的"氐"、"羌"、"夷"、"僰"有密切关系。秦汉时期，属于氐羌系统的"氐"、"羌"、"夷"、"僰"等，经过不断分化和重新组合，其族称在不同历史阶段不同地区有不同的称谓。

有关藏缅语族的氐羌文化在殷商甲骨文中就有许多记载。《说文·羊部》："羌，西戎牧羊人也。从人从羊。"这说明古羌人原始时代是从事游牧的部落。《诗·商·颂》："昔有成汤，自彼氐羌，莫敢不来享，莫敢不来王。"《逸周书·王会解》："成周之会，……氐羌以鸾鸟。"《尚书·牧誓》载助周武王伐纣的有"庸、蜀、羌、髳、微、卢、彭、濮人"。唐孔颖达《正义》曰："此八国皆西南夷也。文王国在于西，

---

① 陈本明（主笔）、傅永祥：《昭通彝族史探》，云南民族出版社2001年版，第5页。
② 参见方国瑜《彝族史稿》，四川民族出版社1984年版。

故西南夷先属焉。"《华阳国志·汉中志》:"永嘉末,太守王鉴粗暴,郡民毛深、左腾等逐出之,相率降李雄。晋民尽出蜀,氐、羌为杨茂搜所占有。"古籍中,氐和羌时而单见,时而并列,二族同源而异派不好区分。① 从彝族游牧文化现象、火葬文化现象、父子连名谱系文化现象等方面看,其实,彝族与古羌人存在着渊源关系。

藏缅语族民族与"氐"、"羌"关系,《后汉书·西羌传》:"西羌之本,出自三苗,姜姓之别也。其国近南岳。及舜流四凶,徙之三危,河关之西南羌地是也。滨于赐支,至乎河首,绵地千里。赐支者,《禹贡》所谓析支者也。南接蜀、汉徼外蛮夷,西北接鄯善、车师诸国。所居无常,依随水草。地少五谷,以产牧为业。其俗氏族无定,或以父名母姓为种号。十二世后,相与婚姻,父没则妻后母,兄亡则纳釐嫂,故国无鳏寡,种类繁炽。不立君臣,无相长一,强则分种为酋豪,弱则为人附落,更相抄暴,以力为雄。杀人偿死,无它禁令。其兵长在山谷,短于平地,不能持久,而果于触突,以战死为吉利,病终为不祥。堪耐寒苦,……虽妇人产子,亦不避风雪。"古氐羌人的生活和文化特征:(1)以父名母姓为种号;(2)十二世后相与婚姻;(3)父没则妻其后母,兄亡则纳兄釐嫂;(4)言语多好譬类;(5)死则焚其尸;(6)贵妇人,党母族;(7)父子连名谱系。如《后汉书·西羌传》古羌人父子连名制在南诏的父子连名制也很完整,如南诏王室世系有:细奴逻—逻盛—盛逻皮—皮逻阁—阁逻凤—凤伽异—异牟寻—寻阁劝—劝丰祐。这种父子连名制在彝族中保留至今。这些古代羌人文化特征与彝语支民族文化大概相同,表明彼此有一定的历史渊源。

三　彝族族源北来说探析

1958年江应梁先生著作《凉山彝族社会的历史发展》一文中首次提出彝族族源"北来氐羌说",即"彝族渊源于古代的氐羌系统"。认为彝族祖先在远古时期原住在"旄牛徼外",后迁到"邛之卤",然后

----

① 马长寿:《氐与羌》,上海人民出版社1984年版。

搬迁金沙江南北各地。古羌人便是彝族的祖先。史学家方国瑜在其《彝族史长编》中继续系统论述了"北来氐羌说"这个理论。彝族族源持有北来说的学者认为彝族为羌人的后代，是从我国西北来的。古羌人亦称氐羌或西羌。约在四五千年以前的新石器时代，古先人是一个活动于我国西部地区从陕、甘、青一带经四川西部至云南北部的游牧部落。先人早期南下的支系与当地土著部落融合，后来形成西昌地区的邛僰（bó）和滇池地区的滇僰，便是彝族的先民。

彝族有祖先崇拜的习俗，人死送魂"引路"回老家，这需要神职人员毕摩主持"送祖灵仪式"，毕摩要念《指路经》，其义是按照彝族祖先迁徙的路途送回起源地，"彝族引路送魂，大都自南而北，越过金沙江，送往水头地区，彝语水头（ie44wu44）称北方，水尾（ie44mi11）称南方，也以北和南称上下，彝族是自北而南的方向迁移而来"①。

彝族在历史、文化、习俗与氐羌有相同或相似的特征。目前，许多学者持彝族来源于氐羌人的观点，如方国瑜《彝族史稿》、徐嘉瑞《大理古代文化史稿》、马曜主编《云南各族古代史略》和《彝族简史》等著作均持这种观点。

第一，彝族由西北地区迁到西南地区。方国瑜认为早期分布在西北河湟一带的羌人，分几路迁徙，其中一部分向南流动的羌人，是彝族的祖先。

第二，从语言上看，彝语与氐羌语的关系密切，如氐羌人留下来的《白狼歌》，《东观汉记》、《后汉书·西南夷传》记载有白狼羌（古羌人的一支）的三首诗歌。这是东汉明帝永平年间（58—75）益州刺史朱辅为了邀功，假借"白狼羌"首领名义献给东汉皇帝表示"慕化归义"的三首赞美诗歌。据语言学者研究，《白狼歌》文法结构及词汇和彝语的文法、词汇有很多共同之处，《白狼歌》共3章，44句，每句4个字，共176个字，在《白狼歌》中，就有20多个词汇和彝语完全相同。说明彝族渊源上与古羌人存在着密切的联系。语言是一种"社会化石"。民族学者认为，一个民族的起源及其和其他

_____

① 方国瑜：《彝族史稿》，四川民族出版社1984年版，第13页。

民族的亲属关系，与所讲的语言的起源是有关系的。民族的起源应了解为历史上形成的统一和继承，民族的起源和语言起源是不可分割的，解决民族起源必须考虑到语言。"现代的每一个族系，都有古代的人们共同体做基础，现代的每一种语言，都有古代的语言做基础；所以任何族的起源的研究，都势必会查明组成现代的某个民族的古代部族和部落，查明组成现代某种语言的古代语言。"① 故从语言的亲属关系来了解族属的关系是有意义的。从氏族部落语言发展到部族、民族语言，存在着稳定的继承关系。从彝族与氏羌语言联系探析，彝族与氏羌有密切的渊源关系。

　　第三，从生活习俗、文化特征方面来看，彝族和古代西北氏羌有联系。根据《后汉书·西羌传》的记载，彝族与古羌人的生活习俗、文化特征有许多相同之处。彝族父子连名制传统保留至今，根据《后汉书·西羌传》"以父名母姓为种号"，即彝族家支成员命名方式与羌族氏族成员命名方式相似；彝族与古羌人有相同或相似的转房习俗，如《后汉书·西羌传》说："父没则妻其后母，兄亡则纳娌嫂"，如今这种转房习俗在彝族民间普遍流传；彝族与古羌族葬俗相同或相似，如地羌族葬俗"死则焚其尸"。《吕氏春秋·义赏》篇记载："氏羌之民，其虏也，不忧其系垒，而忧其死不焚也。"《蛮书》卷八记载："蒙舍及诸乌蛮不墓葬，凡死后三日焚尸。""贵妇人，党母族"等，这种古羌人母权制的遗迹习俗在彝族中也同样存在。以下具体分析彝族与地羌族在婚俗、葬俗等相同方面的内容。

　　丧礼是人生的终结，也是人生最后一个重要的礼仪。彝族与氏羌人在葬俗上相同。《庄子》："羌人死，燔而扬其灰。""燔"，段玉裁《说文解字注》："燔，焚也。从火，番声。"《列子》："秦之西有仪渠之国者，其亲戚死，聚柴积而焚之，熏则烟上，谓之蹬遐，然后成为孝子，此上为政，下以为俗，而未足为异也。"《荀子·大略篇》："氏羌之虏也，不忧其系垒，而忧其不焚也。"火葬在彝语支诸族中长期保留着。《太平御览》卷五五六引《永昌郡传》载："建宁郡葬夷，

_____

① 《彝族简史》编写组、《彝族简史》修订本编写组：《彝族简史》，民族出版社2009年版，第25页。

置之积薪之上，以火燔之。烟气正上，则大杀牛羊，共相劳贺作乐。若遇风，烟气旁邪，尔乃悲哭也。"这种葬俗在凉山彝族民间保留至今。《蛮书·蛮夷风俗》记唐代云南葬俗"蒙舍及诸乌蛮不墓葬。凡死后三日焚尸乡其余灰烬，掩以土壤，唯收两耳"。元大德年间李京《云南志略》诸夷风俗条："罗罗即乌蛮也，酋长死，以豹皮裹尸而焚，葬其骨于山，非骨肉莫知其处。"明代景泰《云南图经志书》卷二载：罗雄州"州多罗夷，死无棺，其贵者用虎豹皮，贱者用牛羊皮裹其尸，以竹簧愎昇于野焚之。会亲友，杀牲祭享；弃其骨而不收。酋长及富者，则令婢看守，长者二三月，幼者月余而止。藏其骨，非亲人莫知其处。其罗罗散居各处者，其俗亦同，非特此州然也"。从以上记载可以看出彝族自古以来行火葬，延续至今。以火焚尸的丧葬方式，在彝区传袭已久。现在彝区火葬时，尸须蜷曲，男仰卧，女侧卧，架起柴楼放火烧之。而后掘坑将余灰用坛装起并包以茅草，放在坑中埋葬。古羌人与彝语支诸族共同的火葬习俗，表明二者在族亲上的密切关系。

羌族与彝族有相同的婚俗转房制。《北史·宕昌羌族传》说："父子伯叔兄弟死者，即以继母、世叔母及嫂弟妇等为妻"，又《新唐书·党项传》说："汉西羌别种，……妻其庶母、伯叔母、兄嫂、子弟妇。"这是羌人特有的风俗。林耀华的《凉山彝家》第五章说："罗罗有娶兄弟妇的规例，那就是哥哥死了，弟娶兄嫂，或是弟弟死了，兄娶弟妇，此与汉俗大异。娶兄弟妇谓之转房，转房以平辈兄弟为最适宜，无亲兄弟者，堂兄弟亦可，由亲及疏，案例转嫁。……"这反映彝族与羌族的婚俗有渊源关系。

以上内容从文献学视角切入，通过分析有关彝族和古羌婚姻转房制习俗、火葬习俗和语言等方面文献记载内容，探析彝族族源北来说。下面以口头传统文学彝族创世史《阿黑西尼摩》内容探析彝族与古羌的历史渊源关系。其实，史诗是一种古老的文学样式，在人类历史上具有独特的文化价值。史诗不仅代表着特定历史时期的文学艺术成就，而且蕴涵着丰富的信息资源，为研究古代社会的各个方面，提供了宝贵信息。每一部宏伟的民族史诗，都是一座民间文化的宝库，是认识一个民族的百科全书。所以分析史诗《阿黑西尼摩》内容的母系文化史与古羌的渊源关系是有意义的。

四 从彝族创世史诗《阿黑西尼摩》① 内容分析彝族与古羌人的渊源关系

《阿黑西尼摩》的产生和形成，是受古羌母系文化强烈影响的结果，其中所反映出来的母系文化意识，是古羌母系文化的继承或遗留；史诗中作为集中表现的母体崇拜意识的始祖母阿黑西尼摩，实为古羌母系首领西王母；书中所反映的彝族人民社祭习俗与古羌遗裔华夏、羌、阿昌、纳西、拉古等民族的社祭有着千丝万缕的联系。《阿黑西尼摩》中写了古羌文化特有的民风民俗，这可以说明彝族是渊源于古羌人。

彝族是我国 56 个民族中人口众多的少数民族之一，分布在中国西南边疆的滇、川、黔、桂四省区。鉴于史书对其族源问题没有系统记述，因而，对其渊源的探索，一直成为中外学术界聚讼不休的问题。现在从彝族创世史诗《阿黑西尼摩》内容分析，指出彝族与羌族的渊源关系。古羌部族是我国最古老的"东方大族"之一，主要生活在黄河上游的陕、甘、青及四川北部的广大地区。远在殷商时代，甲骨文中就有羌的记载。今藏缅语族各民族的族源均可以追溯到古羌部族，他们都是古羌人的遗裔。古羌人有自己独特的文化，他们经历过了若干万年的原始母系氏族公社制度的生活，并在此时期创造了独具特色而熠熠生辉的母系文化，此母系文化成为藏缅语族诸民族共同的文化基石，并且对藏缅语族的后世文化曾产生过深远的影响。古羌母系文化主要有三个特征：（1）"母亲为大"是贯穿该文化的重要意识形态；（2）崇拜妇女生殖器及其生殖能力；（3）崇尚"黑色"②。

时至今日，在古羌遗裔藏、基诺、白、纳西、土家、彝、阿昌等民族的文化中，我们仍可不同程度地看到母系文化的种种遗迹，如纳西、藏、白、彝、基诺等民族均认为天地万物都是母亲们创造的，有的甚至

---

① 《阿黑西尼摩》是流传于滇南哀牢山下段彝族地区的一部彝文古籍。

② 参见中央民族学院彝文文献编译室编《彝文文献研究》，中央民族学院出版社 1993 年版，第 310 页。

认为世界是母亲们"生"出来的，这是母体崇拜的表现。①

《老子》第二十八章说："知其雄，守其雌，为天下豀。……知其白，守其黑，为天下式。"历代文人均把此句中的白与黑作为光明与黑暗的象征来理解，这是历史性的大误会。从引文中我们不难发现，"知其雄"与"知其白"对应，"守其雌"与"守其黑"对应，"白与黑实是男性与女性的象征，是古羌部族母系时代崇尚黑色和父系时代崇尚白色的反映"②。"守其黑"之义即守住母体，因母系时代崇尚黑色，以母亲为尊贵，体现了母系时代"母亲为大"的文化潜意识。可见，汉文献《老子》所保留的"母系文化"，是古羌母系文化的继承与遗留，是汉族的主要族源华夏民族来源于古羌人的反映。而彝族从古至今一直崇尚"黑"，黑色是彝族服饰的主色调。

（一）《阿黑西尼摩》中母系文化与氏羌文化的渊源关系

彝文古籍《阿黑西尼摩》所反映的母系文化与前文提到的几点古羌所保留的母系文化遗迹有惊人的一致，如出一辙。《阿黑西尼摩》中写道：

> 阿黑西尼摩，
> 肚中孕万物，
> 西尼万物母，
> 肚中的万物，
> 绿红黄黑白，
> 各色各种物，
> 全部生下来。
> 苍天和大地，
> 日月和星星，
> 白云和浓雾，
> 还有那彩霞，

---

① 参见中央民族学院彝文文献编译室编《彝文文献研究》，中央民族学院出版社1993年版，第331页。

② 参见《黑白文化论》，载《彝族文化》1991年年刊。

　　还有风和光，

　　所有这些物，

　　样样生下来。①

　　以上内容反映了阿黑西尼摩是万物之始祖。原文中记载阿黑西尼摩生下诸神、诸兽等，用99个"生"字衬托出了阿黑西尼摩的生殖器官及其所具有的巨大生殖能力，讴歌了伟大母亲的创世功绩。原文第三章在描述她喂奶时，则是这样：

　　阿黑西尼摩，

　　生下了万物，

　　万物不喂奶，

　　无法能成长，

　　阿黑西尼摩，

　　用奶喂万物。

　　奶育天和地，

　　奶育日月星，

　　又喂风云雾，

　　彩霞和光泽，

　　者尼和者讷，②

　　还有众天神；

　　奶育龙和象，

　　又喂虎和豹，

　　鹿麂熊和獐，

　　牦牛和鹰猴，

　　蜂和蛙虫鸟。

　　苍穹到大地，

---

①　《阿黑西尼摩》是流传于滇南哀牢山下段彝族地区的一部彝文古籍。此版本译自红河哈尼族彝族自治州元阳县新街乡水卜龙村公所小新寨施文科毕摩和其徒弟李亮文共同收藏的抄本。翻译整理者：罗希吾戈、普学旺，云南民族出版社1990年版，唱述者：施文科、李亮文。

②　者尼、者讷：彝语音译，者尼是一只公大雁；者讷是一只母大雁。

凡是世间物，
都吮她乳汁。
西尼儿众多，
喂奶怎么办？
只好分四班，
早上喂一班，①
中午喂一班，
黄昏喂一班，
半夜喂一班。
西尼喂奶时，
奶水滴滴掉，
一滴变成山，
一滴变大地，
一滴变树木，
一滴变竹子，
一滴变果树，
一滴变藤子，
一滴变道路，
一滴变白艾，
一滴变南瓜。
苦奶掉一滴，
变成苦艾草，
变成了苦荞，
变成苦良药。
西尼的乳汁，
掉到山头上，
山头长青草；
掉到箐沟里，
箐沟出溪水；

① 由于阿黑西尼摩只有二十八只奶，一次能喂二十八个，所以二十八个为一班。

掉到道路上，

即刻成泥土。

天地千万物，

样样都吃奶。

没有哪一样，

不吃西尼奶。

万物吃饱奶，

万物要睡觉。①

使用这样的叙述形式记述了她给诸神、诸兽等喂奶的全过程，文中用 82 次重复"奶"字的高超艺术手法向我们展示了万物之母丰满而满溢着甜蜜奶汁的乳房，展现了万物之母非同寻常的养育能力。显然，这是彝族先民母系时代崇拜女性的生殖器及其生殖力的折光反映。在母系文化"母亲为大"的文化潜意识驱使下，彝族先民才塑造出了这样一位和蔼可亲并为世界献出了一切的伟大母亲阿黑西摩。其实这也反映了彝汉民族在远古历史上曾有过一个共同的母系文化母体——古羌母系文化，说明他们均来源于古羌部族的表现。

（二）史诗《阿黑西尼摩》主人公西尼摩与古羌母系首领西王母比较分析

《阿黑西尼摩》中的主人公阿黑西尼摩是贯穿全书的一位万物之母，同时，她又是滇南一带彝族普遍崇奉的始祖，正是这位伟大的始祖母开辟、奠基、创造了彝族心目中的"世界"。普学旺认为华夏民族始祖西王母与彝族始祖阿黑西尼摩是同一个人：（1）姓氏相同。据《太平广记》卷五十六引《集仙录》云："西王母者，……生于神州伊川，厥姓侯氏。"侯与阿黑西尼摩之姓氏"阿黑"同音。（2）名字相同。阿黑西尼摩之"阿黑"是姓，"尼"是黑的意思，即阿黑西尼摩的名字是"西摩"，也可以称"西尼摩"。汉文献《穆天子传》说西王母有一别名

---

① 翻译整理者：罗希吾戈、普学旺，云南民族出版社 1990 年版，唱述者：施文科、李亮文。

叫"西膜",其实,"西摩"、"西膜"(或"西母")实为同音异写。(3)同一种打扮。(4)都是求子的偶像。西王母是一位披头散发而头戴叮叮当当的一大堆玉首饰的人。《阿黑西尼摩》中描述阿黑西尼摩时说"头似狮子头,耳有十四只",可以推论阿黑西尼摩戴像耳朵一般大小的首饰物,至今彝族仍有戴各种首饰的习俗。① 可见古羌部族母系时代的女性首领西王母与彝族始祖阿黑西尼摩有很多相似之处。这表明古羌母系文化在彝族文化中的渗透,反映了彝族渊源于古羌人。同时,《阿黑西尼摩》反映了彝族先民的社祭习俗与古羌部族的社祭习俗相似。②

从彝族古羌部族以虎为图腾来看西王母与彝族的渊源。从《山海经》中,我们也可看出西王母以虎为图腾的迹象:西王母"豹尾虎齿而善啸"、"戴胜、虎齿"、"人面虎身"、"状虎身而九尾"。《太平广记》中《女仙一》也记载有西王母"戴华胜,佩虎章"③。这都反映了西王母是以虎为图腾。彝族是崇拜虎的民族,在其创世史诗《梅葛》中就有虎尸解成万物的记载"虎头作天头,虎尾作地尾,虎鼻作天鼻,虎耳作天耳"④。刘尧汉先生《中国文明源头新探》认为"西王母当是原始时代甘、青羌戎的虎氏族部落首领之一"⑤。

从以上内容我们可看到彝族文化中的阿黑西尼摩,是出自远古氐羌的西王母,阿黑西尼摩是古羌母系文化在后世文化中的遗留和曲折反映。彝族将阿黑西尼摩作为始祖母崇奉,则反映了彝族渊源于古羌人。

五 彝族是南方土著与北方氐羌融合而成的民族

彝族是一个历史上有共同地域、共同语言、共同文化和经济联系的

---

① 参见中央民族学院彝文文献编译室编《彝文文献研究》,中央民族学院出版社1993年版,第315页。

② 社祭是古羌部族母系社会末、父系社会初期兴起的一种农业祭祀活动。目前彝区普遍存在社祭习俗。

③ 李方等编:《太平广记》,人民文学出版社1959年版,第344页。

④ 云南省少数民族古籍译丛:《梅葛》,云南民族出版社1987年版。

⑤ 刘尧汉:《中国文明源头新探》,云南人民出版社1985年版,第101页。

人们共同体，也是一个历史上由各种不同的氏族、部族和部落融合起来的人们共同体。

古代居住在西南地区的藏缅语族各兄弟民族的来源上有一部分与南下"氐"、"羌"有关，一部分与西南地区土著"夷"、"僰"有密切关系。北方的一部分羌族南下到今大渡河、安宁河流域，与原来分布在这一带的族群会合，它们是今藏缅语各族的主要来源。

可见，彝族是古羌人继续南下在长时期发展过程中与西南土著部落不断融合而成的民族。在古羌人与西南土著部落融合为僰的基础上，昆明人与僰（濮）的融合是形成彝族过程中一个新的发展。魏晋以后，昆明人与僰（濮）的融合发展为对僚人的融合，汉至六朝，汉文史籍把云南东部、贵州西部、四川南部的主要居民称为叟人，有时则以叟、濮并列。古羌人亦称氐羌或西羌，分布在陕、甘、青一带。约在四五千年以前，羌人早期南下支系与当地土著部落融合为僰（濮）。

民族融合因素有多种，其中迁徙是一个重要的因素。根据民族学者的观点，在古代史上，引起居民迁徙的共同因素，决定于他们生活的地理、经济和历史条件，居民的迁徙原因是多种因素构成的：（1）最具有吸引力的因素是地理特点和居民生活的物质条件。（2）居民内部巨大的历史事件，如战争、内部矛盾等。（3）外力的政治压迫。①

由此可知，彝族是以古代的一个或者几个人们共同体为基础，以具体的生活环境为条件而形成的民族。但是在历史发展过程中，由于社会经济不断向前发展，以及与其他民族之间的人口迁移、融合、扩大，这些人们共同体又不断发展变化，这可以从语言、地域、文化和经济发展变化中充分体现。

《彝族简史》一书中写道："彝族是以从'旄牛徼外'南下的古羌人这个人名共同体为基础，南下到金沙江南北两岸以后，融合了当地众多的土著部落、部族，随着社会经济的发展而形成发展起来。"② 是成

---

① 参见《彝族简史》编写组、《彝族简史》修订本编写组《彝族简史》，民族出版社2009年版，第16页。

② 同上书，第11页。

立的。

六　结语

以上所述分析，迁到西南地区的羌人有一部分是彝族的祖先，后来与西南土著民族发生了融合，使得今天的彝族和古代氐羌人有密切的联系。彝族是由西南土著氏族部落为主吸收和融合了氐羌南下的一部分而形成的人们共同体。彝族族源有多种说法，要深入研究彝族其最原始的起源，需要考古资料和文献资料结合起来研究，需要多学科知识相互印证，如考古学、遗传学、历史学、语言学和文献学等多学科知识综合探究彝族族源。

参考文献

［1］朱文旭等：《彝语支民族语言文化概述》，云南民族出版社 2013 年版。

［2］方国瑜：《彝族史稿》，四川民族出版社 1984 年版。

［3］朱文旭：《彝为土著说——兼论语言与民族史研究》，《西南民族学院学报》1998 年第 2 期。

［4］陈本明：《昭通彝族史探》，云南民族出版社 2001 年版。

［5］王继超、陈长友：《彝族族源初探——兼论彝族文字的历史作用》，《中央民族大学学报》1993 年第 3 期。

［6］周琼：《彝族族源浅论》，《楚雄师专学报》2000 年第 2 期。

［7］《彝族简史》编写组、《彝族简史》修订本编写组：《彝族简史》，民族出版社 2009 年版。

［8］中央民族学院彝文文献编译室编：《彝文文献研究》，中央民族学院出版社出版 1993 年版。

［9］胡庆钧：《凉山彝族奴隶制社会形态》，中国社会科学院出版社 1985 年版。

［10］吕思勉：《中国民族史》，三联书店 1948 年版。

［11］马长寿：《氐与羌》，上海人民出版社 1984 年版。

（作者单位：中央民族大学少数民族语言文学系）

附　录

人类起源
彝族《查母》① 节选

序诗

人类最早那一代，
他们的名字叫"拉爹"②，
他们只有一只眼，
独眼生在脑门心。

"拉爹"下一代，
名字叫"拉拖"③，
他们有两只直眼睛，
两只直眼朝上生。

"拉拖"的后一代，
名字叫"拉文"④，
他们有两只横眼睛，
两眼平平朝前生。

"拉文"是我们的祖先，
最早的"拉文"是两兄妹，
他俩名叫阿朴独姆，

---

① 郭思九、陶学良整理：《查母》，云南出版集团公司、云南人民出版社 2009 年版。
② 拉爹：独眼睛那代人的名字。
③ 拉拖：直眼睛那代人的名字。
④ 拉文：横眼睛那代人的名字。彝族先民把人类分为独眼睛、直眼睛、横眼睛三个时代。

阿朴独姆西①是他们的子孙。

亲亲的阿哥，
亲亲的阿姐，
请慢慢听彝家的"查"②，
请细细听彝家的古根。

第一章天地的起源

远古的时候，
天地连成一片。
下面没有地，
上面没有天，
分不出黑夜，
分不出白天。

只有雾露一团团，
只有雾露滚滚翻。
雾露里有地，
雾露里有天，
时昏时暗多变幻，
时清时浊年复年。

天翻成地，
地翻成天，
天地混沌分不清，
天地雾露难分辨。
空中不见飞禽，
地上不见人烟。

---

① 阿朴独姆西：阿朴独姆是两兄妹的共同名字。阿朴独姆西，意为阿朴独姆的子孙。
② 查：起源。

没有草木生长，
没有座座青山，
没有滔滔大海，
没有滚滚河川，
没有太阳照耀，
没有星斗满天，
没有月亮发光，
更没打雷扯闪。

彝族祭祀神职人员：毕摩

——兼与北方萨满比较

罗阿牛

[摘　要] 毕摩教是中国西南地区彝族人民所信仰的古老宗教，却跟北方民族的萨满教有着很多的相似之处。无论是他们的神职人员在信教民众中的身份、地位，还是具体的宗教仪式的种类、程序及其意义。毕摩教的神职人员在彝族社会历史的发展中扮演着重要的角色，拥有很高的威望。本文将从毕摩这个角度进一步地展示毕摩教的人文风俗，以供更多的专家学者对毕摩教与萨满教之间的关系作更多更深的研究。

[关键词] 毕摩教　毕摩　宗教仪式

毕摩教名称的来源，毕摩是这一古老宗教主要的神职人员，所以简单地在"毕摩"二字后面加上"教"字就成了这一宗教的名称，准确地来说这应该是一个外界对其的定义。毕摩教从古至今都陪伴着每一个彝族人的一生，从出生到死亡，再到生命旅途中的每一个阶段。即使是在现代化的今天，毕摩仪式仍旧活跃在彝族地区。据1996年的一项调查显示，凉山州美姑县全县有6850位毕摩，占全县85438名男性总人数的8%，占全县16万人口的4%。整个凉山地区平均每家每年会做3—5次毕摩仪式。四川凉山彝族地区的毕摩经书就多达313部，也有大量的彝族人从事了毕摩这样的职业。在云南、贵州等彝族聚居区因历史原因而没有太频繁的毕摩活动，但依旧藏有大量的经书。

一　"毕摩"二字的含义

毕摩是彝语音译，"毕"为"念经"之意，"摩"为"有知识长者"，是一种专门替人礼赞、祈祷、祭祀的祭师。毕摩神通广大，学识渊博，主要职能有作毕、司祭、行医、占卜等活动；其文化职能是整理、规范、传授彝族文字，撰写和传抄包括宗教、哲学、伦理、历史、天文、医药、农药、工艺、礼俗、文字等典籍。毕摩在彝族人的生育、婚丧、疾病、节日、出猎、播种等生活中起主要作用，毕摩既掌管神权，又把握文化，既司通神鬼，又指导着人事。在彝族人民的心目中，毕摩是整个彝族社会中的知识分子，是彝族文化的维护者和传播者。[①]毕摩是原始宗教观念的宣传者、解释者，也是宗教仪式的主持者和组织者，是彝族原始宗教的代表人物。

　　毕摩在彝族地区备受彝族人民的敬仰。[②]关于毕摩的来源，在经书的记载和口头的传说及神话中，彝族人民深信毕摩的祖神是天宫派下来的。在彝族很多古老的神话故事中毕摩都是一种权威的象征，是博学多才的代名词，是超人力量的拥有者。彝族经典《百解经·献酒章》记载："昔日无祭祀，且无稼穑时，翠绿触头映，蔓草杂错生。树头藤萝结，路上草缠叠。昆仑门不通，日出光不明，月出光不明。道路不通达，官临令不行，吏至不理政。天遣毕摩降，清理此孽障，自此官令行，吏临政事清。树头藤萝解，路上蔓草断，日出光且明，月出光且明。"

　　毕摩主持的宗教仪式种类繁多，其中重要的仪式程序繁杂，充满了古老宗教固有的神秘感，具有超自然的震撼力。彝族社会中，毕摩有较高的社会地位，很多谚语中都能发现彝族人民对他们的敬重，如"土司到来毕摩不让座，毕摩起身反使土司失体面"。"兹"、"莫"虽手握政权，然而必须经过"毕"以通鬼神，毕摩普遍受到尊敬。在彝族人看来毕摩不仅是祭司，更是教师、军师和法官。毕摩掌握了人们的生死，同时又是创造文字、撰写、收藏彝文经典、通晓彝族历史、地理的知识分子。

　　彝族社会的政权形式由"兹"、"莫"、"毕"的三位一体构成，其中的"毕"指的就是毕摩。长期以来三者的职能分配是"君施令，臣断事，毕祭祖"。举凡个人和集体的重要事件，均要祭祀祖灵，以晓祖命。可以说，毕摩的祭祖活动是君施号令、臣断事务的前提。毕摩表面

---

① 马学良：《彝族文化史》，上海人民出版社1989年版，第272页。
② 同上。

上是一位宗教仪式的主持者，同时也拥有着特殊的社会地位。从民间文学的角度看，毕摩就是典型的民间文学的活态传承人。

二　毕摩主持的仪式活动

彝族人民认定毕摩具有超自然的才智，从生病痛疾、生老病死到生活中的一些纠纷杂事，都会想到借助毕摩的参与来解决。以下是毕摩在彝族地区主要主持的宗教仪式，它们规模的大小、仪式的意义和程序都各不相同。

祭祀，祭祀可分为作斋、作祭、作百祭、节期斋祀。毕摩需要二三十年刻苦的学习和实践才能成为独立主持仪式的毕摩。彝族地区的毕摩通常都是家族内传，且传男不传女。通常父辈出去做法的时候，晚辈都会跟着去，仪式过程中小毕摩从头到尾都得小声地跟着念诵经文。在平日里，小毕摩也得抄写经文，背诵经文，所以毕摩的学习过程也是一个不断实践的过程。毕摩教里的仪式有大有小，大的仪式都是只有经验丰富的毕摩能够主持，如作斋、作祭等仪式。有些小的仪式，则可以由年纪尚轻的毕摩来主持，甚至有些民间自学成才的百姓也可以主持。

占卜，占卜为毕摩的主要职责，有了疑难不决之事，便求毕摩占卜决疑。占卜的术法很多，大概有以下五种：掷木卦、肥骨卜、鸡骨卜、草卜、胆卜。占卜的使用范围较广，人生病了会去找毕摩占卜，从中查找病因并进行相应的法事来恢复健康。家里遗失了贵重物品，会去占卜物品的去向并探索取回物品的途径。

医病，毕摩医病，除了驱祟治病，还有服药者。毕摩最主要的功能还是为人治病除灾。每当一个人身体出问题，又不太像是一些感冒、发烧之类的病症时，彝族人民最先想到的是去毕摩那边找病因。毕摩会结合病人的生辰八字和得病那天的属相来翻看经文，对病因作出判断。并作相对的仪式来进行治疗。

毕摩除了主持上述三项仪式外，如出师征讨、婚姻、盟誓、贸易、狩猎、出行、播种、判断讼狱，皆赖毕摩占卜决出。故毕摩又是彝族的军师、法官，受人敬重。

神明裁判，凉山彝族对因财产、盗窃等事引起的纠纷，若用习惯法调节不了，就由毕摩进行神明裁判。经过毕摩的参与做出的判断，事件的双方会心悦诚服，结果对谁有利或有弊都得接受。而这些方法都充满了神秘性，在毕摩施了咒语、念了经文之后，面对同样的测试会有截然不同的结果。

神明裁判的几种常见方式如下：

捞油锅，专门用来测判盗犯。其法在野外将油（或水）盛入一锅中烧沸，毕摩念咒后向油锅内撒米一把，往油面吹一口气并先赤手深入水中捞米，以证明不会烫伤无过之人。然后再由被怀疑的人们轮流赤手去捞，据说因毕摩念咒作法，鬼神显灵，热油专烧盗犯及谎报失物之主。

端铧犁，彝语里叫"乃克夺"，在因丢失财物并诬赖他人偷去时举行。做法通常是用一只白公鸡、一块白布、一碗酒、木炭九斤、吹火筒一个，证人五到八个人。失主和被嫌疑者与毕摩一同携物上山，旧木炭把铧口烧红后，毕摩开始念经。在被嫌疑人的手上放九根树枝，上铺白布，用大钳夹起铧放在其上，慢走九步，如白布和树枝均未燃烧即证明其人未偷，伤着了手就是偷了。漂灯草、嚼米、摸蛋、摸石头和折断棍子等方法都是神明裁判的方法。

当然，在仪式过程中都会用鸡、猪、绵羊、山羊等的牲口以祭祖先。根据仪式的不同大小，用的牲口也不一样。无病无痛时，为了祈福保佑家人健康、平安而作的仪式一般用一只鸡就行，经济条件允许的话也可以加上羊或猪。但在送祖灵那样大的仪式上，要求一般比较高，至少都得用上很多的鸡、羊，有的名门望族会用上很多的牛来祭祖，持续的时间也会长达十天半月。

三　毕摩的法器

毕摩作法时的着装跟平日里的差不多，都是一袭传统的彝族服装，蓝色或黑色的大脚裤，简单彝族式缝制的蓝色上衣，头上再裹个黑色的长巾。但在仪式的过程中，根据仪式目的的不同，会用上各种不同的法器。以下便是毕摩在法事上使用，平日里随身携带的法器。

法帽[1]，以竹篾编织，形如大斗笠。有的用黑色薄毡片，有的则是用纯白羊毛织一白帽套，套于斗笠上。彝族人做法事大多在晚上，一些大型的、持续时间比较长的仪式，如送祖灵、招魂会在白天举行。在大

---

① 马学良：《彝族文化史》，上海人民出版社 1989 年版，第 275 页。

型的仪式到达高潮时毕摩都会带上法帽。

法铃，铜制，喇叭形，上安皮绳。驱鬼时边念经书边摇法铃，用以传送人与鬼神之间的信息并助法威，法铃通常都在驱鬼等仪式上使用。

神扇，由竹篾编织成圆扇状，木柄夹之而成。木柄顶端装饰二木鸟，其下有伪雕以虎、狼或鹰头、猴、象等。在办丧事及送祖灵时，神扇用来招魂驱鬼等。毕摩作法时，以撒上祭品（如代表金银的木屑、荞花、大米等），一般认为法术超高的毕摩才可使用。

签筒，有的为木质，中空，一端有叉形尖，一端有盖状物，两端系以背带。有的为两节竹筒套在一起而成，长约一尺，上节为竹筒，下节为筒底，以红筒链拴住两端作背带，毕摩出行或做法事时背之于肩上。

法签，用生长在高山的"鲁兹"竹制成，长约六寸，艺制三十九根装于签筒内。头削尖的代表男子，削齐的代表妇女，做法事时分成三段，数各股之单双以定吉凶。

四　毕摩经文的思想主旨

毕摩教的经文很丰富，光凉山地区的经文就有 313 篇，加上云南、贵州等彝族地区的毕摩经差不多有近 1000 篇的经文。毕摩对于彝族文化来说就是一部百科全书，毕摩教经过千百年的发展，毕摩的经文里早已完整地记录了彝族人民的人生观、价值观和世界观。

（一）对灵魂的认识

很突出的是彝族人民对灵魂的认识。[1] 彝语的"魂"也有"影"的意思，并且认为人的影子和人的生命紧密相连，如果践踏影子就会导致人体虚弱或死亡。所以民间有忌讳践踏别人影子的习俗，影子是灵魂产生的具体表现，影子依附于灵魂而存在，而灵魂通过影子来反映，无影则无魂。彝族文献《神祖源流》有这样的叙述："世间有影子，灵魂也出现；你影跟着走，灵魂附在身；无魂不会生，无魂不会活；你影跟着走，灵魂附在身；影子不见了，灵魂进西天。"

毕摩的很多仪式都涉及灵魂，人生病时的唤魂、葬礼上的招魂，送

---

① 孟慧英：《彝族毕摩文化研究》，民族出版社 2003 年版，第 77 页。

祖灵时让人的灵魂回到祖先发源地认祖归宗。总之，毕摩教中人有三个魂，一是附身魂，二是人辞世后会通过送祖灵的仪式而返回祖先发源地的天魂，三是在家受子孙祭拜并保佑子孙的守家魂。

（二）哲学思想

毕摩经文中反映的哲学思想是多元化的，它反映了有灵论的神学唯心主义和无神论的朴素唯物主义，反映了形而上学和辩证法的对立。阴阳对立、两性和谐，其中很重要的一个哲学思想是阴阳对立和联系。如《占猪甲卜经》中认为："天有阳育神，地有阴育神，雄性生育魂从天降，雌性阴育魂从地生。""只有阴阳两性之神相合，大地才能滋生草木，才能发芽，才能开花，才能结果。"物竞天择的生存法则，《唤魂经》中说："世间的万物皆会新陈代谢，新旧更替。"《占猪甲卜经》中说："人与世间万物一样，都是物竞天择，适者生存，世界都会由旺族强者来掌权、留存。"面对生死，毕摩经并没有一味地迷信宗教和宿命论，反倒有很多很客观的思考。《分魂经》中提到"僧死为万物之象，人一旦寿终当绝时，寻医问药也枉然，杀牲驱病也徒劳，终将面对死亡"。以诚相待、互助合作、和睦相处，都是毕摩经中提倡的为人处事的原则。《镇邪雄篇》中劝告人们，人与人之间不要撒谎相骗。父子之间、兄弟之间、夫妻之间、朋友之间、毕摩与主人家，都要真诚相待。《猪甲白枝经》中说："世人相容社稷昌盛，祖先相容则子孙兴旺。"《甲卜经》中说："凡间一事一物若将力量凝聚于一处，就会产生强大的力量。人类也是如此，如果将语言、行为汇集为一股力，就会产生无穷的力量，就能达到预期的目的。"在人与自然的关系上，毕摩经文更加反映了彝族先民对自然环境认识的深度。《分魂经》中说："原始之初，世间人类始祖初现，人与万物皆有关联。人之初始原本也由水变化和繁衍而成，水是不可缺之物。"《猪甲白枝经》中说："山谷相容繁盛树木，平川相容产生岚气。田土相容滋生稼禾，草坡相容滋生牛羊，世人相容社稷昌盛。"毕摩不仅是宗教神职人员，他也是一个教育家。在作法过程中会向彝族民众宣扬各种伦理道德，教育人们弃暗投明，要恪守行为道德、伦理观念。大量的经文里都能发现，彝族先民对为人原则、伦理道德的重视。认为人与人、人与家庭、人与社会之间道德规范的人文伦理、高尚的道德情操是家庭幸福、社会安定的基础。

（三）统治政策

毕摩经[①]中论述了早期社会"兹"、"莫"、"毕"、"格"、"卓"各社会阶层的地位、职能划分。宣扬各阶层存在的合理性，认为此乃天经地义。但在怎样更好地维持这种等级社会，让社会更加的安定、和谐，就得建立一套为统治阶级服务的伦理说教和行为规范，以完善和延续这种统治，同时达到约束各个阶层人员行为的目的。提倡的还是一种彝族各阶层人士能以礼相待、礼尚往来则社稷昌盛的伟大思想。在《驱杀戮》、《驱射祸》和《驱击打之祸》中都强调："君杀臣仆，君主会贫穷，税银会缩减；臣仆杀君主，权柄将松动，臣仆多流离；毕摩杀主人，毕主将反目，毕嘴空荡荡；主家杀毕摩，难寻祛病驱邪人，主人儿孙不兴旺；姻亲相互杀，宗族、父兄难答应。""宗族同室操戈，触犯族规，出战杀敌无帮手；家族相残杀，丧葬无人接来客。"

结语

本文从毕摩的角度来对毕摩教做了介绍，主要目的在于展现它与北方很多少数民族所信仰的萨满教之间的相似之处。目前，有学者对毕摩教的经文做了进一步的梳理和翻译。但由于毕摩教本身凝聚了彝族人民千百年来的文化，还没有对其有很深的研究，希望以后能有更多的学者加入毕摩教研究的队伍中。

参考文献

[1] 孟慧英：《彝族毕摩文化研究》，民族出版社 2003 年版。
[2] 黄建明、巴莫阿依：《中国少数民族原始宗教经籍汇编——毕摩经卷》，中央民族大学出版社 2009 年版。
[3] 戴庆厦：《中国彝学》，民族出版社 2003 年版。
[4] 马学良：《彝族文化史》，上海人民出版社 1989 年版。

（作者单位：中央民族大学少数民族语言文学系）

---

① 巴且日火：《毕摩及毕摩经文散论》，《中国彝学》，2003 年，第 127 页。

附　　录

人类的起源

三、雪子十二支

远古的时候，天庭祖灵掉下来，掉在恩杰杰列山，变成烈火在燃烧。九天到晚，九夜到亮，白天成烟柱，晚上成巨光。

天是这样燃，地是这样燃，变来又变去，生出一对哑物来。矮小又难看，既不耐风吹，能否成先人？不能成先人。

恩厅固子家，请俄惹结志，派对银男和金女，又派黄云和白云，去到大地上。能否成人类？不能成人类。

变成松身愚蠢人，初生第一代，只有两尺高。到了第二代，与人一样高。到了第三代，松树一样高。到了第四代，山峰一样高。

五代长齐天，身长闪 [？]，行动慢腾腾，走路摇晃晃，呼吸气奄奄，似死又非死。

头上有喜鹊，腰间住蜜蜂，鼻孔住着蓬间雀，腋下住松鼠，肚脐住着地麻雀，脚心住蚂蚁。能否成人类？还是不能成人类。

地上派岩燕，去到天上问恩体，恩体谷兹出门，查看地面然后说：做了九次黑白醮，既可成人类。

做了九次黑白醮，头上喜鹊窝，卸到树林中；腰间蜜蜂窝，卸到岩壁下；鼻孔蓬间雀，卸到刺丛中；腋下松鼠窝，卸到土洞中。

肝脐麻雀窝，卸到地坎上；膝腋斑鸠窝，卸到树丛中。脚心蚂蚁巢，卸到泥土内。能否成人类？仍然不能成人类。

此后，变化变化着，天上掉下泡桐树。落在大地上，升起三股雾，升到天空去，降下三场红雪来。

九天化到晚，九夜化到亮，为成祖先来融化，为成人类来融化，做了九次黑白醮。

结冰来做骨，下雪来做肉，吹风来做气，下雨来做血，星星做眼睛，变成雪族的种类。

雪族子孙十二种。

雪族子孙十二种,有血的六种,无血的六种。

无血的六种有:草为第一种,分支出去后,住在草地上,遍地都是黑头草。

宽叶树为第二种,柏杨树是雪子。

针叶树为第三种,住在杉林中。

水筋草是第四种,水筋是雪子。

铁灯草是第五种,铁灯草是雪子,住在沼泽边。

藤蔓是第六种,住在树根岩避边。

有血的六种:蛙为第一种,派生出三家,住在水池边,蛙类的长子,成为癞蛤蟆,住在土洞中。

蛙类的次子,成为红田鸡,住在溪水边;蛙类的幺子,成为绿青蛙,住在屋檐下。

蛙类繁殖无数量。

蛇为第二种,蛇类长子分出后,住在峭岩陡壁下,成为龙蛇的土司。

蛇类次子分出后,成为常见的长蛇,住在阴湿沟谷里;蛇类幺子分出后,成为红嘴蛇,住在沼池水池边。

鹰为第三种。鹰类长子分出后,就是天空的神鹰,成为鸟中的皇帝,住院在白云山。

鸟中的土司,就是花孔雀,住在东海边。

鸟中的头目,就是天空的飞雁,住在谷戳戳洪山。

鹰类次子分出后,成为普通的鹰类,它的老大分出后,成为黑色秃头鹰,住在杉林里。

它的老二分出后,成为白色鹞,终日漫天游。它的老幺分出后,成为饿老鹰,住在呷洛列鄙。

熊为第四种,黑熊分三家,住在深山老林里,黑熊繁殖无数量。

猴为第五种。猴分为三家,住在树林与岩上,猴类繁殖无数量。

人为第六种,住在世界上。

第二编　文学篇

蒙古、突厥语民族族源传说比较凡说

满都呼

[摘　要] 本文广泛比较了蒙古族和突厥民族的狼图腾族源传说、鸟图腾族源传说、树木图腾族源传说三大类型族源传说的各种形态，探讨了蒙古、突厥语族民族的历史关系和文化联系。作者认为，蒙古和突厥各民族之间具有相近和共同的图腾族源传说是通过共同的起源、婚姻联盟和相同的原始萨满教信仰三个渠道形成的。并指出，蒙古和突厥民族图腾族源传说共同的核心在于萨满教的"苍天崇拜"观念。

[关键词] 图腾族源传说　狼图腾　鸟图腾　树木图腾　萨满教苍天崇拜

蒙古、突厥语族各民族统属阿尔泰语系，语言上有着许多相似的地方。而这些民族在族源上的进一步联系，历史学家们尚未作出定论。但是，因为这些民族生息在相近和共同的地域，并在历史上经常发生联系，所以在民族构成和文化结构方面有着不少联系和相似的地方。譬如图腾观念和族源传说即是两者所共有文化事象之典型。

蒙古族和突厥民族都有将其祖先与某一动植物联系起来崇拜的图腾观念以及有关的解释传说。并且，两者的主题基本相同。据我们掌握的文献和口头的资料，蒙古突厥语族民族的族源传说主要反映狼图腾、鸟图腾、树图腾崇拜，并且最后归结到萨满教最高神——"苍天崇拜"。本文欲对此类族源传说做一综合比较，阐述其共性和个性，从而对蒙古、突厥语各族的历史关系和族源联系进行初步的考察。

一　蒙古、突厥语族民族狼图腾族源传说的比较

狼图腾信仰及其传说普遍传承于蒙古、突厥语族民族中。蒙古语称

狼为"赤那"，古代突厥人称"孛尔"，蒙古人祖先名"孛尔帖·赤那"实为蒙古、突厥两种语言之组合。

突厥民族狼图腾族源传说见于《史记》、《汉书》、《魏书》、《周书》诸正史。《史记·大宛列传》云："乌孙王号昆莫，昆莫之父，匈奴西边小国也。匈奴攻杀其父，而昆莫生弃于野。乌嗛肉蜚其上，狼往乳之。单于怪以为神，而收长之。及壮，使将兵、数有功，单于复以其父之民予昆莫，今长守于西（域）。"① 《汉书·张骞传》略详："乌孙王号昆莫。昆莫父难兜靡本与大月氏俱在祁连、敦煌间，小国也。大月氏攻击兜靡，夺其地，人民亡走匈奴。子昆莫新生，傅父布就翔侯抱亡置草中，为求食，还，见狼乳之（以乳饮之），又乌衔肉翔其膀，以为神，遂持归匈奴，单于爱养之。"②

上述两处记载中的狼和乌鸦皆有神的性格。虽未明确指出狼、鸟为图腾，但狼以乳饮之，如同生母，在以后的民族繁衍中功不可没。《汉书》卷66《西域传》记乌孙王号"拊离"③，额尔浑叶尼塞碑铭释其为"狼"。据此可谓上述记载是突厥民族狼图腾之最早文献记录。

狼图腾的观念更明显反映在《魏书·高车传》中："俗云：匈奴单于生二女，姿容甚美，国人皆以为神。单于曰：吾有此二女，安可配人，将以与天。乃于国北无人之地筑高台置二女其上，曰：请自迎之。经三年，其母欲迎之，单于曰：不可，为彻之间耳。复一年，乃有一老狼昼夜守台嗥呼，因穿台下为空穴，经久不去。其小女曰：吾父处我于此，欲以与天。而今狼来，或是神物，天使之然。将下就之，其姐大惊曰：此是畜生，无乃辱父母也！妹不从，下为狼妻而产子，后逐滋繁成国。"④ 与《史记》、《汉书》不同的是，《魏书》所记为公狼，而非母狼。

《北史·突厥传》云："突厥者，其先居于西海右，独为部落，盖匈奴之别种也，姓阿史那氏。后为临国所破，尽灭其族。有一儿，年且十岁，兵人见其小，不忍杀之。乃刖足，断其臂，弃草泽中。有牝狼以肉饵之。及长，与狼交合，遂有孕焉。彼王闻此儿尚在，重遣杀之。使者见在狼侧，并欲杀狼。于若有神物、投狼于西海之东，落高昌西北

---

① 《史记》卷123，《大宛列传》。中华书局本，第十册，第3168页。
② 《汉书》，中华书局本，第九册，第2691—2692页。
③ 《汉书》，中华书局本，第十二册，第3908页。
④ 《魏书》卷103，《高车传》。中华书局本，第2307页。

山，有洞穴，穴内有平壤茂草，周围数百里，四面俱山。狼匿其中，遂生十男。十男长，外托妻孕，其后各为一姓，阿史那即其一也，最贤，遂为君长。故牙门建狼纛，示不忘本也。渐之数百家，经数世，有阿贤设者，率部落出穴中，臣于蠕蠕……世居金山之阳，为蠕蠕铁工。金山形似兜鍪，俗号兜鍪为突厥，因以为号。"①

　　汉文记载均出自当时的民间口头传说。这些传说至今以活形态流传在突厥语族各民族（维吾尔、柯尔克孜、哈萨克）中，而且基本母体都相同。如，维吾尔族一传说中讲，一次，维吾尔人打了败仗，他们被敌人围困在一个山腰上，无路可走，面临覆灭的危境。这时，突然出现一只狼把他们带到一个山洞，穿过山洞来到一个水草丰茂、如天堂般美妙的大草原。维吾尔人被从死亡线上拯救出来。从此，他们把狼视为一种神圣的动物加以崇拜。② 柯尔克孜族的传说中讲，古代有个残疾孩子，他自幼瘫痪在床，于是被父母弃之于荒山野岭之中。一条母狼用自己的乳汁将孩子喂养大，使他变得强壮有力。后来，有人发现了这个孩子，并把他带回家中，家人给他取名叫"卡巴"，由于他的头发如狼鬃，于是人们都叫他"长鬃卡巴"，卡巴的子孙后代繁衍成一个部落，这个部落以其始祖卡巴的名字命名，成为柯尔克孜的卡巴部落。③

　　汉文史书所载昆莫或被刖足断臂的孩子、柯尔克孜传说中的残疾男孩、哈萨克族传说中的刖足断臂的英雄以及维吾尔族传说中被敌人围困的人们具有相似的命运，均被母狼所救，穿过山洞逃到另一片水草丰美的辽阔的草原，在那里繁衍后代，形成了部落。由此可见，这些传说即同一篇故事的不同异文。据此可知，突厥语族民族中普遍流传着狼图腾的故事。这些传说的情节不仅相互之间很相似，而且与蒙古族族源传说有着密切联系。著名史学家韩儒林先生已撰《突厥蒙古之祖先传说》一文详细论述了上述传说。④

　　蒙古族的图腾族源传说中，首先要提到《蒙古秘史》中的"苍狼

---

　　① 《北史》卷99，《突厥传》。中华书局本，第十册，第3295—3296页。
　　② 满都呼主编：《中国阿尔泰语系诸民族神话故事》，民族出版社1997年版，第41页。
　　③ 转引自张彦平、郎樱《柯尔克孜民间文学概览》，克孜勒苏柯尔克孜文出版社1992年版，第23页。
　　④ 韩儒林：《穹庐集——元史及西北民族史研究》，上海人民出版社1982年版，第274—295页。

白鹿"传说。就此学者们的意见多有分歧，笔者在《民间文学理论》一书①和《图腾崇拜与族源传说》一文②中提出了"孛尔帖·赤那"不是历史人物，而是传说英雄，他是在狼图腾崇拜的基础上形成的人物形象，因此"苍狼白鹿传说应属于狼图腾传说"的观点。本文不准备详细探究《孛尔帖·赤那》传说，而欲将另一篇蒙古族《额儿古涅—昆传说》与突厥民族传说进行比较。

《额儿古涅—昆传说》最早见于波斯历史学家拉施特的《史集》，故事梗概是：约在成吉思汗出生前 2000 年，蒙古部落与突厥部落之间发生战争，蒙古战败，整部仅余两男两女，他们历经艰险，逃到一处叫作"额儿古涅—昆"的人迹罕至的深山避难。这四个男女互为配偶，长期在此繁衍，久之，感到地狭人稠，拥挤不堪，于是全体协商冲出峡谷。他们宰杀百头牛马，剥下整张的皮做成风箱，架起煤柴，鼓风煽火，烈焰飞腾，直至山壁熔化，通开大道。他们便一举迁徙来到广阔的草原。③

蒙古族的《额儿古涅—昆传说》和汉文史书记载及突厥语族各民族口头传承中的狼图腾传说非常相似。这里，我们仅比较《北史》所记突厥传说和《史集》中的蒙古传说的情节母体即可见一斑：

表1　　　　　　　　　《北史》与《史集》所记传说比较

《北史》所记突厥传说	《史集》中的蒙古传说
（1）突厥阿史那氏被临国所破，灭其族	蒙古部落被突厥部落所破，全族尽灭
（2）仅剩十一岁儿	仅活两男两女
（3）母狼以肉喂被弃的孤儿，并与他交合，遂有身孕	
（4）彼国遣使追杀，母狼逃到高昌西北山中	两对夫妇逃到额儿古涅—昆深山中
（5）母狼匿于山中，遂生十男	四个男女互为配偶，繁衍子孙后代
（6）十男长，外托妻孕，其后各为姓，渐至数百家	他们繁衍很快，有了很多分支，山里容不下了
（7）经数世，举部出山，臣于蠕蠕，世居金山之阳，为蠕蠕铁工	化铁熔山，冲出峡谷，举部迁徙到辽阔的大草原

---

① 满都呼：《民间文学理论》（蒙古文），辽宁民族出版社 1992 年版，第 776—778 页。

② 《蒙古语言文学》1994 年第 5 期。

③ ［波斯］拉施特主编：《史集》，余钧、周建奇译，第一卷，第一分册，商务印书馆 1992 年版，第 251—253 页。

　　从上述的比较可以看出，蒙古族和突厥民族的传说虽有差异，但相同之处更多。两个传说中都记述了由于部落之间的战争，阿史那氏和蒙古部惨遭杀戮，整部仅余数人，逃至人迹罕至的深山中。他们在水草丰美之地繁衍子孙后代，后来由于人口稠密而从山中迁徙到辽阔的草原。所不同的是，《史集》中的蒙古传说没有出现母狼救孤儿的母题，即突厥传说中有图腾之神母狼，而蒙古传说中缺失这一环节。

　　《北史》和《史集》所记两个传说也说明了汉地史学家和中东波斯史学家以不同的渠道搜集记录了同一个狼图腾族源传说的不同异文。《额儿古涅—昆传说》实为狼图腾传说的另一证据是哈萨克族乃蛮部落的族源传说。其中讲道，从前，居住在阿勒泰山麓的乃蛮部的一支突然遭到外族入侵。敌部烧杀掳掠，把这一支乃蛮人都杀光了，只留下一位年老力衰的巴特尔（英雄）。他们砍断巴特尔的四肢，把他扔到荒野，企图让他羞愧地死去。但是，敌部退去以后不久，忽然一只母狼出现。母狼用舌头舔这位巴特尔的伤口，巴特尔的伤竟然痊愈了。后来，母狼把巴特尔藏到阿勒泰山的一个峭壁岩穴里保护起来，并且一起过了夫妻生活。他们后来有了孩子，子孙繁衍，这支乃蛮人重新发展起来。因为母狼和巴特尔当初藏身的峭壁岩穴是在名叫"额尔格涅—孔"的山巅，所以后来人们把这支乃蛮部叫作"额尔格涅乃蛮"①。

　　哈萨克族的这一传说与《北史》和《史集》所记载的传说非常相似。英雄和母狼藏身的"额尔吉涅—孔"山巅正是蒙古传说中的"额儿古涅—昆"，而其阿勒泰山则是阿史那氏发源的金山。

　　从上面的比较分析中我们可以做出如下的结论：《北史》所记阿史那氏传说、《史集》所记蒙古传说、哈萨克族的乃蛮部落传说以及柯尔克孜族的"卡巴"部落传说和维吾尔人被神狼所救传说，都是同源异流传说，都是在远古时代蒙古、突厥语族民族先民中产生的狼图腾族源传说的不同译文，在不同时代经过中外文人的记载和民间的口耳相传流传到各民族当中去的。只是突厥民族传说中明显保留狼图腾崇拜的痕

　　① 见哈萨克文《遗产杂志》1985年第3、4期，第47页；又见毕桪《哈萨克民间文学概论》，中央民族学院出版社1992年版，第113页。

迹，而在蒙古传说中有所淡化和模糊罢了。不过蒙古人曾经以狼为图腾加以崇拜的痕迹也见于文献和民俗之中。如《蒙古秘史》中记载了蒙古远女祖阿阑豁阿感光而孕的传说。其中所云"每夜都有个黄白色的人，借着天窗和门额上（间隙）露天地方的光，进来抚摸阿阑豁阿的肚皮，光渗入其腹，出去时，借着日月之光，如同黄狗一般，摇摇摆摆飘然而去"的说法正是狼图腾崇拜的产物。而且古代蒙古族中禁杀狼、避讳直呼其名等习俗反映了曾经有过的狼图腾崇拜的遗迹。这和突厥语族各民族的狼图腾观念是基本一致的。

二　蒙古、突厥语族民族鸟图腾族源传说比较

蒙古、突厥语族民族的鸟图腾族源传说中虽然图腾鸟不尽相同，但传说的基本情节确是一致的。

突厥民族的鸟图腾族源传说较早见于汉文书籍，并与狼图腾结合在一起。上述《史记》、《汉书》所记传说即是由乌鸦图腾和狼图腾相结合而成的。但是除上述两处记载外，目前我们尚未找到远古突厥人以乌鸦为图腾的信息。因此，汉文史书所记"乌"或许指的是其他鸟类。如蒙古传说中的猫头鹰、萨满教的神鹰等。因为古代突厥人曾经信仰过鹰图腾，而且一些突厥部落还以鹰作部落标志。

蒙古人的鸟图腾族源传说中讲的是猫头鹰，不是乌鸦，但其情节母题和突厥传说基本相同。与卫拉特蒙古准噶尔·绰罗斯部族源有关的《天女之惠》传说中：一只鸥鹊精心守护着天女生下并放在树洞里的婴儿。[①] 比较而言，蒙古和突厥传说中的鸥鹊和乌鸦都守护着被弃于旷野的婴儿，所不同的是突厥传说中的乌鸦和狼在一起，而蒙古传说中则鸥鹊和瘤树联系在一起。虽然古代各民族的族源传说中两种动物同场出现的较为多见，但树图腾和鸟图腾相结合的并不多见。这里包含着古人的一种原始思维。他们并不能明确区分人、动物和植物的差别而同视为自己的祖先，因此上述蒙古传说的传承者们以"瘤树为母，鸥鹊为父"。

---

① 宝音和西格编：《蒙古族历史传说》（蒙古文），内蒙古人民出版社1982年版，第3—4页。

蒙古、突厥语族民族中的天鹅图腾主要关系到哈萨克族和蒙古族巴尔虎、布里亚特部落的起源传说。

巴尔虎、布里亚特蒙古人的天鹅图腾族源传说主要是《霍里土默特与霍里岱莫尔根》、《巴尔霍岱莫尔根巴特尔的传说》，其故事梗概是：霍里岱莫尔根（霍里土默特、巴尔霍岱巴特尔）有一天在贝加尔湖畔漫游（狩猎）时，见三只（七只、九只）天鹅飞落在湖岸，脱去羽衣变成三位仙女在湖中沐浴、嬉戏。一位仙女因羽衣被霍里岱莫尔根藏起而未能飞上天，从而成为霍里岱莫尔根之妻，生11子。后来仙女骗取羽衣，飞回天上。仙女临走前为11个儿子取名，他们成为布里亚特11个氏族的祖先。因此，布里亚特蒙古人自称为"天鹅祖先、桦树神杆的人们"①。

突厥语族的哈萨克族以天鹅为图腾已为大家所熟知。据称，"哈萨克"一词就是"白天鹅"的意思。传说，古时有一名勇士在远征途中病卧黄沙。在他气息奄奄时被天外飞来的白天鹅救起。白天鹅化作少女与勇士成婚，繁衍了后代，子孙们为了纪念祖先，遂自称哈萨克。②哈萨克族《牧羊人和天鹅女》的传说中讲道，从前有一位牧羊人，一天夜里，牧羊人梦见了一只洁白的天鹅。第二天放牧，牧羊人弹起心爱的冬布拉，果真有一只洁白的天鹅飞来落在牧羊人面前，伴随冬布拉琴声翩翩起舞。正在这时草原上突然起了狂风，羊儿跑得无影无踪。后来天鹅为牧羊人带路并救了他。他们找到羊群之后，天鹅脱下羽衣变成美丽的姑娘，两人结为夫妻，生儿育女，形成了哈萨克族。哈萨克族为了纪念祖先（天鹅图腾）不仅以"白天鹅"作族名，而且把帽子顶上插鹅毛的习俗世世代代传承下来。

蒙古族和哈萨克族传说中的天鹅即是天女之化身。她们与凡人相配，繁衍了后代。但是哈萨克传说中天鹅是拯救了面临死亡危境的牧羊人的勇士，而蒙古族传说中不见这一母题。不过，蒙古族中流传着解释

---

① 图布新尼玛编著：《巴尔虎的由来》（蒙古文），内蒙古文化出版社1985年版，第17—19页。宝敦古德·阿毕达编著：《布里亚特蒙古简史》（蒙古文），内蒙古文化出版社1983年版，第3—5页。巴岱、金峰、额尔敦编：《卫拉特历史文献》（蒙古文），内蒙古人民出版社1985年版，第185页。

② 毕桪：《哈萨克民间文学概论》，中央民族学院出版社1992年版，第1页。另见常世杰搜集整理的《牧羊人和天鹅女》，载焦沙耶、张运隆等翻译整理《哈萨克族民间故事》，新疆人民出版社1982年版，第258—260页。

以鲜乳祭洒天鹅习俗的传说，其中讲：蒙古部落被其他部落所败，仅活两男两女。他们被敌部追杀逃到一条大江岸边。眼看被敌人夺取生命的危险时刻，从远处飞来一群天鹅，搭成一座天桥让两男两女渡江逃走。与此相近的另一个传说中讲，被敌部追杀的蒙古部落余部眼看就被敌人赶上，突然天上有一群天鹅嘎嘎鸣叫，敌部以为蒙古大军支援而来，就挥师返回。从此，蒙古人为了纪念天鹅的救命之恩，有了每有天鹅从屋顶飞过，必向其祭洒鲜乳的习俗。[①]

该传说中的天鹅，如同哈萨克传说救助了危难中的人，但没有与人相配的母题。与哈萨克族传说相比，蒙古传说中天鹅图腾的属性并不突出。但是蒙古传说中天鹅助人的情节并非偶然巧合，与《霍里土默特与霍里岱莫尔根》的传说联系起来思考，我们就可以看出它表现了天鹅图腾崇拜。图腾信仰中经常见到的图腾动物和祖先神灵（多以动物化形）援救自己的子孙后代脱离危难境地。因此，上述传说中救助蒙古人的天鹅就是危难时刻显灵的图腾神。

三　蒙古、突厥语族民族的树木图腾族源传说比较

树木图腾崇拜以及相关的族源传说均见于蒙古、突厥语族民族，而且关系到萨满教信仰。

蒙古族的树图腾族源传说主要流传在卫拉特和布里亚特部族中，并与动物图腾结合在一起。巴图尔·乌巴什·图们所著《四卫拉特史》中记载了如下一则杜尔伯特准噶尔部的起源传说：古时候有一猎人在树林中打猎，发现一棵树下躺着一个婴儿。树上有一形如漏管的枝杈，其尖端正好插在婴儿口中，树的汁液顺着漏管滴入婴儿口中，成为他的食品。并且树上有一只鸥鹊精心守护着这婴儿。因此称这个婴儿为以"树婴为母、鸥鹊为父的天神（腾格里）的外甥"，并起名"绰罗斯"。人们把婴儿抱回去推为首领。其子孙繁衍成为准噶尔部族。[②] 加班·希日布所撰卫拉特蒙古史中也记载了相同的传说。[③]

---

① 义和中、乌兰记录。

② 巴岱、金峰、额尔敦编：《卫拉特历史文献》，内蒙古人民出版 1985 年版，第 180—185 页。

③ 同上。

　　卫拉特蒙古传说中把准噶尔·绰罗斯部族的起源与中间有瘤的树和鸥鹄联系起来做了解释。其中，中间有瘤的树实际上象征女性。由于此树以其形如漏管的枝杈将液汁滴入婴儿口中如同母亲般养育了婴儿，所以婴儿取名为"绰罗斯"（蒙语，漏管形状树枝的意思），由其繁衍的后代称为绰罗斯部落，并说自己"以中间有瘤树为母亲"。值得注意的是这个婴儿被人们说成是"天神（腾格里）的外甥"。那么这个婴儿是从何而来？被称为父母的中间有瘤的树和鸥鹄与腾格里天神之间又是什么关系？

　　有一篇传说，就是前面所提到的那篇解释杜尔伯特蒙古族源的传说《天女之惠》可以回答这个问题。这篇传说中讲，有一个猎人在湖畔狩猎，看见了四个天女在湖中沐浴、嬉戏。他用套马杆套住其中的一位天女，结为夫妻。天女怀孕后飞回天上。临产时，天女回到原来的湖畔，生一男孩，把他放在摇篮里，挂在一棵树上，并且派一只猫头鹰看守孩子后，天女飞回天上。尚没有首领的杜尔伯特蒙古人找到这个婴儿，推举他做了部落首领。①

　　很明显，该传说由两个部分组成。前半部分与巴尔虎、布里亚特的天鹅图腾族源传说相似，游戏在湖中的天女被猎人逮住，与其结为夫妻，生子后又飞回天上，所缺的仅是天鹅脱去羽衣变仙女的母题；后半部分则与上述树图腾族源传说相同。由此可推断，躺在树洞（瘤）的婴儿为天女所生，正好说明了婴儿是"上天的外甥"。

　　中外文献中记载了不少突厥民族的树木图腾族源传说。据黄文弼《亦都护高昌王世勋碑复原并校记》："考高昌王世家，盖畏吾儿之地有和林山，二水出焉：曰秃忽剌、曰薛灵哥。一夕，由天光降于树。在两河之间，国人即而候之。树生瘿，若人妊身然，自是光恒见者越九月又十日，而瘿裂，得婴儿五，收养之。其最犀者曰兀单卜古可罕。即壮，遂能有其人民土田，而为之君长。"②

　　志费尼的《世界征服者史》中也是基本相同地解释了维吾尔族的族源：秃忽剌、薛灵哥两河汇流之地长出两棵紧靠的树，两树中间冒出个

<hr />

① 《蒙古族文学资料汇编》第一册，蒙古文，内部资料，内蒙古语言文学研究所 1963 年版，上册，第 11—13 页。

② 满都呼主编：《中国阿尔泰语系诸民族神话故事》，第 38 页。

大丘,有条光线自空降落其上,丘陵日益增大。维吾尔族人惊异地向两棵树顶礼膜拜,丘陵裂开一扇门,中有五间像营帐一样分开的内室,室内各坐着一个男孩,嘴上挂着一根供给所需哺乳的管子。当风吹拂到孩子身上,他们就能够说话,马上询问他们的父母。人们把这两棵树指给他们看。他们走近树,像孝子对待父母一样跪拜。这时,两棵树突然说话,祝福了自己的孩子。于是维吾尔人从五个孩子中推选一人当他们的首领。①

比较蒙古、突厥树木族源传说,突厥传说比较单一,只叙述一个树中诞生的母题。而蒙古传说中则是树木图腾与某一个动物图腾结合在一起。不过,不论是突厥还是蒙古的传说中,树木都是女性的象征。因此,蒙古、突厥树木图腾族源传说均属统一的叙事传统。突厥传说中的树由于被天光所照而生出瘤婴;而蒙古传说中被树汁哺乳的婴儿是天神的外甥。

四 结论

从上面的分析看,蒙古、突厥语民族族源传说的基本母题都很相似,属于同一种叙事主题。那么,蒙古、突厥民族的图腾观念及其族源传说为什么如此相近?这一相似性反映了什么?笔者认为,应该从民族起源的角度回答这个问题,即从蒙古族和突厥语族各民族之间的历史联系来思考问题的答案。不过,对于这一复杂的问题,学者们的研究尚未取得共识。因此,仅从本文的研究主题考察,仅就图腾信仰和传说学的角度而言,可以得出如下的结论:

首先,各民族之间相同的图腾说明了相同的民族起源。图腾是史前人类为了区别和巩固氏族而产生的原始思维的产物,是氏族的标志。蒙古、突厥民族的图腾信仰和传说的相似反映了他们在民族起源上有密不可分的关系。其实,中外学者早已指出过蒙古族与突厥民族之间的族源关系之密切。譬如,拉施特所著《史集》记载《额尔古涅—昆传说》时把蒙古和突厥之间的战争看作"内讧","大约距今两千年前,古代

---

① 〔伊朗〕志费尼著,翁独建校订:《世界征服者史》,何高济译,内蒙古人民出版社1981年版,上册,第63页。

被称为蒙古的那个部落，与另一些突厥部落发生了内讧，终于引起战争"①。可见拉施特是把蒙古和突厥看做作为同一部族内的两个不同部落。

民族是由许多氏族、部落组成的。蒙古民族最后形成并登上历史舞台是由 13 世纪成吉思汗统一蒙古各部落建立蒙古汗国开始的。而构成蒙古民族共同体的那些古老部落则于 13 世纪以前就活跃在北方高原古老的土地上。这些部落的情况比较复杂，其中有的属于突厥系统，有的属于蒙古系统。蒙古民族的形成是多元的，其中有许多氏族、部族的因素。反过来讲，突厥民族也是一样。因此，与图腾相关的族源传说不一定完全是全体蒙古或突厥语族民族共同的传承，而很可能只是其中某一个氏族、部落中流传的。在民族共同体形成过程当中，这些部落带着自己的图腾信仰和与之有关的族源传说被吸收到蒙古和突厥各民族当中，导致形成了今天我们所看到的蒙古、突厥各族相似相近的图腾信仰和族源传说的现象。据说，柯尔克孜中有叫作蒙古勒多尔的部落，并称他们的祖先就是蒙古人。②

其次，蒙古、突厥民族之间的婚姻联盟也可能导致了两者之间图腾信仰和族源传说的互相流动和结合。一些学者认为，蒙古、突厥民族从远古到 13 世纪一直保持着婚姻联盟关系，这就是鹿图腾和狼图腾两大部落的婚姻联盟。鹿是蒙古人的图腾，狼是突厥民族的图腾，随着两个部落的婚姻联盟关系的频繁和加强，鹿、狼两个图腾便结合在一起。③ 本文所论蒙古、突厥民族族源传说中多数场合是复合性质的（如狼与乌鸦、瘤树和鸥鹄）。从世界各民族的图腾信仰和传说看，这种复合形态的图腾故事一般都产生在两个不同图腾部落之间的婚姻联盟基础之上。

最后，古代蒙古、突厥部落从事着牧业经济，信仰着原始萨满教。萨满教是他们的原始宗教和世界观的基础。这样，他们解释自己的族源时就联系鹿、狼、鸟、树、光等，并最后归结到萨满教最高神——苍

---

① 《史集》第一卷第一分册，第 251 页。

② 张彦平、郎樱：《柯尔克孜民间文学概览》，克孜勒苏柯尔克孜文出版社 1992 年版，第 52 页。

③ 苏鲁格：《蒙古突厥之图腾崇拜再探讨——"蒙古先民以狼为图腾"说质疑》，《蒙古学信息》1995 年第 4 期。

天。他们普遍认为自己与"苍天有根",是苍天的子孙。从宏观上考察蒙古、突厥民族的族源传说,其核心无疑集中在上述萨满教的苍天崇拜观念上。

　　　　　　　　　　(作者单位:中央民族大学蒙古语言文学系)

罗布桑楚勒图木及其《诗镜论》
释文探究

王满特嘎

[摘　要] 本篇论文着重分析和探讨了著名蒙古佛教文化活动家、翻译家、作家和文论家察哈尔格西罗布桑楚勒图木有关《诗镜论》注释著作。对其释文《意义修饰注释》和《字音修饰注释》二文进行认真解读，进而研讨其文学观点与美学主张。

[关键词] 罗布桑楚勒图木　《诗镜论》　《意义修饰注释》　文学观点

察哈尔格西罗布桑楚勒图木（1740—1810）是著名蒙古佛教文化活动家、翻译家、作家和文论家。他的一生事迹由他的优秀学徒额尔登图什寺（浩特老巴雅斯古冷图寺）的喇嘛罗布桑桑如布尼玛在1817年用藏文写成，又经1818年镶白旗福宁嘎苏木的珠日木德旦增蒙译，在白山寺用木刻版印刷的题为《让信仰莲花微笑之太阳光辉》（《察哈尔格西传》）① 传记中有详细的记录。根据这《传记》的记载，罗布桑楚勒图木的祖先是卫古特姓氏的鄂尔多斯人，之后才迁移到镶白旗居住的。他出生于察哈尔镶白旗第三苏木所辖名叫赛汗淖尔的地方，他的父亲是平民百姓，叫策根哲勒，母亲叫哈勒赞呼。察哈尔格西罗布桑楚勒图木兄弟姐妹共8人，4男4女。

罗布桑楚勒图木7岁的时候（1746），他的格苏勒叔伯为启蒙老师初次教他蒙古文，同年受居士戒当了帮助他人的宝迪体布寺的柴巴呼图克图葛根额尔登罗布桑帕仍来的沙比，取名为罗布桑楚勒图木。在15岁的时候（1754）从阿其图诺门汗罗布桑丹津处受了格苏勒戒（沙弥

---

① 《察哈尔格西传》，内蒙古图书馆馆藏图书。

戒）。16 岁的时候（1755）从宝迪体布寺的亚日德格巴喇嘛罗布桑拉希处学会了关于博格多章嘉额尔德尼的护身结和从古代流传下来的才华之源蒙文翻译。并在这一年在多伦淖尔拜希热图呼毕勒罕罗布桑丹必尼玛为师并受了葛隆戒（比丘戒）。20 岁的时候（1759）到多伦淖尔的寺庙写了《夏天的居所》并"作为固什额尔德尼葛根的爱子学习了几年深奥内容的经文并大部分时间都在多伦淖尔寺在固什喇嘛葛根处度过"。在这期间他从翁牛特固什额尔德尼罗布桑那木匹勒处学习了许多自己所渴望要阅读的图书，掌握了经卷咒文的学问。从 23 岁到 29 岁（1762—1768）在北京雍和宫的明安拉布津巴处当学徒，在扎尼德达昌学习巴日其德尼木日经文 7 年。"从扎尼德的堆卡到像海一样大而且主要的戒律学院里从神圣的博格多阿吉亚葛根那里得到了许多经卷咒文，从而出色完成了自己的学习使命，1768 年四月返回故乡"，用大部分时间念经修炼。

罗布桑楚勒图木从他 28 岁开始到 71 岁去世为止一直在进行着写作、翻译、制版、印书、研究等工作。他的著作先后用藏文印版了十卷。他的单独制版的几部著作或用手抄本传到读者手上的还有两卷本，除此之外译著也有五六卷本，可以看出罗布桑楚勒图木在蒙古文学史上属于多产作家之一。他的作品包括文学研究、翻译、医学、声明学、美学、宗教、哲学等多方面内容。学者拉西策仁把这些作品的目录索引附在《蒙古文化活动家——察哈尔格西罗布桑楚勒图木初探》① 论文后面，共有 150 多篇。受时代、社会历史的局限性，他的作品深受宗教影响，但也有许多优雅生动、脍炙人口的民间故事、谚语、祝词、颂词、训喻诗及富有教育作用的没有宗教色彩的人民性作品。

察哈尔格西罗布桑楚勒图木具有运用蒙、藏两种文字创作的才能与功底，是杰出的文学家和翻译家，他对蒙藏两个民族的文化交流起到了重要的推动作用。他使蒙古人首次接触到了古印度两大传奇文学作品《槃查但德尔》（《五传》）、《罗摩衍那》并翻译和注释了西藏萨迦班智达贡嘎扎拉森（1182—1251）在 13 世纪初写成的著名诗歌选集《苏巴

---

① 拉西策仁：《蒙古文化活动家——察哈尔格西罗布桑楚勒图木初探》，《内蒙古科学》杂志（蒙文版）1983 年第 3 期。

希地》(《萨迦格言》)。① 46 岁的时候(1779)蒙译了那卡日卓那写的《甘露之滴》② 的注解和图甘仁布切写的《章嘉儒勒必道尔吉传》,1787年蒙译了五世达赖喇嘛撰写的《政教两种制度》。他不仅熟练地把藏文作品翻译成蒙文,而且还能同样精练地把蒙文作品翻译成藏文。比如,1802年用藏文翻译出版了自己在1786—1790年间撰写完成的著作《圣主宗喀巴葛根传》,③ 1807年又用藏文翻译和印版了自己的诗作《劝说烟酒词》。④

1786年他筹措建造了白山寺并招收徒弟组织佛教集会,从北京邀请艺人搬运果树让他们制作木刻板并印刷出版图书。从白山寺印制出版了大量的珍贵文献,代表性的图书有:《苏巴希地》及其注解《如意宝钥匙》、《槃查旦德尔》(《五传》)和它的注解、阿日那蒙译《唐僧西天取经》(《西游记一百回》、《章嘉若利比道尔吉传》或《拉力达巴泽尔传》)、《圣主宗喀巴葛根传》、《察哈尔格西全集》、《察哈尔格西传》、《阿日达希迪汗之子传》、《智慧之镜》等。

他创作的诗作中《祭祀火神之习俗》⑤、《劝说烟酒词》、《不能信奉萨满教之类》、《对父母亲的感恩诗》、《七名中年妇人传》、《劝高官职位欲者之歌》等作品,具有艺术魅力和特色,引起读者与研究者们的广泛关注。

罗布桑楚勒图木还很注重《格斯尔王传》研究。他随青海松巴堪布伊希巴拉珠的研究,收集了相关格斯尔的资料并首次论证,提出“格斯尔汗是公元10—11世纪生活在西藏喀木地区——青海安多地方的历史人物”⑥ 这一独到见解。

罗布桑楚勒图木还用藏文撰写有关文论的作品,关于他这方面的作

---

① 萨迦班智达贡嘎扎拉森:《苏巴希地》(《萨迦格言》),罗布桑楚勒图木翻译本于18世纪末在白山寺木刻版出版,其注解由内蒙古人民出版社1957年出版,1990年乌兰巴托再版其译文与注解。

② 那卡日卓那:《甘露之滴》,由策·达木丁苏荣作序,审读出版了《甘露之滴蒙藏文注释》,乌兰巴托1964年版。

③ 罗布桑楚勒图木:《圣主宗喀巴葛根传》,蒙古国国立图书馆藏书,木刻版1870年。

④ 罗布桑楚勒图木:《劝说烟酒词》,蒙藏两种文字稿。

⑤ 罗布桑楚勒图木:《祭祀火神之习俗》,策·阿拉坦格日乐译《蒙古作家用藏文创作的作品》(1),乌兰巴托1967年版。

⑥ 罗布桑楚勒图木全集第四卷:《零散文集》,内蒙古图书馆馆藏。

品可以提及《意义修饰注释》①、《字音修饰注释》②、《明显理论修饰之注解（十回）》、《文学的字音修饰和意义修饰之注解与全善经轮》、《西藏毗奈耶经文等四种》、《藏语入门规则和分类》等。据《蒙古文学概要》③记载，他写的文论文献中最著名的是《圣主宗喀巴葛根传》，这部鸿篇巨制是他于1786—1790年间写成，1802年用藏文版印刷出版。

　　《意义修饰注释》和《字音修饰注释》两篇释文是对印度古代文学理论家檀丁《诗镜论》的第二、三章做出的注解和诗例。从这里我们可以看到罗布桑楚勒图木的文学观点和美学主张。在《意义修饰注释》里，他按其性质分类并举例说明35种意义修饰。在文章的末尾写道："这篇文章是主要以五世达赖喇嘛的释文《诗镜释难妙音欢歌》为借鉴，还把其他人的注释著作作为参考写作而成的。"

　　他在说明意义修饰的第一个修饰直叙修饰时写道："叙述任何一种具体实物时不歪曲其本质，实事求是地叙述它的本质特征。这里显示它的类型、动作、功能、属品四种状态。"④下面举例说明直叙修饰，叙述圣主的本质特征。

　　　　充满阳刚之气，
　　　　脸色是雪白的，
　　　　眼睛是椭圆的，
　　　　嘴唇是通红的。
　　　　胸脯是起伏的，
　　　　腰身是纤细的，
　　　　优美的音喉，
　　　　酷似甘迪尔。⑤

　　诗文中毫不夸张，不用任何比喻修饰，直接叙述了圣主的本质

---

　　①　罗布桑楚勒图木：《意义修饰注释》，策·阿拉坦格日乐《蒙古作家用藏文创作的作品》（1），乌兰巴托1967年版。

　　②　罗布桑楚勒图木：《字音修饰注释》，策·阿拉坦格日乐《蒙古作家用藏文创作的作品》（1），乌兰巴托1967年版。

　　③　策·达木丁苏荣主编：《蒙古文学概要》，乌兰巴托1977年版。

　　④　巴·格日勒图编著：《悦目集》，内蒙古文化出版社1990年版，第489页。

　　⑤　同上书，第489—490页。

特征。

　　关于比喻修饰的特点，罗布桑楚勒图木解释道："比喻修饰是在运用语言修辞时以象、似、一样等连词把两个相似的东西相互比较而说明它的特征，比喻修饰分为 32 种类型。"[1] 随后他把比喻修饰的 32 种类型分别按其特点和要求系统地介绍了一番。说明部分比喻修饰时还列举了具体诗例。

> 像菊花般椭圆的，
> 美丽脱俗的双眼。
> 像竹弓似弯曲的
> 美丽超凡的眉毛。[2]

　　这是物件比喻修饰的诗例。

　　像这样他对 35 种意义修饰分别做了简明扼要的注解，这使得他的释文比檀丁《诗镜论》原著更通俗易懂、更简单明了。如果把他的释文与 18 世纪葛力格扎拉森的蒙译《诗镜论》比较的话，能够更清楚地看出这些特点。

　　《诗镜论》的 35 种意义修饰，在 7 世纪古印度美学观里是主要修饰文学的整体结构。后来随着罗布桑楚勒图木等学者的不断推敲完善，其内容不断丰富，从语言修辞概念转变成有关文学的题材、主题、形象描写、艺术想象、内涵容量、组织结构等方面的概念。罗布桑楚勒图木在解释 35 种意义修饰的时候提出了文学的以小见大，从部分反映整体，用形象反映社会，以简短的语句表现多层意义，塑造意境，用联想和想象进行艺术构思，描写生活中已经存在的或可以存在的事物等有关文学理论问题的看法。

　　《字音修饰注释》是罗布桑楚勒图木对檀丁《诗镜论》第三章所做的注解。在这篇释文中将字音修饰分类为重叠修饰类型，难作式其他类型，以韵母判断难作式字音修饰类型等三种，并给这三种基本类型做了简单注解并列举了一些诗例。他又把重叠修饰类型分为：（1）行首易

---

[1]　巴·格日勒图编著：《悦目集》，内蒙古文化出版社 1990 年版，第 490 页。

[2]　同上书，第 494 页。

作重叠修饰；（2）位于诗行其他位置难作式重叠修饰；（3）连接行首行尾的重叠修饰；（4）全文重叠修饰；（5）混合重叠修饰；（6）返回重叠修饰六种形式，并用具体诗例对这六种形式做了详细的说明。下面举几个例子：

> 等同皓白温柔的月影，
> 开得如此盛美的旭日，
> 等同高傲亮白的脸面，
> 抢了这等全部的盛美。①

这是两个奇数行行首相互对应、两个偶数行行首相互对应的间隔重叠修饰，也叫链条重叠修饰。

> 微微颤动的白莲花，
> 欠欠变化的细腰女，
> 欠欠窥视的菊花眼，
> 微微梳髻的白弯月。②

这是首末两行的开端、中间两行的开端双双对应的重叠修饰的例子，也叫双环重叠。

> 乌黑的头发摇摇晃晃，
> 像皮的旗子摇摇晃晃，
> 射出的利箭摇摇晃晃，
> 天子的老人摇摇晃晃。③

这是间隔和非间隔式行末难作重叠修饰的诗例。

---

① 巴·格日勒图编著：《悦目集》，内蒙古文化出版社1990年版，第526页。
② 同上书，第527页。
③ 同上书，第530页。

亮眼朝气的妖娆身段，
悦耳动听的美妙歌声，
使人心花怒放的天使，
月亮伴侣无比的奇妙。
亮眼朝气的妖娆身段，
悦耳动听的美妙歌声，
使人心花怒放的天使，
月亮伴侣无比的奇妙。①

　　这是全文重叠修饰的第二种，一首四行全文重叠的诗例。前面四行赞美了妙音天女，后面四行则赞美了美丽的姑娘。

洁白天女高尚美丽，
美丽高尚天女洁白。
赐予完美太平朝气，
朝气太平完美赐予。②

　　这是返回重叠修饰的第一种，返回诗行的重叠修饰的例子。
　　罗布桑楚勒图木把难作式其他类型分为：（1）牛尿式难作；（2）轮转式难作两种。又把轮转式难作分成半轮回和全轮回两种。
　　把以韵母判断难作式字音修饰类型分为：（1）判断韵母；（2）判断发音部位；（3）判断声母三种。
　　察哈尔格西罗布桑楚勒图木对檀丁的《诗镜论》第二、三章做了简要注释并举例加以说明，在文学理论研究方面也做了一些有益探索，为后人蒙古文学理论批评研究留下了宝贵的资料。值得提出的是他在创作实践中很巧妙地运用《诗镜论》意义修饰和字音修饰的各种规则，在自己的诗作中多处熟练运用字音修饰规则进行创作。如：

坏本质草木的烟是苦味的，

---

① 巴·格日勒图编著：《悦目集》，内蒙古文化出版社1990年版，第537页。
② 同上书，第539页。

　　坏品行俗人话语是苦味的，

　　坏喇嘛僧人行为是苦味的，

　　坏天气旱夏烈日是苦味的。①

　　这首诗是按照字音修饰的第一种重叠修饰的规则写成的。也就是运用行首易作间隔重叠修饰和行末难作间隔重叠修饰进行创作。

　　他用蒙文撰写了《祭拜灶神之习俗》一文，里面的诗大多是运用字音修饰的重叠修饰规则写成。可以看出重叠修饰是我们蒙古传统诗歌中常用的一种表现手法。下面从《祭拜灶神之习俗》的原文中举几个例子：

　　朝气勃勃圆满的身材，

　　朝气悠扬圆满的命令，

　　朝气仁慈圆满的心灵，

　　向朝气火神跪拜致敬。②

　　这里兼用了易作式重叠修饰和难作式重叠修饰。

　　越发蓬勃的朝气，

　　越发旺盛的气魄，

　　越发富裕的牲畜，

　　赐予好运的恩泽！

　　无妨碍地创造一切事物的强大力量，

　　无含糊地知晓一切内容的聪明才智，

　　无疲倦地完成一切事业的强健身体，

　　赐予越发合适的恩泽！

　　闻名于全民的名望，

　　尊重于全民的高官，

---

　　① 罗布桑楚勒图木：《对阿旺仁钦的训喻诗》，《蒙古文学精粹》（第一集），乌兰巴托1996年版，第307页。

　　② 罗布桑楚勒图木：《祭祀火神之习俗》，《蒙古文学精粹》（第一集），乌兰巴托1996年版，第310页。

　　　　称赞于全民的真理，
　　　　赐予全部的恩泽！①

　　这是位于四行首的间隔重叠修饰的例子。

　　　　适合明享的珊瑚珍珠等恩泽，
　　　　人人需要常用的珠宝等恩泽，
　　　　尤其金子银子钱和财等恩泽，
　　　　赐予全部如意宝恩泽！
　　　　走任何方向都能心想事成路吉祥，
　　　　驻任何地方都能心想事成乡吉祥，
　　　　办任何事情都能心想事成业吉祥，
　　　　赐予全部吉祥恩泽！②

　　这是把难作式间隔重叠修饰用于行末的例子。
　　察哈尔格西罗布桑楚勒图木不是为了模仿别人或炫耀自己博学而运用文学辞藻或他人难懂的隐语进行诗歌创作，而是为了使读者更容易理解，常用通俗易懂的普通言词进行创作。在他写的著作《圣主宗喀巴葛根传》的序、跋诗和镶嵌诗中，普遍运用通俗化的比喻修饰和形象化修饰，这就是一个富有说服力的例证。
　　综上所述，从他的释文和列举的诗例意向来看，他是主张蒙古族的诗歌创作可以向古印度文艺美学中常用的字音修饰和写诗的艺术手法学习。笔者认为这是一种富有创见的文学主张，到目前为止仍未失去其积极的参考意义。

　　　　　　　　　　　　（作者单位：中央民族大学蒙古语言文学系）

---

　　① 罗布桑楚勒图木：《祭祀火神之习俗》，《蒙古文学精粹》（第一集），乌兰巴托1996年版，第313页。
　　② 同上书，第314页。

口头传统与蒙古族族源研究探析

汪立珍

[摘　要] 口头传统伴随着人类历史和文化的发展而不断演进，从钻木取火的远古时代对神话故事的讲述，到现今文字印刷时代人们对历史事件的书写，口头讲述从未停止，从民族迁徙到英雄神迹，吟诵从未间断，从神圣祭祀到人生仪式，口头叙事仍在继续。口头传统是贯穿一个民族历史文化传承过程中的关键要素，蕴涵着民族起源等重要文化信息的密码，不但帮助今人了解不同时期蒙古族文化，发现某些重大问题的演变线索，而且使今人能够了解到历史上曾经有过而今天已经消失或难以解读的历史族源问题。

[关键词] 口头传统　蒙古族源　民族认同

蒙古族族源是一项十分重要的综合性研究课题。国内外学者先后利用文献学、考古学、人类学、民族学、语文学等多种研究方法进行研究，系统地梳理蒙古族族源问题，得出了匈奴说、突厥说、吐蕃说、东胡说、东夷说等十余种结论。可见，蒙古族族源问题同我国北方各民族的历史有密切的联系，这种联系多年来形成学术界众说纷纭的争论话题，引起学术界的广泛关注。但是，从口头传统角度研究蒙古族与呼伦贝尔民族族源关系的论著，至今还没有见到。近十年来，我国口头传统研究取得了极为可观的成就，神话传说等口头传统研究成果赢得学术界的广泛关注，并且进入国家话语等诸多研究领域。口头传统早于书面书写几千年，每个民族代代口头讲述的神话传说等传统叙事保留了一个民族历史、宗教、文学、审美等重要文化核心内容。但是，在我们传统研究体系里，口头传统往往被忽视或者被边缘化。对于我国民族学历史学界悬而未解的蒙古族族源问题研究，从口头传统的角度深入挖掘将有利于获得全新的认识，进一步揭示该问题的本质。蒙古族与鄂温克族、鄂伦春族、达斡尔族等呼伦贝尔民族历史渊源关系十分密切，而鄂温克、鄂伦春、达斡尔等民族有语言无文字，有关其历史起源等重大问题的历史信息大量保存在民间口头叙事。本文主要从以下三个方面探讨口头传统对于研究长期以来学术界悬而未决的蒙古族及呼伦贝尔诸民族族源的意义与价值。

一　口头传统蕴涵民族起源文化的密码

口头传统即通过口头语言叙述发生在特定时间和空间里的事件。口头传统是特定区域内民众通过口传心授的语言艺术和行为模仿来传承的集体智慧与集体认同体系，包括神话、传说、故事、史诗、民歌、谜语，以及口头讲述的民族史、家族史、部落史等多种文类。口头传统伴随着人类历史和文化的发展而不断演进，从钻木取火的远古时代对神话故事的讲述，到现今文字印刷时代人们对历史事件的书写，口头讲述从未停止，从民族起源到民族迁徙，从神灵崇拜到英雄神迹，口头吟诵从未间断，从个人的出生嫁娶人生仪式到家族村落民族的神圣祭祀，口头叙事仍在继续。可见，口头传统是贯穿一个民族起源历史文化传承过程中的关键要素，尤其是在有语言无文字民族的历史文化建构中，口头传统占有不可或缺的重要地位，没有口头传统，这些民族的文明也就失去了生命力。

在文字尚未出现的远古时代，人们只有用口头语言传承民族历史文明。"人类未有文字之前，就有了创作的，可惜没有人记下，也没有法子记下。"① 从某种意义上说，口头传统是民族历史的伴生物。鲁迅有一句话："我们的祖先的原始人，原是连话也不会说的，为了共同劳作，必须发表意见，才渐渐的练出复杂的声音来，假如那时大家抬木头，都觉得吃力了，却想不到发表，其中一个叫道'杭育杭育'，那么，这就是创作。"② 鲁迅的这句话常被用来作为口头叙事产生于劳动的理论代表，但这句话所表达的意思，显然是要说明在没有文字以前，人们只能用口头语言传承历史文明。后来人类社会出现了文字，才有可能产生用

---

① 鲁迅：《门外文谈》，见《鲁迅全集》第 6 卷，人民文学出版社 1958 年版，第 75 页。
② 同上。

文字书写的历史。

在文字产生之后的一个相当长的历史时期里，识文断字和运用文字写作、创作和阅读的人还是占少数，而不识字或略识字的人仍然占绝对多数，所以口头叙事仍是人类对物质和精神文化认知的重要手段；而且，即便是识字和会书写的人群，同样也离不开讲笑话、说故事、唱民歌等口头传统，他们也不可能随时随地带着书写工具写作，也不可能随时随地都有阅读的便利。不仅如此，直到今天，在一些没有文字传统的民族那里，口头传统依然是他们表述民族精神与文化诉求的重要工具之一。随着社会的进步和发展，文字将会越来越普及，会有更多的人能够书写、能够阅读，即便如此口头叙事却永远存在，它永远是最便捷、最灵活的交流工具。由此可见，口头文化早于书面文化，而且一直伴随着人类发展，"口头传统"蕴涵着重要的民族起源文化密码，有关人类起源、民族早期历史文明的内蕴从口头传统的视阈里能够发现弥足珍贵的材料。

蒙古族具有丰富的口头传统文类和资料。尤为珍贵的是，一些文类仍然在民间以活态形式传承，如，民间广为流传的史诗《江格尔》，叙事诗《嘎达梅林》，说唱文学"乌力格尔"、"好来宝"，以及蒙古民歌"呼麦"等等。这些经典的口头作品讲述着蒙古族民族起源、迁徙历程以及英雄征战沙场的业绩，这些神话、传说、故事等口头传统在蒙古民众的心目中是民族历史的凝聚与象征，久传不衰，代代相传，反复吟唱，每一段落，每一话语，都蕴涵民族历史的根脉。

不可否认，口头传统在口耳相传的过程里经常发生变异，但是，变异的内容是整体叙事故事中的次要因素，如语言表述中的虚词、语气词、数词等非核心语言元素，故事情节中的非主干情节，人物形象的外部服饰特征，时间、地点等情景场地的调换，诸如此类的非重要因素常常因为传承人的喜好、传承地域的特色等原因发生变异，这种变异是渐进的，扩展了口头传统的传承地域与接受族群和民族认同，它不仅没有影响原有的口头传统特色，反而进一步丰富了原有口头传统的影响力与凝聚力。值得我们注意的是，在变异过程中原有的主题、人物形象、情节构成、母题等一些标志性成分，在长期的流传过程中会逐渐稳定下来，成为规范、程式、套语等标志性民族文化而被世代继承。口头传统这种稳定不变、代代沿袭下来的传承因素堪称民族文化基因与密码，它不是个人行为所致，而是群体传承接受的结果；它不是一时一世的现象，而是历代群体意识和欣赏习惯的积淀。它是口头传统发展延续的基因，也是民族文化的重要密码。正如季羡林先生所言"故事传布愈广，时间愈久，演变愈大；但无论演变到什么程度，里面总留下痕迹。让人们可以追踪出它们的来源"①。

随着蒙古族文字的出现，文字记录的蒙古族口头传统渐渐出现，历史上记录的文本尽管有很多人为的因素，它毕竟弥补了口头语言转瞬即逝的缺点。历史上，许许多多的蒙古族口头作品被文字固定下来，成为文字文本通过古籍文献记载而保存至今。这些载入古籍文献的口头传统文本不但帮助今人了解不同时期的蒙古族文化，发现某些重大问题的演变线索，而且使今人能够了解到历史上曾经有过而今天已经消失或难以解读的历史族源问题。

二　口头传统是民族认同的共同记忆

口头传统是一个民族集体创作、集体传承、集体保存、集体享用的有声语言成果。在创作和传承过程里，群体中的每个成员都能参加，而且都有权修改和再创作，都有享用的权利。因此，口头传统不属于哪一个个人，而是属于一个民族的所有成员参加创作、传承、修改和享用的语言艺术。口头传统中的每一个人物、主题、故事情节，代表民族的品质思想、情感需要或内心诉求，积淀民族文化的深沉底蕴和内涵。

口头传统具有口头性的特征，但是这并不意味着口头传统的语言就是日常随便说出的话语。作为一种口头语言艺术，它的语言同样是经过提炼、加工的，甚至是经过几代人的陶冶，上千年的磨砺才流传至今的，特别是那些久经考验的民族神话、史诗、传说、故事等优秀作品，其蕴涵的民族文化、民族精神、审美情趣、伦理价值等人文精神是民族共同认知与遵守的信念，代代相传，尽管遗漏一些虚词，改变一些不重要的情节，但是神话传说里蕴涵的民族精神、英雄形象、雄伟业绩等重大主题很少改变，口头叙事中一些表象因素的改变并不影响内在的民族精神、英雄形象、雄伟业绩等本质，而这种内在本质恰是一个民族千百

---

① 季羡林：《比较文学与民间文学》，北京大学出版社1991年版。

年来积聚的民族共同认同与记忆。更为值得一提的是，口头传统的语言艺术魅力甚至是书面文化所无法企及的。说它是用口头语言创作的，固然是指它以有声语言为媒介和工具，同时也是指它更接近于口语表达方式和习惯，它朴素无华，清新自然，易于上口，易于为听者所接受，是绝不矫揉造作的形象化口头语言。同时，它也在人们反复的口耳相传当中不断地生活化和具象化，深入人心，影响受众，形成规范化的口头语言模式和口头表达方式。

叙述"是人类最基本的建构意义的心理行为之一，它所展现的人性既是特殊的又是普遍的"[①]。口头传统是和地域性的口头语言系统联系在一起的。口头传统是诉诸地域性口头语言系统的艺术成果。蒙古族语言分布是地域性的。在同一个语言系统内，不同的地域有不同的方言或土语。在人类文字还没有形成的历史阶段，人们用自己熟悉的地域口头语言记述本民族起源迁徙历史，阐释自然界发生的各种事件，这是人类最早关于民族、世界的原生态理论。我们在这里所讲的口头叙述不是简单地概念界定与事实交代，而是通过幻想、夸张等虚构技巧构建的一套话语系统，这套话语系统有人物形象、曲折故事情节和精练而智慧的语言。在所有的文化中，具有故事性的口头叙事总会对人们的世界观、宇宙观产生重要影响，留下深刻的印记。这主要由以下两层含义决定：

首先，故事讲述者一般都是享有较高社会地位的家族、村落或地域成员。虽说口头传统是集体传承、集体创作、集体享用的口头语言艺术，但是真正担当起传承口头艺术的故事传承人并不是集体中的任何一员，而是集体（家族、村落或地域）中的具有知识、道德、记忆、智慧等诸多因素的出类拔萃的一员，担当这一角色的人员往往是具有人性与神性二层功能的特殊体，在我国历史文献中称作巫觋，在我国阿尔泰语系民族中称为萨满。称得上故事家的传承人都有各自习得的路线，一般而言包括家族世代传承、地域传承两种方式。由于故事家谙熟民族历史、知书达理、口齿伶俐、足智多谋，深受当地人的尊敬和爱戴。他们传承的民族知识与历史具有一定的可信度。即便在科学如此发达的今天，人们还是觉得代代口传的那些故事更贴近人类生活，更有说服力。

---

① ［加拿大］马塞尔·达内西：《符号学导论》，肖慧荣、邹文华译，四川教育出版社2012年版，第109页。

其次，不同地域的语言差异首先是诉诸听觉的声音。语义是抽象的、概念的；语音是实在的、真实的、是可以直觉的。语音是语言的物化形式，语音所造就的是意义、感情、文化，"是一套发音的风俗及精神文化的一部分"①。在同一个语言系统内，在同一个语境里，人们所发出的声音都是有意义的。不同的口头语言系统使人们置身于不同的声音世界，也把口头传统和地域的文化、社会生活融会贯通在一起。从而使口头传统显示出地域性的特点。而恰巧是这种地域性的语言系统营造了神话传说史诗等口头传统的神秘性与特殊性，在一定语言环境与地域环境中构成了口头传统的历史根脉。这也是我们由此探索蒙古族源的一个独特思路与视角。

我们说口头传统是民族共同的记忆，是指它悠久的传承历史与恒久不变的主题、人物形象与故事情节。一部民间文学作品的创作与形成，绝不是一朝一夕的事，也不是一两个人的功劳，对它的形成，各个时代所有参与传承和说唱的人，以及所有听的人，或多或少都有一份，有人可能增加一些情节，有人可能删去一些词句，有的补充一点，有的修改一点。每一件作品都经过世代众人的参与和多次的反复修改吟诵，凝聚着无数人的心血，是集体智慧的结晶，是民族公认的民族文化之根。如，成吉思汗的传说在蒙古族不同区域流传多种版本，具体情节发生地域化的变异，但是，无论怎样变异，成吉思汗的民族英雄形象从未发生变化。所以说，口头传统是民族精神、民族认同的记忆，并具有一定的权威性和影响力。

口头传统是一种有声语言表达，声音是留不住的，转瞬即逝，只能留存在大脑里。这就决定了口头传统必然是依靠记忆保存的，是口传心授的。在讲唱当中，承载着意义的那些声音出口即消失，给听众留下的主要是意义的记忆，平时被储存在大脑里。声音无形无体，看不见摸不着，而人的记忆能力又是有限的，听众所记的也只是讲唱者言语的重要信息，或者说是听者认同的内容。当他要说或唱，再去传给别人的时候，就必须根据已有的记忆，并且凭借自己的体验、感受、领悟和想

---

① ［英］马林诺夫斯基：《文化论》，费孝通等译，中国民间文艺出版社 1987 年版，第 6—7 页。

象，进入新的一次"言语"过程和"说与听"的过程，[1] 去面对面地语言交流。口头传统虽然具有不可复制性，却又是可以被一再重复的。能够被一再重复的内容是千百年来一个民族共同记忆中的最重要意义单位，或者说是一个民族的文化标志。

三　口头传统是神圣与真实的叙事

口头传统是故事讲述者、听众在特定的时空环境面对面的口头语言交流活动，讲述者、听众、时间、地点是口头传统必备的四要素，这四要素在特殊的社会历史语境中展开语言交流与精神享受。在蒙古族以及呼伦贝尔土著民族早期生活中，口头传统讲唱是神圣的活动，讲唱者一般都是部落长、宗教祭祀人员，讲唱活动往往伴随着家族祭祖、村落生产等重要祭祀仪式，讲唱活动前家族长者首先拿出酒肉糖果等祭祀祖先神灵，诉说本次祭祖活动的目的，然后开始讲唱祖先业绩、家族人丁、生产生活等事项，讲唱活动多为说一段唱一段相结合，通过讲唱活动，讲唱者诉说对祖先、神灵的祈祷和期望，希望通过虔诚的讲唱与诉说，能够得到祖先及神灵的佑护。听者在这种神圣的仪式中聆听祖先的功德与业绩，家族的繁荣与昌盛，人丁的兴旺与延续。这种传承活动意在凝聚家族力量与团结心愿，讲述者与听者在这种神圣仪式中相互沟通、相互勉励，进而达到家族成员以家族为荣、凝聚一心面对各种灾难与不顺的目的。可见，早起口头传统讲唱活动凝聚在神圣而威严的氛围中，充满了凝重、肃穆与真实的气息。

后期，随着蒙古族生活的发展变迁，讲唱活动渐渐生活化，讲唱文类也从早期的神话史诗扩展为故事、谚语等多种样式，讲述活动的语境与氛围从神圣性走向公开性。通常情况下，讲唱者大体意识到所面对的是怎样的听众和哪些听众，听众也大体知道或听说过所面对的是怎样的讲唱者，他们之间大多是相互熟悉的。在讲唱者和听众进入口头叙事过程之前，他们的潜意识就已经纳入了先于个人存在的当地语言系统中间，他们都已经在无形中进入了当地语音所构建的情感和文化场域，形成了面对面语言交流的临场氛围，讲唱者和听众都会很自然地就进入到

---

[1]　毕桪主编：《民间文学教程》，中央民族大学出版社 2009 年版，第 24 页。

"说与听"的过程。"这种现场性使得讲唱者的思维活动与语言表达是同步进行的，随时想到了，随时就说出来，唱出来。讲唱者按照规范化的语言模式和表达方式，在已有的记忆和积累的基础上口随心动，边说边想，即兴发挥。"[①] 说或唱（创作）与听讲、输出与接受是联系在一起的，不是分离的，而是互动的，它们在同一个时间和空间里同时进行。无论是讲唱者还是听者他们都相信讲唱的内容是真实而神圣的，尽管讲唱中包含许多艺术化的想象、夸张，但是讲唱者与听者彼此构成一个信任社会与熟人空间，他们认为在这样的文化空间，彼此之间的言说与讲述是真实的、可信的、客观的。

　　熟人空间包括讲唱神话故事的各种环境，如祈求神灵保佑而献舞献歌的祭祀场合，祈求平安幸福而吟诵祝词的婚丧嫁娶等不同仪式，在这些信任熟悉的场合，经过反复传唱和修改的口头叙事，都能产生神圣而真实的效应。口头传统是一种用于表演的口头语言艺术。讲唱者必须在讲唱现场即时表演，运用语言手段和非语言手段，积极调动听众的情绪，吸引听众的注意力，激发听众的兴趣。因此，他不但要运用比喻、夸张、重复、排比等修辞手段，以便于记忆、便于出口、说起来生动，具有让人听起来悦耳的声音和形式，同时还要伴以言语的快慢、声音的高低和铿锵节奏，以及诸如眼神、面部表情、形体动作之类的各种体态语言等表演手段。这就决定了口头传统既是口述耳听的形象，具有听觉艺术的特点，同时又是直观的真实表演，兼具视觉艺术的特点。它既通过口述诉诸人的听觉，同时又以表情和形体动作诉诸人的视觉，而听众听到的是一连串的声音和一系列语流，看到的是形象化表演，这些声音和语流、表情和动作分别通过听觉和视觉器官同时进入大脑，在脑海里显现形象，从而得到美的感染和共鸣。当然，这种美的感染和共鸣是在熟人空间这种真实语境里形成的。如，蒙古族的史诗《江格尔》，说唱文学"好来宝"、"乌力格尔"等都是在辽阔的草原这种特定的语境、观众和时空等空间展开叙事。当代蒙古族著名民间艺人奥特跟巴音，内蒙古自治区赤峰市阿鲁科尔沁旗天山镇人，他擅长演唱蒙古族民间艺术"乌力格尔"、"好来宝"，2010年12月3日至5日，他参加美国哈佛大学"21世纪的歌手和故事：帕里—洛德遗产"国际学术研讨会，表演

---

① 毕桪主编：《民间文学教程》，中央民族大学出版社2009年版，第24页。

了史诗《江格尔》，获得了国际学者的好评。他的叙事不仅在蒙古族内心产生真实的效应，就是在跨越大洋彼岸的美国听众面前也是得到啧啧称赞和首肯的。

蒙古族的史诗艺人、民间故事家、民间歌手等，都是民间文学积累丰富、记忆力过人、语言表达能力强、艺技超群的人，他们在民间文学的创作和传播中起着骨干作用。特别是蒙古族英雄史诗，文体规模宏伟，语言丰富精练，有着深厚的文化蕴涵，是蒙古族的百科全书，它并不是群体中的每个人都能演唱的，只有那些艺术才能高超的史诗艺人才能承担这一重任。那些为群体成员所公认的民间艺术家是民族文化创作、传承、保存的佼佼者，在民间往往有很高的威望，如，蒙古族史诗《江格尔》的演唱歌手往往被称为具有神性的代言人和人神中介，民间把这种人奉为智慧高超、记忆力超强的民族历史活词典，并深信他们用口头语言传承的民族历史真实而神圣。

结 论

蒙古族源是国内外学者关注已久的学术课题，近百年来，中外学者从历史学、考古学等不同学科提出东胡说、突厥说等诸多学术观点，至今新涌现的一批青年学者仍然孜孜不倦于此课题的研究，历尽田野调查、实地勘探、梳理文献等甘苦，试图给世人一个合理而科学的交代。其实，不光是探究蒙古族源，即便研究任何一个民族族源都是十分复杂而艰涩的工程。众所周知，我们今天论及的蒙古族是经过几千年的历史演变而形成的，缘起于今天我国内蒙古自治区呼伦贝尔、额尔古纳河一带，后来辗转迁徙于蒙古草原等我国北方辽阔地域。国内外研究者们已经从《蒙古秘史》、《蒙古源流》等历史文献挖掘到很多有关蒙古族源问题的珍贵记载。但是，近百年研究结果警醒人们，仅依据这些有限的文字资料还不足以得出令世人信服的论点。我们不妨换一个研究思路，从以往研究的研究者边缘化的口头传统来探究这个问题，也许能够给我们带来新的视野与曙光。口头传统积淀民族的历史记忆、民族认同、民族智慧，呈现民族文化的地缘性、民族性与独特性，反映了民众的历史观、哲学观、道德观、审美观、民族观等人文精神。口头传统与历史真实之间既有联系，又有区别。神话、传说、史诗、故事等口头传统既不全是虚构的故事，也不是对过去历史的真实记录，而是对祖先历史的神圣而真实的叙述。这种特征为我们探究蒙古族源以及民族迁徙融合等重大问题，提供了鲜活的研究论据。

参考文献

［1］亦邻真：《中国北方民族与蒙古族族源》，《内蒙古大学学报》1979 年第 3—4 期。

［2］亦邻真：《亦邻真蒙古学文集》，内蒙古人民出版社 2001 年版。

［3］《史记》卷一一〇《匈奴传·索隐》，中华书局 1959 年版。

［4］余大钧、周建奇译：《史集》，商务印书馆 1983 年版。

［5］乌兰：《〈蒙古源流〉研究》，辽宁民族出版社 2000 年版。

［6］方龄贵：《关于〈元朝秘史〉书名问题之再探讨》，《蒙古史研究》第 8 辑，2006 年。

［7］［匈］格雷戈里·纳吉：《荷马诸问题》，广西师范大学出版社 2008 年版。

［8］［美］阿尔伯特·贝茨·洛德：《故事的歌手》，中华书局 2004 年版。

［9］［美］约翰·迈尔斯·弗里：《口头诗学》，社会科学文献出版社 2000 年版。

［10］［苏］梅列金斯基：《英雄史诗的起源》，商务印书馆 2007 年版。

［11］［德］卡尔·赖希尔：《突厥语民族口头史诗：传统、形式和诗歌结构》，中国社会科学出版社 2011 年版。

［12］［美］理查德·鲍曼：《作为表演的口头艺术》，广西师范大学出版社 2008 年版。

（作者单位：中央民族大学少数民族语言文学系）

释迦牟尼、提婆达多与格斯尔、晁同

——佛经故事对《格斯尔》人物体系的影响

斯钦巴图

格斯尔究竟是根据什么原型塑造出来的？这是《格斯尔》研究史上一直困扰学界的悬而未决的问题。历来有唃厮啰说、马其顿的亚历山大说、恺撒大帝说、成吉思汗说、莲花生原型说。近些年来，也有人注意到《格斯尔》史诗同释迦牟尼佛传的关系。

总的来看，以往的研究总是找寻格斯尔形象的唯一原型。但是我觉得，我们或许可以改变思路，不求唯一原型，而是寻找可能影响塑造格斯尔形象的那些因素。

要探究格斯尔的原型，就必须从各地各民族中传承稳定的基本篇章中寻找答案。《格斯（萨）尔》是一部规模宏大的史诗。无论是藏族《格萨尔》还是蒙古族《格斯尔》，均有抄本、口传本之分。各地抄本之间以及各地口传本之间既有共性，也有很大差异。但是比较而言，各地口传本之间的差异巨大。各地口传本实际上形成《格斯（萨）尔》史诗的地方传统。而《格斯（萨）尔》抄本，尤其是其中最重要的三个版本——蒙古文北京木刻本、贵德分章本、拉达克本无论在篇章数量上，还是在故事情节上都基本一致。这也是《格斯尔》各地方口头传统、手抄本、口传本的共性基础，反映了早期《格斯尔》史诗的情节基干。内容纷繁复杂、结构形态各异的《格斯尔》史诗集群，就是在这个基干基础上形成的。

在这三个重要文本中，1716年的蒙古文北京木刻本，包含了贵德分章本的全部篇章和拉达克本除了"岭国十八勇士诞生史"以外的全部篇章故事。因此，我将以北京木刻本为中心，探讨格斯尔、晁同两个形象同佛经故事中的释迦牟尼、提婆达多两个人物之间的关系。

《格斯尔》史诗的形象体系基本上可分为两个阵营。正方阵营由格斯尔及其守护神、勇士们构成。反方阵营由魔王及其守护神、勇士们构成。然而，还有一个人物，介乎两者之间，与双方形成亦敌亦友关系。这个形象，就是晁同。而且，在不同篇章中，格斯尔的敌人都不同。但是，作为亦友亦敌的晁同却几乎每个篇章中都与格斯尔的敌人串通一气，与格斯尔作对。例如，北京木刻本《格斯尔》七章故事中，除了第二章"格斯尔崭除北方魔虎"和第七章"格斯尔地狱救母"两个故事以外，晁同在其余五章中均扮演这样的角色。因此，在《格斯尔》史诗中，晁同是仅次于格斯尔的重要人物。正是由于他的存在以及他的所作所为，成就了格斯尔铲除十方魔王、给人间带来和平安宁的伟大业绩。因此，在《格斯尔》史诗中，格斯尔与晁同的关系，是至关重要的一组人物关系。

一　释迦牟尼与格斯尔的比较

（一）名字

释迦牟尼和格斯尔都有两个名字。释迦牟尼出家前的名字 Sarvartha-Siddha（或作 Siddhartha），汉语音译作"悉达多"。蒙古文《甘珠尔》、《丹珠尔》音译作"阿尔塔希迪"、"萨尔瓦阿尔塔希迪"，意为"一切义成"。蒙古文《格斯尔》里，格斯尔下凡前的名字叫做"威勒布图格奇"，意为"成就者"。两个名字意义完全相同。有意思的是，青海蒙古史诗艺人苏和演唱的《格斯尔》史诗一部篇章叫作《阿尔查希迪格斯尔台吉》。① 在"阿尔查希迪格斯尔台吉"这个名称中，"阿尔查希迪"和"格斯尔"是同位词，表示格斯尔、释迦牟尼是一个人。

（二）降生

在佛经中，释迦牟尼的诞生有这样的叙述。

当初，一生补处菩萨住兜率天。根据因缘，他到了应降神的时候。于是，诸天子共聚，商议他应该降生于何处、何人之胞胎。他们逐一考

---

① 《阿尔查希迪格斯尔台吉》是苏和 1982 年演唱，由道荣尕记录整理的一部《格斯尔》篇章。发表在内蒙古科学院文学研究所、内蒙古自治区《格斯尔》工作领导小组办公室编印的《格斯尔》资料丛书的《青海格斯尔传（一）》（内部资料集，1984 年）中。

虑摩竭国、拘萨大国、维耶离国、铍树国的国王和王后，认为摩竭国其母真正但其父不真；拘萨大国父母宗族皆不真正；维耶离国喜诤不和无清净行；铍树国举动虚妄志性粗矿，都不适合菩萨降生。只有释迦种的白净王性行仁贤，夫人妙姿性温贞良，犹天玉女，护身口意，强如金刚，前500世为菩萨母，适合菩萨降神投她的胞胎。接下来要选择菩萨应以什么形貌降神母胎。他们分别设计儒童形、释梵形、日月王形、金翅鸟形、六牙白象形等形貌，最终选择了六牙白象形貌。最后要确定下凡时间，定在春末夏初、树始花茂、不寒不暑的适宜季节。于是，菩萨从兜率天化作白象从右胁降神母胎。这时王后梦见空中有白象出现，发出的光芒普照天下，顿觉身心安稳舒坦。王后临产入蓝毗尼园，菩萨即从王后的右胁生出。取名悉达多。①《佛所行赞经》中说，优留王股生，异偷王手生，曼陀王顶生，伽叉王腋生，菩萨从右胁生。

格斯尔的降生情节很多地方与此相似。在北京木刻本第一章里，格斯尔的降生是这样叙述的：

释迦牟尼佛预知五百年后人间大乱，命白梵天五百年后派一个儿子下凡。白梵天忘了佛命，不知不觉中过了七百年。因天宫城墙一片倒塌，才想起了派儿子下凡之事。于是，派人问三个儿子，哪个愿意降生人间、降妖除魔。三个儿子哪个都不愿去。因为二儿子威勒布图格奇在天庭历次的摔跤、射箭等比武中均胜出，所以下凡的事情就落到他身上。于是，他变作一只鸟首人身的鹰，现行下凡寻找适合投胎降生的母亲，选中了图萨部首领桑伦的夫人格格沙阿木尔吉勒。此后有一天，格格沙阿木尔吉勒上山拾柴，回家途中遇到一条大汉，晕厥倒地，便怀上了身孕。某月十五临产（贵德分章本说四月十五），她的肚子里传来四个婴孩通报名字、任务的声音。接着，一个女婴从头顶出生，诸天神敲锣打鼓，吹奏仙乐，香雾缥缈，用一匹金鞍白象迎接她回天宫去了；另一个女婴从右胁出生，龙王以同样的方式把她请回龙宫去了；再一个女

---

① 此处按梁沙门释僧祐所撰《释迦谱》中的叙述归纳了释迦牟尼降生故事。该经广泛引用了众多佛经，采用述而不作的体例，把散见于各种经、律、传记中有关释迦牟尼氏族的族源，释迦牟尼的降生、成道、成佛经历的记载连贯起来，最后形成《释迦谱》一书。金巴道尔吉所著《水晶鉴》，也引用《阿毗达摩》等经文叙述了释迦牟尼佛下凡诞生的故事，内容与《释迦谱》中的叙述一致（金巴道尔吉著，留金锁校注：《水晶鉴》（蒙古文），民族出版社1984年版，第47—55页）。

婴从肚脐出生，十方仙女用相同的方式请她到仙宫去了。最后格斯尔从正路出生。

　　两者相比较，在从天下凡、考察人间寻找投胎对象、以特异形貌显神（六牙白象，鸟首人身鹰）等方面极其相似。下凡前诸天子商议的情景，有些相似。虽然格斯尔是从"正路"出生，但他三位姐姐是顶生、右胁生、肚脐生，与佛经中佛、菩萨、诸王子的神奇出生方式一样。北京木刻本中对白梵天之子变成鸟首人身鹰考察人间的故事叙述较简单。但是，在《贵德分章本》中有叙述梵天之子对晁同、僧达、僧唐王三个家庭逐一考察的情景。青海蒙古口传《格斯尔》中，也叙述考察晁同、乞尔金、芒珠尔的情景。这些都与释迦牟尼投胎下凡前考察众多种姓的情节相似。

（三）娶妻

　　悉达多长大后父王要为他娶妻。王子悉达多提出了选妃条件。于是，派人去考察国中符合条件的姑娘。最后，认定一女子符合条件。王子看了，也很满意。但是，女子的父亲说只有文武双全的人才配娶他的女儿，悉达多能文，却不知道能武否。于是国王就安排比赛，国中的青年才俊均可参赛。于是，悉达多、他的堂弟提婆达多、异母弟弟难陀等都加入了竞争。比赛分四项：比试力气、算术、摔跤、射箭。在力气较量中，首先由提婆达多用右手牵象左手扑杀之。然后难陀把死象牵移路侧。最后王子用右掌把死象扔出城外。王子获胜。比算术，王子"树木药草众水滴数一一可知"，天文地理、八万异术一切谙会。两项失败后，提婆达多和难陀又想摔跤。王子举提婆达多身"在于空中三反跳旋使身不痛"①。到了试射环节，提婆达多射中40里开外的鼓，但未能穿过。难陀射中了60里鼓，亦不得越。王子引弓，弓即被拉断。于是用祖父所用的强弓射穿了百里开外的鼓。悉达多终于娶了美丽的妻子。

　　格斯尔娶茹格慕高娃的故事与此故事有几分相似。

　　僧格斯鲁可汗的女儿茹格慕高娃到了出嫁的年龄。想嫁给一个万夫

---

　　① 按蒙古文佛经中的说法，到了这个环节共剩下32名选手。佛弟难陀、堂弟阿难陀、堂弟提婆达多都在竞争者之列。难陀、阿难陀慑于佛的威严，未经比试自己倒地，提婆达多比试失败。

莫当之勇的英雄。她听说吐伯特部有 30 个神力勇士，心想其中也许有出色的英雄。于是带领三名大力士、三名神箭手以及一名高僧前来，开一个万人比武大会。于是，以格斯尔、格斯尔的叔父晁同、格斯尔的父亲乞尔金为首，一万名勇士齐聚会场，准备比武。首先比射箭。虎十勇士与那三名神箭手比试，都败下阵来。接着格斯尔出场，在摔跤环节打败茹格慕高娃的三名摔跤手。比射箭，又将他们打败。照理，格斯尔应娶茹格慕高娃。但此时，晁同出来了。他提出再进行赛马，胜者娶茹格慕高娃。赛马，格斯尔赢了。于是晁同依次提出一箭射死一只鹿、一天猎杀一万只鹿、一箭射死彩凤等比赛要求，宣称谁获胜谁娶茹格慕高娃。但均以失败告终。格斯尔、茹格慕高娃终于成婚。

两相比较，悉达多娶亲故事和格斯尔娶茹格慕高娃的故事，最大的共同点是两者均通过婚姻竞争，最后打败了与自己竞争的亲属，娶回美丽的妻子。悉达多的异母弟难陀和堂弟提婆达多等加入了婚姻竞争者行列，悉达多打败了他们。而格斯尔这边，格斯尔的名义上的父亲乞尔金和叔父晁同等进入婚姻竞争者行列，格斯尔打败了他们。

从这一比较中尤其应该重视的是悉达多和格斯尔最主要的婚姻竞争者位置上出现的两个人物——提婆达多和晁同。因我们知道，提婆达多既是悉达多——释迦牟尼的堂弟，又是一辈子与释迦牟尼作对，同时成就释迦牟尼佛教伟业的人。而晁同同样既是格斯尔的叔父，又是一辈子与格斯尔作对，同时成就格斯尔英雄伟业的人。在佛经故事中，释迦牟尼和提婆达多是一组重要的形象，那么在《格斯尔》史诗中，格斯尔和晁同又是一组贯穿始终的极其重要的形象。

在上面的比较中确定释迦牟尼和格斯尔这两个人物的一些相似点和关联以后，接下来考察一下佛经中的释迦牟尼和提婆达多这组人物和《格斯尔》史诗中的格斯尔与晁同这组人物的相似之处。

二　释迦牟尼与提婆达多

在佛经故事中，提婆达多是一个见利忘义、奸诈狡猾、言行不一、嫉妒贤能的小丑形象。蒙古文《甘珠尔》、《丹珠尔》以及其他佛教文献中有很多关于他的故事。在此，我利用蒙古文《甘珠尔》、《律师戒行径》第五卷记载的故事以及《红史》等其他文献中的故事，略展示一下提婆达多的性格特征，及其对释迦牟尼的所作所为。提婆达多的故事，既出现于佛传故事中，也出现于佛本生故事中。

提婆达多在佛经中是一个叛徒形象，是典型的恶人。但他也很有才华，在众僧中有一定的号召力，是一个领袖型宗教人物。论家世，提婆达多的祖父是以善射闻名的狮子颊王。狮子颊王有四个儿子，依次为净饭王、白饭王、斛饭王与甘露饭王。提婆达多是甘露饭王的儿子。因此，释迦牟尼的父亲净饭王是提婆达多的大伯父，而释迦牟尼也就是他的堂兄。此外，他的亲兄弟阿难陀是释迦牟尼的十大弟子之一。因此，就伦理体系来看，提婆达多与释迦牟尼之间的关系，其实是相当密切的。

提婆达多性格的突出特点之一，就是嫉妒和贪婪。为了他想得到的东西，无所不用其极，甚至不择手段。在他跟随释迦牟尼修行期间，提婆达多看到有的人修得神足飞行、自由来往于天地之间的超凡能力，就向释迦牟尼乞求修习神通之道。释迦牟尼以人生解脱的道理开导他，没有同意他的要求。于是他依次向舍利弗、目犍连求教，所得到的回答都与释迦牟尼的回答相同。他仍不死心，向他的弟弟阿难陀请教，终于获得了修习神通的方法。在拥有神通能力之后，他的自信心和权力欲也膨胀起来，嫉妒释迦牟尼广受弟子拥戴。于是做出了种种大逆不道的事情来。

（一）领导权之争

提婆达多是权力欲极强的人。早在释迦姓诸子出家的时候，他就心里有一个盘算：让其他有资格继承王位的人全部出家，自己好继承王位。释迦牟尼看透了他的心，于是设法让他当众做出出家的承诺。与释迦牟尼争夺对僧众的领导权受挫。释迦牟尼当众斥责他，表示领导权不会交给你这样的"吃口水的笨家伙"。

（二）分裂佛教僧侣

自从争夺领导权受挫后，他就开始分裂僧侣的阴谋活动。他首先怂恿摩揭陀国阿阇世太子逼死自己的父亲——尊崇和供养释迦牟尼的频婆娑罗王而登上王位，使阿阇世尊崇、供养自己。他把这个当作获得僧侣拥戴的重要事情。阿阇世登上王位后，他在部分僧众中的威望果然迅速提升。于是他趁势笼络这些人另立门户，公然分裂佛教，自己要成为新佛。舍利弗与目犍连不愿看到佛教僧侣就这么分裂，就主动提出要到提婆达多阵营，把受蒙蔽的众僧重新拉回来。于是他们俩装作衷心投奔，来到提婆达多说法的地方。他们俩看到的景象特别滑稽：提婆达多坐在中间说法，他的两边分别坐着两个弟子，如同释迦牟尼说法的场景一模一样。见到他们两个到来，提婆达多特别高兴，就把给弟子们说法的事情全部丢给舍利弗与目犍连，自己则倒头就昏睡过去，完全没有"佛"的庄严。舍利弗和目犍连利用各种机会，通过各种方式开导那些受蒙蔽的僧侣，使他们重新回到释迦牟尼身边，提婆达多的分裂活动彻底失败。

（三）害佛恶行

提婆达多争夺领导权、阴谋分裂僧众均告失败，气急败坏的他进而企图害死释迦牟尼，如同阿阇世害死父王取而代之一样，想自己也如法炮制，取代释迦牟尼。

（1）刺客杀佛：在提婆达多与阿阇世关系最密切之时，曾经请阿阇世派遣多名刺客去暗杀释尊。结果都被释尊所感化而未果。

（2）推石压佛：这事发生在王舍城外耆阇崛山上的钦婆罗夜叉石窟。当时，释尊坐禅之后在石窟前经行。提婆达多伙同四位壮汉从山上推动大石头要压释尊。结果，释尊虽然未被大石头压到，但却遭碎石击伤足部而出血。

（3）狂象害佛：阿阇世王养有一头凶猛无比的大象，名叫"守财象"。提婆达多买通那位负责训练守财象的象师，要他在释尊自耆阇崛山中进入王舍城时，放出狂象来践踏释尊。当狂象奔向释尊时，比丘弟子们纷纷惊慌四散，只有阿难守在释尊身旁。当时，释尊以神通力（慈三昧力）驯服狂象，并未受到伤害。

（4）爪毒伤佛：提婆达多在数次害佛不成之后，以毒药涂在指甲中，然后伪装向释尊忏悔，并趁隙以涂毒指甲抓向释尊。没想到非但未能伤害释尊，反而使自己的十指擦伤而中毒。

（5）抛车击佛：提婆达多命一工匠制造三辆可以自山上滚下的抛车，并雇用数百人将抛车拖上耆阇崛山上，藏在释尊较常出入的地方。拟在释尊出现时，即推下抛车以伤害释尊。结果由于被雇用的数百人中途反悔，舍弃抛车，改变心意而离开该地，因此亦未伤及释尊。

（四）一再对耶输陀罗做出不轨之举

耶输陀罗是释迦牟尼的妻子。原本是提婆达多的堂嫂。但是，提婆达多在害佛不成之后曾经回到迦毗罗卫城宫中，想要娶耶输陀罗为妻，结果失败。他对耶输陀罗说，佛陀正在外面修行，我们俩就结合在一起吧。耶输陀罗严词拒绝，提婆达多不死心，跟着耶输陀罗上楼。于是耶输陀罗叫人把他扔到院中。附近的人们听到消息，纷纷过来，有的想打死他。但鉴于佛陀曾预言提婆达多总会下地狱，就合力把他赶出城外。还有一次，他召集释迦种的众人说，你们让我登上王位。众人说，现在有佛陀的夫人。提婆达多说，我登上王位，就让她做我的王后。于是又登上楼阁去找耶输陀罗。结果，又被耶输陀罗臭骂了一顿，只能灰溜溜地走开。于是做出了毒爪伤佛的恶行。

（五）蒙古文《甘珠尔》《律师戒行经》第五卷还集中记载了关于释迦牟尼与提婆达多斗争的本生故事

在那些故事中，提婆达多仍然是滑稽可笑的小丑形象。比如说水中捞月的猴子、强词夺理吃绵羊的狼，等等。也有很多时候，以各种职业的人的形象出现。在与佛的较量中，他总是想加害于佛，最终都以失败告终。而且，在那些本生故事中，佛还经常捉弄提婆达多。例如，一个婆罗门的两个儿子先后去另一个婆罗门家。那户婆罗门有一个女儿，想把她许配给化斋的婆罗门。先去的儿子想选择良辰吉日迎娶，就回去了。后去的儿子说，天上的太阳、月亮、星星都是好的，因此每天都是良辰吉日。所以他当即与那婆罗门的女儿成婚。先去的儿子知道以后非常生气，又非常懊悔。先去者是提婆达多，后去者是佛。这样的故事很多。都是提婆达多想加害于佛，反而被佛惩罚、出丑、捉弄的形象。

（六）蒙古文《甘珠尔》《律师戒行经》第五卷中的一个佛本生故事很有趣

这个故事讲，有一次，佛和提婆达多转生为有共同身体的两个 shanshandeva，住在海边。一个叫 omchi，另一个叫作 omchi busu（汉文译法待查，此处按蒙古文读音音译）。他们两个轮换休息。有一次 omchi busu 休息，omchi 值班。恰在此时，水中飘来一个水果。他就想："他已经睡了，待他醒来就是明天了。反正我们的身体就一个，且急需补充食物。"于是，omchi 吃了那个水果。omchi busu 醒来闻到水果味，就质问 omchi，后者说明了理由。等到 omchi busu 值班的时候，水中飘来一个毒果实。omchi busu 想起上次的事情，就独自吃掉了那个毒果实而昏厥过去。从此，omchi busu 就记下了仇，发誓世世代代与 omchi 作对。而 omchi 则许愿说，我愿意世世代代供养你。那时的 omchi 是佛，omchi busu 就是提婆达多。

三　格斯尔与晁同

从前面的比较分析中我们得知，史诗中的格斯尔形象与佛传中的释迦牟尼形象是有很大关系的。也对佛经故事中释迦牟尼与提婆达多这一对形象组合之间的关系进行了分析。在这个前提下在观照《格斯尔》史诗中的格斯尔与晁同这一对形象组合及其关系，就能发现这两对形象组合之间有诸多相似性。

（一）亲属关系

如果说释迦牟尼和提婆达多是堂兄弟关系，在《格斯尔》中，格斯尔与晁同则是叔侄关系，尽管这是名义上的。

（二）领导权之争

格斯尔与晁同之间的汗位之争是长期存在的。甚至在格斯尔还未出生之前，晁同就害怕格斯尔降生危及他的汗位。

（三）叛徒，加害于格斯尔无数次

晁同总是背叛格斯尔，是个叛徒、恶棍。可以用史诗中的无数个例子说明。

（四）企图乱伦的恶棍

晁同对格斯尔的妻子们总是抱有不轨企图，每每表露，总是招来一顿羞辱和谩骂，并被暴打和驱逐。嘉查（同样是晁同的侄子）的妻子在嘉查阵亡后畏惧晁同的淫威而自杀身亡。

（五）格斯尔捉弄晁同

在史诗中，不仅叙述了晁同加害于格斯尔的故事，而且还有许多格斯尔故意捉弄晁同的故事。

（六）格斯尔与晁同同身

在北京木刻本《格斯尔》中，有叙述格斯尔与晁同同身的故事。

总而言之，在我们的比较范围内，释迦牟尼与提婆达多这组人物形象和格斯尔与晁同这组人物形象之间存在着诸多相似性。那么，这种相似性是否意味着在《格斯尔》的创编或创作过程中释迦牟尼与提婆达多这对关系组合及其故事起到了一定的借鉴作用？应该进一步探讨。

（作者单位：中国社会科学院）

通古斯诸民族动物报恩故事中的
蒙古族文化因子

陈　曲

[摘　要] 数量繁多、动物种类异常丰富的满通古斯诸民族动物报恩故事是多民族文化交流的产物，剖析诸民族的动物报恩故事文本，可从叙事母题、情节内容等多方面发现蕴涵其间的蒙古族文化因子，由此可见，蒙古族民间文学对满通古斯诸民族动物报恩故事的构成产生了积极影响。蒙古族通过积极的文化影响为满通古斯诸民族动物报恩故事的丰富性做出了积极贡献。

[关键词] 动物报恩故事　民族文化交流　蒙古族文化影响

"通古斯"一词是突厥人的一支"雅库特"人的语言，它的最早出现，"是雅库特人对从俄罗斯的通古斯卡河流域迁移过来，居住在我国境内的莫日格勒河、锡尼河流域的鄂温克人，不包括其他民族"①。清代史书也记载："一作通古斯，亦曰'客木尼汉'，即索伦别部也，其俗使鹿。"② 因此，通古斯一名，最早指使鹿的鄂温克人。后来，西方和日本学者发现满族、锡伯族、赫哲族等民族语言，同他们熟悉的通古斯语相类似，于是，他们把这些民族的语言统称为通古斯语，通称这些民族为通古斯语族，把操这种语言的所有民族和部落统称为通古斯人。我国属通古斯语族的有满族、锡伯族、赫哲族、鄂伦春族和鄂温克族，他们属北方阿尔泰语系。

"'通古斯'的概念是建立在语族、种族、大体相同的居住区域和经济生活方式以及共同的原始宗教信仰和广泛的民族认同感的基础之

---

① 汪立珍：《鄂温克族神话研究》，中央民族大学出版社 2006 年版，第 49 页。
② 何秋涛：《朔方备承》卷十九，第 2—3 页。

上的。它所指的是一个相沿发展的民族系统，包括先秦时期的肃慎，汉晋时期的挹娄，南北朝时期的勿吉，隋唐时期的靺鞨，辽沈时期的女真，明末及其以后的满、鄂温克、鄂伦春、赫哲等不同历史时期的部落集团或民族。"①通过分析"通古斯"及"通古斯人"的源流，笔者将以上知识背景作为学理依据，将中国境内的通古斯诸民族动物报恩故事综合起来作为一个整体性的研究对象。满通古斯诸民族世代生活在东北地区原始森林和河流中，丰富的动物资源是他们的生存之本，他们将在日常生活中具有重要作用的动物编织入自己族群的口头叙事文学中。因此，满通古斯诸民族动物故事的数量繁多，涉及的动物种类也异常丰富。

满通古斯诸民族动物报恩故事从产生至今，已流传近千年。随着民族战争、民族迁移等由此带来的民族融合，这些故事流传至各民族，各民族民众再根据自己的相关情况进行加工和改编，化为本民族自己的动物报恩故事，继续流传和讲述。救助动物的细节以及动物报恩的方式极易发生改变，如老虎报恩系列故事中的老虎可换成狐狸或其他动物，或者给老虎接生的情节变成了给狐狸接生，如满族故事中的《狐狸》。同一则动物报恩故事在满通古斯诸民族间流传过程中在细节处也会发生变异，不同的民族文化是其发生变异的根本原因，同时也是民间文学口耳流传的讲述特征所导致的结果。

但是，无论故事情节发生何种变异，救助——报恩的叙事结构都保持不变。在此种前提下，满通古斯诸民族动物报恩故事与其他民族的同类故事有了比较研究的可能。研究满通古斯诸民族的动物报恩故事，佛教文化和佛经文学的源头不能忽略；历史上的满通古斯诸民族一直与中央政府以及中原汉族地区保持着密切交往，从经济、宗教、文化、风俗等方面均受到汉民族的影响，其中也包括民间故事；同时，由于地缘、政治等方面的因素，满通古斯诸民族与蒙古族交往较为频繁，他们之间的民间文学也存在着相互借鉴和吸收的关系。笔者在本文对满通古斯诸民族的动物报恩故事进行比较研究，重点探讨蒙古族文化对满通古斯诸民族动物报恩故事的影响。

---

① 高凯军：《通古斯族系的兴起》，中华书局 2006 年版，第 13 页。

一　蒙古族与满通古斯诸民族的交往及其影响

蒙古族与满通古斯诸民族都属于阿尔泰语系民族，在历史上都经历了狩猎和游牧文化的阶段，都信奉过影响深远的萨满教。这些大体相似的客观经历，使这几个民族在文学与文化上一直存在着密切联系。尤其是在中世纪时期，蒙古人建立的元朝，在军事和行政上对黑龙江流域的统治，对通古斯民族产生了巨大的文化影响。"十三世纪初，蒙古酋长铁木真崛起于斡难河畔，他的势力急剧向东、南两个方向推进，先后征服了贝加尔湖以东广大地区的使鹿部落。由经半个多世纪，蒙古人的势力及于兴安岭内外，北抵霍次克海边，东达库页岛，南抵绥芬河和辽东一带，征服了女真、水达达等族，既今之满、费亚咔、赫哲等族的先世。元朝初年，蒙古人在赫哲族先世集中的松花江中下游及其支流设置军民万户府五处，管辖地约为今汤旺河、依兰县、富锦市一带。1977年6月在黑龙江省阿城县白城内发现元代铜质'管水达达民户达鲁花赤之印'一枚。另在苏昌城河一带设置失岭千户所，在苏昌城以东塔乌河一带设牙兰千户所，管辖区为今绥芬河两岸，直达海滨。"① 元代在黑龙江中、下游及乌苏里江一带设置军事行政机构，尤其是1273年左右在努尔干的特林地方设置的征东元帅府和设置于1298年以后的女真、水达达万户府，是对赫哲、吉列迷、鄂伦春等族群进行有效统治的军事和行政机构。

元朝时作为统治民族的蒙古人给黑龙江一带的通古斯人的文化、宗教、民俗、语言等方面带来了巨大的影响，其中包括满通古斯诸民族的先世。据苏联民族学家发现，"直至前不久在黑龙江流域某些通古斯民族中流行的衣服式样，尤其重要的是萨满服装的式样，还同西伯利亚南部突厥民族的服饰花纹相一致。这里的西伯利亚南部突厥民族就是指的是蒙古族的先世"② 除此之外，苏联语言学家的研究还表明，"在黑龙江沿岸各通古斯民族的语言中，可以发现大量来自西伯利亚南部突厥民

---

① 转引自徐昌翰《赫哲族文学》，北方文艺出版社2000年版，第171页。
② 同上书，第170页。

族的与萨满信仰相关的词语"①，如赫哲族人信奉的"竹林"、那乃人信奉的"久利"等神，其名称在词源方面同阿尔泰语中的"久拉"（灵魂）一词有明显的联系。另一方面，据凌纯声在《松花江下游的赫哲人》②一书中记载，他在调查中发现，有的赫哲人自称其祖先为蒙古人。赫哲族说唱故事"依玛堪"也保存了蒙古民族对其影响的证据。赫哲族在历史上曾以"使犬部"闻名，狗在他们的生产生活中起过重要作用。"狗拉雪橇"曾是他们冬季重要的出行工具和承载工具，直至19世纪60年代，赫哲人基本没有役使马的习惯，但在他们的说唱依玛堪中，几乎所有作品中的主人公都骑着骏马出征，并且在出征前，人们为他选马及配件行头的详细描述，以及对马通人性方面的诸多描述，与蒙古族英雄史诗及传说中对英雄的出征前对骏马、鞍具的华丽而夸张的描述非常相似。因此，结合赫哲族现实生活中不养马骑马的事实，可见是受蒙古游牧民族口头文学的影响。

蒙古族与满族之间的民族交往也是长期而持续的，大规模的交流与交往从元朝开始，作为统治阶级的蒙古人对满族先世女真人的影响较大。元朝时的女真人由于残酷的民族剥削和战争，人口急剧减少，经济萧条。到了明朝，"明代的东北，汉人、女真人、蒙古人、高丽人、达呼尔人、赫真人、乞列迷人等多民族共居其间"③。明朝统治者对东北的少数民族实行分而治之的政策，对蒙古人实行打击消灭的政策，对女真人则是笼络和防范兼有。明代统治者相对宽松的民族政策使得他们的人口和经济得到快速地恢复和发展。明清以来，女真人与蒙古人的交往表现在：（1）在军事上，以狩猎和采集为生的女真人骁勇善战，他们经常联合蒙古人劫掠汉人、高丽人为奴隶。在经常的联合过程中，女真人和蒙古人相互交流的机会增多。（2）在政治上，满洲人入关前，努尔哈赤认识到，"要与明朝作战，必须首先将骁勇善战的漠南蒙古收抚，才能免于腹背受敌。因此，终努尔哈赤和皇太极之世，满族上层人物变处心积虑地图谋漠南蒙古，以各种方式招抚各部的蒙古王公，于是，作

---

① 徐昌翰：《赫哲族文学》，北方文艺出版社2000年版，第170页。
② 凌纯声：《松花江下游的赫哲族》，国立中央研究院历史语言研究所（南京），民国二十三年，第58页。
③ 李治亭编：《东北通史》，中州古籍出版社2000年版，第365页。

为一种主要的手段——满蒙联姻就应运而生了"①。因此，清朝很多的公主、格格与蒙古贵族通婚。民族通婚政策的实施，改善并加强了满洲人同蒙古人的关系。（3）在文化上，满族在创制本民族文字之前，曾经用蒙古文记载本民族的历史。后来，满族在创制本民族的文字时，努尔哈赤命额尔德尼和噶盖创制的满文，就借用了蒙文。皇太极又任用达海改制的新满文，也是在蒙文基础上改的。因此，蒙文对满文化的发展起到了重要作用。（4）在文学上，蒙古族文学与满族文学在对待汉族古典小说上也有互相交流。

历史上，蒙古族与鄂温克族之间的交往较为频繁，对鄂温克族的影响也很大。

"鄂温克族最初主要从事狩猎，并利用森林中生产的苔藓饲养驯鹿，后来在蒙古族、达斡尔族等影响下逐渐转向了畜牧，并牧马、牛、羊以代替畜牧驯鹿。养马的鄂温克人和继续养鹿的鄂伦春人相区别，遂分为两族。"② 在蒙古族的影响下，鄂温克族宗教信仰发生了变化。"鄂温克人的传统信仰是萨满教，崇拜各种自然神灵，如日、月、天、雷、电等神，还崇拜鹿、熊等动物神。在与蒙古族交流过程中，喇嘛教传入到鄂温克人中，并影响到他们的丧葬仪式，丧葬时必须有蒙古喇嘛来念经，原有的萨满中也有一部分改说蒙古语。"③ 鄂伦春人在历史上与蒙古族交往比较频繁，受其影响也很大。鄂伦春人信仰的管牲畜繁殖的神"昭加博如坎"，就是从蒙古族中引进的。"吉雅其博如坎"是鄂温克族中财神兼司人畜疾病的神，也是从蒙古族传入的。鄂伦春族和赫哲族也供奉"吉雅其"神，它本是畜牧业的守护神，是随着畜牧业在各民族的兴起而普及起来的。由于各民族的主要生计方式不同，"吉雅其"神的职能不完全相同。"达斡尔族、鄂温克族、鄂伦春族的吉雅其信仰主要流行于东蒙地区，上述民族都是生活在这一区域内的少数民族，他们之间有着长久的交往关系。达斡尔族与蒙古族为同一语族，与鄂温克牧民与猎民一直保持'婚姻集团'关系，鄂温克族与主要以狩猎为生的鄂伦春族是'叔伯兄弟'。吉雅其，如他们的传说所言，主要是这一地区

① 李治亭编：《东北通史》，中州古籍出版社 2000 年版，第 448 页。
② 孙进己：《东北各民族文化交流史》，春风文艺出版社 1982 年版，第 361 页。
③ 吕光天：《论鄂伦春、达斡尔、鄂温克等族萨满教的发展》，《北方民族原始社会形态研究》，宁夏人民出版社 1981 年版。

的少数民族开始动物驯养和畜牧业以后接受的与他们邻近的早就存在这种生计方式的民族所供奉的神。"①

二　蒙古族民间文学对满通古斯诸民族动物报恩故事的影响

如前所述，蒙古族与满通古斯诸民族在历史上的互动与交往持续而频繁，交往的层面涉及军事、政治、文化、民俗、信仰、文学等各个方面。蒙古族的口头文学与书面文学都很发达，尤其是口头文学作品数量众多内容丰富，神话、史诗、传说、故事、民歌等各种形式的作品发展得非常完善，对满通古斯诸民族的口头文学影响很大。

（一）蒙古族英雄史诗中有关马的母题对满通古斯诸民族的动物报恩故事产生了一定的影响

蒙古族英雄史诗群是蒙古族传统文化中壮丽璀璨的遗产，它们以诗的语言，卷帙浩繁的篇幅，包容万千的内容，描绘了一幅幅古代蒙古社会壮阔生动的生活画卷。英雄史诗的主题主要有两个：婚姻和征战。蒙古族英雄史诗中关于马的赞扬、血亲复仇、兄弟结义以及魔鬼"蟒古斯"等诸多母题的描述对满通古斯诸民族口头文学的影响是巨大的，在动物报恩故事中也有体现。蒙古族及其先民世代游牧在北方广阔的草原上，创造了独特的草原游牧文化。作为马背上的民族，他们与马的感情非常深厚，马是他们的交通工具、财富的象征、战时的战友等，他们对马心存感激并由衷地喜爱它们。因此，赞美马的诗歌、故事、传说等非常多。对马的神性、灵性以及它的飒爽英姿的赞美更加衬托了英雄的威武、伟岸和英勇。如蒙古族著名的英雄史诗《江格尔》中就出现了很多马的名称，如枣红马、铁青马、赤骥、褐色马、大红马、黄骠马、云青马等，甚至有大段大段地赞美马的诗段。如在《阿拉谭策吉》一篇中，对他的大红马的描述：

---

① 孟慧英：《北方民族萨满教的兽主崇拜》，载金香、色音编《萨满信仰与民族文化》，中国社会科学出版社 2009 年版，第 272 页。

> 大红马的两耳前后剪动，好像雕刻精美的精钢杵；
> 大红马的两眼左顾右盼，好像闪耀的启明星；
> 大红马抬头远看，能望穿七千座山峰。

英雄阿拉谭喀拉的坐骑是一匹黄骠马，在形容黄骠马的外形时是这样形容的：

> 黄骠马的父亲，是从九天飞落的天马。
> 黄骠马的牙齿九拃长，坚硬的牙齿如同金刚石。
> 黄骠马的身躯九庹长，四蹄飞腾犹如天马行空。

描写马的神勇也是蒙古族英雄史诗必不可少的组成部分，如在《阿拉谭策吉》篇中：

> "我们又不是水中的游鱼！"
> 阿拉谭策吉挥舞皮鞭，
> 鞭打大红马，大声疾呼。
> 大红马用四个獠牙，
> 猛然咬住峭岸上的香檀树枝，
> 跃到峭岸之上，
> 大红马扑倒在岸边。

这样的描述史诗中还有很多，从这一行行对仗、充满比喻的诗句中，可以看出蒙古族人民对马的夸耀和喜爱。蒙古族英雄史诗中，诸如此类的种种赞美马的母题为满通古斯诸民族的动物报恩故事带来了重要影响。如鄂温克族的《顶针姑娘》、鄂伦春族的《小红马》以及赫哲族的《银尔噶姑娘》，这三篇动物报恩故事的情节相似，讲述了一匹神奇的马救主人的故事。故事中的马具有神奇的本领，不但能说人言、腾空飞跃，还能在遥远的地方感知到主人遇难，飞奔救援。在女主人公遭蟒猊的迫害时，被缰绳套在树上的马竟然把整棵树连根拔起，带着树干飞奔到主人身边。

这三篇故事的结局都是神马帮助主人战胜了蟒猊。故事里有相马情节以及对马的神勇、通灵的描述。如在《顶针姑娘》里，顶针姑娘出嫁时，在娘家的马群中挑选了一匹瘦小的毫不起眼的马。相马和驯马是游牧民族的两项重要技能，对马的选种、培育有利于提高马的品质。相马这项技能被游牧民族非常看重，发现一匹好马需要"伯乐"，相一匹好马不但要求相马人拥有丰富的畜牧经验，还要有一双智慧的眼睛。而历史上这三个民族是以狩猎、渔猎兼以采集为主的生计方式，因此，故事里出现相马及通篇对马的赞美和夸耀应该受到了蒙古族游牧文化及口头文学的影响。神奇的宝马救主故事在鄂伦春族中还有很多，如《阿雅莫日根》、《阿拉坦布托的故事》、《吴达内的故事》等，这三则故事的情节相似，都是主人公与蟒猊打斗，宝马奋力救主人，最后通过消灭蟒猊藏在体外的灵魂而把它彻底消灭了。故事充满了萨满信仰和原始巫术信仰色彩，蟒猊的多头、凶恶形象以及灵魂寄存在体外的情节，在北方信仰萨满教信仰的民族中比较常见。

蒙古族英雄史诗的语言非常优美，且善于运用排比和比喻的表达方式，使得诗歌的气势恢宏、大气磅礴，对英雄、美女和战马的赞美之词充溢整个诗行。诗歌中通常拿狮虎之躯来形容英雄的力量、勇猛和野性：

> 雄狮洪古尔的胆量，
> 在一百个国家里没有人可以相比；
> 洪古尔的才干，
> 能够战胜六个异国的众多强敌。

拿太阳来形容阿盖夫人的明亮气质，用樱桃形容她的嘴唇，用牛奶形容她的皮肤等。这种诗性的比喻，在鄂温克族的《兴安岭的故事》中也有相似的运用。如：

> 传说古老的时候，美丽的大兴安岭里有过一个猎人，名叫乌和奈。人们说：他是一百个猎人中最勇敢的一个。他的力气胜过老虎，他有吃一只狍子还不饱的胃口。

文中还有描写英雄乌和奈穿着闪光的服饰、背着镶宝珠的弓箭、骑着枣红马飞驰在兴安岭的峰顶时的情境：

　　　　他骑着枣红马飞驰在兴安岭的峰顶，沉睡的兴安岭被猎人"嗒嗒"的马蹄声惊醒了，伏睡在山林中的罕达犴叫了起来，九十成群的马鹿飞跑了起来，七十成群的熊儿也出洞了。

　　文中的夸张手法和用数目来表示"量多"的表达方式很具有蒙古族文学色彩。

（二）蒙古族故事对满通古斯诸民族动物报恩故事的影响

　　蒙古族的动物报恩故事数量较多，报恩的动物涉及狐狸、鹰、乌龟、马、龙、蜜蜂、老鼠、蚂蚁、猫、狗等，故事既反映了游牧民族特有的文化内涵、审美观和价值观，也体现出民族间相互交流带来的变异特征。蒙古族动物报恩故事受汉族故事的影响较大，体现出农耕文化的元素。蒙古族从元朝开始信仰藏传佛教，因此，印度民间故事、藏族民间故事通过佛经传入蒙古族民众中，如《僵尸鬼的故事》、《尸语故事》等在蒙古族地区广泛传播。有些故事又经过蒙古族这个媒介传到了满通古斯诸民族中。如蒙古族的《猴子和乌龟的故事》就是一则佛经故事，鄂温克族的《猴子和乌龟》与它的情节相似，有受之影响的成分。蒙古族的《猴子和乌龟的故事》来自于佛经中，见西晋护法护所译《生经》中的《佛说鳖猕经第十》，类似内容又见于《诸经要集》、《佛本生经》等多种佛经文献。同样的故事又见于康僧会译《六度集经》、隋阇那崛多译《佛本行集经》。这则故事还收录于印度著名童话故事集《五卷书》中。

　　《猫、狗和戒指》也是一则非常著名的世界性民间故事，它首先在藏族和蒙古族中特别流行，并且和《尸语故事》非常一致。蒙古族中流传的《哈巴狗和小花猫》，① 是它的一则变体。故事讲述了主人救了一只猫和一只哈巴狗，待它们像自己的孩子一样。女主人生病无钱医治，猫和狗决定去地洞国偷能免百灾的宝珠。狗和猫历经艰辛相互合

　　① 内蒙古语言文学历史研究所文学研究室编：《蒙古族民间故事集》，内蒙古人民出版社1978年版，第175—180页。

作，终于把宝珠偷到手，让病人康复，故事的结尾是猫、狗和主人一家过上了幸福生活。这是一则典型的动物报恩故事，满通古斯诸民族中也有相似异文在流传，如满族的《猫和狗的故事》，锡伯族的《猫狗结仇》、《猫、狗和宝葫芦》，赫哲族的《宝葫芦》等。与蒙古族的这则故事不同的是，满族、锡伯族和赫哲族中流传的故事文本中，猫狗偷盗宝珠的情节并不是故事的主体部分，故事宣扬的也不是动物报恩的故事主题，而是把蒙古族的猫狗盗宝珠故事缩写，放在故事的末尾，变成了解释猫狗不和以及猫住屋内、狗住屋外的习性故事。满族和锡伯族中流传的猫狗报恩故事的结尾处，增加了猫把宝贝先送回到主人手上，主人对猫大加赞赏，对真正的狗功臣却置之不理，导致了狗与猫之间的矛盾。赫哲族的《宝葫芦》的结尾与之稍有不同，是狗把宝葫芦交给主人，主人赏赐了它，猫则什么都没有，从此，猫对人不那么忠心了，狗对人却更加忠心耿耿。故事结尾被进行如此改编，与狗在诸民族狩猎生活和日常生活中的重要作用密切相关。

在杜尔伯特草原流行的蒙古族动物报恩故事《猎人与山鹰》① 中，猎人昂钦乎从蛇口中救下了一只山鹰，山鹰为了报答救命之恩，成为他的打猎帮手。一天，昂钦乎带着山鹰打猎途中，看到山下一个石臼中有水，于是他就想喝里面的水。可是，山鹰一次次把水用翅膀给扑洒出去。昂钦乎原谅它两次，第三次时，他正准备教训山鹰时，山鹰喝了一口石臼中的水，很快就倒在石臼边。昂钦乎大惊，他抬头一看，原来石臼上方的树上盘着一条毒蛇，它的毒液正滴在石臼中。昂钦乎明白了山鹰的良苦用心和以身试毒的举动，他急忙采来草药，救活了山鹰。为了感激山鹰的救命之恩，他决定放生，山鹰仍然跟着他，他们成为形影不离的亲密朋友。故事中的鹰有情有义，为报救命之恩，不惜以身试毒救主人，善待动物的猎人也保住了性命。因此，人与鹰之间的关系是和谐、友爱和相互依存的。鄂温克族的《故事里的故事》通过一个妻子之口讲述了两则小故事，其中一个故事也是牧人与驯鹰的故事，从情节和篇幅来看，是蒙古族《猎人与山鹰》的异文。鄂温克族《故事里的故事》中收录的这则小故事，语言简洁、篇幅短小，故事意在说理。故事的结尾为了迎合讲述者讲述故事的目的，把山鹰为了救助猎人以身试

① 波·少布编：《黑龙江蒙古族民间故事》，哈尔滨出版社2005年版，第163页。

毒的情节改编成猎人被表象迷惑，在愤怒驱使下砸死了用心良苦的驯鹰。

　　蒙古族的《小白龙》是一则神奇的动物报恩故事，它复合了多个故事主题，既有洪水主题，也有"报恩的动物、忘恩的人"、"空中掉绣鞋"等主题，故事中被困的是刘员外家的小姐而不是公主，可以看出是汉族故事传播到了蒙古族中。《小白龙》情节曲折，篇幅较长，最重要的是，从内容上看，它包括了鄂温克族《阿格迪》和赫哲族《好心人与坏心人》。《阿格迪》中有洪水母题、"空中掉绣鞋"以及"报恩的动物、忘恩的人"和难题考验主题，但没有救助小白龙、白龙报恩送宝情节；而《好心人与坏心人》则没有"空中掉绣鞋"主题，却保留了救助小白龙，小白龙龙宫赠宝的情节。除此之外，鄂温克族的《哈尔迪莫日根》的情节和内容与蒙古族的《猎人海力布》相似，是受之影响的产物。

　　蒙古族《奥兰其其格的传说》与锡伯族《放牛娃和仙女》的斗法情节相似，尤其是斗法的工具与变形的物品很相似，可知是两个民族文化交流的产物，而汉族同类故事里没有此情节。满族的《达布苏与梅花鹿姑娘》中，国王寻找美女、梅花鹿姑娘被抢走以及逗她笑的情节与蒙古族的《良花》相似，故事中良花为卫士烤野鸡而被抢走的情节又与锡伯族《扎穆丽姑娘》的情节相同。流传在杜尔伯特草原蒙古族中的《人心不足蛇吞象》故事情节与满族的《人不可贪心》相似，但可能是受汉族同类故事影响的产物。

　　总之，由于地缘、政治及军事等方面的原因，蒙古族与满通古斯诸民族一直处于长期而频繁的民族交往中，蒙古族及其先世创造的文化、民俗、民间文学、宗教信仰等方面给诸民族生产生活带来了深刻的影响。从中世纪就开始信仰佛教的蒙古族，其为佛教信仰及佛经文学在满通古斯诸民族的传播起到了桥梁作用。满通古斯诸民族动物报恩故事的流传与讲述也离不开蒙古族口头文学的直接和间接影响。

　　　　　　　　　（作者单位：中央民族大学少数民族语言文学系）

蒙古族族源传说与满族族源传说的生态意识探究

——以蒙古族天鹅型传说与满族三仙女传说为例

周伟伟

[摘　要]　蒙古族的天鹅型传说与满族的三仙女传说同为阿尔泰语系诸民族中的族源传说，通过对其进行对比研究，我们不仅能探究先民处理人与自然关系的生态意识和行为，为构建、丰富和发展新时代人类的生态伦理观，规范人们的生态行为提供参考价值，而且对我们深层次的认识蒙古族与满族在历史发展中不同生态意识表达的根源具有重要启示。

[关键词]　民间传说　蒙古族　满族　族源　生态意识

民间传说作为口头文学领域中散文体口头叙事文学，是民众集体创作、世代传承，用以书写民族记忆与文化的口头文学作品，"传说是对神话的继承"，"神话与传说的关系极为密切，民间传说的创作演绎了古老神话世界的碎片，神话实为后世传说滋生的土壤，它们之间体现为源与流的关系"①。相对于神话，传说更接近原始先民的生活现状，更能全面地反映先民的精神状态。生态意识作为一种科学的生态学科概念，发展于现代。然而"中国传统文化中包含有一种强烈的生态意识，这种生态意识和当今世界的生态伦理学和生态哲学、生态美学的观念是相通的"②，民间传说凭借其口头传承性，将先民的生态意识传承下来，深刻影响了后人的生态精神文化，给民族、社会的生态实践带来重要的启迪。综上所述，对比研究民间传说中的生态意识，探寻原始先民的生态精神文化，选取民间传说为着手点具有较强的研究价值。蒙古族的天鹅型传说与

---

①　万建中：《民间文学引论》，北京大学出版社 2006 年版，第 170 页。
②　叶朗：《中国传统文化中的生态意识》，《新华文摘》2008 年第 3 期。

满族的三仙女传说同为阿尔泰语系诸民族中的族源传说，反映了一个部族或者氏族的起源，通过对其进行对比研究，我们不仅能探究先民处理人与自然关系的生态意识和行为，为构建、丰富和发展新时代人类的生态伦理观，规范人们的生态行为提供参考价值，而且对我们深层次的认识了解蒙古族与满族在历史发展中不同生态追求的根源具有重要启示。

一　蒙古族天鹅型传说与满族三仙女传说情节内容的相似性

蒙古族天鹅型传说流传广泛，版本不一，本文以蒙古国学者 B. 苏米亚巴特尔收集整理的版本《霍里土默特与霍里岱墨尔根》为例进行分析研究。该传说的故事情节如下：

相传霍里土默特是个尚未成家的单身青年。一天，他在贝加尔湖湖畔漫游时，见从东北方向飞来九只天鹅落在湖岸脱下羽衣后变成九位仙女跳入湖中洗浴，他将一只天鹅的羽衣偷来潜身躲藏。浴毕，八只天鹅身着羽衣飞去，留下一只作了他的妻子。当生下第十一个儿子后，妻子想回故乡，求夫还其衣，夫不允。一天，妻子正在做针线活儿，霍里土默特拿着"抓手"（即两片防止烫手的毡片）做菜烧饭。妻子说："请把羽衣给我吧，我穿上看看，我要由包门出进，你会轻易地抓住我的，让我试试看吧！"霍里土默特想："她穿上又会怎么样呢？"于是从箱子里取出那件洁白的羽衣交给了妻子。妻子穿上羽衣立刻变成了天鹅，在房内舒展翅膀，忽然，喇的一声展翅从天窗飞了出去。"嗬唷，你不能走，不要走呀！"丈夫惊讶地喊叫，慌忙中伸手抓住了天鹅的小腿，但是，最后天鹅还是飞向了天空。霍里土默特说："你走就走吧，但要给十一个儿子起名再走吧！"于是，妻子给十一个儿子起名为呼布德（xubud）、嘎拉珠德（GalJud）、霍瓦柴（xowaCai）、哈勒宾（Qalbin）、巴图乃（Batunai）、霍岱（xodai）、呼希德（xusid）、查干（caYan）、莎莱德（saraid）、包登古德（Budunggud）、哈尔嘎那（xarYana），还祝福说："愿你们世世代代安享福份，日子过得美满红火吧！"说完之后，便向东北方向腾空飞去。①

---

① ［蒙古］苏米亚巴特尔，《布里亚特世系书》，乌兰巴托：科学院本，1996 年。

传说涉及了天鹅幻化情节、异类婚情节，同时展现了蒙古族独特的天鹅崇拜观，这些情节的描述反映了蒙古族族源的神秘性、神圣性。同样的，满族的族源传说三仙女也为我们展示了族源的神圣性。这里选取《清太祖实录》中的流传版本。

> ……山之东，有布库里山，山下有池，约布尔湖里。相传有天女三；曰恩古伦，次正古伦，次佛库伦。浴于池，浴毕，有神鹊衔朱果置季女衣，季女爱之不忍置诸地，含口中，甫被衣，忽已入腹，遂有身。告二姐曰：吾身重，不能飞升，奈何！二姐曰：吾等列仙籍，无他虞也。此天受尔娠，俟免身来，未晚。言已别去。佛库伦寻产一男。生而能言，体貌奇异。及长，母告以吞朱果而有身之故。因命之曰：汝以爱新觉罗为姓，名布库里雍顺。天生汝以定乱国，其往治之。汝顺流而往，即其地也，与小舠乘之。母遂凌空去，子乘舠顺流下。①

满族的族源传说带有更强的政治性，一方面受节选版本的影响，另一方面与满族社会发展、政府统治密不可分，满族三仙女族源传说在流传中被附会了更多的政治因素。但这并不影响满族族源传说中生态意识的体现。通观蒙古族天鹅型族源传说与满族三仙女族源传说，我们发现其内容情节具有很大的相似性：

（1）异类在人间沐浴；

（2）异类受外界因素影响无法离开人间；

（3）异类怀孕生子；

（4）异类返回自己的故乡；

（5）异类之子成为氏族部落的祖先。

这些类似的故事情节体现了蒙古族与满族不同的精神文化与生态意识。

二　天鹅型传说与三仙女传说生态意识对比

对两则族源传说的情节分析，不仅对我们认识民族历史、探究民族

---

① 《大清太祖高皇帝实录》，台湾华文书局，第1—2页，转引自邓琪瑛《三仙女神话中所呈现的功能意义》，台湾《满族文化》，第24期。

社会的发展具有重要意义，而且对了解先民原始、古朴的生态意识具有重要作用。蒙古族的天鹅型传说涉及了天鹅幻化为仙女、异类婚等故事情节，讲述了天鹅幻化为仙女与人类结为夫妻，为部落的繁衍做出了贡献。而满族的三仙女传说则是天女下凡，感生受孕，为部落抚育了领袖。原始先民对大自然的认识与情感表达可以从这些情节中反映出来。

（一）天鹅幻化与天女下凡故事情节的生态意识对比

蒙古族天鹅型传说中，氏族的母亲是由天鹅幻化而来的，而满族三仙女传说中的部落母亲是天女，是神界人物。这一不同之处，却从两个方面折射出两个民族共同的生态意识观。

蒙古族天鹅型传说中幻化情节，充满了神秘性，显示了人与自然的联系。卡西尔指出，原始人的自然观"既不是纯理论的，也不是纯实践的，而是交感的，即一体化的。这表现在如下两个方面：其一，动、植物和人处于同一层次，并不认为自己处于自然等级中一个独一无二的特权地位上；其二，各不同领域间的界限并不是不可逾越的栅栏，而是流动不定的，在不同的生命领域之间没有特殊的差异"①。蒙古族天鹅型民间传说中，幻化情节主要体现在两个方面。其一，异类天鹅幻化为人形与人类接触；其二，在传说的结尾处，已为人母的天鹅重新获得羽衣，返回自己的故乡。在这种动态的互相转化中，体现出自然万物的同源性，生态系统的整体性。蒙古族原始先民用生态整体的眼光来看待民族的起源，认为蒙古族起源于天鹅，是大自然的一部分。蒙古族先民对天鹅的崇拜可见一斑，他们认为天鹅与人之间是可以转化的，具有伟大神力的人、造福本族的人来自于大自然。这种丰富的想象力展现了人与自然之间密切不分的联系，反映了蒙古族先民简单、朴素的生态意识观。由非人类的异类幻化为人类，这种幻化反映了先民眼中崇拜动植物，崇拜自然之物的感情，同时也反映出他们对人与自然关系的关注。他们认为人来自于自然，是自然中各种非人类幻化来的，人是大自然的一部分，人与其他自然之物是同源的，具有血亲关系。这种血亲关系既表现为人与自然各为主体，又表现为一种平衡状态的互动。人与自然物互相转化的过程体现了生态整体性。

---

① ［英］恩斯特·卡西尔：《人论》，甘阳译，上海译文出版社1985年版，第105页。

　　满族三仙女传说中，部落之母是天女，相比于蒙古族的天鹅崇拜，它体现的是天神崇拜思想。天神是凌驾于万物之上的主宰者，他决定了人世间的万物，人类必须尊重和听从神的旨意。而这就为满族存在提供了很大的合理性，神赋予了满族先民在这片土地上生存的权利，同时也体现了满族先民朴素的生态整体观，宇宙间的万物都是神创造的，是一个相互联系，密不可分的整体。对佛库伦身世的神圣化实在是原始先民对未知自然界的崇拜与敬畏。原始先民认为天空之上就是神的地方，他们不仅具有真善美的人格，而且拥有超人的智慧与能力，可以帮助人类，表达了人类对自然的崇拜思想。

　　相比天鹅被迫留在凡间繁衍生子，三仙女中的佛库伦较为主动地完成了帮助人类的过程，这表现出满族先民对自然尊敬崇拜的思想，他们更看重自然神为人类无私奉献的精神。而在天鹅型传说中，天鹅不留恋人间，向往自己的故乡，其实也能反映出先民对自然的理解，他们认为天鹅就应该返回自己的群落，过自己的生活，这表现出了先民对自然规律的尊重，是古朴生态意识的一种体现。

（二）异类成婚生子与三仙女未婚感孕反映的生态意识

　　青年偷偷将天鹅神女的衣服藏起来，终于娶到了妻子，繁衍后代，获得新的生活。人类在天鹅的帮助下，过起了幸福安康的生活。蒙古族天鹅型传说中人与天鹅成婚，首先是对天鹅在自然中地位的肯定。反映了在先民心中，动植物与人类生活在同一个环境中，他们处于一个平等的地位；其次，人类脱离了原先传统的群落集体，与天鹅成婚，从中获得新的生活感与智慧，这其实是人类回归自然，追求与自然相融合的境界，是崇尚自然的表现。

　　人与异类通婚母题的传说不仅将异类放在一个与人类相同的地位，而且因其独特的神性与人性结合的特点，会通过与人类的结合释放出更大的善意，为人类做出贡献。民间传说中对异类行为的赞扬，实质上是对自然生态的崇拜。先民亲近自然，崇拜自然的生态情感生态表达。人与自然相依共存的过程中，实现了整体大于个体的最优化发展。民间传说创造者和传播者的这种思想正是生态系统性的有力体现，值得我们深思与借鉴。

　　满族族源传说中，"有神鹊衔朱果置季女衣，季女爱之不忍置诸地，含口中，甫被衣，忽已入腹，逐有身。告二姐曰：吾身重，不能飞升，奈何！二姐曰：吾等列仙籍，无他虞也。此天受尔娠，俟免身来，未晚。言已别去。佛库伦寻产一男"，佛库伦吞食朱果而孕，产下婴儿。仙女、神鹊、朱果、部落首领，四个自然界中不相干的事物，却在族源传说中有机地统一起来。由此可见，满族先民认为人与自然是统一的整体，看似不相关却紧密相连。佛库伦感生而孕，体现了"原始先民崇拜大自然的宗教思想，并且其中也蕴涵着天人合一的哲学思想"①。神秘的自然世界被赋予了高贵的品格，主动帮助人类，造福于人类。

在两则民间传说中，女性不仅是传说的主角，而且集美好、善良、聪慧、果敢等优秀品质于一身，往往是神性与人性的结合体。女性缘何具有如此重要的地位？在原始社会，女性的强大与否关系到整个部族的盛衰，是部族生存、繁衍与发展的关键所在。天鹅型传说中，天鹅与人类的结合孕育了蒙古族的氏族部落，满族三仙女传说中，三仙女主动受孕产下部落首领。女性孕育繁殖能力受到肯定。女性是大自然中独特的一分子，她可以像自然一样孕育、养活生命，这对原始先民而言是神秘的、崇高的。对女性的崇拜，实质是对生殖系统的崇拜，对大自然孕育能力的崇拜，是人类朴素的生态观念的延伸，崇拜女性，崇拜自然。

蒙古族天鹅型传说与满族三仙女传说故事情节大同小异，从不同的侧面反映出原始先民尊重自然，认识到人与自然是统一共同体的生态规律，追求人与自然的和谐相处。古朴的生态意识在不同民族的传说中获得了相同的体现，由于游牧、渔猎等几大文化圈中不同的经济文化特点，致使生态意识的表现形式产生民族性、区域性与文化性的差异。满族民间传说中生态意识的产生受到了高山森林特殊地理环境、生活习惯和政治文化背景的影响。这种特殊的狩猎文化使得满族先民产生了与自然浑然一体、相依相靠的共存感。同样的，蒙古族民间传说产生于游牧文化背景下，受牧区自然生态的影响，从而其生态意识产生了不同的表现形式。如天鹅成为蒙古族氏族之母，"这主要是因为蒙古人曾经居住的地方普遍都有天鹅这种候鸟，和历史上各个族群飞禽崇拜有紧密的联系"②，因此先民的生存环境对生态意识的形成产生了深刻影响。同时

---

① 吴天明：《中国神话研究》，中央编译出版社2002年版，第350页。
② 呼日勒沙：《蒙古神话传说的文化研究》，民族出版社2002年版。

原始先民从自己的主观认知出发，主张"万物有灵论"，认为世界上的万事万物都有自己的灵魂，人与万物活在一个相互依存的统一整体中，这就加强了人类对自然的守护情怀，客观上保护了原始生态的平衡。

先民在其生存发展中，不断践行简单朴素的生态意识观，虽然这种生态意识缺乏科学的认识，但在现实的生活中，它不仅丰富了人们的精神世界，促进了民族独特生态文化的形成，而且在客观上规范了人们处理自然问题的行为，保护了自然生态的和谐，值得现代社会借鉴。

参考文献

[1]《大清太祖高皇帝实录》，台湾华文书局，第1—2页，转引自邓琪瑛《三仙女神话中所呈现的功能意义》，（台）《满族文化》，第24期。

[2][蒙古]苏米亚巴特尔：《布里亚特世系书》，科学院本，1996年。

[3][英]恩斯特·卡西尔：《人论》，甘阳译，上海译文出版社1985年版。

[4]呼日勒沙：《蒙古神话传说的文化研究》，民族出版社2002年版。

[5]万建中：《民间文学引论》，北京大学出版社2006年版。

[6]吴天明：《中国神话研究》，中央编译出版社2002年版。

[7]叶朗：《中国传统文化中的生态意识》，《新华文摘》2008年第3期。

（作者单位：中央民族大学少数民族语言文学系）

呼伦贝尔鄂温克民间传说中的
族源地与民族迁徙

宋　晗

[摘　要] 关于鄂温克的族源，长期以来中外学者说法不一。而对一个民族族源地的探究需要多学科的努力。民间文学作为群众生活广泛真实的反映，具有帮助认识历史的作用。本文对关于族源地及民族迁徙的鄂温克族民间传说进行了搜集、整理。以期为学界探究鄂温克族族源问题提供民间文学维度的参照。

[关键词] 鄂温克族　族源　民族迁徙　传说

鄂温克族作家乌热尔图曾说："鄂温克族的起源是一个谜。"① 探究一个民族的起源，不光是了解、研究该族历史的客观需要，也是该族成员民族认同感的重要来源。探寻一个民族的起源，需要多个学科的共同努力。在以往对鄂温克族族源问题的研究中，所依凭的主要是史籍记载、考古学证据以及民族学、体质人类学、语言学等方面的材料。但有不少学者都用民间文学作为自己学说的有力支撑。钟敬文先生曾说："民间文学真实而确切地反映了广泛的社会生活和劳动人民的思想感情，因为有多方面的认识作用。民间文学能帮助我们认识历史……"② 虽然民间文学不能作为信史，但是作为群众生活的广泛真实的反映，还是具有很高的参考价值。

从笔者收集的资料来看，鄂温克族关于起源地和民族迁徙的描述，主要集中在民间传说中，神话和故事里也有所提及，但数量较少。值得注意的是，鄂温克族民间传说中对族源地和民族迁徙的叙述，并不局限

---

① 乌热尔图：《鄂温克族的起源·序》，内蒙古大学出版社 1998 年版。
② 钟敬文：《民间文学概论》，高等教育出版社 2010 年版，第 45 页。

于族源传说之中，也涉及人物传说和地方风物传说等其他类型的传说。本文不着力在这些传说的分类，而着重在这些传说中关于族源地和民族迁徙所叙述的内容上。

一　民族起源地

关于鄂温克族的起源地，长期以来中外学者说法不一。目前为止主要有三种：黄河流域说，北方贝加尔湖说和乌苏里江、绥芬河、图们江下游说。① 而在笔者收集到的鄂温克族民间传说中，有以下三种说法：贝加尔湖地区，黑龙江源头和阿尔泰地区。现将相关传说中关于族源地的描述按地区的不同摘录如下：

（一）贝加尔湖地区

> 鄂温克人的故乡，是西边的勒拿河……在离勒拿河不远的地方，有个"拉玛湖"② ……都说我们的祖先是从拉玛湖的高山上过来的。
>
> ——《我们的祖先从勒拿河来》③
>
> 鄂温克人的祖先，早先居住在后贝加尔湖附近山区。那时候，一个老爷爷的子子孙孙住在一块，就是一个乌力楞。
>
> ——《兽铜铃的传说》④
>
> 几百年以前，鄂温克部落居住在遥远的贝加尔湖畔。
>
> ——《青年莫日根》⑤
>
> 听老一辈人讲，很早以前，黑龙江还是一条没有名的河沟沟。我们鄂温克人的祖先就住在拉玛湖周围的山林里，祖祖辈辈以打猎、放牧和叉鱼为生。
>
> ——《黑龙江的传说》⑥

---

① 汪立珍：《鄂温克族神话研究》，中央民族大学出版社2006年版，第51—54页。
② 原注为贝加尔湖。
③ 王士媛、马明超、白衫编：《鄂温克族民间故事选》，上海文艺出版社1989年版。
④ 同上。
⑤ 《黑龙江民间文学·第六集》，中国民间文艺研究会黑龙江分会编辑，1983年2月。
⑥ 《中国民间故事集成·黑龙江卷》，中国ISBN中心出版，2005年9月北京第1版。

（二）黑龙江源头

传说，在很早很早以前，有一群靠吃山果兽肉的人，住在黑龙江发源地一带。（后文中有讲述这群人是分开之前的鄂温克人和鄂伦春人）

——《来墨尔根和巨人》①

从前，我们鄂温克人的先辈住在石喀河和额尔古纳河交汇处。（这两条河交汇之后即为我国境内的黑龙江）

——《野猪间骨上的耳朵》②

（三）阿尔泰地方

笔者收集到的传说中只有一篇《英雄始祖的传说》③说鄂温克族的族源地在阿尔泰地方，由于内容分散较难摘录，关于族源地的部分由笔者概述如下：

古年间在阿尔泰地方有两个皇帝争天下，年年打仗。生灵涂炭，民不聊生。黎民百姓生活难以为继，只好往四下里分着搬家。去到不同地方的百姓即为鄂温克族的不同部落。

在以上列举的传说中，有族源传说，也有人物传说和地方风物传说。人物传说和地方风物传说虽然在叙述英雄的事迹和地方风物的由来，但都是以族源地在何处为开头。对族源地的叙述，有些与后文的叙述紧密联系，多与民族迁徙相关，如《来墨尔根和巨人》；有些则作为传说展开的时间地点进行背景性的交代，如《野猪间骨上的耳朵》。

二　民族迁徙

鄂温克族在历史上有过多次迁徙，这也在鄂温克族的民间传说里有所体现。在笔者收集到的传说中，多着重交代民族迁徙的原因，对民族

---

① 王士媛、马明超、白衫编：《鄂温克族民间故事选》，上海文艺出版社 1989 年版。
② 同上。
③ 《黑龙江民间文学·第六集》，中国民间文艺研究会黑龙江分会编辑，1983 年 2 月。

迁徙的过程则用简单的话概括。民族迁徙的原因各不相同，有些被人民群众瑰丽的想象加工之后带有传奇色彩，有些则用平实的语言描述。另外，在有的传说中，民族迁徙的结果是鄂温克族三大部落索伦、雅库特和通古斯分布在不同地区以不同的方式生活；其他传说则只用"鄂温克人"概括，没有关于部落分散各地的描述，多是族源地在何处，然后迁徙到了哪个地方这种模式。

前文已经列举的例子《英雄始祖的传说》中，人民因为战乱难以生活而四下里分散搬家。"有的留在兴安岭头上，有的渡过墨尔根河到了平地。留在山顶的，后来就成了'雅库特'，来到平原草地的，就叫成通古斯或索伦。"①

在另一篇《狐狸姑娘》中，并不牵涉民族迁徙的内容，但交代了鄂温克族分三股的原因，可与上文进行对照。在这篇故事中，人和狐狸姑娘结婚后育有十子，这十子爱好各不相同，"后来都长大了，哥十个共分了三股：一股专门打猎，饲养驯鹿；一股学种地；一股放牧。从那以后才分出了各行各业……据说，鄂温克人就是这么留传下来的"②。

其他未牵涉到各部落如何分开的传说，大多遵循族源地在何处，而后迁徙到了何处这种模式。《来墨尔根和巨人》讲的是鄂温克人和鄂伦春人本住在一起，鄂温克人迁徙之后与鄂伦春人分开。迁徙的原因带有神奇色彩，首领来墨尔根渡过黑龙江到北岸打猎时遭遇了巨人，回来之后便告诉众人只有去别处寻找好猎场了，部落中的人有的愿意走，有的愿意留。来墨尔根决定，愿意走的当晚睡觉就朝西南方，不愿走的就朝北。"第二日清晨，来墨尔根起身一查点，还是头朝西南方睡觉的多，就领上那些人顺黑龙江往下走，在根河边上住下了。这就是后来的鄂温克人。那些留在山上的，就是鄂伦春人。"③

《青年莫日根》中对民族迁徙的描述别具特色。在这则传说中，进行民族迁徙的原因是：沙皇派人告诉鄂温克族的首领说，你们居住的贝加尔湖是沙皇的领土，首领必须像沙皇的其他子民一样年年进贡，否则

① 《黑龙江民间文学·第六集》，中国民间文艺研究会黑龙江分会编辑，1983年2月，第17页。
② 同上书，第132页。
③ 王士媛、马明超、白衫编：《鄂温克族民间故事选》，上海文艺出版社1989年版，第19页。

就会被统统杀死。鄂温克族人最后商量出的办法就是进行民族大迁徙，迁徙"去东南方，太阳升起的地方，东海之滨"①。进行民族迁徙是为了保全民族的独立和自由，并保全族人性命而商量出的办法。将要迁徙去的地方，在传说中被形容成幸福的乐园。既体现了鄂温克族人民不畏强权，追求民族独立和民族自由的精神气概，也体现了鄂温克族人民对幸福生活的向往。

另外一则故事是《兽铜铃的传说》，并没有对民族迁徙进行直接的描写，但从侧面反映了民族迁徙的内容。开头先交代说鄂温克人的祖先早先居住在后贝加尔湖附近的山区。有了"四不像"（即驯鹿）之后，打到的猎物越来越多，就选派精明强悍的猎人，带上这些东西翻山越岭朝南走，和汉人换绫罗绸缎，金银铁器。一年秋天，一队商人到了大兴安岭，秋雨连绵，没有找到鄂温克族的撮罗子，干粮吃尽，人也病倒了。就有小马倌想出主意，让马带着铃铛去大兴安岭里找鄂温克人。"迁居大兴安岭的鄂温克人听到铃声，就拿着貂皮、狐皮、鹿茸、熊胆来了，他们知道，除了安达克（商人），是没人进这深山老林的。"② 这则传说不光反映了有鄂温克人迁居大兴安岭，还反映了迁居后的鄂温克人并没有与族人断了联系，他们之间互帮互助，关系非常紧密。

三　结语

民间传说虽然不能作为信史，但也能够为鄂温克族的族源研究提供一个维度的参考。除了这样的参考价值之外，更重要的是这些关于族源地和民族迁徙的内容背后所体现出的更深层的东西。虽然民间的自我表述不一定符合历史事实，但这种自我表述本身即是值得关注和研究的。"了解一个社会的大多数人在特定时期相信何为真实是重要的，这是由于人们的行为是基于他们所相信的东西。"③

---

① 《黑龙江民间文学·第六集》，中国民间文艺研究会黑龙江分会编辑，1983 年 2 月，第 117 页。

② 王士媛、马明超、白衫编：《鄂温克族民间故事选》，上海文艺出版社 1989 年版，第173—174 页。

③ ［美］威廉·巴斯科姆：《口头传承的形式：散体叙事》，阿兰·邓迪思编《西方神话学读本》，广西师范大学出版社 2006 年版，第 15 页。

　　虽然对族源地在何处，不同的传说中有不同的说法，但都体现了鄂温克人民牢记本民族起源和历史的自觉追求。了解自己从何处来，方能知道自己将往何处去。在少数民族文化受到多方冲击的今天，牢记本民族的起源和历史显得尤为重要。这既是民族身份认同的重要来源，也是影响一个民族内部凝聚力的重要因素。

　　在关于民族迁徙的传说中，体现了以下四个方面的内容。第一，对鄂温克族各部落同宗同源的认同。对各部落为何分居各地、有着不同的生活习惯的解释虽然各有说法，有的还有神奇色彩，但都表明各部落属于同一个族群，只是因为不同的原因后来分开了。第二，迁居各处的鄂温克族之间，并没有断了联系。既保持着对鄂温克族的民族认同，有困难时还互帮互助，有紧密的联系。第三，鄂温克族人民不畏强权，自觉地追求民族的独立和自由。这需要高度的民族认同感方能达到。第四，鄂温克族人民在迁徙中怀着对美好家园的向往和对幸福生活的追求。

　　"一个民族遗忘其早期历史，对这一群体来说，意味着同过去相连接的在传统生产方式基础上产生的独特文化，处于相对停滞的状态，因为削弱了内在的生长力，难免在自身行进的轨道上徘徊。如此这般，在纷繁的现实面前，在外来文化的强力冲击下必将轻易地消融自我。"① 这是各少数民族乃至中华民族这一整体需要正视和解决的现实问题。对鄂温克族族源以及对其他民族的族源研究，意义也在于此。

参考文献

［1］汪立珍：《鄂温克族神话研究》，中央民族大学出版社 2006 年版。

［2］乌云达赉：《鄂温克族的起源》，内蒙古大学出版社 1998 年版。

［3］《鄂温克族社会历史调查》，民族出版社 2009 年版。

［4］《中国民间故事集成·黑龙江卷》，中国 ISBN 中心出版，2005 年 9 月北京第 1 版。

［5］《中国民间故事集成·内蒙古卷》，中国 ISBN 中心出版，2005 年 9 月北京第 1 版。

［6］王士媛、马明超、白衫编：《鄂温克族民间故事选》，上海文艺出版社 1989 年版。

［7］《黑龙江民间文学·第六集》，中国民间文艺研究会黑龙江分会编辑，1983

---

① 乌热尔图：《鄂温克族的起源·序》，内蒙古大学出版社 1998 年版。

年2月。

［8］钟敬文：《民间文学概论》，高等教育出版社2010年版。

［9］阿兰·邓迪思编：《西方神话学读本》，广西师范大学出版社2006年版。

（作者单位：中央民族大学少数民族语言文学系）

附　　录

我们的祖先从勒拿河来

鄂温克人的故乡，是西边的勒拿河。古时候，勒拿河宽得连啄木鸟都飞不过去。在离勒拿河不远的地方，有个"拉玛湖"①，前后有八条大河，曲曲弯弯淌进这个湖里，湖水没边没岸，里边生满荷花。从湖边往里看，荷叶蔽天，高得几乎贴近了太阳，每天，就像太阳是从湖边上升起来似的。这里，处处是水草，湖四周的山都长满树林，鄂温克的祖先就在那里射猎，有吃不完的猎物。都说我们祖先是从拉玛湖边的高山上过来的。

注：此稿录自宾巴等编《鄂温克族简史》中关于《历史沿革》部分。

《鄂温克民间故事选》，第20页。

鄂温克人的根子在撮罗子里

萨满每跳神以前，都先讲（或唱）一套民族起源的传说。

据老人讲，鄂温克人的祖先，古时是从希鲁基鲁河（Cirkir）的发源地启程，沿着西沃哈特山（civoxata）后的阴影，经过黑龙江走过来的。他们先人的根子是在鄂伦春人的"撮罗子"（又称"仙人柱"）里。

注：马名超录自《内蒙古东北少数民族社会历史调查资朴》，

由杜忠寿老人（1957年为70岁）讲述，

见《黑龙江民间文学·第六集》，第10页。

---

① 即今贝加尔湖。

索伦人姓氏的来源

　　不知道在多少年以前，发过一场洪水，连高山都全被淹没，世上的人也都被大水淹了，最后，只剩下一个父亲和一个女儿。女儿对父亲说：咱们还得延续后代呀。于是，他们就成婚了。后来，生下七个儿子。因为是他俩成亲生下的孩子，所以，每个儿子都赐给一个姓，还告诉他们同姓之间可以婚配。

　　注：马明超录自《内蒙古东北少数民族社会历史调查资料》，

　　流传于嫩江流域鄂温克族人中，

　　见《黑龙江民间文学·第六集》，第18—19页。

呼伦贝尔鄂伦春族族源神话初探

张文静

[摘　要] 鄂伦春族神话作为民族的一种特殊文学作品，不仅是民族历史、社会生活面貌的再现，还引导和强化着民众对本民族的认同，并以独特方式为其他学科提供资料、依据，也是研究鄂伦春族民族起源的宝贵资料之一。采用"文本叙事"和"口传与身体叙事"三重证据，以鄂伦春族神话以及古籍文献为载体，从鄂伦春族语言、活动区域、经济类型、风俗习惯、民族认同等方面入手，认为鄂伦春族起源于肃慎更有说服力。鄂伦春族族源更准确的结论还有待于未来的研究者进行多视角、跨学科、全面综合的论证。

[关键词] 鄂伦春族　神话　族源　民族认同

"我们从哪里来？在何处生？"面对浩渺的宇宙、广袤的土地、神奇的日出日落、昼夜交替，我们的祖先充满了好奇与敬畏，同时也在努力挖掘着答案，竭力寻求着解开谜团的线索，这同样也是鄂伦春族人绕不开、说不尽的话题。在追溯本民族起源的过程中，鄂伦春人以自己理解的方式创造了丰富的关于宇宙、自然万物、人类起源的民间文学。其中，神话作为民间文学的最早形式，以其特有的方式将鄂伦春族的起源、历史等保留至今。如今在鄂伦春人居住的很多地区仍流传着许多关于其民族起源的神话，反映出鄂伦春人独特的社会生活、宗教信仰、思维方式等。神话的历史价值不容忽视，它是研究鄂伦春族民族起源的宝贵资料之一。本文试图从民间文学中神话的角度探讨鄂伦春族的民族起源。

一　神话中的鄂伦春族起源地

生活在大小兴安岭的鄂伦春人只有语言、没有文字，文本资料只能依据汉文文献进行探讨，因此关于鄂伦春族的族源，一直以来都是一个存在争议的话题。到目前为止，讨论仍在继续，国内外学者先后从考古学、人类学、民族学、语言学等多种角度进行探讨，提出各自的见解。

目前学术界主要有两种说法：

第一，鄂伦春人起源于室韦人。冯君实在《鄂伦春族探源》中认为："北部室韦各部比南部要后进得多，相当部分是处在与后来的鄂伦春族相同的狩猎经济阶段，很可能鄂伦春族的祖先包括在他们之中。"[1] 赵复兴在《鄂伦春族研究》中认为鄂伦春族起源于室韦人。[2] 都永浩在《鄂伦春族 游猎·定居·发展》中指出："比照有文献记载的鄂伦春人活动的区域，我们认为鄂伦春人主要来源于钵室韦人和北室韦人。"[3] 2008 年版的《鄂伦春族简史》也提出：从我国古代史籍的记载中看，与鄂伦春族有比较直接关系的古老民族，大概是南北朝时期活动于黑龙江流域的"室韦"人。"钵室韦可能与鄂伦春族有着某种渊源关系。"[4] 持这种观点的还有徐芳田、孟淑卿的《鄂伦春族源流简述》[5] 和贾原的《鄂伦春与东北古民族的族源关系》[6] 等，他们从经济文化特点、生活方式、婚丧习俗、地理位置等诸多方面论证了鄂伦春人起源于室韦人这一观点。

第二，鄂伦春族起源于肃慎。陈玉书在《关于鄂伦春族的来源》中，认为鄂伦春源于祖国历史上肃慎、靺鞨一系，源远流长，一直住在祖国东北边境的山林里。[7] 韩有峰在《黑龙江鄂伦春族》和《伦春族历史、文化与发展》中，从语言角度分析，认为鄂伦春族属肃慎系，是通古斯语族的肃慎及其以后的挹娄、勿吉、靺鞨、女真等民族一脉相承下来。孙进己的《东北民族源流》、乌力吉图的《鄂伦春族源考略》和赵金辉的《鄂伦春族源与民族共同体形成辨析》也认为鄂伦春族是从肃慎发展来的。

探讨民族起源首先要明白"何谓民族"。对于民族的定义，国内外

---

① 冯君实：《鄂伦春族探源》，《吉林师范大学学报》1979 年第 2 期。
② 赵复兴：《鄂伦春族研究》，内蒙古人民出版社 1987 年版，第 9 页。
③ 都永浩：《鄂伦春族 游猎·定居·发展》，中央民族大学出版社 1993 年版，第 2 页。
④ 《鄂伦春族简史》编写组：《鄂伦春族简史》，民族出版社 2008 年版，第 7 页。
⑤ 徐芳田、孟淑卿：《鄂伦春族源流简述》，《黑龙江民族丛刊》1986 年第 4 期。
⑥ 贾原：《鄂伦春与东北古民族的族源关系》，《前言》2008 年第 3 期。
⑦ 陈玉书：《关于鄂伦春族的来源》，《文史哲》1962 年第 4 期。

至今没有统一的认识。马克思主义认为，民族是人们在历史上形成的一个有共同语言、共同地域、共同经济生活以及表现于共同文化上的共同心理素质稳定的共同体。通过对学术界从各个角度论证鄂伦春族起源的一个简单梳理，不难发现，从民间文学的角度探讨鄂伦春族起源的还很少。虽然没有典籍的记载，但文学是对社会生活的反映，我们仍能通过鄂伦春族丰富的民间文学约略看出其民族来源及演变踪迹。以下笔者将根据鄂伦春族民间文学，从语言、地域、经济生活、民族认同四个方面探讨鄂伦春族的起源。

现将提到族源问题的鄂伦春族神话列表如下。

表1　　　　　　　　　　　　鄂伦春族族源神话列表

名称	起源地	主要内容
《九姓人的来历》①	库玛尔浅、托浅、多布库尔浅、毕拉尔浅	山火山洪接连爆发，只剩下一男一女，两人结成夫妇，生兄弟姐妹十八人九对双，兄妹或姐弟结成夫妻，父母根据他们住的地方立了姓氏
《鄂伦春民族起源的传说》②	祖国的北部边疆，大小兴安岭	外兴安岭有一群魔鬼霸占大小兴安岭，莫日根老爷爷在天神恩都力的帮助下，带领全部落的人赶跑魔鬼，这个部落就成了后来的鄂伦春族
《恩都力创造了鄂伦春人》③	兴安岭	恩都力捡来飞禽的骨与肉做十男十女
《五大姓的来历》④	大兴安岭	洪水后，只剩猎人和小花猫，小花猫变成猎人媳妇，生五子，妈妈给每人起了一个姓，并给他们从很远的地方娶来媳妇，子孙互相结亲，繁衍成为现在的鄂伦春族

---

① 隋书今：《鄂伦春族民间故事选》，黑龙江人民出版社1980年版，第6—7页。

② 中国民间文艺研究会黑龙江分会：《黑龙江民间文学》第11集，中国民间文艺研究会1986年版，第1页。

③ 隋书今：《鄂伦春族民间故事选》，黑龙江人民出版社1980年版，第1—2页。

④ 同上书，第368—370页。

续表

名称	起源地	主要内容
《五姓兄弟的传说》①	兴安岭下一条大河	洪水后只剩大姑娘和小小子，结婚生五子，阿爸根据每个孩子办的好事分别取名
《来墨尔根和巨人》②	黑龙江发源地一带	首领来墨尔根到黑龙江北岸打猎遇到独眼巨人，回到部落告知人们，愿意跟随他朝西南方向定居的成为索伦鄂温克族，留在山上的是鄂伦春族

　　第一，从语言上看，众所周知，鄂伦春族的语言属于阿尔泰语系满—通古斯语族北语支语言。"与源于肃慎的满族、赫哲族、鄂温克等民族的语言同属同系，不仅基本词汇，甚至是语法结构都是相同的。"③ 因此，从语言的角度分析，鄂伦春族起源于肃慎是毫无争议的，即使一直坚持室韦说的赵复兴本人，在其1991年出版的《鄂伦春族游猎文化》（晚于1987年的《鄂伦春族研究》）中也承认："第一，从语言上看，鄂伦春族属通古斯语族，他同库莫奚、契丹、豆莫娄语不同，不是蒙古语言；第二，鄂伦春族和鄂温克族较远的祖先应属于肃慎系……"④

　　第二，从地域上看，神话中提到了鄂伦春族起源及其活动的大致范围，由图表可以看出鄂伦春族起源于兴安岭及黑龙江流域，鄂伦春族历史发展的轨迹几乎没有离开过这里的江河及山林。那么，在这个区域曾有哪些古代民族活动过呢？据《北史》记载，当时围绕吐纥山（今小兴安岭）一带，生活着一种居住土穴的北室韦人，由北室韦再北行一千里可以到达钵室韦，他们依胡布山而住。胡布山即今黑龙江以北西林木迪河（今俄罗斯昔林札河）源的雅玛岭。⑤ 而孙进己在《东北民族源流》一书中，根据《三国志·挹娄传》，提出今黑龙江以北外兴安岭一带，

---

　　① 隋书今：《鄂伦春族民间故事选》，黑龙江人民出版社1980年版，第370—372页。
　　② 王士媛、马名超、白杉：《鄂温克族民间故事选》，上海文艺出版社1989年版，第18—19页。
　　③ 韩有峰、都永浩、刘金明：《鄂伦春族历史、文化与发展》，哈尔滨出版社2003年版，第3页。
　　④ 赵复兴：《鄂伦春族游猎文化》，内蒙古人民出版社1991年版，第8页。
　　⑤ 《鄂伦春族简史》编写组：《鄂伦春族简史》，民族出版社2008年版，第8页。

应当包括在挹娄分布区内。因此鄂温克诸族①先人，在汉代可能包括在挹娄这一统称之中。② 另据《新唐书·室韦传》记载：大室韦，濒于室建河，③ 迤而东，河南有蒙凡部，其北落坦部，水东合那河、忽汗河，又东灌黑水靺鞨，故靺鞨跨水又南北部。④ 以上，根据古籍记载不难发现，神话中鄂伦春族的活动区域——兴安岭及黑龙江流域，不仅有室韦人，也有属于肃慎系的挹娄、靺鞨人活动过。因此，联系《新唐书·室韦传》记载："室韦，契丹别种，其语言，靺鞨也。"⑤ 我们有理由认为：频繁的民族迁徙、各民族杂居相处使得鄂伦春族活动的兴安岭及黑龙江流域，既有属于东胡—鲜卑系的室韦人，还有属于肃慎系的挹娄、靺鞨人。"但是，不管这些民族如何迁徙、杂居，他们的语言及风俗习惯在短时间内是不会完全消失的。"⑥ 从这一点上看，似乎鄂伦春族起源于肃慎系更容易令人接受。

第三，从经济类型上看，鄂伦春人从事渔猎经济。其狩猎生活方式在鄂伦春族起源神话中随处可见，例如在《鄂伦春人来源的传说》中，当出走的老五没有食物度日时，白胡子老头儿教会了老五做弓箭、打猎。后来，他的四个哥哥投奔了靠打猎过上好生活的老五，兄弟五个天天在一起打猎，打的都是狍子和貂，还有鹿等，从此就有了鄂伦春人。而这种狩猎生活方式在《北史·室韦传》中却有记载："南室韦北行十一日至北室韦，分为九部落，绕吐纥山而居……气候最寒，雪深没马，冬则入山居土穴，牛畜多冻死。饶獐鹿，射猎为务，食肉衣皮，凿冰没水中网取鱼鳖。地多积雪，惧陷坑阱，骑木而行，答即止，皆捕貂为业，冠以狐貂，衣以鱼皮。又北行千里至钵室韦，依胡布山而住，人众多北室韦，不知为几部落。用桦皮盖屋，其余同北室韦。"⑦ 然而，说到经济类型的问题，我们同样不能忽视这样一个事实：我国历史上早

---

① 鄂温克语支诸族，包括鄂伦春、埃文尼、涅基达尔等族。

② 孙进己：《东北民族源流》，黑龙江人民出版社1987年版，第230页。

③ 室建河：今黑龙江，一说黑龙江南岸额尔古纳河。

④ （宋）欧阳修、宋祁撰：《新唐书·室韦传》卷199，中华书局1975年版，第6177页。

⑤ 同上书，第6176页。

⑥ 韩有峰、都永浩、刘金明：《鄂伦春族历史、文化与发展》，哈尔滨出版社2003年版，第6页。

⑦ （唐）李延寿撰：《北史·室韦传》卷94，中华书局1974年版，第3130页。

期北方诸多民族都曾经从事过渔猎经济，而且唐末辽初属肃慎系的女真也"擅长狩猎"①。此外，从风俗习惯看，鄂伦春人住的是用桦皮搭起来的"仙人柱"，在《毛考代汉传说三则》、《魏加各达罕和孟沙牙拉》中，我们都能看到鄂伦春人一直住着的"仙人柱"。这与钵室韦人"用桦皮盖屋"这一特别的居住方式极其相似，但是"用桦皮盖屋"也不是一个民族独有。因此，仅从经济类型、风俗习惯，凭借几个例证认定一个民族的起源，尤其是对频繁迁徙、各民族杂居的黑龙江流域一带是不可取的，也很难真正弄清鄂伦春族族源。

第四，从民族认同的角度讲，生活在不同区域的鄂伦春族对民族起源有各自的解释。"虽然同属鄂伦春族，但由于居住地域的不同，而导致了对于本民族起源的分歧。居住在内蒙古地区的鄂伦春族（包括本民族的研究者）大多坚持鄂伦春族起源于室韦，而居住在黑龙江的鄂伦春族则大多坚持本民族起源于肃慎系。"②

总之，关于鄂伦春族的起源，两种说法都有自己的理由与依据。以上以鄂伦春族神话以及历史文献记载为材料，从语言、活动区域、经济类型、风俗习惯、民族认同等方面探讨了鄂伦春族的起源。可以说，初步把"文本叙事（一重、二重证据）"和"口传与身体叙事（三重证据）"结合起来，更准确的结论还有待于未来的研究者进行多视角、跨学科、全面综合的论证，使"文本叙事"、"口传与身体叙事"与"图像叙事和物的叙事（四重证据）"良性互动互阐，相信以"四重证据法"③为方法论，鄂伦春族族源的研究将会得到一个准确的答案。

二　历史的记忆——神话中的民族迁徙

民族迁徙神话是族源神话的重要组成部分，鄂伦春族人迁徙的神话与他们所生活的自然环境以及生产生活方式有着密切的联系。广袤的深

---

① 韩有峰、都永浩、刘金明：《鄂伦春族历史、文化与发展》，哈尔滨出版社2003年版，第4页。

② 王为华：《鄂伦春原生态文化研究》，黑龙江人民出版社2009年版，第32页。

③ 叶舒宪：《四重证据法：符号学视野重建中国文化观》，《光明日报》2007年7月17日。（另参见叶舒宪《四重证据：知识的整合与立体释古》，《江苏行政学院学报》2010年第6期）

山密林是鄂伦春人的天然猎场，狩猎是鄂伦春族人最重要的生产活动，也是他们生活的主要来源。然而，由于自然环境的恶化，猎物不断减少，使得鄂伦春人不得不迁徙，寻找新的猎场，关于民族迁徙的神话传说应运而生，但是具体到迁徙的路线却比较模糊，只是以黑龙江为界南北迁移。从下表我们可以看出神话中鄂伦春人的迁徙路线。

表2   **神话中鄂伦春人迁徙路线**

名称	迁徙路线	主要内容
《达古尔汗的传说》①	大兴安岭山里库玛尔河（现称呼玛河）上游固其库一带→黑龙江北→回到南岸	达古尔汗率领氏族人渡江寻找新猎场，在乌龟帮助下，向北渡过黑龙江，因儿子掉入江中，儿媳不满率领队伍回到江南岸成为库玛尔鄂伦春族，几年后达古尔汗又回到南岸成为瑷珲鄂伦春族
《关于民族起源的传说》②	黑龙江以北→现在居住的地方	鄂伦春人早先居住在黑龙江以北，以打猎为主，后来从下山后的达斡尔人那里得到粮食，感到很好吃，于是决定下山，走到没有路标、车辙的地方就住了下来，其实还没有走出兴安岭，也就没有从事农耕
《魏加各达罕和孟沙牙拉》③	哈拉木伦（黑龙江）以北→塔河	魏加各达罕和孟沙牙拉比武，结拜为好朋友，魏加各达罕家被雅库特人侵略，报仇后迁到塔河
《民族起源的传说》④	结雅河→黑龙江南岸	葛英尼彦听老一辈的人说，很早以前，在江北东部有几户鄂伦春人，日后繁殖的人口逐渐增多，都住在结雅河一带，后来由于疾病流行和俄国兵的迫害才渡过江南来

---

① 徐昌翰、隋书今、庞玉田：《鄂伦春族文学》，北方文艺出版社2000年版，第82—83页。

② 内蒙古自治区编辑委员会编：《鄂伦春族社会历史调查（二）》，内蒙古人民出版社1984年版，第4—5页。

③ 隋书今：《鄂伦春族民间故事选》，黑龙江人民出版社1980年版，第134—139页。

④ 内蒙古少数民族社会历史调查组编：《黑龙江省呼玛县十八站鄂伦春族民族乡情况——鄂伦春族调查材料之四》，1959年5月版，第9页。

　　鄂伦春族迁徙神话反映了鄂伦春人自强不息的民族精神。在洪水、猎物减少这种强大的自然力面前，他们从未屈服，有时候我们甚至可以想象他们与自然力抗争的场景。鄂伦春族人因猎物减少、粮食需求增加与外族侵略，在首领的带领下由黑龙江以北的地方迁徙到南岸。此外，清朝以前生活在贝加尔湖以东、黑龙江以北地区的鄂伦春人，由于17世纪沙皇俄国侵略我国黑龙江流域的广大地区，被迫迁移到黑龙江南岸。清初及以前鄂伦春人主要分布在贝加尔湖以东，黑龙江以北直到大海的广大地区，集中于精奇里江（今俄罗斯结雅河）一带，因此说"黑龙江以北，精奇里江源以南，皆其射猎之地、其众夹精奇里江以居"。在这一带住的还有玛涅克尔人、毕拉尔人，他们都是鄂伦春族的一部分。① 从神话中，我们似乎看到了历史的影子，勇敢的鄂伦春人与自然力进行的不屈抗争，为抵御俄国沙皇的暴政进行的顽强抗争。这也是神话与历史的又一次互证。

　　每个学科各有其研究角度和重点，从人类学、考古学、语言学和民族学领域对一个民族的起源进行探讨无疑是相对全面和准确的。但神话作为民间文学的一种形式，是从祖先那里口耳相传下来的，不仅有一定的历史依据，也可以为其他学科提供研究资料。我们应该学会利用神话资源，而不应该从考古学、历史学、人类学或者民族学的角度去苛求它。

三　"老人不讲古，后人失了谱"——鄂伦春族　族源神话的作用

　　神话故事是文化不可或缺的组成部分，它源于生活又反作用于生活。它是原始文明的信条，原始文明的脊柱。② 它的存在和影响已经超出了故事讲述活动本身。具体到族源神话，它的意义也不仅局限于告诉我们这个民族从哪里来、在何处生，其价值更存在于它所隐含的独特的

---

　　① 赵复兴：《鄂伦春族研究》，内蒙古人民出版社1987年版，第10页。

　　② ［俄］马林诺夫斯基：《神话在生活中的作用》，刘魁立主编《西方神话学论文选》，上海文艺出版社1994年版，第270页。

民族日常生活、宗教信仰、风俗习惯、思维方式等，能引导人们进一步认识本民族历史，引导和强化着民众对本民族的认同。

第一，民族历史、社会生活面貌的再现。文化现实是体现神话的碑铭，而神话是道德准则、社会组织、宗教仪式和习俗的真正依据。① 鄂伦春人信奉萨满教，以自然崇拜、图腾崇拜、祖先崇拜为主要内容，以万物有灵为思想基础。这种宗教信仰也通过其神话体现出来。鄂伦春族流传着一则民族起源于树的神话：上帝只见飞鸟走兽、花草树木，却不见人类。便随手用一树皮做成人，让他们以狩猎为业，以食猎物为生。如今的鄂伦春便是他们的后代。② 这则神话反映了鄂伦春人对自然的崇拜，这种崇拜正是来源于他们的生产生活。大小兴安岭多桦木，生活在这里的鄂伦春人的衣食住行、婚丧嫁娶无一不与桦树有着密切的联系，他们住的是用桦树皮做的"撮罗子"，外出坐的是用桦皮做的船，平时的日常生活用品、装饰品很多也都是用桦皮做的，因此，在这种特定的日常生活经验的激发下产生了"上帝扎桦树皮成人说"，这种来源于生活的神话，反映了他们对大自然的崇拜。此外，鄂伦春族的"恩都力用飞禽骨与肉造十男十女"等也是因为他们生活在大小兴安岭里，以狩猎为生，在这种独特的地理条件、生产生活方式的影响下，产生了神话，同时神话也是对这种生活的反映。在《熊的传说》中，鄂伦春人认为熊是自己的祖先，因此在平时的生活中，鄂伦春人对熊非常的尊敬，比如平时不能随意直呼其名，而像称呼长辈那样称其"雅亚"（即祖父）或"太帖"（即祖母）。此外，鄂伦春人本来是不能猎杀熊的，后因饥饿、自卫等原因对熊进行猎杀。但他们会在回家之后举行程序复杂的熊祭仪式。对于熊的这种崇拜、敬畏的态度体现了鄂伦春人的图腾崇拜，同时也以过去的道德模式证明了现存社会秩序的合理性。所以说民族族源神话是一个民族原始社会文化生活的百科全书并不夸张。特别是随着历史的发展，在族源神话基础上产生的一些图腾、宗教、信仰、仙话、传说、民间故事等等，它们也在扮演着神话的一部分角色，产生着强大的社会功用。③ 总之，正如马林诺夫斯基所说，神话在原始文化中起着

---

① ［俄］马林诺夫斯基：《神话在生活中的作用》，刘魁立主编：《西方神话学论文选》，上海文艺出版社1994年版，第270页。

② 木塔里甫、吾云：《史诗中的神树母题》，《民族文学研究》1997年第2期。

③ 杨简：《论民族族源神话的社会功能》，《社会科学家》2006年第5期。

不可或缺的作用：它表达、增强并理顺了信仰；它捍卫并加强了道德观念；它保证了宗教仪式的效用并提供对人们有引导作用的现实准则。

第二，它引导和强化着民众对本民族的认同。包括神话在内的民间文学作品，除了是一种创作、流传于民间的文艺形式以外，更是一种民众的知识和记忆。它是民众对自身历史的形象说明，是社会生活的百科全书。这种知识和记忆，在潜移默化地引导和强化着民众的族群认同。① 鄂伦春族的民族起源神话也表现了其族群认同，如《九姓人的来历》中，火山山洪接连爆发，只剩下一男一女，两人结成夫妇，生兄弟姐妹十八人九对双，兄妹或姐弟结成夫妻，父母根据他们住的地方立了姓氏，依次是：玛拉库尔（孟）、葛瓦依尔（葛）、魏拉依尔（魏）、古拉依尔（关）、柯尔特依尔（何）、白依尔（白）、莫拉呼尔（莫）、杜能肯（杜）和伍查尔坎（吴）。这九姓是鄂伦春族的九大姓，他们的族群认同主要表现为对自己氏族的认同，这种对本民族的认同作为一种精神依托，内化为强大的凝聚力，增强了民众对本民族的集体归属感。另外，神话作为一种民间文学，由于它的口头性、变异性，不可避免地存在着各种异文，比如与《九姓人的来历》相似，鄂伦春人中还流传着《五大姓的来历》、《五姓兄弟的传说》等关于氏族起源的神话，这些神话作品也或多或少地给人类学的族群认同研究提供了资料。

第三，以独特方式为其他学科提供资料、依据。人类各种精神活动：宗教、文学、艺术、哲学、历史学等，都是从这里起步，构成人文学科异常壮丽的景观。倘若要了解人类的文明史、了解人类思维的进化史，那么一定要认识神话。② 人类的各种精神活动从神话起步，同时，神话也为其他学科提供灵感。如本文第一部分显示，神话为族源研究提供研究资料，从而推断鄂伦春族可能与室韦人有着渊源关系；另外，神话也为人类学的族群认同研究提供资料；最后，族源神话作为民间文学的最早形式，是鄂伦春族民间文学的重要组成部分，是鄂伦春族极其宝贵的文化遗产。

鄂伦春族族源神话是鄂伦春族人在追溯本民族历史的过程中，用自

---

① 冯敏：《民间文学的收集整理与人类学研究——以洪水神话和族群认同研究为例》，《中南民族大学学报》（人文社会科学版）2006 年第 3 期。

② 王德保：《神话的意蕴》，中国人民大学出版社 2002 年版，第Ⅵ页。

已所能理解的方式消除关于民族来源的困惑、寻求归属的特殊精神产品。作为民间文学的一种形式，它如作家文学一般源于生活并反作用于生活。先人们依据其生活环境、外族影响，再加上一定的幻想，对本民族的来源进行大胆预测。作为民间文学，神话在流传的过程中难免产生变异，但我们仍能从那浓郁的民族气息中，感受到鄂伦春族同自然抗争、抵御外来侵略的壮丽场面，仍能看到他们狩猎时的场景。因此从神话的角度探讨鄂伦春族族源，对了解鄂伦春族的社会生活方式、风俗习惯、思维方式，强化民族认同有重要作用，同时，这种研究方法还可以为民族学、人类学等学科的研究提供灵感。

参考文献

［1］隋书今：《鄂伦春族民间故事选》，黑龙江人民出版社 1980 年版。

［2］中国民间文艺研究会黑龙江分会：《黑龙江民间文学》第 11 集，中国民间文艺研究会 1986 年版。

［3］内蒙古自治区编辑委员会：《鄂伦春族社会历史调查（一）》，内蒙古人民出版社 1984 年版。

［4］内蒙古自治区编辑委员会：《鄂伦春族社会历史调查（二）》，内蒙古人民出版社 1984 年版。

［5］张凤铸、蔡伯文：《鄂伦春民间文学选》，内蒙古人民出版社 1980 年版。

［6］内蒙古少数民族社会历史调查组：《黑龙江省呼玛县十八站鄂伦春族民族乡情况——鄂伦春族调查材料之四》，1959 年。

［7］汪立珍：《满—通古斯诸民族民间文学研究》，中央民族大学出版社 2006 年版。

［8］徐昌翰、隋书今、庞玉田：《鄂伦春族文学》，北方文艺出版社 2000 年版。

［9］韩有峰、都永浩、刘金明：《鄂伦春族历史、文化与发展》，哈尔滨出版社 2003 年版。

［10］韩有峰：《黑龙江鄂伦春族》，哈尔滨出版社 2002 年版。

［11］韩有峰：《鄂伦春族风俗志》，中央民族学院出版社 1991 年版。

［12］赵复兴：《鄂伦春族研究》，内蒙古人民出版社 1987 年版。

［13］赵复兴：《鄂伦春族游猎文化》，内蒙古人民出版社 1991 年版。

［14］都永浩：《鄂伦春族游猎定居发展》，中央民族大学出版社 1993 年版。

［15］《鄂伦春族简史》编写组：《鄂伦春族简史》，民族出版社 2008 年版。

［16］王为华：《鄂伦春族原生态文化研究》，黑龙江人民出版社 2009 年版。

［17］吴雅芝：《最后的传说——鄂伦春族传统文化研究》，中央民族大学出版

社 2006 年版。

［18］冯君实：《鄂伦春族探源》，《吉林师范大学学报》1979 年第 2 期。

［19］陈玉书：《关于鄂伦春族的来源》，《文史哲》1962 年第 4 期。

［20］徐殿玖：《鄂伦春族族源初探》，《学术交流》1989 年第 2 期。

［21］孙进己：《东北民族源流》，黑龙江人民出版社 1987 年版。

［22］吕光天：《北方民族原始社会形态研究》，宁夏人民出版社 1981 年版。

［23］《新唐书·室韦传》，中华书局 1975 年版。

［24］《北史·室韦传》，中华书局 1974 年版。

［25］叶舒宪：《四重证据法：符号学视野重建中国文化观》，《光明日报》2007 年 7 月 17 日。

［26］叶舒宪：《四重证据：知识的整合与立体释古》，《江苏行政学院学报》2010 年第 6 期。

［27］刘魁立主编：《西方神话学论文选》，上海文艺出版社 1994 年版。

［28］木塔里甫、吾云：《史诗中的神树母题》，《民族文学研究》1997 年第 2 期。

［29］杨简：《论民族族源神话的社会功能》，《社会科学家》2006 年第 5 期。

［30］冯敏：《民间文学的收集整理与人类学研究——以洪水神话和族群认同研究为例》，《中南民族大学学报》（人文社会科学版）2006 年第 3 期。

［31］王德保：《神话的意蕴》，中国人民大学出版社 2002 年版。

（作者单位：中央民族大学少数民族语言文学系）

附　　录

鄂伦春民族起源的传说

我们鄂伦春人，早先就生活在祖国的北部边疆，大小兴安岭是我们民族的摇篮。

相传在早先的时候，从外兴安岭窜进来一群魔鬼。这群魔鬼长得黄头发、红鼻子、蓝眼睛，蓝眼睛里放射着凶恶的蓝光。

魔鬼们一个个张牙舞爪地，说什么大小兴安岭是它们的。它们见到住在兴安岭上的人就杀，杀了就吃，它们要把这里的人斩草除根，要在兴安岭上住下来，永世霸占兴安岭。

我们部落里有一位莫日根老爷爷，他率领着人们跟魔鬼搏斗。但是因为我们兵马不足，抵挡不住大群的魔鬼。魔鬼们天天在吃我们的人，今天吃一个，明天吃一个，这样下去，我们的人就会被它们全部吃绝！这可怎么办哪？

人们正在想不出办法的时候，从天上下来一位白胡子老头。这老头对莫日根老爷爷说："你们要战胜魔鬼，不能赤手空拳，要制造弓箭，用弓箭射死魔鬼！"那白胡子老头说完就不见了。

莫日根老爷爷就率领着全部落的人，制造了无数的弓箭。他们带上自己制造的弓箭，骑上会飞的猎马，组成能骑善射的马队，在大森林里跟魔鬼们作战。他们向魔鬼们射出一支支嗖嗖飞的利箭，直射得魔鬼们"嗷嗷"乱叫，大部分魔鬼被射死了。有一小部分魔鬼，身上带着箭头，狼狈逃窜，逃到外兴安岭去了。

这时候，白胡子老头又从天上下来了。他站在莫日根老爷爷面前说："你们就住在兴安岭的大森林里吧！你们在森林里搭起撮罗子，当做住屋；你们可以一起出猎，用弓箭射死野猪、狍子、飞龙，你们可以吃兽肉、穿兽皮。你们在大森林里会得到生存的！大森林是你们的摇篮呀！"白胡子老头说完又不见了。

莫日根老爷爷把这件事告诉了部落里的人们。部落里的人们就在兴安岭的大森林里住了下来。他们在森林里搭起撮罗子，当做住屋；他们带上弓箭，骑上猎马，一起出猎，过着自由的狩猎生活。这个部落，就成了后来的鄂伦春民族。那个白胡子老头就是过去鄂伦春传说中被人们所崇敬的天神恩都力。鄂伦春这个词翻译成汉语，就是住在森林里的人。

讲述人：莫希那鄂伦春族猎民

搜集整理：王朝阳

（中国民间文艺研究会黑龙江分会：《黑龙江民间文学》第11集，中国民间文艺研究会1986年版，第1页）

关于民族移动的传说

莫双来老人说，鄂伦春人在黑龙江边住下来后，经过一个时期，满族的萨吉勒太汗与沙皇俄国打起仗来。据说打了四五年，结果满族军队把一部分鄂伦春人收抚了，其余的往江北逃走。特格人（指使用驯鹿的鄂温克人），就是那时逃难过去的，一百多年前才被俄国人收抚。过去江北的通古斯曾想把这边的鄂伦春人收抚到他们那里去，因此请求俄国皇帝，俄皇说他们在那边已有家业，要不回来了。以后就再没有人提起这件事。据说过去毕拉尔路地方只有俄国人和朝鲜人，没有鄂伦春人，鄂伦春人是从黑龙江北结雅河两岸逐渐移到这边来的。过去鄂伦春人没有姓氏，现在的姓氏是被满族的萨吉勒太汗收抚后按鄂伦春人居住的不同地方给起的名称。据说在庚子事变中有50多户鄂伦春人从毕拉尔路地方迁移到俄国境内，迁去后再没有回来，在那边也是过着游猎生活，用猎品和俄国人进行交换。

莫双来老人说，在两三千年以前，大约在三国时期，我们原住在四川省一带，后来被调说是去征服满族，才长途跋涉来到黑龙江上游一带居住。三百年前，被清朝征服了一部分，这就是现在的鄂伦春族。因为他们使用马匹狩猎，所以称他们为使马部，但是大部分没有被清朝征服而向北迁移了，我们称这部分人为特格。一百多年前还从俄国那边迁来一百来户，现在散居在额尔古纳河一带，因为他们使用驯鹿狩猎，所以也有称他们为使鹿部。

（内蒙古自治区编辑委员会编：《鄂伦春族社会历史调查（二）》，内蒙古人民出版社 1984 年版，第 5 页）

蒙古族天鹅仙女型神话与满族
三仙女神话比较研究

赵　楠

　　[摘　要]　蒙古族天鹅仙女型神话与满族三仙女神话同属于族源神话。二者都强调了民族祖先与天神之间的联系，都是因仙女在人间沐浴时而怀孕生子，具有相似的故事母题。但是二者在"人兽婚"与感生神话、图腾禁忌与图腾崇拜、窃衣成婚与无夫而孕、英雄的神性与人性、同出一源与黄金家族等方面具有很大差别。

　　[关键词]　蒙古族　满族　神话　流布　族源

　　天鹅处女型故事是全球性的，几乎在世界的每一个角落都能找到它的变体与异文。最早由阿尔奈和斯蒂·汤普森归纳于 AT 故事类型体系中的第 400—459 型神奇的或有魔力的丈夫（妻子）或其他亲属中。大鹅处女型故事在我国又被称为"毛衣女"、"羽衣仙女"、"天鹅女"、"孔雀公主"故事等。① 在丁乃通所编写的《中国民间故事类型索引》313A 英雄和神女与 400A—400D 丈夫寻妻两个目录下，收录了 200 多篇天鹅处女型故事异文。而在祁连休《中国古代民间故事类型研究》一书中，针对中国的民间故事特点，重新进行类型梳理，天鹅处女型故事以更具中国本土化特点的羽衣仙女故事的面貌重新出现。在中国，天鹅处女型故事广泛分布在汉族、藏族、瑶族、苗族等 33 个民族中。② 陈建宪在《论中国天鹅仙女故事的类型》中，将其古今异文分为原型、鸟子寻母型、难题求婚型、妻美遭害型、族源传说型、动物报恩型六个

---

　　① 漆凌云：《中国天鹅处女型故事研究》，中国戏剧出版社 2008 年版，绪论，第 1 页。

　　② 凌漆云：《中国民间故事起源研究反思——以天鹅处女型故事为个案》，《民俗研究》2006 年第 2 期。

类型。① 族源神话型主要流传于哈萨克族、满族、蒙古族、纳西族之中。因蒙、满两族在地理位置、宗教信仰、历史文化等方面的相似性，本文对二者的天鹅仙女型神话进行比较研究。

一　蒙古族天鹅仙女型神话

蒙古族天鹅仙女型神话流传广泛，有蒙古人居住的地方，就有天鹅仙女神话的存在。它在蒙古巴尔虎布里亚特、卡尔梅克、郭尔罗斯和杜尔伯特部蒙古人及外蒙古人②中间，有诸多变体。经分析可知，蒙古族天鹅仙女型族源神话变体虽然有一定差异，但是核心情节基本相同，主要包含如下基本母题：

（1）天鹅脱下羽衣在湖中沐浴；

（2）男性青年盗取（私藏）羽衣，仙女与之成婚；

（3）婚后仙女与猎人生儿育女；

（4）仙女重获羽衣，变回天鹅飞走；

（5）其孩子成为部落领袖或形成新部落。

本文以在 С. П. 巴勒达耶夫的著作《布尔亚特民间文学集》中记载着的流传于布里亚特蒙古人中的天鹅仙女型族源神话《豁里布里亚特》为例，与满族天鹅仙女神话进行比较。原文翻译如下：

> 从前在阿尔泰山之阴，呼辉山背后住着一位巴尔虎巴特尔。那位巴特尔有三个儿子名叫伊勒古德尔图日根、布里亚台莫日根和豁里噶台莫日根。三个勇敢的儿子经常到阿尔泰山、呼辉山去猎取水獭、貂、牝鹿。豁里噶台莫日根春秋两季来到海边猎鸟。一次来打猎的时候，三位天女飞来，将羽衣脱在湖岸上，以人身入海嬉游。豁里噶台莫日根，由于非常喜欢那些姑娘，走过去拿了一个姑娘的衣服，在杏树的那边趴下躲起来了。三个姑娘游了一会儿就过来穿衣服。其中两个姑娘穿好后飞走了，剩下一个姑娘找不到衣服就哭

---

① 陈建宪：《论中国天鹅仙女故事的类型》，《中国民间文化》1994 年第 3 期。

② 包海青：《蒙古族族源传说神话比较研究》，博士学位论文，中央民族大学，2007 年，第 72 页。

道："我的衣服没有了，我本是天女啊！"豁里噶台莫日根很想得
到那位姑娘，就趴着不动。姑娘无可奈何地哭着说："别为难我，
让我看看你吧。你要是老人就给我做父亲，要是年轻后生就当我丈
夫吧！"豁里噶台莫日根拿着姑娘的衣服走出来，并没有还给她，
而是带着她回家，把羽衣藏起来，另给了她一件女人衣服穿。天女
找不到自己的衣服就灰心了，和豁里噶台莫日根一起过上了美满的
日子，并生儿育女。生了六个儿子之后，豁里噶台莫日根的妻子老
是向他要那件羽衣，闹得他片刻不宁。豁里噶台莫日根实在无法忍
受就拿出羽衣给了她，心想："已经生了六个儿子，他能去哪儿
呢？"他的妻子看见羽衣激动得哭起来。然后穿上它展翅飞落在布
里雅特帐房的木架上，看了看孩子，又看了看丈夫，然后从天窗向
上飞了出去。豁里噶台莫日根见状一跃而起，来抓她的脚，但却脱
了手。于是天鹅的脚就变成黑的了。豁里噶台莫日根等他的妻子等
得受不了了，就娶了二房，第二个妻子又生了十一个儿子……那十
一个儿子繁衍成的布里雅特人居住在豁里部的格精的依拉古纳的莫
豁尔西伯利的扎格莱的必齐古尔部落。①

二　满族三仙女神话

除蒙古族外，满族先民居于白山黑水的林海、河滨，满族神话中也
同样体现了禽鸟崇拜观念。在同为族源神话的三仙女神话中，禽鸟也扮
演着重要角色。满族三仙女神话在天聪九年（1635）之前即在民间广
泛流传，现今广泛流布于黑、吉、辽地区，具有诸多变体。分析可知，
满族天鹅仙女型族源神话的变体虽然有一定差异，但是核心情节基本相
同，主要包含如下基本母题：

（1）仙女下凡，在湖中沐浴；

（2）喜鹊衔来红果；

（3）第三位仙女因误食红果无法返回天界；

（4）仙女在凡间生下奇特男孩；

---

① 包海青：《蒙古族族源传说神话比较研究》，博士学位论文，中央民族大学，2007年，
第72—73页。

（5）男孩乘独木舟到达三姓部落处，被推举为首领，成为满族祖先。

本文以《满洲实录》中的天鹅仙女型族源神话《天鹅仙女》为例，与蒙古族天鹅仙女神话进行比较。其汉文本如下：

> 满洲源起于长白山之东北布库里山下一泊，名布勒瑚里。初，天降三仙女，浴于泊，长名恩古伦、次名正古伦、三名佛库伦。浴毕上岸。有神鹊衔一朱果置佛库伦衣上，色甚鲜妍，佛库伦爱之不忍释手，遂衔口中，甫著衣，其果入腹中，即感而成孕。告二姊曰："吾觉腹重，不能同升，奈何？"二姊曰："吾等曾服丹药，谅无死理，此乃天意，俟尔身轻上升未晚。"遂别去。佛库伦后生一男，生而能言，俟尔长成。母告子曰："天生汝，实令汝以定乱国。可往彼处。"将所生缘由，一一详说。乃与一舟，"顺水去即其地也。"言讫，忽不见。其子乘舟顺流而下，至于人居之处，登折柳条为坐具，似椅形，独踞其上。彼时，长白山东南鄂谟辉（地名）鄂多理（地名）内有三姓，争为雄长，终日互相杀伤。适一人来取水，见其子举止奇异，相貌非常，回至斗争之处，告众曰："汝等无争，我于取水处见一奇男子，非凡人也。想天不虚生此人，盍往观之？"三姓人闻言罢战，同众往观。及见，果非常人。异而诘之，答曰："我乃天女佛库伦所生，姓爱新觉罗，名布库里雍顺。天降我定汝等之乱。"因将母所嘱之言详告之。众皆惊异曰："此人不可使之徒行。"遂相插手为舆，护捧而回。三姓人息争，共奉布库里雍顺为主，以百里女妻之。其国定号曰满洲，乃其始祖也。①

三　蒙古族天鹅仙女型神话与满族三仙女神话的比较

（一）蒙古族天鹅仙女型神话与满族三仙女神话的相通之处

1. 族源始祖

首先，蒙古族的天鹅仙女神话和满族的三仙女神话都是以仙女或具

---

① 《满洲实录》，中华书局 1986 年版，第 4—8 页。

有仙力的动物作为某一民族始祖的母亲。先民出于对自我的保护，幻想自己的祖先是天神或自然界中的动物，二者通过与人类祖先结合的方式繁衍出自己的民族。成为仙女/具有仙力的动物的后人，仙女/具有仙力的动物就会担当起保护自己子民的祖先职责，满足其物质需要；而通过血缘亲属关系的建立，能够将仙女/具有仙力的动物所拥有的神性转移到人类身上。其次，这也是一种族群认同的方式。在这类族源神话的背后，隐含的是民族始祖与天神的血缘关系，表现出本民族起源的神圣性，本民族成员对民族来源的荣耀。它"在某种程度上不仅是识别族体的符号，更是人们共同感受到的保护神，民族文化的依附对象和精神寄托"①。

2. 沐浴成婚/感孕

水是生命之源。北方民族多喜水，生活于水滨湖畔，有"同川而浴"的风俗，并赋予了水种神秘的力量。不管是对逐水草而居的蒙古人，还是对渔猎而生的满洲人，"水既是洁净的媒介，又是生命的维持者。因为水既象征着纯洁，又象征着新生命"②。祭祀生育神的仪式通常在水滨湖畔举行。按照萨满教观念，江海溪泉中洁净的活水是"妈妈的水，即生命的水，用它沐浴，才能获得新生命"。蒙古族和满族神话的发生地就是在湖泊中。蒙古族天鹅仙女是在湖/海中沐浴之时被男性青年发现，留于人间生儿育女。满族佛库伦也是在湖中沐浴，以圣水沽身之后，感孕而生布库里雍顺。

（二）蒙古族天鹅仙女型神话与满族三仙女神话的不同之处

1. "人兽婚"与感生神话

人兽婚是指身份为人的男性或女性主人公，由于各种机缘或者因受到胁迫、欺骗和诱惑等，与非人的兽类主人公结为夫妻。天鹅仙女故事为人兽婚类，但是"兽"部分地改变其本来面目，将兽性与人性融合，是原始人兽婚型神话传说的变体形式。蒙古族神话是人与动物（天鹅）结合繁衍后代，但与男子结合的不是自然界中的雌性动物，而是其化身的女子，应属于人兽婚神话中人与雌性动物化身的女子婚配这一类型。

---

① 杨简：《论民族族源神话的社会功能》，《社会科学家》2006年9月。
② 叶舒宪编译：《神话—原型批评》，陕西师范大学出版社1987年版，第228页。

对于天鹅这一动物形象的选择基于蒙古族先人对人与天鹅血缘关系的认可，这与蒙古族先人对天鹅拥有飞翔这一神奇能力的羡慕或崇拜是分不开的。

感生神话基本主题是人类/民族起源问题，指女子并未与男性结合，而是通过感动物、感植物、感无生命物、感神（人）等形式，神秘地怀孕生子。绝大多数感生神话中的感生之子成为不平凡人物，包括神、半神、各种文化英雄、创世者以及建立世界规律之人物等。① 在满族三仙女神话中，女子（包括仙女与普通女子）通过神奇的经历（吞食红果/桃子等）产生后代，感生的对象是自然界中无生命的红果/桃子等，仙女在感生怀孕之后，生下了满洲始祖——布库里雍顺。

2. 图腾禁忌与图腾崇拜

禁忌母题的出现是由于人类对人与兽类进行婚配这种非正常婚姻关系的排斥。"人兽婚神话对禁忌母题的有意遗漏，是因为其与现实生活自然生成了一种牢不可破的互动关系，每一则此类神话的背后，都有活生生的图腾禁忌在为之印证。"② 在蒙古族神话中，仙女脱衣沐浴，在衣服被凡人私藏后，便失去升天的能力，这里隐含有这样一个禁忌母题：仙女失去衣服便不能飞升，羽衣是其超自然力的象征。仙女能够留在凡间生儿育女，是因为男性青年的行为触碰了仙女衣服上的禁忌。但是，二者的结合缘于禁忌的打破，他们的关系是不牢固的、暗藏危机的，最终随着另一禁忌行为的出现而造成分离。即男性青年禁不住天鹅仙女的不断请求，将羽衣还给天鹅仙女，打破了自身在私藏羽衣时设下的禁忌，与之成亲的天鹅仙女随之恢复原形重返天界。

作为"图腾"的物象并不是具体所指的那些动物、植物和无生命物，而是作为一种"抽象物"出现在感生神话中。不论感生神话中的女子所感应的是图腾崇拜物还是自然崇拜物，它们都与古人对生育的渴望有着直接的关系。③ 在满族三仙女神话中，佛库伦食神鹊衔来的红果而受孕，正是反映了图腾信仰和关于生育的原始观念。鸟崇拜贯穿于满族信仰的始终，在满族神话中出现的鹰、雀、乌鸦、喜鹊等，可被归纳

---

① 王宪昭：《中国少数民族感生神话探析》，《理论学刊》2008 年第 6 期。

② 万建忠：《组婚型神话传说中禁忌母题的文化人类学阐释》，《民族文学研究》1999 年第 3 期。

③ 王宪昭：《中国少数民族感生神话探析》，《理论学刊》2008 年第 6 期。

为始祖、保护者、使者、指引者等形象。在三仙女神话中的神鹊，正是神的使者，它将新生命带给佛库伦。而大自然是神秘的生殖能力的来源，神鹊衔来的红果/桃子是大自然的代表，红果/桃子是植物的果实，在其自身内部的"种子"又代表了新的生命力，暗喻了生殖象征的意义。

3. 窃衣成婚与无夫而孕

当人类文明步入父系社会，女性地位随着生产方式的改变而不断下降，在神话中处于核心地位的女性神位也日趋边缘化，男性的地位逐步提升。与此同时，随着对自然界的改造，人类逐渐从畏惧自然走向征服自然。在蒙古族天鹅仙女神话中，女性为从天界下凡沐浴的仙女，其姓名与身份均不得而知；男性却有名有姓，不管是主人公还是仅出现一次的配角，其身份、家庭均被详细介绍，即"知其父而不知其母"，父系氏族中男性的权利地位开始确立。而男性青年对仙女羽衣的私藏，既表现出对于人类自我意识的不断增强，更反映了婚姻关系中的女性地位逐渐下降，男性成为性别权利关系中的主导。

三仙女在沐浴时吞食红果/桃子怀孕属于在人类社会早期多次出现的"无夫而孕"母题，所生之子"知其母而不知其父"，不仅如此，生下的布库里雍顺也没有寻找真正父亲的意识。这不仅是母系社会产生的女神崇拜的折射，更与满族本身的女性崇拜有很大关系。满族信仰萨满教，天神多为女性，满族先民认为，女性有着创造生命的神奇力量，满族始源于女性。创世神话《天宫大战》中的三百女神、《乌布西奔妈妈》中的女萨满等，都展示了满族先民对女性的虔诚崇拜。与此同时，满族女性在生产、生活中所起的作用不亚于男性。布库里雍顺诞生时知母而不知父的现象就是满族女性崇拜意识的反映。

4. 英雄的神性与人性

荣格在分析达·芬奇的《圣安娜与圣母子》时，得出了"双重母亲"的原型，认为人虽然是由母亲所生，生命却由上帝赋予，因而人的血肉具有人和神的两重性。[①]蒙古族天鹅仙女型神话中，天鹅子女是天鹅仙女与人类男性青年结合的后代，同样具有人神两重性。他们肉体源于仙女，生命却由人类男性青年所赋予。天鹅子女的来源是二元性的，

---

① 王宪昭：《中国少数民族感生神话探析》，《理论学刊》2008 年第 6 期。

因而他们的本性也是二元的，在其身上表现了神性与人性的对立，虽然也是氏族祖先，但从根本上来说是人的后代。在神话中的表现便是天鹅子女本身并没有超凡脱俗的能力，并在天鹅仙女重获羽衣返回天界之际，其子女试图抓住天鹅的脚将其留在凡间。天鹅子女对其母亲原有身份的排斥，正表现了随着母系社会的不断瓦解，动物逐渐走下神坛，它们所具有的超越人类的力量也逐渐被父系社会的弓戈剑戟所征服。

在满族三仙女神话中，布库里雍顺的肉体源于仙女，生命来自超自然的力量。他通过神奇的出生，承袭了仙女的智慧、技能、灵性等，将仙女身上拥有的神性转移，获得了仙女赋予的一切能力。但他生于人间、长于人间、逝于人间，子孙后代繁衍于人间。他身上的人性与神性是同一的、一致的。他的身上没有灵与肉的分裂与冲突，而是浑然一体的。他是天神的旨意，生于人间以定乱国；他是三仙女佛库伦留在人间的血脉，生而能言，倏尔长成。然而，在神秘面纱之下，他人性的光辉摇曳生姿。他有情欲，娶妻百里女；他有征服欲，定三姓之乱。将神性与人性统一起来的布库里雍顺，成为满洲国的始祖。

5. 同出一源与黄金家族

通过对蒙古族天鹅仙女型族源神话的分析可知，由普通男性青年与仙女结合所出的诸多子女，有的共同成为某一部落/氏族的始祖，也有的成为不同部落/氏族的祖先，天鹅仙女成为他们共同的始祖之母。这是因为蒙古族的诸多部落/氏族本身就存在客观的血缘关系，也有些部落/氏族因为长期生活在相同的自然环境和社会条件下，产生了相同或相似的生产、生活习惯与思维方式。并随着部落/氏族成员的频繁交往关系、长期融合关系与友好居住关系，在相邻与相近的部落/氏族之中形成了相似的族源心理。这是对血缘、地缘关系的一种认可，也是一种互相依赖、睦邻友好心理的反映。

满族的三仙女神话的几个异文都属于爱新觉罗氏，主要强调了满族最高统治集团爱新觉罗家族的神圣起源，是"天命论"思想的产物。将氏族起源归于天命，宣传爱新觉罗氏的非凡出身，更能体现君权神授的统治思想，以加强对整个民族的控制。有观点认为，三仙女传说是爱新觉罗家族为巩固统治根据汉族天鹅仙女神话杜撰而成，但据《满文老档》记载可知，三仙女神话在天聪九年（1635）之前即在民间广泛流传，并非清朝统治者因政治目的对汉族神话的变异。

参考文献

[1]《清实录》,《满洲实录》, 1986 年。

[2] 叶舒宪:《神话—原型批评》, 陕西师范大学出版社 1987 年版。

[3] 赵国华:《生殖崇拜文化论》, 中国社会科学出版社 1990 年版。

[4] 黄任远:《通古斯——满语族神话研究》, 黑龙江人民出版社 2000 年版。

[5] 富育光:《萨满教与神话》, 辽宁大学出版社 1990 年版。

[6] 张其卓、董明、李成明等:《满族三老人故事集》, 春风文艺出版社 1984 年版。

[7] 阿桂等:《满族源流考》, 辽宁民族出版社 1988 年版。

[8] 茅瑞徵:《东夷考略, 清入关前史料选辑》(第一辑), 中国人民大学出版社 1985 年版。

[9] 富育光:《七彩神火》, 吉林人民出版社 1984 年版。

[10] 陈建宪:《神祇与英雄》, 三联书店 1994 年版。

(作者单位: 中央民族大学少数民族语言文学系)

附　　录

满族族源传说

天鹅仙女

满族人称母亲叫额娘。传说这个称呼是清朝始祖爱新觉罗·布库里雍顺留下来的。

这是一个古老的传说。那时天上住着三位美丽的仙女, 她们是同胞姐妹。有一天, 老三仙女对两位姐姐说:"咱们整天住在这里, 看着那些玉帝呀、王母呀一帮老头老太太们, 他们整天没个笑模样。"二姐说:"可不是咋的, 还有那些天兵天将, 总盯着咱们。"大姐也觉得在天上的生活真是又腻味又无聊。于是姐三个就悄悄合计寻个好地方去散散心, 可上哪去好呢? 三仙女说:"天上除了云彩就是宫殿, 有啥好玩呢? 听说下边果勒敏珊延阿林山上有个天池, 咱们到那里玩玩去。"两个姐姐同意了。是呀, 谁不想到下边看看呢? 可怎样去呢? 还是聪明的三仙女想出了办法。她们全身披上洁白羽毛，两只细长的手臂变成了翅膀，一会儿工夫就变成了三只美丽的天鹅。她们冲开了层层云雾，飞出了天宫。

她们用力地扇着翅膀，飞着飞着，来到了果勒敏珊延阿林山。只见那地方四面全是陡峭的高山。有的山尖儿上蒙盖着一层白雪，有的像宝剑直插云天，有的像洁白的玉柱，有的又像两只老虎蹲在峰顶。更美的是在那群峰中间的天池，水清清亮亮，平静得像一面宝镜。三位仙女都被这美丽的景色迷住了。

她们一路上飞得太累了，见到这样清澈的池水，就赶忙落到了天池边上，立时又变成了三位美丽的姑娘。她们脱掉了衣裳，到天池里去洗澡。

正当她们快快活活地在天池里游来游去的时候，不知从哪里飞来了一只金色小鸟，嘴里叼着一颗闪闪发光的红果。这小鸟也怪，三仙女游到东，它就飞到东，游到西，它跟到西，总在她们头顶上飞。三仙女也太喜欢这只小鸟了，她仰着笑脸儿看着它，看着看着就听"吧哒"一声，红果一下落到了三仙女的嘴里，她一下就咽了下去。她从来没有吃过这样香甜的果子，它比天上的仙桃甜，比琼浆玉液香。

三位仙女洗完澡，也玩够了，要往回飞的时候，三仙女觉得身子又沉又重，两只胳膊也举不起来了。两个姐姐知道她是误食红果怀了孕，就安慰她，等生下孩子，再来接她。两个姐姐飞走了。

三仙女就这样留在了果勒敏珊延阿林山，她饿了就采山果吃，渴了就喝天池水。这里的天气变化无常，有时是亮瓦晴天，可一刹时又阴云密布，雷电交加，刮起大风，山上的浮石横飞。三仙女怀胎十二个月，生下个又白又胖的小小子。这孩子一落草就会说话。三仙女就对他说："生你的地方是果勒敏珊延阿林山，你的姓名是爱新觉罗·库布里雍顺。"

三仙女用了三天三夜的工夫，做了一只小桦皮船，样子和小孩的悠车一模一样。她把孩子放到小船里，用树枝铺床，采鲜花做被，再把小船轻轻地放到天池里。她流着眼泪说："亲爱的孩子，愿上天保佑你，平安地长大吧！"说完就用头上的簪子把天池划个豁口，水哗哗地顺着豁口淌下去，三仙女把小船用手轻轻一推，小船儿打了个旋儿，就像射出的箭一般顺着瀑布冲了下去。

这时三仙女变成一只洁白的天鹅，飞到天上。孩子是妈妈的宝贝疙瘩，是自己的心头肉啊！她在天上盘旋不走，后来又跟着小船儿飞，一直到小船让远方的树林遮住，她才飞走了。

孩子也离不开娘啊，看着妈妈变成了天鹅，就扎撒着小手，不住嘴地喊："鹅娘，鹅娘！"

从那以后，凡是满族人，就都称自己的母亲为鹅娘了，一辈传一辈，时间久了，就叫成额娘了。

关世英讲述，佟丹整理，中国民间文艺研究会辽宁、吉林、黑龙江三省分会编：《满族民间故事选》，沈阳春风文艺出版社1981年版，第1—3页。

蒙古族族源传说

白天鹅传说

从前，有三只白天鹅飞落到湖水上游泳，它们把身上的白羽衣脱掉后，立刻化作美女。这时，在岸边隐藏着一名叫豁力台的猎人，把其中一件羽衣拿走收藏起来。这些天鹅姑娘稍稍游过水后，便来穿羽衣上岸；但是，被抢去衣服的天鹅，眼看着同伴飞去，自己却赤裸着身子留在原地。于是，猎人把她领回家中做了夫妻。经过了很多年，这天鹅女生了11个儿子和6个女儿。又过了许多日月，她想起了从前丢羽衣的事，便向丈夫打听衣服藏在什么地方。这男子自以为妻已经生了这么多孩子，决不会丢下离去，便把那件奇异的羽衣还给了妻子。妻子就像试衣服那样把羽衣穿上了。于是，立刻从帐幕出烟的天窗飞舞升空了。她一边向自家的上空飞，一边对家里的人们呼喊着："你们是地上的人，就留在地上吧，我是天上生的身子，只能回到天上去！"越飞越高，又说道："每年天鹅向北飞的春天和向南飞的秋天，一定要为我举行特别的祭典。"

在布里亚特人中还传说：当天鹅飞升时，正巧她的一个女儿双手沾了许多煤，为了把逃走的母亲留住，伸手去抓母亲的双脚，结果把天鹅的双脚染成了黑煤的颜色。这就是白天鹅至今都是黑腿黑爪的缘故。

引译自［蒙古］噶丹巴、策仁索德那木编著《蒙古民间文学精华

集》（蒙古文）（下册），内蒙古人民出版社 1984 年版，第 1022—1024
页。转引自包海青《蒙古族族源传说比较研究》，博士学位论文，中央
民族大学，2007 年，第 75 页。

锡伯族民间传说中的族源探析：
嘎仙洞与拓跋鲜卑后裔

王 平

[摘 要] 本文在广泛查阅有关锡伯族起源的民间传说的汉语文本基础上，从口头传统视角解析锡伯族是拓跋鲜卑后裔这一观点。族源传说作为锡伯族起源的口头传统代码，甚至文化代码，以介于文学和历史之间的方式，阐述了锡伯族的祖先系拓跋鲜卑及其祖先神、锡伯族的起源地、锡伯族的迁徙脉络。

[关键词] 传说 锡伯族族源 拓跋鲜卑 历史

锡伯族是一个历史悠久的少数民族，是拓跋鲜卑氏后裔。大鲜卑山（嫩江流域的大兴安岭地区）是锡伯族的发祥地和早期繁衍、生存的故乡。据史载，拓跋鲜卑南迁之后，建立北魏政权，统治中国北部地域长达140多年。16世纪，锡伯族归附满洲，被编入八旗之中，分驻齐齐哈尔、伯都纳（今吉林扶余县）和乌拉吉林（今吉林市）三地。康熙至乾隆年间，锡伯族经历了三次大迁徙，分别迁至北京和盛京、伊犁、云南。

关于锡伯族的族源，长期以来史学界认识不一，古今中外莫衷一是，若加以归纳、综合，主要有三种不同的观点：一种观点，认为锡伯族与满族同源，为女真后裔；另一种观点，认为锡伯族与鄂伦春族同祖，源出室韦；第三种观点，认为锡伯即鲜卑的遗民，鲜卑音转锡伯。① 第三种见解似已成定论。② 清代有许多学者采用文献考证的方法

---

① 杨茂盛：《锡伯族族源与分布考述》，《黑龙江民族丛刊》1989年第2期，第46—51、66页。

② 《锡伯族简史》编写组：《锡伯族简史》，民族出版社2008年版，第12页。

对锡伯族族源进行考证和研究,何秋涛的《朔方备乘》严谨、翔实,认为"锡伯即鲜卑也"。《黑龙江外记》、《黑龙江志稿》、《元秘史注》等方志资料也有锡伯族远亲是鲜卑的记载。

在锡伯族的民间传说中,也广泛流传着锡伯族是拓跋鲜卑后裔的说法,不仅是东北的锡伯族,新疆的锡伯族也有此说。锡伯族历史悠久,活动地域广阔,锡伯族的民间传说非常丰富、源远流长。锡伯族流传着许多有关族源、习俗的传说,无不透露着锡伯先祖早期生活区域、生活方式、思维状况的信息;人物迁徙的传说则表现了锡伯人对自身所经历的重大历史事件的追忆。[①] 白友寒先生在《锡伯族源流史纲》一书中如是说,研究锡伯族的渊源,必须把历史文献、考古资料同有关民族起源的民间传说联系起来。[②] 传说作为一个民族"口传的历史",具有显著的历史性、真实性、地方性、民族性等特征,以及认识和探析该民族的起源、名称、历史、人物、风物、习俗、语言、宗教信仰等的宝贵价值。因此,除了采取历史地理学、语言文字学、民族学、考古学、语音学等其他学科的研究方法之外,口头传统视域下的锡伯族族源探析也是非常必要的,具有一定的文化价值和现实意义。

一 锡伯族的祖先和祖先神

(一) 锡伯族的祖先:拓跋鲜卑

口头传统包括散文类的神话、传说、民间故事和韵文类的民间诗歌、谚语、谜语等各种口头文学样式和语言形式。民间传说作为散文类口头传统的一类,在锡伯族叙事性口头作品中占有重要的地位。一代又一代的锡伯人通过口耳相传的方式传诵着古老的传说,述说着本民族的祖先和历史。他们认为自己是拓跋鲜卑的后裔,世代相传的传说中有多处描述:在《喜利妈妈的传说》[③] 中,有这样的叙述,"要问这个渔猎部落是什么人? 告诉你,他们就是锡伯族的祖先——拓跋鲜卑";《诘

---

① 朝戈金:《中国西部的文化多样性与族群认同》,社会科学文献出版社2008年版,第207页。

② 白友寒:《锡伯族源流史纲》,辽宁民族出版社1986年版,第100页。

③ 关宝学:《锡伯族民间故事集》,辽宁民族出版社2002年版,第3页。流传地区:东北、内蒙古地区,搜集整理:何少文。

汾皇帝无妇家　力微皇帝无母家》开篇即是："锡伯族的祖先是拓跋鲜卑……"①在另一则关于喜利妈妈的传说中，也有此说法，"她是两千多年前锡伯族祖先拓跋鲜卑的开国皇帝——成皇帝拓跋毛的救国恩人"②。20世纪40年代，在三区革命时期编印的锡伯文小学语文课本里，有这样一段记载："据老人说，锡伯原系东北民族，是东胡系统，鲜卑族的后裔……"③锡伯族人民世代传唱着他们的祖先拓跋鲜卑的故事，提醒着族人不要忘记祖先的历史，这不仅表达了人们对祖先和祖先神的敬意，而且还反映了当时锡伯族的祖先崇拜。

（二）锡伯族的祖先神：喜利妈妈和海尔堪

在东北地区也流传着类似的传说，沈阳市锡伯族老人胡国俊在20世纪初把它记录了下来。"锡伯民族……是历史悠久的民族，祖先是鲜卑。……男治外，女治内，而祖先有两处供奉，一处是'喜利妈妈'，是'女祖先'；一处是'男祖先'，供奉在室外右边墙角上，叫'海尔罕'。"④锡伯族人普遍供奉的女祖先喜利妈妈和男祖先海尔堪，即是由祖先崇拜演化而来的神。喜利妈妈，是锡伯族人崇拜的女祖先神，也是救苦救难的"福神"。从东北的大兴安岭到新疆的乌孙山下伊犁河畔，锡伯族人都带着这一保佑子孙延续的女祖先神繁衍生息。一则传说中说，锡伯族先民到大兴安岭深山去打猎，喜利姑娘和她的"阿谋"（爸爸）留下负责照顾老幼病残，在此期间，遇到火山喷发，喜利姑娘翻山越岭、降妖除魔，保护锡伯人繁衍昌盛。在这里，喜利妈妈是保佑锡伯族人家室平安、子孙繁衍的祖先神。而在另一则传说中，喜利妈妈帮助年幼的锡伯族祖先拓跋鲜卑开国皇帝拓跋毛逃离范明友的追杀，为他出谋划策，成皇帝在鲜卑瑞兽和神鸟的庇护和指引下，逃到大鲜卑山，被拥戴为大鲜卑国成皇帝，喜利妈妈则遭受严刑拷打，最终含冤而死，成皇帝封她为"福神"，锡伯人永世供奉。喜利妈妈不仅是保护神，更因为是拓跋鲜卑开国皇帝的救命恩人而备受

---

① 关宝学：《锡伯族民间故事集》，辽宁民族出版社2002年版，第133页。流传地区：辽沈地区，搜集整理：何少文。
② 同上书，第13页。流传地区：内蒙古、东北地区，讲述人：吴竹芳；撰稿：吴长春。
③ 《锡伯族简史》编写组：《锡伯族简史》，民族出版社2008年版，第25页。
④ 同上书，第25—26页。

尊崇。传说中的海尔堪,也被人们亲切地叫作达尔洪爷爷,是保佑牲畜繁衍的男祖宗。一方面,锡伯族崇拜的喜利妈妈和海尔堪玛法,与蒙古族崇拜的"太太神"、"奶奶神"和"乌达干"及其"爷爷神"、"祖先神"意思一致;另一方面,传说以神奇的想象、巧妙的构思塑造了勇敢、正义的两位祖先神形象,是早期锡伯族祖先崇拜与萨满教信仰融合的产物。

二　锡伯族的发源地

弄清一个民族的发祥地,是认识该民族的族源问题不可或缺的一个环节。正如一位学者所说,所谓锡伯族原居住地问题,实者就是锡伯族源问题。拓跋鲜卑的发祥地即锡伯族先民最初活动的区域。① 锡伯族的民间传说不仅记录了其祖先是拓跋鲜卑,而且也记述了祖先早期居住、繁衍的第一故乡。

(一) 锡伯族早期居住地分布

"很久很久以前,在大兴安岭一带,有个大村落里住着几百户锡伯人。他们靠放牧、狩猎、捕鱼世世代代在那里繁衍生息。"(《达尔洪爷爷的传说》)② "锡伯族的祖先是拓跋鲜卑,当时住在大兴安岭的山林里……"(《诘汾皇帝无妇家 力微皇帝无母家》)③ "老早以前,在大兴安岭脚下,呼伦贝尔草原上,活动着一支打猎部落。"(《喜利妈妈的传说》)④ 在这几则传说的开篇,就述说先民世代繁衍生息的地方在大兴安岭一带、呼伦贝尔草原,先民们在那里放牧、渔猎、从事生产生活,他们也在那里克服自然灾害,保卫自己的家乡。喜利妈妈用玉帝赐的捆魔锦带止住了喷发的火山后,"大兴安岭的森林更加茂密了,呼伦贝尔大草原比以前更加漂亮了"。而在另外几则传说中,我们可以看到,松花江下游和呼伦贝尔以南的嫩江流域也是锡伯族早期居住的地域。"很

---

① 文言:《编写锡伯族志的族源问题》,《满族研究》1999年第3期,第89—96页。
② 关宝学:《锡伯族民间故事集》,辽宁民族出版社2002年版,第54页。流传地区:新疆察布查尔,讲述:富清,搜集翻译整理:赵春生。
③ 同上书,第133页。流传地区:辽沈地区,搜集整理:何少文。
④ 同上书,第3页。流传地区:东北、内蒙古地区,搜集整理:何少文。

早很早以前，锡伯族人住在大兴安岭一带和嫩江流域。"（《绣花边的来历》）① "松花江和嫩江汇合的广阔地带，是一片土地肥沃，物产丰富，宜耕宜牧的好地方，是锡伯族人生息、繁衍的故乡。"（《正月十五抹黑脸》）② 这与史料所记载的，明代锡伯部的中心地区是在嫩江的下游和松嫩两江汇合处一带相吻合。锡伯族先世原住地是一片辽阔的区域，他们狩猎于大兴安岭的深山中、放牧于呼伦贝尔草原、渔猎耕牧于嫩江下游和松花江与嫩江汇合处。③

（二）拓跋鲜卑的起源地：嘎仙洞

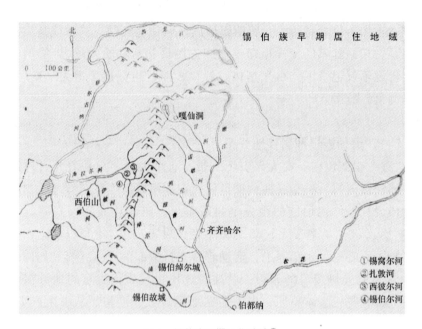

图 1 锡伯族早期居住地域④

在《喜利妈妈》这则传说中，大兴安岭北段的大鲜卑山是鲜卑故

---

① 关宝学：《锡伯族民间故事集》，辽宁民族出版社 2002 年版，第 45 页。流传地区：辽沈地区，搜集整理：何少文。
② 同上书，第 36 页。流传地区：辽沈地区，搜集整理：何少文。
③ 文言：《编写锡伯族志的族源问题》，《满族研究》1999 年第 3 期，第 89—96 页。
④ 白友寒：《锡伯族源流史纲》，辽宁民族出版社 1986 年版，第 98 页。

地，这里住着鲜卑人，此时鲜卑人正是三百一部，五百一落的，处于原始部落时期。这个时期正是北魏时期，拓跋鲜卑开国皇帝将皇宫设在嘎仙洞。嘎仙洞不仅是拓跋鲜卑的先祖旧墟石室，也是拓跋鲜卑氏神圣的地方。1980年"嘎仙洞"（今鄂伦春自治旗阿里河镇以北）被米文平等学者们发现，嘎仙洞石刻祝文内容证明，大兴安岭北部丛山密林地带就是拓跋鲜卑祖先长期居住之地。① "嘎仙洞的发现，证明了大兴安岭东麓嫩江西岸甘河上游及以南的诺敏河、河伦河、雅鲁河、绰尔河、直洮儿河流域的广阔地域，是鲜卑族的发源地，也是锡伯族祖先们长期活动区域。"② 此外，据沈阳故宫博物院藏《太平寺碑文》译文记载，"历史明载世传之锡伯部族，原居海拉尔东南扎费托罗河一带"。这一记载明确指出了锡伯族的"原居"地带。扎费托罗河即今绰尔河，是嫩江西来的一条支流。③ 传说与考古资料共同见证了锡伯族祖先拓跋鲜卑的发源地在大鲜卑山的嘎仙洞。

拓跋鲜卑先世居住在大鲜卑山时期，"拓跋毛用了十年时间，实现了部落大联盟。'统国三十六，大姓九十九'"。我们在《魏书·序纪》中可以看到与之吻合的记载："积六十七世至成皇帝讳毛立，聪明武略，远近所推，统国三十六，大姓九十九，威振北方，莫不率服。"这段记载就证实了当时社会处于原始的父系氏族社会，是以血缘构成的部落群体。这里说的"统国三十六，大姓九十九"，当为36个部落，99个氏族。由此可知，拓跋鲜卑最早在大鲜卑山居住了很长时间，经历了漫长的狩猎生活，是以氏族血缘为单位的部落群体。④

在某种程度上，传说向历史靠拢，具有一定的史料价值。对于锡伯族的起源地，传说中留下的是模糊的、片段的、不完整的印记，这些印记虽然没有历史文献和考古资料记载得翔实、确凿，但是，这是一种精神印记，留存在锡伯族的口头文学中。

---

① 辽宁民族研究所编：《锡伯族史论考》，辽宁民族出版社1986年版，第63页。
② 王长全：《锡伯族早期历史与科尔沁蒙古关系诸问题研究》，内蒙古民族大学，2011年。
③ 赵展：《锡伯族源考》，《社会科学辑刊》，1980年第3期，第102—107页。
④ 田刚：《嘎仙洞与拓跋鲜卑的历史发展》，《黑龙江民族丛刊》2004年第4期，第63—67页。

三　锡伯族的迁徙脉络

　　任何民族的迁徙经历，都是该民族历史上难以忘怀的大事。迁徙，意味着离开世世代代生活的、熟悉的土地；意味着离开本民族、本部落，甚至本氏族的亲人；意味着必须克服自然条件造成的迁徙途中的各种艰难险阻，并在陌生的自然条件下开始新的生活……这一切都将作为难忘的精神印记，保存在该民族的口头传统中。① 历史上，锡伯族是一个频繁迁徙的民族，那么锡伯族口头传统中对民族迁徙这个重大的题材是如何传承的呢？

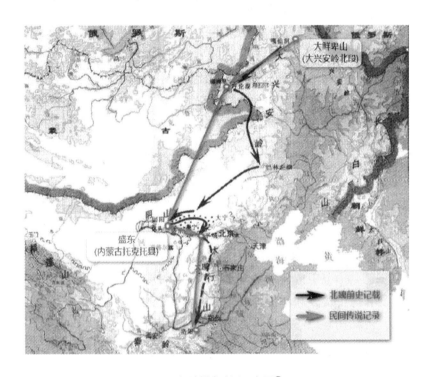

图2　拓跋鲜卑南迁示意图②

---

　　① 朝戈金：《中国西部的文化多样性与族群认同》，社会科学文献出版社 2008 年版，第 203 页。

　　② 张金龙：《第一卷 北魏前史》，《北魏政治史 1》，读者出版集团、甘肃教育出版社 2008 年版，第 3 页。

在锡伯族传说中,有的传说记录了较为完整的锡伯族迁徙路线,有的传说只保存了迁徙路线中的一段或者一个地方。相对来说,《喜利妈妈》和《诘汾皇帝无妇家 力微皇帝无母家》中对于拓跋鲜卑迁徙的大概路线记录得比较详细。

在《喜利妈妈》这则传说中,拓跋鲜卑的迁徙脉络可以简单勾勒为:大鲜卑山(大兴安岭北段)→百年之后迁徙至大泽(呼伦湖)→又过两百年迁徙至盛东(内蒙古托克托县)→平城(山西大同)→洛阳(河南洛阳),时为南北朝之北魏(386—534)。① 这条路线(见图 2 红色线路)与《北魏政治史》记载的拓跋鲜卑南迁示意图中的线路几乎一致。在这里,传说表现出向历史靠拢的趋势,趋向于历史的一端。在《诘汾皇帝无妇家 力微皇帝无母家》中,拓跋鲜卑的迁徙路线为:大兴安岭的山林→酋长拓跋邻带领部落南迁至呼伦贝尔一带→神兽为拓跋邻之子诘汾领路,来到蒙古大草原。② 史料确有记载:"拓跋推寅时期(约公元 1 世纪前期),拓跋鲜卑乘机第一次南迁至'大泽',即今呼伦池(达赉湖),推寅后又经六世,至献皇帝邻时,决定再次南迁,至圣武帝诘汾时,几经险阻,到达匈奴之故地,也就是今河套、阴山一带。"③ 传说与史料记载相辅相成,但传说用艺术的手法、富有想象力的叙述、夸张的想象来描绘锡伯族的迁徙过程。

此外,传说中还有关于迁徙路线片段化的记录,如:"传说唐朝薛礼征东时,派程咬金从呼伦贝尔搬来了锡伯兵。东征结束后,锡伯兵就留在伯都纳(吉林省扶余县),散居在错草沟一带。"(《笊篱姑姑》)④ 部分锡伯人留在伯都纳,在此地散居。

"传说是架通历史与文学的桥梁",传说的一端,有时非常接近于历史,甚至界限模糊难以辨析,而其另一端又与文学相近,⑤ 想象奇

---

① 关宝学:《锡伯族民间故事集》,辽宁民族出版社 2002 年版,第 13—20 页。流传地区:内蒙古、东北地区,讲述人:吴竹芳,撰稿:吴长春。

② 同上书,第 133—134 页。流传地区:辽沈地区,搜集整理:何少文。

③ 李吉和:《鲜卑族在西北地区的迁徙活动》,《黑龙江民族丛刊》2003 年第 3 期,第 77—79 页。

④ 关宝学:《锡伯族民间故事集》,辽宁民族出版社 2002 年版,第 31 页。流传地区:辽沈地区,搜集整理:何少文。

⑤ [日] 柳田国男:《传说论》,中国民间文艺出版社 1985 年版,第 59 页。

特，情节曲折。族源传说作为锡伯族起源的口头传统代码，甚至文化代码，以介于文学和历史之间的方式揭示了锡伯族的祖先拓跋鲜卑及其祖先神、锡伯族的起源地、锡伯族的迁徙脉络。锡伯族民间传说具有艺术地、翔实地叙述锡伯族繁衍生息、生存发展、迁徙的历史功绩。它充分地展示了传说自身的文化史料价值。同时锡伯族族源传说也加强了族群认同和文化认同。

参考文献

[1]《锡伯族简史》编写组：《锡伯族简史》，民族出版社 2008 年版。

[2] 白友寒：《锡伯族源流史纲》，辽宁民族出版社 1986 年版。

[3] 朝戈金：《中国西部的文化多样性与族群认同》，社会科学文献出版社 2008 年版。

[4] 关宝学：《锡伯族民间故事集》，辽宁民族出版社 2002 年版。

[6] 辽宁民族研究所编：《锡伯族史论考》，辽宁民族出版社 1986 年版。

[7] 张金龙：《北魏政治史 1》，读者出版集团、甘肃教育出版社 2008 年版。

[8]［日］柳田国男：《传说论》，中国民间文艺出版社 1985 年版。

[9] 杨茂盛：《锡伯族族源与分布考述》，《黑龙江民族丛刊》1989 年第 2 期。

[10] 文言：《编写锡伯族志的族源问题》，《满族研究》1999 年第 3 期。

[11] 王长全：《锡伯族早期历史与科尔沁蒙古关系诸问题研究》，内蒙古民族大学，2011 年。

[12] 赵展：《锡伯族源考》，《社会科学辑刊》1980 年第 3 期。

[13] 田刚：《嘎仙洞与拓跋鲜卑的历史发展》，《黑龙江民族丛刊》2004 年第 4 期。

[14] 李吉和：《鲜卑族在西北地区的迁徙活动》，《黑龙江民族丛刊》2003 年第 3 期。

（作者单位：中央民族大学少数民族语言文学系）

附　　录

达尔洪爷爷的传说

很久很久以前，在大兴安岭一带，有个大村落里住着几百户锡伯人。他们靠放牧、狩猎、捕鱼世世代代在那里繁衍生息。

一年,家家户户喂养的牲畜不幸遭到瘟疫之害,病的病,死的死。为此,锡伯人四处奔波,求神保佑,烧香磕头,也无济于事。

村子里有个孤独老人,从小就失去了父母,长大了也未娶妻,到了五六十岁,仍过着孤独凄凉的生活。他也没个名字,因他一年四季手不离放牧竿,所以人们都叫他达尔洪爷爷。达尔洪是锡伯语"竿"的意思。达尔洪眼看着乡亲们的牲畜遭瘟疫相继死去,心里就像刀割似地难受,他不忍心叫乡亲们的牲畜遭受天灾之祸。他带着干粮,辞别了众乡亲,赶着乡亲们的牲畜,逐水草而牧,伴畜群而住。日夜牧放,精心照料。转眼到了深秋季节,达尔洪爷爷牧放的牲畜个个体壮膘肥、色泽光亮,还繁殖了不少的小牲畜哩!当他把各家的牲畜赶回村子时,整个村子顿时像开了锅一样沸腾了。家家户户男女老少自动把最好吃的瓜果端来敬给达尔洪爷爷,老人们还准备了丰盛的酒席,热情地款待这位可敬的爷爷。

从此,达尔洪爷爷为了给乡亲们放好牲畜,把自己的一切置之度外,一心扑在牲畜上。繁殖出的牲畜活蹦乱跳,在达尔洪爷爷的抚育下茁壮生长。花开花落,年复一年,达尔洪爷爷所牧放的牲畜很快繁殖得牛马成群,每家都有了一群牲畜了。乡亲们为了表达对达尔洪爷爷的爱戴之心,以全村的名义供养这位恩重如山的孤独爷爷,直到他九十多岁闭目去世为止。

为了让子孙万代永远铭记达尔洪爷爷的恩德,家家户户纷纷请画匠画了一张达尔洪爷爷的画像,做了木盒,为他立了神位,固定在房屋南墙外西角上方。每逢过年过节都忘不了达尔洪爷爷,给他供酒供饭,焚香磕头,并把自己最喜爱的马匹拴在达尔洪爷爷神位前,以虔诚的心意供他在阴间骑用……

自从那时起,锡伯人代代纪念达尔洪爷爷。后来又给他起了个很好听的名字叫海尔堪。久而久之,世代相传,便成了锡伯人供奉的保佑牲畜繁衍的男神灵了,即海尔堪爷爷。

流传地区:新疆察布查尔

讲述:富清

搜集翻译整理:赵春生

关宝学:《锡伯族民间故事集》,辽宁民族出版社2002年版,第

54—55 页；满都呼：《中国阿尔泰语系诸民族神话故事》，民族出版社 1997 年版，第 291—292 页。

七兄弟

古时候，北方的部落连年争战，打赢的强占打败的城市和村庄，把抓来的俘虏，男的当奴仆，女的当妻妾。他们抢掠财产，烧毁房屋，弄得到处是一片废墟。

有一年，西部落和东部落为了争夺滩地和猎场，发生了一场你死我活的战争。西部落打败了东部落，把东部落的城市和村庄抢劫一空。部落里的人死的死、逃的逃、当奴隶的当奴隶，最后，只剩下了七个人，躺在一群羊群中间。他们一直呆到天黑之后，才跑进了山里。

他们七个人分别姓苏、毕、傅、尤、吴、葛、卢。劫后余生，聚到一起，大家对天起誓，结为兄弟，计谋有朝一日，回到故土，驱逐敌人，振兴部落。

他们在山里靠打猎为生，穿兽皮，吃兽肉，一晃度过了三载时光。有一天，姓苏的老大说："我们兄弟七人与其这样老死在山里，还不如分头出去谋生。"兄弟们都觉得讲得有理，于是他们分头下山，各奔前程。

苏老大领着一个姓葛、一个姓卢的小兄弟，从三江口出发，沿着松花江向上游走去。他们一路行走，一路捕鱼狩猎，走了整整三年。走过被战火烧成废墟的拉哈苏苏（地名，今黑龙江同江县同江镇），走过繁华的图斯克（池名，即现在同江县乐业乡境内）古城，翻过高耸入云的乌鲁古力（山名，猛善的意思）山，渡过安帮毕拉（河名，魔鬼的意思）河，迈过骨头架子成堆的佳木斯（地名，骨头架子的意思），来到了松花江和牡丹江汇合的地方。三兄弟看这里有山有水，风景秀丽，土地沃，物产丰富，就在这里落下脚来，娶妻生子，过上了好日子。后来人们就把这个地方叫依兰哈拉（地名，赫哲语依兰，是三的意思，哈拉是姓的意思，依兰哈拉就是三姓的意思，即现在的依兰县）。

再说姓毕、傅、尤、吴这四兄弟，他们分别走到松花江、黑龙江、混同江和乌苏里江边的嘎尔当、莫勒洪阔、依里嘎、四排四个地方，住了下来，成了家，有了后代。他们都是靠捕鱼狩猎为生，他们能划船，善骑马，体格健壮，一直活了很大岁数。

　　据说，今天赫哲人中姓苏、毕、傅、尤、吴、葛、卢的，就是这七兄弟的后代。

　　流传地区：黑龙江同江

　　讲　述：吴连贵

　　搜集整理：黄任远

　　王士媛、马名超、黄任远：《赫哲族民间故事选》，上海文艺出版社1986年版，第5—6页。

呼伦贝尔鄂伦春族的地方风物传说

关红英

鄂伦春民族居住的大、小兴安岭，具有独特的地理环境。这里峰峦叠起，江河纵横，森林茂密，野草丛生，山山水水，都有着一种雄浑壮美的特殊气质。这里物产富饶，林中栖息着各种珍禽异兽，野生动物，这些都是鄂伦春民族赖以生存的衣食之源。

鄂伦春民族对于家乡的一草一木、一山一水，有着极为深厚的感情。大量风物传说中，寄托着鄂伦春人对大、小兴安岭的这片土地的热爱。从中我们可以看出鄂伦春人对家乡的认识与理解，他们那独具特色的幻想与联想，他们的理想、希望与追求，他们那淳朴、粗犷的审美情趣。

鄂伦春族的地方风物传说往往是以当地的山水鸟兽的来历之类的内容为题材展开的，如大兴安岭嘎仙山上的嘎仙洞、甘河对岸的奇奇岭、哈达罕大石砬子、伊勒呼里山、图库里山，小兴安岭的大青山、姐妹山、马鞍山、磨石山、药泉山、蒙克山等，每座山每座岭在传说中都有着一段自己神奇的、独特的、脍炙人口的来历故事；从呼玛河、多布库尔河、甘河、沾河到达尔滨湖，到四平山上的天池、图库里山上的天池、药泉，几乎每条河、每座湖都有着一段美丽动人的传说故事。它们在鄂伦春人民中世代相传，成为民间异常丰富的"地理百科全书"。然而这些传说的意义还远不仅在于此。当这些传说以深厚的感情讴歌了家乡的山水景物的时候，当这些传说以崇敬的心情传诵了民族英雄伟大业绩的时候，一种关于道德与行为规范的观念就在民族一代又一代少年与青年的心目中油然而生了，民族的历史、信仰、风俗、习惯、是非标准、伦理观念，民族的自豪感乃至民族中最宝贵的性格特征就这样逐渐形成而又一代一代地传留下来了。在一个没有文字的民族中它们显然起着道德伦理、历史地理、生产经验、社会生活、审美习惯等诸多方面教科书的作用。

地方风物传说在内容和结构上具有一些明显的特点，这就是：它往往同远古时代某个英雄的业绩相关联，传说中所说的山水景观往往就是这位英雄的某一次具体业绩造成的结果；这些地方风物传说的神幻色彩较浓，情节富于浪漫的想象。这种想象以现在的眼光看来具有的主要是审美价值，而在久远的过去，鄂伦春的先民却往往把它们看成是事物发展合乎逻辑的必然。

以鄂伦春族中流传极广的《嘎仙洞和奇奇岭的传说》为例，在大兴安岭鄂伦春自治旗境内阿里河镇西北方向20多华里的嘎仙山上，半山腰有一个极为高敞广大的山洞，就是嘎仙洞。在阿里河镇东南方向30多华里的地方有一座山岭与嘎仙洞遥遥相对，这就是奇奇岭。因岭上有一大石砬子，上有一大窟窿，故又名窟窿山。关于此洞此岭和带窟窿的石砬子传说是依据这实际存在的自然环境而创造出来的。据传说，远古时候这一带原是一片汪洋大海，大兴安岭就是一个岛屿，嘎仙山的山谷是一条海峡，而嘎仙洞则是一个海眼。小龙王住在这里兴风作浪。这时多亏有了一个名叫柯阿汗的英雄猎手射跑了小龙王，水才退去，露出了嘎仙洞。鄂伦春人就住在洞里，过着美好的生活。有一年柯阿汗远征出猎，一群蟒猊霸占了山洞，到处抓鄂伦春人吃，柯阿汗闻讯赶回，要保护乡亲除去蟒猊。他与蟒猊约定比武，先比摔跤，不分胜负；又比扔嘎仙洞门巨石。蟒猊三箭均未射中，柯阿汗一箭就把洞门巨石射了个大窟窿。柯阿汗赶跑了蟒猊，人民又过上了太平日子。

传说中每一个情节都得到实际地理环境的印证：阿里河一带的地形，嘎仙洞、奇奇岭和石砬子上的窟窿都成为柯阿汗伟大功绩的证明。传说把这些地方同柯阿汗的功业联系在一起。而对于具有神话思维特点的鄂伦春先民来说，许许多多"确凿"的证据又不能不使他们对传说信以为真。值得指出的是在这类传说中人们把获得幸福的希望并不寄托在神灵的身上，而是寄托在自己的同类——英雄的人——的身上，尽管这个英雄的人仍然具有一系列只有神灵才有的神奇能力，但观念上的进步是显而易见的。在主人公柯阿汗的身上，我们看到了把他看成是人还是神这两种观念"交战"的影子。关于嘎仙洞的传说有许多异文，其中有一种异文把主人公的名字叫作"恩都力柯阿汗"，也就是"天神柯阿汗"的意思。传说显然含有这样的业绩只能由天神来完成的"潜台词"。另一种异文却把这伟大的功业同柯尔特侬尔氏族的祖先毛考代汗联系起来（还有说是"毛格铁汗"的，与毛考代汗谐音），说明人们对自己祖先亦即在很大程度上对自身力量的确信和肯定。这里还需要指出的是柯阿汗在同蟒猊比试中所做的事情并不是什么神奇的，完全靠想象臆造出来的事情，它们甚至可以说是严格的"现实主义"的，这就是摔跤、扔石头和射箭。只是柯阿汗在这三项对鄂伦春人来说最平常不过的活动中具有不寻常的力量罢了。因此在传说主要情节的结构手段方面我们甚至难以将它称为幻想，更为确切的应该称为夸张。它是以实际而非以幻想为基础的。更为有趣的是传说主人公柯阿汗在神和人之间摆动，这种情况甚至在同一个说故事的人所说的故事中也会出现。葛德鸿老人在奇奇岭山下给本书著者之一隋书今讲这段故事的时候，就强调柯阿汗是莫日根而不是神；然而在给别人讲嘎仙洞的故事时，又把这位英雄称为"恩都力柯阿汗"。

《小猎手与龙头山的传说》也体现了鄂伦春地方风物传说的一系列特点。呼玛河口的对岸，耸立着一座地势明显高于其他山岭，形似龙头的石头山峰，这就是龙头山。传说早年这一带原是鄂伦春人的好猎场，只因后来出现了一个吃人的蟒猊，便荒凉起来，偏偏小猎手不怕蟒猊，他身手灵活，蠢笨的蟒猊抓他不着，便提出要同他比武。聪明的小猎手同意了，并提出同他比撒草，看谁撒得远。蟒猊拔下一根草来，扔不多远就飘落到地上；小猎手随手拔了一大捆草扔出去，扔得非常远。蟒猊吓了一跳，心想：他比我有力气大多了。随后他们又比射箭，看谁能把呼玛河对岸的山"射出龙头来"。蟒猊先射一箭，失败了。小猎手一箭正中对岸岩崖上的裂缝，岩崖顶上果然出现了一个龙头。蟒猊吓得拔脚就逃，小猎手一箭将它射死。从此呼玛河口对岸出现了一个龙头山。

如果说《嘎仙洞的传说》中夸张的情节还有着较多神幻色彩的话，《小猎手与龙头山的传说》的"现实主义"色彩就更是浓郁了。传说中除了蟒猊的形象和一箭射出龙头山的结果之外，其余的一切都是严格的现实主义的，连夸张之处都很少见到。小猎手同蟒猊比试，靠的是智慧而不是超人的勇力。他射出龙头山靠的是射箭的准确性。这里主人公已毫无神的特点而完全具备普通人的品质。在有的异文中小猎手把蟒猊一直追赶到东海边或北海边。为了防止蟒猊再来侵扰，小猎手拿着弓箭站在呼玛河的崖畔，化为一个石人，年年月月守卫着这片土地。这样小猎手在民间传说中就成为赶走侵略者，守卫家乡的英雄。与这些相近似的传说有《马鞍山传说》、《白嘎拉山的传说》、《哈达罕的传说》等，它们都具有歌颂抗敌守土英雄的内容。马鞍山是嫩江以东200多里地的一个小孤山。传说原有许多鄂伦春人在这一带生活，后有蟒猊吃人，恩都力于是来驱逐蟒猊，蟒猊逃跑到一座小孤山上，恩都力一箭把小孤山劈为两半，射成了马鞍形，蟒猊也被吓死。《白嘎拉山传说》讲的是呼玛河流域来了蟒猊并散播了瘟疫。一个叫阿尔塔的小伙子要去除掉蟒猊，但他的弓箭被蟒猊偷走，于是他只好捡起石头堆在一起用它来砸蟒猊。他捡的石头堆成了一座大山，蟒猊一来就用白石头打，终于把蟒猊驱逐。那一堆白石堆在呼玛河畔，变成了白嘎拉山。《哈达罕的传说》讲的是鄂伦春自治旗托扎敏河上游的弓背处，有一座火红色的大石砬子。传说这里原是优良的猎场，有一年突然来了群吃人的小蟒猊，吓得猎民再也不敢来此打猎。有一个白依尔老猎人为民除害，来打小蟒猊，得山神白那恰指点用火来烧它们。老猎人在诺敏河的弓背处燃起篝火，把一个个小蟒猊全扔进火堆烧死，连大石砬子也烧红了。所以人们给这座大石砬子起名叫哈达罕，意思是红色的山头。

　　传说中侵害乡里的恶势力全是由蟒猊来体现的，主人公则是同它们斗争的英雄。传说中提到的风物景观，都是这种英雄与侵犯和平生活的蟒猊之间斗争的见证——它们往往记录了斗争中英雄的业绩：他用弓箭射死了敌人，同时也产生了目前显现在人们面前的景观，如马鞍山、老龙头，等等。这种传说中的情节很可能反映了狩猎民族对弓箭的崇拜意识。有时这种结果也是由英雄的其他行为（如燃烧篝火）造成的，甚至就是英雄本人躯体的化身。传说中的英雄主人公在多数情况下是游猎社会中受到崇敬的猎手，表明在这种传说流传的时代人自身（而不是神）已占有越来越重要的地位，人对于自身的力量已有着越来越肯定的信心。但传说也有个别情况和个别异文，其中主人公依然具有神的身份，表明这些英雄最初很可能是从神演变而来的。

　　所有这一类传说，往往都不同程度地表现出一种晚近时期的思维特点：保卫家乡，驱逐外来侵犯者，清除邪恶的力量。这些传说中所表现出来的正义战胜邪恶的思想，同现代人的善恶观念是一致的。而蟒猊的恶形象从外形到他们的所作所为（黄发碧眼，从西方来或从北方来，侵扰乡里，吃人），都使人联想到沙俄哥萨克300多年前对黑龙江流域的侵犯给这一带少数民族留下的深刻印象。

还有另外一些神话传说，它们解释山河成因的方式，呈现出较之前述各篇更为古老的形态。即以《多布库尔河的传说》为例：多布库尔虽是大兴安岭伊勒呼里山脚下的一条河，但它的源头却是由两条小溪汇成的。关于这条河的成因，就流传着一则充满神幻情节的美丽传说：原来源头的两条小溪，是由哥哥多布和弟弟库尔死后化成的。他俩原是两名猎手，一天见一头青狼在追逐雪兔，便一箭射死青狼，救下雪兔。傍晚仙女乘彩云飘向他们致谢，说明她就是那只雪兔，是恩都力的小女儿，而追逐她的青狼则是蟒猊的化身。猎手们虽然射杀了蟒猊的化身，但真的蟒猊却并没有被杀死，它仍想要复仇。仙女还答应在他们遇到危难的时候来救助。第二天清早果然有个火球突然朝多布袭来，被他躲过，撞到一株老樟松树上，轰的一声便把树烧着了。大火连成一片，把多布和库尔围困在其中，眼看有被烧死的危险。他们连忙向雪兔呼救。仙女告诉他们，这是蟒猊放的大火，只有挖出蟒猊的眼珠子来才能把大火扑灭。于是她把一把宝刀交给多布和库尔，指点他们奔嘎仙洞去找正在睡觉的蟒猊。多布和库尔顺利地挖出蟒猊的眼珠，老蟒猊口吐大火要想烧死两兄弟，被手疾眼快的多布一刀捅死。他们飞快地跑回伊勒呼里山脚下，把蟒猊的两颗眼珠埋到地里，于是从埋眼珠的地方立即涌出两注清泉，流成两条小溪，又汇成一条大河。大河拦住了大火的蔓延，火势由盛转衰，逐渐熄灭。可是多布和库尔两兄弟却因劳累过度倒下，再也没有站起来。从此以后，猎人们把西边的小溪叫多布河，东边的小溪叫库尔河，那条大河则叫作多布库尔河。

传说的另外一则异文还称这两条河是多布和库尔两兄弟死后的身体变成的。这样，传说又变成了化身型的神话故事。这种化身型的神话故事在鄂伦春族山水成因的传说中相当普遍，如《莫日根山》、《蒙克山的传说》、《塔头甸子的传说》等都是。在前两则传说中，英雄主人公在剪除蟒猊的激烈战斗中虽然获得胜利，但最终自己也死去化为屹立在大地上的山峰，使整个传说具有了悲壮的色彩。而在《塔头甸子的传说》中，那一个个丑陋的塔头墩子则是由蟒猊那一颗颗被砍下的脑袋变成的。在所有这些传说中，变形的观念都很发达，如仙女变白兔，蟒猊变青狼，眼珠化清泉，身体化河流，脑袋变塔头墩子，等等，表现出鄂伦春人民丰富的想象力，为传说增添了许多情趣。

　　有许多地方风物传说，表现了鄂伦春人民对美好幸福生活的向往，对善、美的追求，展示了人民丰富的想象。故事充满了浪漫色彩，饱含着朴素清新的气息。《山河形成的传说》便是这样一个故事。传说早年大兴安岭一带有一片平原，既没有山，也没有河。天旱得让人透不过气来。勤劳勇敢的莫日根想沿着鹿角爬到天宫去求雨。小伙子找到了那头神鹿，鹿角直顶九霄。它为莫日根求雨的诚意深深感动，同意帮助他，只是要他割足了草供它吃，然后再顺鹿角往上爬。快到天宫的时候，小伙子情不自禁地大喊了一声："可爬到天上来了！"神鹿以为他已经到天宫，便松了口气，把鹿的茸角动了一下。小伙子刚用手抓住天宫一角，突然鹿的茸角轰的一声倒下，小伙子也跟着摔了下来。鹿角倒落的地方砸出了一道道沟，变成了一条条河流；沟的两边鼓起的地方变成了一座最高的大山——伊勒呼里山。小伙子的母亲每天站在山顶盼望儿子归来，后来也变成了山顶的一颗老白桦树。从此，大兴安岭地区解除了干旱，有了山，有了河，有了林木，山青水绿，林丰木秀，禽兽汇聚到这里，人们过上美好日子。

　　传说中许多情节，同古老的神话母题相通。鹿角通天，是萨满神话中世界树的观念在游猎文化环境中的变体。巨人裂变为山川、河流的神话母题在传说中得到了充满诗意的体现。

　　《达尔滨湖的传说》和《四千山天池的传说》也是两则极美的山河成因传说。达尔滨湖风光旖旎，北面更有一串五个小湖，令人流连忘返。传说古时候一位勇敢的猎民在这里杀死了蜘蛛精，救了龙王。后者为了答谢猎民的救命之情，才开掘出这五个小湖，使达尔滨湖一带风光更加美丽动人。一到秋天，它们还会发出湖啸的声音。传说四平山顶的天池是仙人们开凿出来的，里头一池仙水，是仙女们沐浴的地方。仙女们看到鄂伦春的猎民们经常患病或得瘟疫，便使用这具有神效的池水为他们治病。所以鄂伦春人如果到达四平山顶的天池，一定要在里头痛痛快快地洗个澡，祛病延年。这一组山河成因的传说，同神话之间的关系十分密切——神鹿、蜘蛛精、小龙王、天上的仙女，为传说涂上了一层浓郁的浪漫色彩。人民借助美丽的想象把地方实有的湖光山色同神话母题、神话形象、神话情节联系起来，构成了这类传说产生的基础。

　　《白桦岭的传说》把白桦林的存在作为神的意愿见证。而神的意愿实际上所体现的却是鄂伦春人世代追求的氏族和睦相处的意愿。在大兴安岭鄂尔克奇北 30 里有一座高高的山岭。岭上长满白桦。传说这座白桦林原是落在此地的密密麻麻的箭杆变的。原来很早以前，这里却是一座秃山岭，岭南岭北都是好猎场。岭南住的是金鄂部落，岭北住的是银鄂部落。他们为了争夺马匹和猎场，发生了争斗和仇杀。一次双方隔着这座秃山岭厮杀起来，箭飞如雨，杀声震天。适逢山神白那恰路过此地，看到这种情景，心想不能让他们自相残杀，于是请来雷神、雨神，降下倾盆大雨。厮杀的双方一看，只好收兵。第二天雨后天晴，两个部落的人马又集结在岭南岭北，想要决个胜负。不料往岭上一看，一夜之间，那里竟长起茂密的白桦林。这时神向他们晓谕："同是亲兄弟，何必相摧残！"两部落的人听到神的声音，不由警然，悟出原来是"白那恰"把相互仇杀的箭杆变成了可爱的白桦林。于是化干戈为玉帛，两个部落和睦相处，原来的荒山秃岭也成了白桦岭。

　　传说的劝谕意义是不言自明的。值得注意的是劝谕的方式方法。神的意志在这里占有十分重要的地位。唯有神的意志才能出现箭杆变成白桦林的奇迹。传说借神的意旨来表达了普通鄂伦春人的意愿，这种做法是可以理解的。传说表明了普通鄂伦春人对氏族部落之间为争夺猎场而发生争斗厮杀的态度。

（作者单位：内蒙古鄂伦春民族研究会）

达斡尔神话传说中的族源地和
迁徙路线探究

伊兰琪

[摘 要] 对达斡尔族族源的考察一直都是学术界不断争议的话题。由于达斡尔族没有自己的文字,更早期的民族资料都只以神话传说的形式流传下来。神话在一个民族漫长的历史传说演变中继续存活着,是一个民族的集体记忆,是人类早期社会历史的活化石,而传说中保存的重要的历史价值也为我们了解和研究民族的历史补充了历史记录的空白。本文将在研究达斡尔族神话和传说的基础上对达斡尔族的族源地和历史迁徙进行考察和追踪。

[关键词] 达斡尔族 族源 迁徙 神话 传说

对达斡尔族族源的考察一直都是学术界不断争议的话题。关于达斡尔族的文献记录最早是清朝,康熙五年(1666年)在清史中第一次出现了"达呼尔"一词,即"达斡尔"。由于达斡尔族没有自己的文字,更早期的民族资料都只以神话传说的形式流传下来。神话在一个民族漫长的历史传说演变中代代相传着,是一个民族的集体记忆,是人类早期社会历史的活化石,而神话传说中保存的重要的历史价值也为我们了解和研究民族的历史补充了历史记录的空白。本文将在研究达斡尔族神话和传说的基础上对达斡尔族的族源地和历史迁徙进行考察和追踪。

一 历史上关于达斡尔族起源的不同说法

关于达斡尔族的起源问题长期以来一直受到国内外各学界的广泛关注,学者们从民族学、语言学、历史学和生物学等不同学科中运用各种方法进行了深入的探究。关于达斡尔民族的起源有几种不同的看法,但是被广泛接受的一般有两种，一是契丹后裔说，二是蒙古分支说。

从清朝开始，就有学者对达斡尔族的族源进行了考证。欧南·乌珠尔在《关于达斡尔族族称与族源问题》一文中说："其实，达斡尔人的族源早有正确的定论。如在清朝乾隆年间钦定《辽史语解》里，将大贺氏复原为达呼尔氏，后于宣统二年，在黑龙江省西布特哈调查档案中写道：达呼尔系辽国皇族后裔，天祚之时，迁至黑龙江北格尔必齐河一带居住。"①《辽史语解》中的这段话是对达斡尔族源进行的最早的考证。

关于达斡尔源于蒙古一说，1931 年巴达荣嘎在《对达斡尔族称及族源问题的看法》一文中从民族风俗、生活习惯、民族信仰和民族语言等方面指出了蒙古族与达斡尔族的相同或相近之处，阿勇在《关于达斡尔的族源问题》一文中说："因此，不少中外蒙古史学者，尤其是语言学专家们都认为达斡尔人起源于古代操原始蒙古语的部落。这个论断我以为是符合历史实际的。"② 他从古代蒙古语和达斡尔语的比较角度论证了达斡尔族和蒙古族族源的关系。

二　神话传说中的起源地分析

在达斡尔神话传说故事中，有很多都提到了远古时期达斡尔族起源的地点，这为我们研究早期达斡尔人族源历史、民族迁徙、生活习惯、生产方式、宗教信仰等问题提供了重要信息，我们从神话传说中的"很久以前"、"早年间"等表示时间久远的系列话语中，也能推断出民族起源、民族关系等历史性问题。

在达斡尔神话传说故事中，提到了达斡尔族起源地的几个具体地点：

1. 哈热慕如（黑龙江）

（1）传说很久很久以前，住在哈热慕如上的达斡尔人，在山上靠打飞龙、山鸡、沙半鸡、鹌鹑、乌鸡……飞禽走兽为生……

——《狗尾巴和五谷穗》③

---

① 欧南·乌珠尔：《关于达斡尔族族称与族源问题》，《内蒙古社会科学》1995 年第 3 期。

② 阿勇：《关于达斡尔的族源问题》，《内蒙古社会科学》1984 年第 2 期。

③ 苏勇：《达斡尔族神话故事》，内蒙古文化出版社 1998 年版，第 12 页。

（2）达斡尔人昔居西拉木伦（意为黄江）、哈拉木伦（意为黑江）地方。

——《萨吉哈迪汗的传说》①

2. 巴尔虎大草原

在富饶美丽的巴尔虎大草原深处，有个绿波荡漾的湖。……

——《为啥草茎上有指甲印》②

3. 莫力达瓦山

早年间，在莫力达瓦山下，诺敏河边住着一家老两口。

——《老虎的故事》③

4. 诺敏河

从前，在诺敏河畔有个村子，一个翁钦克库娶了媳妇过日子。

——《翁钦克库》④

5. 纳文慕如（嫩江）

（1）从前，在兴安岭密林里，纳文慕如边，住着一个达斡尔乌塔齐。

——《貉子精》⑤

（2）相传很久很久以前，在敖宝山下，纳文慕如边住着一个叫沃松贝的老人。

——《小金鱼和大莽盖》⑥

（3）相传很久以前，在敖包山下，纳文慕如边依山傍水坐落着一个达斡尔艾勒。

——《阿尔塔莫日根》⑦

（4）早年间，在富饶的敖包山下，美丽的纳文慕如边，依山傍水坐落着一个达斡尔艾勒。

——《乌塔齐的三个儿子》⑧

① 吴瑶、白晓清：《黑龙江达斡尔族文化》，黑龙江教育出版社 2012 年版，第 122 页。
② 苏勇：《达斡尔族神话故事》，内蒙古文化出版社 1998 年版，第 15 页。
③ 同上书，第 77 页。
④ 同上书，第 186 页。
⑤ 同上书，第 45 页。
⑥ 同上书，第 51 页。
⑦ 同上书，第 84 页。
⑧ 同上书，第 102 页。

（5）从前，在浑圆巍峨的敖包山下，富饶美丽的纳文慕如边，依山傍水坐落着一个达斡尔艾勒。

——《金壶里飞走两只鸿雁》①

（6）从前，在纳文江边，住着一户达斡尔人家，靠捕鱼度日。

——《小巴图热》②

（7）相传很久很久以前，在纳文慕如边的一个艾勒里，住着一个白音亚努给。

——《九头雕》③

6. 鄂嫩河

过去，达斡尔族鄂嫩哈拉的人住在鄂嫩河边，因而称自己的哈拉为"鄂嫩哈拉"。

——《"鄂嫩哈拉"的传说》④

7. 嘎西纳洞附近

相传很久以前，嘎西纳洞附近是个天然的好猎场。

——《嘎西纳洞的传说》⑤

8. 密林中

达斡尔人在很早很早的古代住在深山密林里，因身上有毛，不穿衣服……

——《人类的起源》⑥

以上神话传说故事说明，达斡尔族先民活动范围在黑龙江、嫩江流域，也有一部分达斡尔族生活在呼伦贝尔巴尔虎草原和莫力达瓦山嘎仙洞附近。《人类的起源》这篇神话中，提到达斡尔人远古时代曾经住在深山密林里，说明了达斡尔族最初是生活在森林中的狩猎民族，生活的范围西至鄂嫩河北至鄂嫩河东。鄂嫩河又名"斡难河"，属黑龙江水系，主要位于蒙古和俄罗斯境内，最后流入黑龙江。鄂嫩河源于蒙古国境内肯特山东麓，那也是蒙古部族的发祥地，在《蒙古秘史》中记载：

---

① 苏勇：《达斡尔族神话故事》，内蒙古文化出版社 1998 年版，第 124 页。

② 同上书，第 179 页。

③ 同上书，第 181 页。

④ 苏钦：《明末清初分布在黑龙江中上游的达斡尔诸城屯》，《中央民族学院学报》1982 年第 4 期。

⑤ 满都呼主编：《中国阿尔泰语系诸民族神话故事》，民族出版社 1997 年版，第 185 页。

⑥ 《达斡尔族社会历史调查》，民族出版社 2009 年版，第 253 页。

"成吉思·合罕的祖先。孛尔帖·赤那奉上天之命而生，他的妻子是豁埃·马阑勒，渡过腾汲思水，来到斡难河源头的不二罕·合勒敦山，驻扎住下。生下儿子，名叫巴塔赤·罕。"[1] 不二罕·合勒敦山即是现在的肯特山，从这两篇神话传说中我们发现达斡尔族和蒙古族的起源都在斡难河（鄂嫩河）旁的肯特山。

在《哈拉的传说》这一则达斡尔敖拉姓氏的传说中提到了民族的起源地和迁徙历程：

> 敖拉祖先名叫乌力斯，因此他的后裔是乌力斯毕尔吉。因乌力斯本人原先居住在涂克东地方，所以叫敖拉哈拉是涂克东爱满。敖拉姓最初的莫昆达住在多金屯，因此就叫多金莫昆。哈拉是后来才有的。达斡尔人的祖先迁到嫩江流域后，人们问他们什么是"哈拉"（姓什么），他们没法答复，就按照原来住在山根（敖拉）地方，自称为敖拉哈拉。从此以后，就不用毕尔吉、爱满等名称，只能用哈拉这个名称了。[2]

已经有学者根据达斡尔族的氏族传说和名称考证了早期达斡尔人的生活地点，安家瑷先生在《达斡尔族起源的民俗考证》一文中说："鄂嫩哈拉，汉姓鄂，因世居鄂嫩河取河名为姓氏，该河在现在的俄罗斯境内。额苏里哈拉，汉姓鄂，因世居黑龙江中段左岸支流额苏里河得名，该河名为女真语。金奇里哈拉，汉姓金，世居黑龙江支流精奇里江。郭罗布哈拉，汉姓金，以精奇里江的一个叫郭罗布阿彦地方为姓。莫尔登哈拉，汉姓莫、孟，其名也源于一处山地得名。这些和达斡尔姓氏起源有关的地名，分布在西起鄂嫩河东至精奇里江的黑龙江流域外兴安岭广大地区，证明达斡尔族源于并生活在这一区域。'敖拉'一词在达斡尔中意为'山'。敖拉哈拉，汉姓敖，多以黑龙江北岸一处山地而得名。"[3] 这就把传说和史实联系了起来，有学者用历史和地理的方法考证了达斡尔族的发源地。苏联学者莫柴也夫在其著作《中国的东北》

---

[1] 阿尔达扎布译注：《新译集注〈蒙古秘史〉》，内蒙古大学出版社2005年版，第1页。

[2] 孟祥义、王建平、刘思游：《达斡尔族的氏族组织》，《黑龙江民族丛刊》1999年第2期。

[3] 安家瑷：《达斡尔族起源的民俗考证》，《牡丹江师范学院学报》2008年第4期。

中考证说:"从前达斡尔人居住于贝加尔湖之东。因此,外贝加尔湖地区,特别是石勒喀河和额尔古纳河上游,至今还往往称作达呼里亚地区。"① 所以我们可以大胆地推测,早期的达斡尔人生活在黑龙江以北和外兴安岭的广大森林地区。

三 迁徙路线分析

在达斡尔民间传说中,关于萨吉哈迪汗的传说非常普遍,从清代开始,就有了对于萨吉哈迪汗传说的记录,其内容包括他带领族人挖界壕和进行南征等,但传说中都讲到了一个重点问题那就是迁徙。萨吉哈迪汗传说是我们做达斡尔族民族迁徙研究的重要资料,在萨吉哈迪汗传说的研究中,大家争论的焦点是他的族别和年代以及人物原型。本文只是针对传说中提到的具体民族迁移地点进行一个梳理,对其他问题不予以论述。

在关于萨吉哈迪汗南征的传说中,虽然故事内容有所不同,但是其背景都是一样的,那就是萨吉哈迪汗带领部众进行南迁。在蒙眼起舞的传说中说道:"达斡尔族曾在鄂嫩河上游称霸,有一天出发南征,大汗把部众分成留守和随征的两部分,留守的人较少,在本族传统风俗中,婚配困难,他们在环境条件的局限下,只好合眼相舞成配偶,以后繁衍为达斡尔人。"②这里提到的地点是鄂嫩河上游再往南迁徙。

还有一则北避的传说是这样的:"达斡尔人昔居西拉木伦(意为黄江)、哈拉木伦(意为黑江)地方。有一萨吉哈勒迪汗,曾为达斡尔族之部长。他骁勇善战,常与邻国动干戈。有一次,萨吉哈勒迪汗被邻国打败,于是,他带领部下军民,驮载珍珠财宝,驱赶牲畜,北越吉登达瓦(大兴安岭),来到黑龙江上游北岸。当时,一般军民粮尽力疲,便留居在山里江边,以种田打猎为生计。可是,萨吉哈勒迪汗领另一半军民,顺着格尔毕奇河,直往白格日达里(贝加尔湖)西行而去。"③这里不仅提到了达斡尔族的族源地:西拉木伦河和哈拉木伦河,还指出了路

---

① [苏]莫柴也夫:《中国的东北》,科学出版社1959年版,第6页。

② 见何维中《达古尔嫩流志》,转引自何光岳、何小宏《达斡尔族的来源和分布》,《湖南城市学院学报》2004年7月。

③ 吴瑶、白晓清:《黑龙江达斡尔族神话》,黑龙江教育出版社2012年版,第122页。

线是从西拉木伦、哈拉木伦越过大兴安岭来到黑龙江上游北岸，一部分人就留在了黑龙江边，另一部分人顺着格尔毕奇河往贝加尔湖方向去了。

另外一则南迁的故事说："达斡尔族祖先抄之斡惕汗住在鄂嫩河上游，与周围各部争天下，由于他的部落作战英勇，逢战必胜，称霸一时。一天，抄之斡惕汗部落遇到了比他的部落都强大的对手，只好南征了。当时正时值五月，天气变化无常，说冷就冷，说热就热。他们到了一个江边，水深浪急，无法过江，只好暂时在江边休息，另想办法。到了晚上，抄之斡惕汗命令部下都头朝南睡，老伴和六个儿子头朝北睡。睡到半夜，抄之斡惕汗的部下来报告说，'外面突然冷起来，天上飘着雪花，江水已经结成了厚厚的冰'。抄之斡惕汗一听，此时正是渡江的好时机，立即命部下踩着冰渡江了。第二天一早，抄之斡惕汗的老伴和六个儿子醒来，发现父亲和部下都不见了，就急忙赶到江边，可这时太阳早已把冰块都融化了，他们望着涛涛江水，只好在这荒无人烟的地方住下来……世代繁衍，传说这就是现代达斡尔人的祖先。"① 这里说到达斡尔族是在鄂嫩河上游从江北迁到江南。

关于达斡尔族迁徙，历史上也有记载。达斡尔族曾有过两次大的迁徙，一次是因为清朝时期，满族统治者在统一了黑龙江、松花江、乌苏里江等区域以及漠南蒙古各部后，开始了征服索伦部的战争。1616年，努尔哈赤发起了第一次对索伦部的战争，之后皇太极又在1635—1643年对达斡尔鄂温克等群众发动了三次侵袭战争。虽然索伦部将领和民众奋力反抗，但是总不敌清兵。以博穆博果尔为领导的索伦抗清自卫队在清兵数量众多的压力下顽强反抗，参加了多次自卫战争，但是最终寡不敌众，最后被清政府镇压。可是这些索伦各族人民所表现出的英雄气概一直被世代传颂。连年的战争让达斡尔族损失惨重，人口被大量掠夺杀害，牲畜和财产也被劫去，达斡尔族人辛勤创造的美好家园经历战争的浩劫荒凉不堪，族人流离失所，开始了第一次南迁。

达斡尔人的第二次大规模南迁是清政府做出的决定。1643年冬，沙俄雅库茨克统领戈洛文派以波雅尔科夫为首的武装探险队，首次闯入

---

① 《大兴安岭民间文学集成》编委会：《大兴安岭民间文学集成》（上），1987年版，第21页。

我国黑龙江流域达斡尔族和平居住区，野蛮地进行烧杀掠夺，激起了达斡尔等各族人民极大的反抗决心，各民族同胞对沙俄侵略者进行了英勇顽强的反抗斗争。在沙皇俄国持续了半个世纪的骚扰中，达斡尔族等东北各族人民进行了长期艰苦的反侵略斗争，做出巨大的民族牺牲，为保卫东北地区和国家领土完整做出了极大的贡献。

当时的清朝政府刚刚入主中原，正在进行统一全国的战争，已无精力顾及北疆战事，只好将黑龙江北岸的达斡尔、鄂温克等族迁到内地嫩江流域，以免沙俄骚扰侵略。达斡尔族人民只好听清政府之命，舍弃家园，携妻带子，渡过黑龙江越过大兴安岭，举族南迁至今嫩江流域广大地区。从此，达斡尔族人民就迁移到了嫩江流域一带。

四 结语

神话传说在长期的传承中以口耳相传的形式保存了本民族很多重要的民族信息，其中有一些是我们在正史中无法找到的，这些口头传承资料以集体性、稳定性补充了历史记录的空白，当我们把有语言而无文字的达斡尔族历史文献和民间文学结合起来的时候就可以看见一个全新而真实的民族历史和生活画卷。我们把神话传说中的族源叙事和历史记载联系起来经过深入分析，对于达斡尔族族源及其与蒙古族的历史关联，得到更全面更合理的解释。民间文学正是因为这种无可取代的功能性流传至今，呈现出历史学、民族学等诸多学科价值和社会功能，深受广大学者和民众的喜爱。

参考文献

[1] 欧南·乌珠尔：《关于达斡尔族族称与族源问题》，《内蒙古社会科学》1995 年第 3 期。

[2] 阿勇：《关于达斡尔的族源问题》，《内蒙古社会科学》1984 年第 2 期。

[3] 苏勇：《达斡尔族神话故事》，内蒙古文化出版社 1998 年版。

[4] 吴瑶、白晓清：《黑龙江达斡尔族神话》，黑龙江教育出版社 2012 年版。

[5] 孟祥义、王建平、刘思游：《达斡尔族的氏族组织》，《黑龙江民族丛刊》1999 年第 2 期。

[6] 安家寰：《达斡尔族起源的民俗考证》，《牡丹江师范学院学报》2008 年第 4 期。

［7］［苏］莫柴也夫：《中国的东北》，科学出版社 1959 年版。

［8］何光岳、何小宏：《达斡尔族的来源和分布》，《湖南城市学院报》2004 年第 7 期。

［9］《大兴安岭民间文学集成》编委会：《大兴安岭民间文学集成》（上），1987 年版。

［10］孟志东：《达斡尔族源研究述评》，《黑龙江民族丛刊》2000 年第 2 期。

［11］鄂景海、巴图宝音：《中国达斡尔族史话》，民族出版社 2005 年版。

（作者单位：中央民族大学少数民族语言文学系）

黑龙江杜尔伯特与内蒙古布里亚特、巴尔虎蒙古族族源神话比较研究

杨佳蓉

[摘　要] 族源神话，往往在阐述自己祖先来源的同时，或隐或显地强调了自己族类与图腾、始祖和神灵的神秘联系。一方面，是希望得到他们的庇佑和支持，以获取力量与利益，正所谓"神不歆其非类，民不祀其非族"（《左传·僖公十年》）。另一方面，自己族类的神秘起源与经受严峻考验的历程，也证明了自己族类的神圣性与独特性，为其在自然界和氏族社会里的高贵地位找到理由与依据，从而为本族权力意志的诉求行为找到了合理性与合法性的解释说明。

[关键词] 蒙古族　族源神话　神女诞育　主题研究

神女诞育是人类神话传说的一个世界性主题，而在蒙古族族源神话中，神女诞育是个出现频率极高的母题，在诸如《天女之惠》、《霍里土默特与霍里岱墨尔根》、《鲁俄俄》、《女巫芒牛交媾》等族源神话传说中都占有极其重要的地位。本文选取了在内蒙古自治区呼伦贝尔市鄂温克自治旗布里亚特、陈巴尔虎旗蒙古族流传很广的神话《霍里土默特与霍里岱墨尔根》，与黑龙江省杜尔伯特蒙古族祖先的古老神话《天女之惠》这两大典型神女诞育型神话文本，运用主题研究的方法进行了比较研究，发现两者在母题分析与情节结构上大体相似，认为两者出自一源，且经过研究分析发现《天女之惠》神话很可能是《霍里土默特与霍里岱墨尔根》的衍生文与变体。本文力图解析两大活态神话背后的文化密码，从神话角度探讨蒙古族历史族源传统文化的基本精神与特质。

一　神话中的杜尔伯特蒙古族与布里亚特、巴尔虎蒙古族

（一）《天女之惠》

蒙古族杜尔伯特部的"杜尔伯特"，蒙古语，又译作"朵儿边"，意为"四"。"他［朵奔·蔑而干（蔑儿干）］的兄长都蛙·锁豁儿有四个儿子。居住了一段时间，他的兄长都蛙·锁豁儿死去了。都蛙·锁豁儿死后，他的四个儿子不把叔父朵奔·蔑而干当亲族看待，看不起他，与他分离，抛弃了他，迁走了。他们成为朵儿边氏，成为朵儿边部。"① 根据《蒙古秘史》记载，杜尔伯特部的祖先最初是成吉思汗的十二世祖朵奔·蔑儿干之兄都蛙·锁豁儿的四个儿子，他们被称为杜尔伯特氏，世代相因，游牧于嫩江两岸，遂成为杜尔伯特部。《天女之惠》是杜尔伯特部流传久远的祖先神话，本文选取了富育光在《萨满教与神话》一书中的汉文本：

传说，在杜尔伯特人游牧地方，有一座高耸入云的纳德山。山顶终年积雪，云雾弥漫，清澈的泉水形成山湖，湖水如镜。人们都说，这里是天神隐居的地方。一位年轻的猎人在追逐猎物时，偶然爬上了山巅。在山湖岸边，他忽然发现了一群在水中嬉戏的天女。天女们动人的身姿使猎人惊羡不已，他立刻跑下山去，拿来了一副套马用的皮套索。这时天女们依然在水中追逐玩耍，没有看到正在林边窥视的猎人。突然，飞来的皮套索紧紧地套住了她们中的一个，其他人都惊慌地躲到云端里去了。年轻的猎人开始向天女求爱，没有受到拒绝。但是他们的欢聚是暂时的，由于天上人间的悬殊，两人当天就分手了。后来天女怀孕了，又重回到她与猎人相遇的山湖旁边，生下一个男孩。但是她不能在人间常住，只得编一只小小的摇篮把孩子挂在树上，又加派一只黄色小鸟为孩子昼夜唱歌，然后悲痛地回到天上去了。这时杜尔伯特的祖先们还没有自己的酋长，他们急切盼望找到一个首领。在一位先知的指引下，他们登上纳德山，并顺着鸟鸣传来的方向，在山湖旁边的树梢上找到了这个孩子。杜尔伯特的祖先们异常高兴，欢天喜地把孩子抱回部落里。后来，孩子很快长成一名身材魁梧的伟丈夫，创立了伟业，并成为绰罗斯

---

① 余大钧译注：《蒙古秘史》，河北人民出版社2000年版，第6页。

家族的祖先。①

　　值得注意的是，绰罗斯，源于古老的蒙古斡亦剌惕部（突厥语为Oirat，明朝译作"瓦剌"；清朝至今，汉语音译"卫拉特"或"厄鲁特"、"额鲁特"，汉义为"森林百姓"），曾是元明时期蒙古最强大的部落之一，成吉思汗曾将自己的一个女儿嫁给斡亦剌惕部领袖，结成世代姻亲。后斡亦剌惕部在明末清初分为以准噶尔为首的准噶尔、和硕特、土尔扈特、杜尔伯特四部，其中绰罗斯为准噶尔和杜尔伯特部贵族姓氏。

（二）《霍里土默特与霍里岱墨尔根》

　　布里亚特是古代生活在贝加尔湖以东的巴尔虎津一带的蒙古族的一支，同属于古代贝加尔湖地区巴尔虎诸部族之一。巴尔虎作为蒙古族一个部族名，其古称"拔野古"（《隋书》称"拔野固"，《新唐书》称"拔野古"，《元史》称"八儿浑"，《蒙古秘史》称"八儿忽"），清代史料称之为"巴尔虎"，并相沿至今。在布里亚特、巴尔虎地区的蒙古人神话传说中，神女诞育型神话内容多为天鹅化作女子与青年婚配生子繁衍成为部族，《霍里土默特与霍里岱墨尔根》便是这类作品的代表，本文选取《卫拉特历史文献》中的汉译文本：

　　相传霍里土默特是个尚未成家的单身青年。一天，他在贝加尔湖湖畔漫游时，见从东北方向飞来九只天鹅落在湖岸脱卜羽衣后变成九位仙女跳入湖中洗浴，他将一只天鹅的羽衣偷来潜身躲藏。浴毕，八只天鹅身着羽衣飞去，留下一只作了他的妻子。当生下第十一个儿子后，妻子想回故乡，求夫还其衣，夫不允。一天，妻子正在做针线活儿，霍里土默特拿着"抓手"（即两片防止烫手的毡片）做菜烧饭。妻子说："请把鹅衣给我吧，我穿上看看，我要由包门进出，你会轻易地抓住我的，让我试试看吧！"霍里土默特想："她穿上又会怎么样呢？"于是从箱子里取出那件洁白的鹅衣交给了妻子。妻子穿上鹅衣立刻变成了天鹅，在房内舒展翅膀，忽然，喇的一声展翅从天窗飞了出去。"嘀咛，你不能走，不要走呀！"丈夫惊讶地喊叫，慌忙中伸手抓住了天鹅的小腿，但是，最后天鹅还是飞向了天空。霍里土默特说："你走就走吧，但要给十一个儿子起名再走吧！"于是，妻子给十一个儿子取名为呼布德

---

① 富育光：《萨满教与神话》，辽宁大学出版社1990年版，第259页。

（xubud）、嘎拉珠德（GalJud）、霍瓦柴（xowaCai）、哈勒宾（Qalbin）、巴图乃（Batunai）、霍岱（xodai）、呼希德（xusid）、查干（caYan）、莎莱德（saraid）、包登古德（Budunggud）、哈尔嘎那（xarYana），还祝福说："愿你们是世世代代安享福分，日子过得美满红火吧！"①

　　霍里土默特是贝加尔湖东岸的一个部族，位于巴尔忽真河河口，是天鹅的故乡，所以对天鹅怀有崇敬之情。而居住于内蒙古呼伦贝尔地区的巴尔虎人自称远祖来自斡难河上游及贝加尔湖一带地区，巴尔虎的部族名便是以"巴尔忽真"这一地名相称，两者祖先基本是住在同一地区，因而流传着相同的鹅女生子的神话传说。

二　族源神话母题比较分析

　　从文本上看，杜尔伯特的《天女之惠》与布里亚特的《霍里土默特与霍里岱墨尔根》十分相似。主人公都是人间的男性青年（"猎人"，"尚未成家的单身青年"）与从天而降的神女（"天女"，天鹅化身）结婚，情节模式都是"青年外出——巧遇神女——智擒神女——结合生子——神女离去——子成祖先"，叙述方式基本一致，两者很可能出自一源。

　　母题是文化传统中具有传承性的文化因子，是文学作品中最小的叙事单位和意义单位，它是文学中反复出现的人类基本行为。"母题是构成神话作品的基本元素。……母题表现了人类共同体（氏族、民族、国家乃至全人类）的集体意识，并常常成为一个社会群体的文化标识。"②对两个神话文本的具体母题结构进行梳理，其结果可见下表：

表 1　　　　　　　　　　**两个神话文本母题结构梳理**

《天女之惠》	《霍里土默特与霍里岱墨尔根》
地点：纳德山山湖	地点：贝加尔湖
猎人偶遇天女	霍里土默特偶遇仙女

---

① 巴岱、金峰、额尔敦编：《卫拉特历史文献》（蒙古文），内蒙古人民出版社 1985 年版，第 185 页。

② 陈建宪：《论比较神话学的"母题"概念》，《华中师范大学学报》（人文社会科学版）2000 年第 1 期。

续表

《天女之惠》	《霍里土默特与霍里岱墨尔根》
猎人套天女	霍里土默特偷羽衣
猎人求爱结合	霍里土默特与天女成婚
天女离开	鹅妻生子
天女怀孕生子	鹅妻想归家
天女弃子回天	鹅妻巧计得羽衣
杜尔伯特寻酋长	鹅妻为十一子取名
先知指引找孩子	鹅妻弃子回天
孩子长大成绰罗斯家族祖先	十一子成祖先

　　从母题角度看,《霍里土默特与霍里岱墨尔根》的所有母题基本上可以在《天女之惠》中找到相似对应母题,而"弃子"、"寻酋长"、"先知指引"作为《天女之惠》独有的母题,囊括了更多的细节与内容。在黑龙江杜尔伯特蒙古族《天女之惠》神话中讲到民族族源地在纳德山,天女在纳德山湖畔生下的祖先婴儿用篮子装着挂在树上,并有一只黄色的小鸟守护着。鸟、树这两大图腾崇拜在北方少数民族神话中普遍存在,并且将男孩挂在树上暗含了树瘤生子的神话。宝音贺希格《蒙古历史传说》中的绰罗斯准噶尔的起源神话,这样讲道:"传说古时候有两户名叫阿密内和图门内的人家,住在深山老林里生息繁衍。他们的子孙中有一个狩猎能手。一天,这个猎手在森林里发现了一棵大树,中间有瘤,瘤洞里(空心)躺着一个婴儿。树瘤上端有一形如漏斗的枝杈,其尖端正好插在婴儿口中,树的液汁顺着漏管经婴儿口进入体内,成为他的食品。树上有一鸥鹑精心守护。猎人便把婴儿抱回抚养,称婴儿为'树婴为母,鸥鹑为父的天神(腾格里)的外甥'。婴儿成人后被推选为首领,其子孙便繁衍成为绰罗斯部族。'绰罗斯'者,漏管树杈哺育人之意。又有将抱养婴儿的人及其后代称为'准噶尔部'等说法。"可以初步判定,《天女之惠》是在结合了天鹅处女与树瘤生子两大神话的基础上加工创作而成的。

　　早期的神话传说,赤裸裸的人兽通婚形式普遍,北方民族中的狼图腾的神话以及南方民族中的盘瓠神话都是这类形态。例如,《北史·高车传》有记载幼女与狼结合,"俗云:匈奴单于生二女,姿容甚美,国人皆以为神。单于曰:'吾有此女,安可配人?将以与天。'乃于国北无人之地筑高台，置二女其上曰：'请天自迎之。'经三年，其母欲迎之。单于曰：'不可，未彻之间耳。'复一年，乃有一老狼，昼夜守台嗥呼，因穿台下为空穴，经时不去。其小女曰：'吾父处我于此，欲以与天，而今狼来，或是神物，无使之然。'将下就之。其姊大惊曰：'此是畜生，无乃辱父母？'妹不从，下为狼妻而产子。后遂滋繁成国。"而随着人类文明的发展，这一类神话逐渐演变，动物一方化为人形与凡人成婚，即人兽婚演变为人人婚，《霍里土默特与霍里岱墨尔根》就象征性体现了这一观念的演变过程。在《霍里土默特与霍里岱墨尔根》中，鹅女可以依靠羽衣在人与鹅之间自由进行变幻，穿上羽衣是展翅飞翔的天鹅，脱下羽衣是人形模样的仙女，而在《天女之惠》中，天女已经褪去了禽兽的属性，完完全全是人的模样，甚至进而演变为"天神"之女，仅剩下"神"属性。可以说，人类诞育型神话的发展，就是一个主角从暗含着神性的"兽"属性到夹杂着神性的"人兽"属性再到纯粹的"神"属性的过程，这一过程也暗示着文明的进化过程，是一个在思想上"人"对"兽"的征服过程，也是人类对神灵与上帝的概念逐渐明晰的一个过程。甚至可以说，这是一个神话的进化过程。

同时，在"神女离去"的这一共同情节中，还可以发现两大神话在离去的原因方面存在着很大的差异。《霍里土默特与霍里岱墨尔根》中鹅女由于"想回故乡"而主动要求丈夫归还羽衣，《天女之惠》中天女则是由于"天上人间的悬殊"而被迫与猎人分别，"天上人间的悬殊"已经透露着等级森严的阶级意识形态。"想回故乡"是个人意识的体现，而阶级意识则是集体意识的凸显。随着生产领域的拓展与分工，人类逐渐进入阶级社会，反映在意识形态上，神话传说的创造和编撰逐渐超越狭隘的个人意识而逐步向整个族群社会的时代观念与价值判断靠拢，即被打上了时代的"印迹"。由此也可判断，《天女之惠》是《霍里土默特与霍里岱墨尔根》之后的产物。

三　族源神话中的天命观

早在远古时代，先民们由于生产技术低下，自然环境恶劣，先民对生存必需的物质生产生活资料的渴求难以满足的现实和其为生存所付出的艰苦劳动与巨大牺牲形成强烈的对比冲击，导致他们的"物欲"与控制自然现象的"权欲"往往比现代人还要强烈。同时，先民们对世界的理解与认识直观而又幼稚，思维的不发达与知识的极度匮乏，只能用疯狂炽热的情感来弥补。这种强烈的欲望与难以遏制的情感相碰撞，形成早期人们生命需求的本能冲动与深层内在心理机制，于是一种神秘主义叙事学，即神话传说，也就应运而生。

关于权欲，德国哲学家尼采（Friedrich Nietzsche）提出了"权力意志"，他从唯意志论（世界的本质是意志）出发，认为生命的意义在于释放能量以征服他物，驱使他物为自己的目的服务，因此，相对于叔本华的"生存意志"或求生欲望，意志更重要的是"权力意志"，表现为追求食物的意志，追求财产的意志，追求工具的意志，追求奴仆和主子的意志等。族源神话，往往在阐述自己祖先来源的同时，或隐或显地强调了自己族类与图腾、始祖和神灵的神秘联系。一方面，是希望得到他们的庇佑和支持，以获取力量与利益，正所谓"神不歆其非类，民不祀其非族"（《左传·僖公十年》）。另一方面，自己族类的神秘起源与经受严峻考验的历程，也证明了自己族类的神圣性与独特性，为其在自然界和氏族社会里的高贵地位找到理由与依据，从而为本族权力意志的诉求行为找到了合理性与合法性的解释说明。

不论是天女诞子还是鹅女授名，神女诞育型族源神话传说总是或明显或含蓄地给予祖先一个具有超凡权力的"人神之子"的属性。凡人与神女的偶然相遇生子，其子孙繁衍壮大建立丰功伟业，这一故事情节也是蕴涵了强烈的权力意志的天命观的体现。

蒙古族神话传说中的天命观意识最早可以追溯到萨满教的"万物有灵"观念，认为天地万物都有自己的意志，人死后灵魂不灭。萨满文化的核心之一——图腾崇拜作为由自然崇拜向祖先崇拜演变过程中产生的一种原始宗教形式，是一种广泛存在的原始文化形态。"原始人相信：通过把每一种有用的动物或植物作为本团体的图腾，通过树立种种偶像、象征和进行模仿性的舞蹈，可使各种动物大量繁衍、食物来源丰盛；只要严格遵守有关图腾的种种规定，他们的团体就能壮大，食物的来源就能确保。"[①] 由于自然条件和生态环境的不同，图腾崇拜也独具

---

① ［美］斯塔夫里阿诺斯：《全球通史——1500 年以前的世界》，吴象婴、梁赤民译，上海社会科学院出版社 2004 年版，第 71 页。

地域性与民族性，鸟图腾崇拜在北方草原民族和阿尔泰语系民族中十分常见。例如，满族先祖布库里雍顺，相传是天女佛库伦在池中沐浴时，不小心吞了一只神雀衔来的朱果后怀孕而生下的，颇似《诗经》中"天命玄鸟，降而生商"的隐喻。鸟图腾崇拜在《霍里土默特与霍里岱墨尔根》中明显表现为天鹅母亲，羽衣是沟通神界与人界的媒介，脱去羽衣是思念家乡的凡人，穿上羽衣是展翅而飞的天鹅，这种可在人与兽的形态之间自由变换的能力与萨满教中巫师祭祀时模仿动物的行为颇为类似。而在《天女之惠》中则较为隐晦，"黄色小鸟"作为祖先的守护神与杜尔伯特的指引者形象出现。但无论是鹅母还是守护小鸟的出现，其目的无外乎暗示祖先是天命所归之人，其族类是具有高贵神性血统的族类。

同时，观察文本发现其中两性角色安排惊人相似，男性都是生活在山林湖畔的凡人，而女性都是独具神力属性的天女。《三朝北盟会编》云："珊蛮者，女真语巫妪也。"[①] 萨满最初多以女性为主，是具有法力并能与神灵进行沟通的人。文本里的女性角色不仅是整个神话传说神秘性与神圣性的来源，同时也担任着沟通人间与神界的桥梁，她们既可以在天上居住又可以在人界生活，她们既是拥有法力的神女又是生儿育女的妻子与母亲，可以说，她们是萨满文化与巫术仪式的缩影与象征。而文本中的男性角色，则代表了民族的智慧与人类的性本能。男性渴求女性，男性角色在看到女性角色的反映无外乎"捕捉"（"套"、"偷"）女性角色以成家生子，追根溯源是人类的性本能冲动与其承担的保存基因繁衍后代的责任使然。很显然，这两篇神话传说的创作背景已经脱离了"不知有父"的母系社会而进入了父系社会，但还残留着母神崇拜的印迹。尽管这里的母神崇拜已不像母系氏族社会产生的诸如女娲、麦德尔娘娘那样神通广大法力无边，但女尊男卑的影子仍然清晰可见。按照马克斯·韦伯的观点，权力是"有机会实现他们意愿的能力"，结合男女角色的特质，作为两性后代的"人神之子"，不仅具有母系一族的神圣与神力——血统"权力"，同时也具有父系一族的智慧与聪颖——智能"权力"，从而暗示了成长壮大的必然，保证了其民族地位

---

① 吕大吉、何耀华主编：《中国各民族原始宗教资料集成》，中国社会科学出版社1999年版，第578页。

的不可动摇性。这种将自己族类祖先与天神联姻以代入神圣性的叙述方式并不少见，褪去神秘性的外衣与荒谬化的伪装，最后呈现在大家面前的就是神话中"权力意志的叙述形式"。

参考文献

[1] 马汝珩、马大正：《论杜尔伯特三车凌维护国家统一的斗争》，《清史研究集》第一辑，中国人民大学清史研究所，中国人民大学出版社 1980 年版。

[2] 包海青：《蒙古族族源传说起源探讨》，《内蒙古民族大学学报》第 35 卷，2009 年第 5 期。

[3] 包海青：《阿尔泰语系民族树生人神话传统与蒙古族树始祖型族源传说》，《内蒙古师范大学学报》第 41 卷，2012 年第 4 期。

[4]［英］詹·乔·弗雷泽：《金枝》，中国民间文艺出版社 1987 年版。

[5] 余大钧译注：《蒙古秘史》，河北人民出版社 2000 年版。

[6] 刘亚虎：《神话与诗的"演述"》，北京大学出版社 2006 年版。

[7]［美］斯塔夫里阿诺斯：《全球通史——1500 年以前的世界》，吴象婴、梁赤民译，上海社会科学院出版社 2004 年版。

[8] 吕大吉、何耀华总主编：《中国各民族原始宗教资料集成》，中国社会科学出版社 1999 年版。

[9] 陈岗龙：《天鹅处女型故事与萨满教》，《百色学院学报》第 23 卷，2010 年第 1 期。

[10] 富育光：《萨满教与神话》，辽宁大学出版社 1990 年版。

[11] 陈建宪：《论比较神话学的"母题"概念》，《华中师范大学学报》（人文社会科学版）第 39 卷，2000 年第 1 期。

[12] 巴岱、金峰、额尔敦编：《卫拉特历史文献》（蒙古文），内蒙古人民出版社 1985 年版。

（作者单位：中央民族大学少数民族语言文学系）

蒙古族神话传说中的成吉思汗

牟志秀

[摘　要]一代天骄成吉思汗，起兵蒙古，东征西战，铁骑踏遍半个地球，建立了全蒙古第一个政权——蒙古汗国，开创了一个新的朝代——元朝。他是一代天骄，是蒙古人永远的骄傲，是中华民族永远的自豪。这样一位伟大的英雄，无论是从他的出生，还是到他的死亡，都充满着神秘传奇的色彩。无论是他的祖先，还是他的后代都充满着神秘色彩，就连他死后的陵墓至今都是一个难解的谜团。这促使着一代又一代的学者不断地探索、研究他。

[关键词]成吉思汗　祖先　名字　死亡之谜　陵墓

有人说过："一个民族没有英雄，这个民族是可悲的；出现了英雄，却不去认识他、研究他、宣传他，这个民族是没有希望的！"在历史的长河中，我们国家出现的民族英雄不胜枚举，而成吉思汗就是典型的一位。他起兵蒙古，东征西战，所率领的军队铁骑踏遍半个地球，建立了全蒙古第一个政权——蒙古汗国，开创了一个崭新的朝代——元朝。成吉思汗，是蒙古人永远的骄傲，多少蒙古人以是成吉思汗的后代为荣耀，同时他也是中华民族永远的自豪，因为他的存在，世界对中国刮目相看。他这样一位伟大的英雄，注定不平凡，无论是他的出生，还是他的死亡，都充满着神秘的传奇色彩。

一　民间传说中的蒙古族及成吉思汗家族

成吉思汗是蒙古人的后代，身体里流淌着蒙古人的血液。所以当提及成吉思汗的时候，我们不能不提及他的祖先，他的根源，以及有关的几个古老的传说。众所周知，蒙古族是生活在我国北方的一个古老的民族。但是在史书典籍里，没有留下多少有关蒙古族远古祖先活动的记录，但我们仍然可以从蒙古人口耳相传的传说中找到一些可供追寻的线索。虽然民间传说不等于历史事实，但这对于研究成吉思汗的祖先，蒙古族的起源都有重要的参考价值。

关于蒙古族起源地点，以及成吉思汗家族的诞生，在蒙古族民间流传着大量的神话传说。关于蒙古族的产生，民间传说这样讲道：相传，天地分开以后，太阳就有了两个女儿。又说，当哈敦高勒（黄河）入海的时候：世上才有了第一叶轻舟，两个女儿并坐在轻舟上，一路观花来到了神州。

> 姐姐嫁到南方，
> 南方山清水秀。
> 妹妹嫁到北方，
> 北方牧草流油。
> 当姊妹探亲的时候
> 有哈敦高勒连着衣袖。
> 当姊妹相思的时候，
> 有鸿雁候鸟传书问候……

有一年，姐姐临产了。婴儿"唉咳，唉咳"地坠下母胎，所以就把婴儿叫作"孩子"，取名就叫海特斯（汉族）。又说，婴儿生下来手里就攥块土，后来就种植五谷了。

又有一年，妹妹临产了。婴儿"安啊，安啊"地坠下母胎，因此就把婴儿叫作"安昂"，取名就叫蒙高乐（蒙古族）。还说，婴儿生下来手里就攥着一把马鬃，以后就放牧牲畜了。

传说：蒙古族即这样产生了。

又说，在成吉思汗（乳名铁木真）出世的两千年以前，蒙古人有一次被其他部族打得大败，只剩下一男一女，他们逃到额尔古涅·昆（"昆"是山崖的意思）地方居住下来，这就是额尔古纳河一带。其后子孙繁衍，自成部落，统称为蒙古·答儿列勒部。后来，成吉思汗一族的远祖又分化出来，乞颜又成为这一族的总姓氏。

不知又过了多少世纪，乞颜姓氏的蒙古人在其领袖孛儿帖·赤那的率领下，又迁到客鲁连河（今克鲁伦河）及斡难河（今鄂嫩河）流域居住下来。孛儿帖·赤那的子子孙孙，传了十二代才到了朵奔·蔑而干。朵奔·蔑而干娶了一位美丽的妻子叫阿兰豁阿，她生了两个儿子，朵奔·蔑而干就死了。阿兰豁阿说：自从丈夫死了之后，夜里总有一道白光从蒙古包的天窗射进来。大概是神罢！在这以后阿兰豁阿又生了三子。前两个儿子的后代，构成了蒙古族中的都儿鲁斤部落；后三个儿子的后代，构成了蒙古族中的尼伦部落（"尼伦"就是圣洁的意思）。成吉思汗的近祖属于尼伦部。

阿兰豁阿的幼子名叫孛端察儿，其后裔称为孛儿只斤氏族，就是成吉思汗出生的氏族。孛端察儿又传七代，到了合不勒时代。他统一了蒙古尼伦部，开始称汗。合不勒死，他的儿子忽图剌称汗。忽图剌之兄把儿坛，就是成吉思汗的祖父。

把儿坛生四子，三子也速该就是成吉思汗的父亲。有一次，也速该和他的兄弟们去狩猎。在途中遇到一辆勒勒车，车上坐着一个漂亮的姑娘。也速该在兄弟们的支持下，把姑娘抢来为妻。这个女子名叫诃额仑，她就是成吉思汗的母亲。成吉思汗出生的时候，是南宋绍兴三十二年（1162），生在迭里温·孛勒答黑地方。

这些神话传说，都是草原上职业的贺日莫勒其（说唱家）传授下来的，一代传给一代，一直传到今天。[①]

另外，波斯史学家拉施特（剌失德丁）根据蒙古人的民间传说，描写了蒙古族远古的历史，为探寻成吉思汗的祖先及起源地提供了重要的线索，其中说："大约距今两千年前，古代被称为蒙古的部落，与另一些突厥部落发生了内讧，终于引起战争。据值得信赖的贵族们［所转告］的一些故事说，另一些部落战胜了蒙古人，对他们进行了大屠杀，使他们只剩下两男两女。这两家人害怕敌人，逃到了一处人迹罕见的地方，那里四周惟有群山和森林，除了通过一条羊肠小道，历尽艰难险阻可达其间外，任何一面别无途径。在这些山中间，有丰盛的草和［气候］良好的草原。这个地方名叫额尔古涅—昆。'昆'字意为'山坡'，而'额尔古涅'意为'险峻'；这个地方意即'峻岭'。那两个人的名

---

① 苏赫巴鲁：《成吉思汗的故事》，中国民间文学出版社1984年版，第1—6页。

字为：捏古思和乞颜。他们和他们的后裔长时期居留在这个地方生息繁衍。"①

《史集》中记载："乞颜在蒙古语中，意谓从山上流下的狂暴湍急的'洪流'。因为乞颜人勇敢、大胆又极其刚强，所以人们以这个词作为他们的名字。"乞牙惕为乞颜的复数，因此人们又称这个氏族为"乞牙惕"②。"他们的各个分支渐以某个名称著称，并成为一个单独的斡巴黑（氏族）"；"这些斡巴黑又复［繁衍］分为多支"。"凡出于这些分支的人，多半互为亲属"③。这些分支联合为部落，《旧唐书》中称其为"蒙兀室韦"。

直到唐朝中期，蒙兀室韦还北傍望建（额尔古纳）河而居，活动于河南岸的山林中。当这个部族在那些山林中日益繁衍，地盘日益狭窄而无法容纳的时候，他们就想离开额尔古涅—昆的深山，向外发展。但由于草木丛生，他们的祖先上山的道路早已被堵塞了。究竟如何从这个险谷中出去呢？他们互相商量着，进行各种探索和尝试，最后终于发现了一处铁矿。于是他们全体聚集在一起，在森林中准备了成堆成堆的木柴和煤，又宰杀了70头牛马，从它们身上剥下整张的皮，用那些皮做成锻炼的风箱。然后他们一起出动，使这70个风箱一齐鼓风助火，将那处铁矿全部熔化。他们从那里得到无数的铁，并开辟了一条通路。从此，蒙古族离开了那个狭窄的土地，走到广阔的草原去游牧。④他们主要分为两支，逐步向南、向西迁徙。

这个优美的传说一直在蒙古各部中广为流传，据《史集》记载：乞颜部一些氏族、兀良哈等都自称"曾拉过风箱"。包括成吉思汗所在的黄金家族也没有忘记这段美好的往事，他们的"氏族中有这样一种习俗和规矩：他们在除夕之夜，准备好风箱、熔铁炉和煤，把少许的铁烧红，放到砧子上捶打，展延［成条］，［对自己的解放］表示感激"。这只是有关成吉思汗祖先的一两个传说。除此之外，还有关于苍狼和白鹿的传说。

---

① 转引自［波斯］拉施特《史集》第一卷第一分册，余大钧、周建奇译，商务印书馆1997年版，第251页。

② 同上。

③ 同上。

④ 同上书，第252页。

旧译《元朝秘史》记载说："成吉思合罕（可汗）的根源是：奉上天之命降生的苍色的狼，他的配偶是惨白色的鹿，他们同渡过腾汲思海子而来，在斡难河源头、不儿罕山前立下营盘，生下了巴塔赤罕。"① 这就是《秘史》所说的成吉思汗的始祖，他们距离成吉思汗整整 22 代。

从"苍狼"与"白鹿"一起又过了 100 多年，蒙古族才进入朵奔蔑儿干时期。"蔑儿干"汉语意为"善射者"，"朵奔蔑儿干"即善射者朵奔。他有一个哥哥名叫都蛙锁豁儿，"都蛙"汉意为"远视"，"锁豁儿"汉意为"目"。"都蛙锁豁儿"相当于汉族传说中的"千里眼"。他们是蒙古族著名的首领，成吉思汗的第十一世祖先。②

然而成吉思汗所在的蒙古·孛儿只斤氏是从他的第十世祖孛端察儿开始兴盛的。《元史》追溯蒙古族的族源，也正是始于此。"孛端察儿"并非本名，而是一种尊称，汉语意为"胚胎"，相当于汉人所说的"鼻祖"、"始祖"。他的本名叫"蒙合黑"，因此其全称是"孛端察儿蒙合黑"，即始祖蒙合黑。由于他的后代所组成的孛儿只斤氏成为元朝皇族的姓氏，因此成吉思汗所在的黄金家族把孛端察儿奉为鼻祖。③ 据《元史·太祖纪》记载："孛端察儿状貌奇异，沉默寡言，家人谓之痴。"人们都说他呆痴愚笨。"知子莫如母"，阿兰母亲也了解自己的儿子，其看法与众不同，常对人说："此儿非痴，后世子孙必有大贵者。"④ 后来果然如阿兰母亲说的那样，孛端察儿率人降服了兀良哈人，变成了贵族。在抢掠兀哈良人时，孛端察儿乘机给自己抢了一个老婆叫阿当罕，过了几年，阿当罕生了一个男孩，起了个名字叫"巴阿里歹"，他的子孙组成了巴阿林氏。⑤

"孛端察儿又自娶了个妻。"⑥ 算是他的正式夫人。她生了个儿子，名叫"合必赤把阿秃儿"，他的子孙才继承了"孛儿只斤"这个姓氏。

---

① 转引自［波斯］拉施特《史集》第一卷第一分册，余大钧、周建奇译，商务印书馆 1997 年版，第 252—253 页。

② 朱耀廷：《成吉思汗传》，人民出版社 2004 年版，第 11 页。

③ 转引自《元史》卷 1，《太祖纪》。

④ 朱耀廷：《成吉思汗传》，人民出版社 2004 年版，第 16 页。

⑤ 转引自《蒙古秘史》校勘本，第 41 页。

⑥ 同上书，第 43 页。

《元史》称其为"八林昔黑剌秃合必畜"①，这就是成吉思汗的九世祖。

正是因为有这样富有传奇色彩的祖先，所以孕育了成吉思汗这样的英雄的后代，我们也就不足为怪了。

二　成吉思汗神奇诞生与死亡之谜

成吉思汗乳名叫铁木真，这个名字的由来有着一段神奇而美丽的传说。成吉思汗的父亲叫也速该，是蒙古乞颜部落的首领，他曾多次率领部众与其他部落军队作战，常打胜仗，声望很高，很受部众的拥护和尊重。所以他有一个英雄的称号，叫"拔都鲁"，蒙古语的意思是"勇士"。相传在成吉思汗出生的前几天，也就是马儿年（1162）的夏天，斡难河畔降了一场洁白而透明的"乳雨"，雨后，天空出现了一道银色的长虹，两端搭入天际，经久不落。除被99个操九种方言的蒙古部落发现之外，宋、金、辽、夏各大国的太史令和司天台监也同时发现了。鄂嫩河的水整整三天清澈透明，鱼儿都蹦到水面上欢快地跳跃着，嬉戏着，花草挂满银色的珍珠，没有一点灰尘，纯洁的世界出现了。

与此同时，也速该率军与塔塔儿部落展开激战，用计谋俘虏了塔塔儿部落的首领铁木真兀格，得以凯旋。恰巧在这时，他的妻子诃额伦夫人生下了一个男孩。这个男孩生下来就红光满面，非同一般，据《元史》记载，这个男孩出生时"手握凝血如赤石"②；《秘史》也说"右手握着髀石般一块血"③；蒙古族民间传说则说："孩子的右手里，攥着一块坚硬的血饼，像'苏鲁锭'的形状一样。"④"苏鲁锭"形似长矛，是蒙古族战神的象征。母亲预感到，儿子长大成人，必定是一个统一蒙古的巴特尔（英雄）。"烈祖异之，因以所获铁（帖）木真名之，志武功也。"为了纪念长子的降生和对塔塔儿作战的胜利，也速该给自己的儿子取名为"铁木真"，蒙语意为"铁之变化"，这就是成吉思汗名字的来历。⑤

---

① 转引自《元史》卷1，《太祖纪》。

② 同上。

③ 《蒙古秘史》校勘本，第59节。

④ 《成吉思汗传说》上卷，第10页。

⑤ 朱耀廷：《成吉思汗传》，人民出版社2004年版，第55—56页。

　　铁木真就是被后人称为蒙古族之鹰的成吉思汗，他一来到这个世界，就演出了一场风波。他在苦难中成长，从奋斗中崛起，成为了草原上名副其实的"巴特尔"。他率兵逐渐兼并了塔塔儿、克烈、乃蛮、汪古诸部落，结束了蒙古草原多年混乱的局面，统一了蒙古部落，成为了斡难河畔的大汗。此后，他南下伐金，攻克中都，俘获金主耶律楚材，西征灭辽，降服西夏，征服了辽阔的疆域，令世界都刮目相看。1227年，铁木真病逝于六盘山，终年65岁。这就是成吉思汗辉煌的一生。

　　成吉思汗不仅出生有着传奇的色彩，就连死亡也蒙上了一层神秘的面纱，至今让人困惑不已。

　　1226年，成吉思汗亲自率十万大军进攻西夏。1227年正月，蒙古军队包围西夏都城中兴府。同年六月，成吉思汗到六盘山去避暑。西夏首都中兴府发生了强烈地震，房屋倒塌，瘟疫流行，粮食也没有了，西夏国不得不向成吉思汗投降。然而就在西夏投降后，成吉思汗猝死在六盘山。对于成吉思汗的死因，历来说法很多，主要有四个版本。

　　一是"坠马说"。蒙古人编撰的《元朝秘史》卷十四记载："成吉思汗既住过冬，欲征唐兀。从新整点军马，至狗儿年秋，去征唐兀，以夫人也遂从行。冬间，于阿儿不合地面围猎，成吉思骑一匹红沙马，为野马所惊，成吉思汗坠马跌伤，就于搠斡儿合惕地面下营。次日，也遂夫人对大王并众官人说：'皇帝今夜好生发热，您可商量。'"

　　"唐兀"，是当年蒙古人对西夏人的叫法；"狗儿年"，是宋理宗宝庆二年（1226）。这里交代一个史实，成吉思汗于1226年秋天，带着夫人也遂去征讨西夏国。冬季时，在一个叫阿儿不合的地方打猎。不想他骑的一匹红沙马，却让一匹野马惊了，导致没有防备的成吉思汗坠马受伤，当夜就发起了高烧。1227七月"不豫"，病根即在此。为什么一次坠马伤重成这样？据说是流血太多。

　　当时，也遂请随从的将领商议这事怎么办，有人建议反正西夏城池都在，一时半会也逃走不了，干脆回去养伤，等好了再来攻打。成吉思汗一生要强，心想如果这样回去会让西夏人笑话。也该他魂断西夏，成吉思汗派人去西夏国探听情况时，受到西夏一叫阿沙敢不的大臣讥笑，有本事你就来过招。成吉思汗听说后，表示宁死也不退兵，遂挺进贺兰山，将阿沙敢不灭了。但此后，成吉思汗的伤病一直未好，反而加重，到1227年农历七月十二日（公元8月25日）病死了，时虚岁67岁。

如果当时成吉思汗回去了，这病根子或许就不会落下了。

　　二是"雷击说"。这种说法比较离奇，出使蒙古的罗马教廷使节约翰·普兰诺·加宾尼在其文章中透露，成吉思汗可能是被雷电击中身亡的。约翰·普兰诺·加宾尼当时到达蒙古国时，发现夏天的雷电伤人事故频发，"在那里却有凶猛的雷击和闪电，致使很多人死亡"。因为这原因，蒙古人很怕雷电。南宋彭达雅所著《黑鞑事略》记载："鞑人每闻雷霆，必掩耳屈身至地，若躲避状。"约翰·普兰诺·加宾尼为葡萄牙人，出使中国的确实时间是在1245—1247年，由教皇诺森四世派遣而来，回去后向教皇提交了题为"被我们称为鞑靼的蒙古人的历史"的出使报告。约翰·普兰诺·加宾尼来时距成吉思汗死亡只有18年，比马可·波罗早30年，其记叙并非空穴来风。

　　三是"中毒说"。这种说法来源于《马可·波罗游记》。马可·波罗是13世纪时意大利的商人，于1275年到达中国。其时正是元世祖忽必烈当政时间，他与元朝有过17年的交往。其在游记中记叙了成吉思汗的死因：在进攻西夏时围攻太津（吉州，古要塞）时，膝部不幸中了西夏兵士射来的毒箭。结果可想而知，毒箭攻心，伤势益重，一病不起。但民间另有传说，成吉思汗是"中毒"而死，但却不是中了西夏兵士的毒箭，而是让被俘虏的西夏王妃古尔伯勒津郭斡哈屯下了毒，当时这位西夏王妃是乘陪寝之机行事的。

　　四是"被刺说"。这种说法与上面说的被俘西夏王妃古尔伯勒津郭斡哈屯有关，是下毒说法的另一种版本。在蒙古民间传，成吉思汗的军队进攻西夏的过程中，兵士俘虏了很漂亮的西夏王妃古尔伯勒津郭斡哈屯，进献给成吉思汗。就在陪寝首夜，这位西夏王妃刺伤了放松警惕的成吉思汗，然后投河自尽，成吉思汗也因伤重不治而亡。被刺一说，源于成书于清朝康熙元年（1662）的《蒙古源流》。此书很珍贵，100年后，即1776年，蒙古喀尔喀部亲王成衮扎布作为礼物，将此书手抄本进献乾隆皇帝。乾隆令人将其译为满、汉两种文本，并题书名《钦定蒙古源流》，收入《四库全书》。然而目前，史学界和考古界对于成吉思汗的死因，大多倾向于《元朝秘史》上的记载。①

---

　　①　水中鱼、林墨叙编著：《名人之死大全集》，新世界出版社2012年版。

三　成吉思汗的陵墓

　　成吉思汗一生戎马倥偬，率军东征西讨16年，统一了蒙古草原各部，建立了强盛的蒙古汗国。1227年7月，这位"天之骄子"在征服西夏王国时，病逝于六盘山旁的清水县。

　　成吉思汗死后究竟安葬在何处？这至今还是一个历史之谜。传说，成吉思汗下葬后，为了保密起见，曾经以上万匹战马在下葬处踏实土地，并以一棵独立的树作为墓碑。为了便于日后能够找到墓地，在成吉思汗的下葬处，当着一峰母骆驼的面，杀死其亲生的一峰小骆驼，将鲜血撒于墓地之上。等到第二年春天绿草发芽后，墓地已经与其他地方无任何异样。在这种情况下，后人在祭祀成吉思汗时，便牵着那峰母骆驼前往。母骆驼来到小骆驼被杀处就会哀鸣不已。祭祀者便在母骆驼哀鸣处举行隆重的祭奠。可是，等到那峰母骆驼死后，就再也没人能够找到成吉思汗的墓葬了。

　　据《蒙古秘史》记载，蒙古皇族下葬后，先用几百匹战马将墓上的地表踏平，再在上面种草植树，而后派人长期守陵，直到地表看不出任何痕迹时方可离开，知情者则会遭到杀戮。由此可见，这种传说显然不是无中生有。

　　还有另外一个说法，根据史书记载，蒙古族人的丧葬习俗是这样的：一个人死去后，如果他是贵族，就要把他葬于他生前所指定的地方，不留任何痕迹，也不能够起坟丘，必须深埋于地下，由数人骑马驱赶万马驰骋墓地，直至踏平为止。然后派人守护，到第二年春草茂盛时，守护的人移帐离去，于是绿草茫茫，谁也不知道墓在何处了。电影《一代天骄成吉思汗》中就有这样的场景，成吉思汗的父亲也速该死后，便是用这样的方式安葬的。据历史学家证实，成吉思汗死后，也是按照这种习俗安葬的，所以真正的墓地在哪里，人们始终难以查考。近年来，国内外许多历史学家对成吉思汗陵作了考察，据多种史料文献得出了不同的结论，大致形成了4种说法：一是位于蒙古国境内的肯特山南、克鲁伦河以北的地方；二是位于内蒙古鄂尔多斯市鄂托克旗境内；三是位于新疆北部阿勒泰山；四是位于宁夏境内的六盘山。700多年来，一直没有找到成吉思汗陵的主要原因是元朝皇家实行的是密葬制度，即帝王陵墓的埋葬地点不立标志、不公布、不记录在案。

　　据多种史料文献记载，在蒙古国肯特山的依据是，成吉思汗生前某日，曾经在肯特山上的一棵榆树下静坐长思，而后忽然起立，对手下随从说："我死后就葬在这里。"南宋文人的笔记中也记载，成吉思汗当年在宁夏病逝后，其遗体被运往漠北肯特山下某处，在地表挖深坑密葬。其遗体存放在一个独木棺里。所谓独木棺，是截取大树的一段，将中间掏空做成棺材。独木棺下葬后，墓土回填，然后"万马踏平"①。

　　关于鄂尔多斯成陵的产生，有几种说法，据《黄金史纲》等文献记载，相传成吉思汗统兵征西夏，途径鄂尔多斯，望见穆纳山咀，曾吟诗赞颂这美丽富饶的山水说，"将亡之国可以寨之，太平之国可以营之。饥饿之鹿可以果腹，老耄之人可以息止。"不久成吉思汗在西征中逝世，灵车至穆纳山咀，因为成吉思汗曾赞美此地，"所以辒车深没轮毂，⋯⋯遂葬主之身穿的衫子、居住的帷帐和一只袜子于此地，并在此地"建天下奉戴之八白室"，从此，鄂尔多斯成吉思汗陵祭祀开始，至忽必烈时期，扩大了成吉思汗祭祀的规模，据《元史》记载，忽必烈汗又下令，为祭祀成吉思汗而举行每年四季四种仪式，这可能是漠南鄂尔多斯地区大规模祭祀成吉思汗陵的起源。

　　位于新疆北部阿勒泰山的依据是，博物馆的考古学者在新疆北部阿勒泰山脉所在的青和县三道海附近，发现了一座人工改造的大山，怀疑是成吉思汗的葬身陵墓，但未能确认。佐证之一是马可·波罗在他所著的《马可·波罗游记》中写道："在把君主的灵柩运往阿勒泰山的途中，护送的人将沿途遇到的所有人作为殉葬者。"

　　在宁夏六盘山的依据则是，有记载说，成吉思汗是 1227 年盛夏时，攻打西夏时死于六盘山附近。有考古专家据此认为，按照蒙古族过去的风俗，人去世 3 天内就应该处理掉，或者天葬，或者土葬，或者火化，为的是怕尸体腐烂，灵魂上不了天堂。因此，成吉思汗去世后就地安葬的可能性很大。

　　今天我们看到的成吉思汗陵供奉于伊金霍洛旗已有 300 余年的岁月，早在清朝顺治年间，这里就是一个祭奠成吉思汗的地方。伊金霍洛是蒙古语，译成汉语就是"圣主的陵园"，是我国北方少数民族的一个

---

① 邹博主编：《历史名人大观园》，光明日报出版社 2011 年版，第 217 页。

游牧之地。关于鄂尔多斯成陵的民间传说前面已经提及，这里不作赘述。这所成吉思汗陵内后殿蒙古包式的黄色绸帐内，供奉着成吉思汗和夫人孛儿帖兀真的灵柩。在两侧的黄色绸帐里，安放着成吉思汗二夫人呼伦和三夫人伊绪的灵柩以及成吉思汗两个胞弟别力古台和哈撒尔的灵柩。东殿内安放着成吉思汗的四子托雷及夫人的灵柩。西殿供奉的是象征成吉思汗九员大将的九支苏力定，还陈列着成吉思汗征战时用过的战刀、马鞭等物。每年农历的三月二十一日、五月十五日、九月十二日和十月初三日，成吉思汗的后裔达尔扈特蒙古人都要在此举行盛大的祭奠活动，场面宏大，十分壮观。可是许多专家学者认为这只是成吉思汗的衣冠冢。据内蒙古社会科学院的研究员潘照东说，按照史书记载，成吉思汗去世时，有关人员拿白色公驼的顶鬃放在成吉思汗的嘴上和鼻子上，如果不喘气了，说明灵魂已经附着在这些白色驼毛上，这时遗体就可以处理掉了，而把这些白驼毛保存在衣冠冢里。据潘照东介绍，20世纪50年代成陵落成时，有关人员曾经打开过银棺，发现了一团白驼毛。我们从"鄂尔多斯"和"伊金霍洛"这两个地名来看，也是十分吻合的。鄂尔多斯译成汉语是"宫帐"，而成吉思汗的灵柩最初确是安放在八座宫帐里的，伊金霍洛的意思大家已经知道了，那么圣主的陵园安放着八座宫帐，这传说就更加神乎其神了。

传说赋予了成吉思汗陵神奇的色彩，而"八白室"的南移，则是成吉思汗陵供于鄂尔多斯的真正原因。据记载，成吉思汗病逝后，其后代子孙为便于祭祀，在距葬地很远的蒙古高原建立了八座白色的毡帐，世代祭祀成吉思汗，这就是以成吉思汗陵为主的"八白室"，即使是战乱或迁居，"八白室"也随同而行。明朝天顺年间，跟随守护"八白室"的鄂尔多斯部进驻伊克昭盟，当时济农额鳞臣任盟长，将"八白室"迁至他的领地郡主旗境内供养，并把安放"八白室"的地方命名为伊金霍洛。至清初顺治年间，又建立了成吉思汗陵园，"八白室"则成为历史名称。

成吉思汗陵还有一段漂泊迁移的故事，这是确凿的史实。1939年，日本侵略势力侵入伊克昭盟境内，蒙古族汉奸德王企图盗窃成吉思汗陵，在蒙古民族抗日爱国人士的共同呼吁下，国民党政府出面，同年5月把成吉思汗陵迁移至甘肃榆中县兴隆山。6月21日，路经延安时，延安各界100多个单位的1万余人举行了盛大的祭奠，中共中央代表谢

觉哉，八路军总部代表滕代远，八路军联络部部长王若飞等同志参加了
盛典。中共中央、毛泽东同志、八路军总部和陕甘宁边区政府，都敬献
了花圈。后来，成陵又迁移至青海湟中县塔尔寺，直到 1954 年 4 月 5
日，才迁回内蒙古原址。两年后，这里建起了这座宏伟的成吉思汗
陵园。①

　　关于成吉思汗陵墓的具体位置至今也没有人知晓。一位蒙古专家预
言，成吉思汗的陵墓里可能埋葬着大量的奇珍异宝，里面的工艺品甚至
比秦始皇陵出土的兵马俑还要壮观。这并非危言耸听。成吉思汗的陵墓
可能埋葬着他东征西讨，从 20 多个国家得来的无价珍宝，这也是吸引
考古界多年来前赴后继、苦苦寻觅的原因。其中以穆里·克拉维兹的美
国考古队和日蒙联合考古队最为著名，美国考古队败走麦城，所获不
大。而日蒙联合考古队在位于距离蒙古首都乌兰巴托约 150 公里的阿夫
拉加市达尔根哈安村附近，发现一座建在四角形基座上的 13—15 世纪
的灵庙遗址，他们认为此处为成吉思汗陵墓，但是至今都没有得出明确
的结论。内蒙古社会科学院的研究员潘照东认为，发现成吉思汗墓必须
具备几个条件：首先要有棺椁；其次要有物证，像成吉思汗生前用过的
东西；再次还要有确切的文字记载，比如石刻石碑之类的记载。否则，
就无法证明是成吉思汗墓。

　　潘照东说，位于鄂尔多斯高原的鄂托克旗发现的阿尔寨石窟附近可
能是成吉思汗真正的墓地。石窟遗迹离鄂尔多斯市境内的成吉思汗陵不
足 200 公里，其地貌、地名特征，与《蒙古秘史》、《史集》、《蒙兀儿
史记》等史料中有关成吉思汗安葬地的描述极其吻合。在阿尔寨山的第
28 号石窟中，有一幅壁画与成吉思汗的安葬关系密切。潘照东认为，
这幅壁画应该是《成吉思汗安葬图》。这里曾经是成吉思汗的大后方，
当时驻扎了重兵，而且距离六盘山的距离在 3 天之内完全可以到达。因
此，成吉思汗的墓地有可能就在附近。

　　电视剧《成吉思汗》的编剧朱耀廷则认为，仅仅依据日蒙联合考古
队目前发现的情况，还不足以说明那里就是成吉思汗陵墓所在地。据史
料记载，成吉思汗的独木棺是用橡木制作，为了防止木材腐烂解体，用
了 3—4 条金箍。如果发现成吉思汗墓地，必须要找到这几根金箍。因

---

① 邹博主编：《历史名人大观园》，光明日报出版社 2011 年版，第 217 页。

为金子是永远不会腐烂的。还应该发现大量的随葬品，据记载，成吉思汗随葬的除了武器外，还应该有战马和宫女，至于有没有金银财宝，人们有不同看法，但是起码随葬的东西应该有。

2004 年 9 月 17 日，在鄂尔多斯市东胜区举行的"鄂尔多斯学术研讨会"上，来自区内外的专家学者和世代守陵的达尔扈特蒙古人指出，成吉思汗的安葬地虽然没有地下考古的准确印证，但是作为国家意志和民族公祭的成吉思汗衣冠冢八白宫（亦称"八白室"），就在内蒙古鄂尔多斯市伊金霍洛旗。作为世界上以守护成吉思汗陵寝为唯一职责的世袭守陵人"达尔扈特"蒙古人一直实行着最完备、最权威、最具蒙元特色的祭祀制度。

与会专家认为，元世祖忽必烈时代即把鄂尔多斯地区划入中央直辖的中枢省，允许汉译为"大汗、帝王陵寝"的"伊金霍洛"之地名，未定在肯特山而定在鄂尔多斯安放八白宫的地方，绝对不会随意，也绝对不许随意。此外，忽必烈法定的成吉思汗四大祭典中最大的"查干苏日克祭典"就在伊金霍洛旗成吉思汗陵举行。七八百年来，蒙古族一直坚持延续着这个传统的祭奠活动。

在这次研讨会上，专家们还出示了成吉思汗天葬后衣冠放入银棺存入八白宫的目击者记载："成吉思汗灵柩与大汗皇后灵柩皆以长方形银棺装置，外加铜锁锁着。""1956 年新建的成吉思汗陵园落成后，曾将大汗的银棺开过一次……七层棺都开了，只见第七层棺内放着一个用香牛皮枕头裹着的一幅成吉思汗全家的画像。皮枕内装有何物，因未打开过，至今仍是一个谜。"据当地达尔扈特的负责人称："多年相传（皮枕内）是大汗的衣物包着大汗的一块骨头。"

内蒙古文联原主席、电影《鄂尔多斯风暴》编剧、著名的蒙古族近代史学者云照光说，成吉思汗逝世时，正值盛夏，为了保护遗体，不会用 3 个月或半年的时间远路转运遗体，只会在距六盘山和黄河较近的鄂尔多斯风水宝地安葬。

写于 1939 年、现存于美国亚洲研究中心的《伊克昭盟志》披露了鲜为人知的元代将领突拔都随征记的有关内容，居然证明了云照光先生的观点。这本存于铁质小柜中的残缺纸书中说："大汗出征突薨，因大汗□□，□□□议举天葬。""丞相奉汗衣冠宝剑，薰沐置七宝箱内（即银棺）内，使神驼载运拟葬□□□□。行大漠四十七日……又行

□□日至平漠洼地，驼立不行，臣民牵挽亦不动。群相默祷，宝剑突飞去，衣冠放异彩。臣民以主喜悦，为营葬于洼地高原（即今伊金霍洛），设成守护，……四出觅宝剑，至百里外草地上寻获，就其地为置宝库（即今苏勒定霍洛）四时享祭。"以上就是关于成吉思汗陵墓的几种说法。至于成吉思汗的陵墓究竟在何处，这至今是一个历史之谜。

事实上，挖掘成陵是违背传统风俗的。朱耀廷先生说，按照蒙古族的传统，成吉思汗陵墓是密葬，不希望让后人发现，对于后人来讲，应该尊重祖先，而且成吉思汗的子孙也不希望成吉思汗的陵墓被发掘。潘照东先生更是语出惊人："我们以后也很可能找不到确凿的埋葬地点，也许成吉思汗什么都没有留下。也许我们的思路一直是错误的。"当时蒙古人没有肉身崇拜的传统，认为人的肉身来自于大自然，去世了也应该回归大自然。早日安葬，灵魂方可升天。因此，成吉思汗陵供奉的银棺灵柩中，保存的是成吉思汗逝世时的灵魂吸附物——白公驼顶鬃，而不是成吉思汗的遗骸。"也许我们后来者一直在思路上有问题，总是希望挖掘出什么东西，而实际上根本没有。"潘照东不赞成大规模挖掘成陵，他认为，按照蒙古族传统，打搅死者灵魂，是对死者的不敬，遗体没有保存价值，关键是灵魂不灭。大规模的考古挖掘，已经违反了草原祭祀文化传统，所以会遭到反对，实践证明，诸多的考古发掘者一直也没有弄出什么结果来。

当然，到底该不该挖掘成陵，世人自有评说；到底能不能找到成陵，时间会证明一切。

结语

成吉思汗这样一位英雄，一生都充满着传奇神秘的色彩，这样的一代天骄，至今都令人敬佩叹服，他的故事至今都流传在世界的各个角落。正因为这样，才吸引着一代又一代的人们不断地认识、发现、探索他，并不断地研究有关他的故事。

参考文献

[1] 邹博主编：《历史名人大观园》，光明日报出版社 2011 年版。

[2] 徐寒主编：《中华帝王将相》（上），中国书店 2010 年版。

［3］盛文林编著：《世界上最成功的帝王》，台海出版社 2011 年版。

［4］水中鱼、林墨叙编著：《名人之死大全集》，新世界出版社 2012 年版。

［5］何国山主编：《中华名人百传》，吉林大学出版社 2009 年版。

［6］桑英波编著：《中国最具有影响力的历史名人》，西苑出版社 2010 年版。

［7］李鹏：《远去的王者》，北京工业大学出版社 2010 年版。

［8］张广明编著：《历代名人全传》，陕西出版集团，三秦出版社 2012 年版。

［9］雅瑟、凡禹编著：《中国名人传记速读大全集》，新世界出版社 2011 年版。

［10］符文军、王飞鸿编著：《中国名人未解之谜》，时事出版社 2011 年版。

［11］董飞主编：《中华名人大传》第一卷，线装书局 2011 年版。

［12］徐荣强、剑楠主编：《历代名人全传》，吉林出版社 2011 年版。

［13］朱耀廷：《成吉思汗传》，人民出版社 2004 年版。

［14］阿尔达扎布：《新译集注〈蒙古秘史〉》，内蒙古大学出版社 2001 年版。

［15］苏赫巴鲁：《成吉思汗的故事》，中国民间文学出版社 1984 年版。

（作者单位：中央民族大学少数民族语言文学系）

蒙古族源流研究简述

孙佳彤

蒙古民族是中国大地上土生土长的土著民族，在祖国的历史进程中，起了不可忽视的伟大作用。蒙古民族的根源在血缘上与北方各族有着千丝万缕的密切联系。蒙古民族的源流历史上说法不一，至今还存在很多争议。

蒙古族的祖先究竟来自哪里？关于这一观点古往今来有很多说法，综合各种资料文献，归纳为五种说法。

第一种是大家普遍认为的说法——"苍狼和白鹿的传说"：

《蒙古秘史》的开篇第一章便说："天命所生的苍色狼与惨白色鹿同渡过腾吉思水来到斡难河源的不儿罕山前，产生了巴塔赤罕。"这是很明显的图腾崇拜，在狩猎经济阶段，人们看到狼的机智、勇猛、配合默契、轮番作战、分工有序，自然产生对狼的崇拜。但对于苍狼白鹿的传说，很多书中都提到这是个美丽的错误，译者将本是"成吉思汗的根祖是苍天降生的孛儿帖·赤那和妻子豁埃马阑勒"的句子中的人名翻译成了苍狼和白鹿。看到这一点，其实关于蒙古族"苍狼白鹿"的起源传说也就不再成为传说了。①

第二种传说是比较著名的"额儿古涅昆的传说"：

在很早很早以前，一个被称为蒙古的部落，与另一些称为突厥的部落发生了内讧，终于引起了战争。另一些部落战胜了蒙古部落，对他们进行了大屠杀，使他们只剩下两男两女。这两家人害怕敌人，逃到了一处人迹罕至的地方。这个地方叫额儿古涅昆，那两家人的名字叫捏古思和乞颜。他们在这里繁衍生息。久而久之，人数增多了，额儿古涅昆这个地方再也容不下这么多的人了。于是，他们用七十张牛皮做了鼓风

---

① 乌兰:《蒙古源流研究》，辽宁民族出版社2000年版，第1页。

箱，用炼铁的方法融化悬崖绝壁后，走到了广袤的大地。这就是著名的"额儿古涅昆的传说"。这种说法很普遍，也很令人信服。在很多历史书中都有相关记载，虽然有些记载的姓名、地点的名称并不一样，但总体上都是遵循这条故事的主轴。①

第三种传说是"太阳后裔的传说"：

> 在天地初分之际，太阳就生了两个女儿。当黄河注入东海的时候，人世间就有了第一叶轻舟，太阳的两个女儿并坐在舟上，一路观花赏景，来到了山清水秀的神州大地。以后，姐姐嫁到南方，妹妹嫁到北方。这一年，姐姐生下了一个婴儿，用丝绸给他做了个襁褓。因为婴儿啼哭时，发出了"唉咳，唉咳"的声音，所以把他叫做"孩子"，取名为"海斯特"，意为"汉族"。据说，"海斯特"降生时，手里握着一块土地，他长大后就种植五谷，成为农业民族的祖先。第二年，嫁到北方的妹妹也生了一个儿子，用毡裘给他做了一个襁褓。这个婴儿坠下母胎时，发出"安啊，安啊"的哭声，因此就把他叫做"安嘎"，取名为"蒙高乐"，意为"蒙古族"。"蒙高乐"生下来时，手里攥着一把马鬃，因此他长大后就放牧马群和牛羊，成为游牧民族的祖先。②

第四种传说是大约 8 世纪中叶时，其已出额儿古涅昆山之数部落，移居斡难、怯绿连、秃忽剌或秃剌等河沿岸者，其长名孛儿帖·赤那。传八世至朵奔伯颜，娶阿阑豁阿为妻，火鲁剌思部之女也。生二子，曰别勒格台、别浑台。朵奔死后数年，阿阑豁阿复有孕。朵奔亲族责其不夫而孕，阿阑豁阿言，夜中数梦有光从庐顶天窗入，变为淡黄色少年，因以受孕。复生三子，曰不忽合塔吉、不思锦撒勒只、孛端察儿。孛端察儿，成吉思汗八世祖也。③

第五种传说是来自《蒙古源流》第一卷的一首诗：

> 向三归依至胜三宝、

---

① 《蒙古秘史》，阿斯钢、特·官布扎布译，新华出版社 2005 年版，第 2 页。

② 同上书，第 4 页。

③ 冯承钧：《多桑蒙古史》，上海书店出版社 1934 年版，第 33 页。

三世诸佛至尊三身、

三界第六刚度母三全、

三德喇嘛，自三门膜拜顶礼。

就所依外部器世界之定成、

能依内部友情之生成，

众有情之引导者诸菩萨之降生、

大众之造福者诸圣贤之繁衍，

古时摩诃·三摩多王以来

古印度，吐蕃、蒙古三国

自始之延续发展等诸项，

我愿参照从前诸史略述于此。①

　　蒙古族源的说法除了上述五种传说以外，还有很多历史真实的说法，但同样说法不一。比如有一种说法是"满蒙同源论"②，但后来也被证实是清朝政府为了笼络和统治蒙古民族而杜撰的。满洲是女真部落，女真源于肃慎，肃慎是我国东北长白山区的古老民族。而新《元史》提出蒙古源于突厥，其依据也是习俗相同，但由于突厥晚出，蒙古早见，时间不能颠倒，这样的说法很快就被学者推翻。而日本学者白鸟库吉写了一篇《匈奴民族起源考》，③ 他主张蒙古民族源于匈奴。他把匈奴遗留的语言与突厥、蒙古、通古斯的语言做了对比。其中大部分都与蒙古族相同、相近或相似。在人种学上，学者们主张匈奴是蒙古人种。匈奴的生产方式、生活习俗、社会制度、军事组织、政治法律等又都被1000多年以后的蒙古汗国继承起来了。

　　来自北方的蒙古民族不管族源在哪儿，到底有什么样的传说、什么样的历史，但有一点是不变的，那就是蒙古民族的精神将永远传承下去并生生不息。

---

① 乌兰：《蒙古源流研究》，辽宁民族出版社2000年版，第68页。

② 苏日巴达拉哈：《蒙古族族源新考》，民族出版社1986年版，第2页。

③ 同上书，第3页。

参考文献

［1］乌兰：《蒙古源流研究》，辽宁民族出版社 2000 年版。

［2］内蒙古自治区蒙古语历史研究所：《蒙古族简史》，内蒙古人民出版社 1977 年版。

［3］格列科夫、雅库博夫斯基：《金帐汗国兴衰史》，商务印书馆 1985 年版。

［4］冯承钧：《多桑蒙古史》，上海书店出版社 1934 年版。

［5］勒内·格鲁塞：《草原帝国》，商务印书馆 1998 年版。

［6］《蒙古秘史》，阿斯钢、特·官布扎布译，新华出版社 2005 年版。

［7］苏日巴达拉哈：《蒙古族族源新考》，民族出版社 1986 年版。

（作者单位：中央民族大学少数民族语言文学系）

蒙古族族源探究

——以图腾说、天命说、树祖说为例

王泳键

蒙古族族源传说脱胎于萨满教神话，与早期萨满教"天崇拜"信仰有密切联系，其思想根源为万物有灵论思想。蒙古族族源传说传承的动机在于重建当代社会与神话传承的联系，利用象征——民族神话、图腾物来神话本氏族的起源，在其发展历程中，既保留原有文化传统，又大量吸收和借鉴其他北方民族神话元素，给自己增添了文化内涵和时代韵律，为族源传说的传承注入了新的生命力，对其文化的传承与保留以及重建蒙古族族源历史记忆方面发挥了历史性作用。

从古至今在蒙古族中广泛流传着许多族源传说。蒙古族族源传说属于蒙古族的推源传说，主要讲述本氏族、部族及部族始祖的来历、起源以及谱系等内容。它们除了以史书载录的形式传承外，还有大量的以民间口承的形式流传后世。根据族源传说的内容和形态特征把蒙古族族源传说大致分为图腾说、天命说、树祖说三种类型。通过对蒙古族各类型族源传说之间的比较，系统地概括出蒙古族族源传说的产生、演变和传播的历史规律。

一 图腾说

蒙古民族和世界一切民族一样，是在历史的长河中逐步形成的，从蒙昧时期到野蛮时期，逐步发展到氏族社会。当时在万物皆神的思想支配下，为了区别民族群落的界限，就选择了本氏族特别尊敬和尊重的社会现象、自然现象或动植物作为本氏族的标帜而加以崇拜，这就是图腾崇拜。黄帝以云纪，炎帝以火纪，苍色狼，惨白色鹿，则是蒙古族的氏族标帜——图腾。凡是在氏族中流传着图腾崇拜的传说，都可证实这个氏族是在图腾崇拜的时代里形成的。当社会发展到祖先崇拜以后，人们就不再盲目崇拜图腾了。

蒙古人崇尚图腾这一点《元朝秘史》中有记载，《元朝秘史》译成汉文，是从明朝开始。元朝是成吉思汗家族博尔济金氏的世袭朝廷，书中所记是其博尔济金氏的家族史。《元朝秘史》的译者对狼鹿相配感到不解，狼鹿不能交配，狼鹿也不会生人。但他忠实地照原文翻译过来了："天生的苍色狼，与惨白色的鹿相配了。"《蒙古源流》则不然，著者按照自己所处时代的思想认识，把两个氏族崇拜的图腾写成人名了，把氏族形成的时代背景全部抹杀了。把蒙古人的历史从公元以前的两千年，推后到公元后的一千年，把蒙古人的历史腰折了，丢了多的，剩下少的，掐头去尾，记上史册的不足千年。

多桑《蒙古史》第二章云："据说在成吉思汗诞生之两千年前，蒙古人被其他民族所破灭。"成吉思汗诞生于1154年，上推两千年，是公元前864年，稍往前推，则为公元前10世纪。当时的社会发展阶段正处于图腾崇拜与祖宗崇拜的交替阶段，证以《元朝秘史》的"天生的苍色狼与惨白色鹿相配了"的狼、鹿图腾，多桑的"据说"还是有根据的，靠得住和可信的。《元朝秘史》中"天生的苍色狼与惨白色的鹿相配了"。乞颜氏族也承袭了狼图腾的崇拜，所异者，色泽之别。民族祖老狼，氏族祖苍狼。乞颜氏的姻族崇拜的图腾则是惨白色鹿。狼取其护群、爱仔、机智、凶猛。鹿取其柔顺、温和、善良、坚毅、勇于负重。多桑《蒙古史》卷一附录畏吾儿篇："天帝赐之'三鸟'，鸟尽知诸国语，汗常遣往访各地之事。"白鸿、回纥之三鸟，是狼图腾中的鸟图腾。

根据上述各点，可以认定在公元前10世纪以前，蒙古人已形成了崇拜图腾的氏族部落，苍色狼、惨白色鹿是氏族神，部落的标帜。

二　天命说

除了图腾崇拜，"天命所生"的观念也根深蒂固在蒙古人的起源认知中。关于蒙古人的"天命所生"叙述，最早见于《蒙古秘史》："成吉思·合罕的祖先孛儿帖·赤那奉上天之命而生。他的妻子是豁埃·马阑勒。他们渡过腾汲思水来到合勒敦山，驻扎下来。生下儿子，名叫巴塔赤·罕。"巴塔赤·罕是蒙古部的始祖，他的子孙后代繁衍为近 20 个部族。

蒙古人的这种"天命所生"观念的渊源可以追溯到匈奴人时代。《汉书·匈奴传》称："匈奴谓天为撑犁。""撑犁"，学者们构拟为 tan-gri—tengri 一词的汉语音译，是指苍天，蒙古人还称为"长生天"，可以说该词在古今阿尔泰语系突厥、蒙古诸语言中是通用的。司马迁《史记》记载，匈奴称单于为"撑犁孤涂单于，匈奴谓天为撑犁，谓子为孤涂，单于者广大之貌，言其像天，故曰撑犁孤涂单于"。"孤涂"意即为"儿子、子女"。契丹语谓"儿子"为 kewu。蒙古语"儿子"音"可温"大致与匈奴语相同。"撑犁孤涂单于"言其单于是"天之子"。

蒙古人就用"扎牙阿"（jayaga）一词来表示天的创造行为，一般译作"命运"。"这是表示天的自由意志的，人就是遵循着这种自由意志而降生到地上的。"依照蒙古人的说法："成吉思汗是奉天或荷尔穆斯塔之命而降生到人间的。"由此可见，《蒙古秘史》开篇蒙古人天命所生族源传说主要阐明的是成吉思汗及其部族的超自然起源论，即天源论。

综上所述，蒙古族天命所生型族源传说源于古代北方民族的天崇拜观念，而且它的起源可以追溯到匈奴时代或更遥远的年代。"天命所生"观念集中表现了古代蒙古人对成吉思汗家族汗权的神圣性以及可汗超自然起源的信仰。

三　树生人

如果说"天命所生"观念是源于蒙古人对可汗家族的信仰，那么"树生人"观念则是蒙古人对生存环境的理想性升华。由于蒙古人的祖先跟古代很多其他民族的祖先一样栖居山林，依靠森林资源维持其生命，所以蒙古族以及世界上很多其他民族中都流传着"人类诞生于树木"的树生人神话。树生人神话是包含图腾崇拜观的世界性文化现象，在各民族的文化中有不同的表现。蒙古人的树崇拜观念非常古老，其在蒙古族民间信仰以及文学作品中有诸多遗留。蒙古卫拉特部落先民是古代的森林居民，因此在蒙古卫拉特部落中流传有他们的祖先出于树木的图腾起源传说以及其他相关的族源传说。

在西蒙古四卫拉特部，广泛流传着他们的祖先出于树木或树木孕育的树始祖型族源传说，巴图尔·乌巴什·图们所著《四卫拉特史》中，记载了如下一则杜尔伯特准噶尔部的起源传说：

古时候称作阿密内、图门内的两个人居住在无人生息的遥远隔壁。阿密内的十个儿子是准噶尔汗的阿勒巴图（意为承担赋役的，又叫属民）。图门内的四个儿子称为杜尔伯特阿勒巴图，他们的儿子都有十几个。他们子孙繁衍壮大。他们当中有一猎人在树林中狩猎，发现一棵树下躺着一个婴儿。树上有一形如漏管的树杈，其尖端正对着婴儿的口，而且树的液汁顺着漏管滴入婴儿口中，成为他的食品。这树模样恰似漏管，因此把婴儿称之为"绰罗斯"（蒙古语，漏管形状的树枝的意思）。并且树上有一只猫头鹰精心守护着婴儿。因此称这个婴儿为："瘤树为母，猫头鹰为父。"天命所降生也，因此称："绰罗斯"为"天之外甥"。猎人把婴儿抱去抚养成人，后推为首领。他的子孙成为诺颜阶级，抚养的人们成了阿勒巴图，共同繁衍成准噶尔部族。该传说是绰罗斯部族的起源传说，绰罗斯部先祖以管嘴状（蒙古语为 chorgu）树汁养料长大成人，故命名为绰罗斯"chorus"。此传说是由树母亲、猫头鹰父亲、弃儿英雄及天降型神话诸母题有机结合而成。它是基于蒙古族及阿尔泰语系各民族的树木崇拜与英雄崇拜相结合的古老观念，把历史人物神圣化创作而成。

阿尔泰英雄史诗《玛达依—卡拉（Maday-Kara）》中也出现了蒙古族绰罗斯部落起源传说相似的故事母题。该史诗中的英雄诞生之后的情形是：

他的父亲、老人玛达依—卡拉把他送到黑山顶上的摇篮里，放在一颗长着四根树干的桦树下面……他仔细地把一根120米长、装满母亲乳汁的大管子绑在桦树上，使乳汁一滴一滴地落在婴儿的嘴里，他还另外绑了一根管子，使孩子可以直接喝到桦树的树汁。

还有，在史诗中玛达依—卡拉抛弃他的孩子时，他说出了这样的话：

> 漂亮的独子啊，他是我们的孩子，／现在你有一座黑山作你的父亲，／今后你的母亲是一棵长着四根树干的桦树。
>
> 还有，在卡尔梅克蒙古史诗《那仁汗湖勃棍》中，也把主人公说成是"诞生于树木的人"，此类母题在蒙古族及阿尔泰语系民族民间文学中广泛传承。这不仅反映了其生成时代的久远，而且还表现了阿尔泰语系民族先民古老的树生人神话观念。

从蒙古各部来看，卡尔梅克蒙古人中的绰罗斯部族也认为，他们的祖先是个"以玲珑树做父亲，以猫头鹰做母亲的柳树太师……"杜尔伯特部的谱系中还发现了"伊儿盖"（落叶松）的姓氏。

蒙古族树始祖型族源传说在传承过程中，在保留原有文化传统的基础上，大量吸收和借鉴北方草原民族神话元素，给自己增添了文化内涵和时代韵律，为族源传说的传承注入了新的生命力。阿尔泰语系民族树生人神话母题是包含了图腾崇拜观的世界性文化现象，在各民族的文化中有不同的表现。虽然在蒙古族树始祖型传说中没有出现树生人母题，但是"树下发现婴儿"、"以玲珑树为父亲"等在民间长期流传的概括语句，准确无误地反映了古代蒙古人原始的树生人神话观念。蒙古族树始祖型族源传说的传承的主要功能在于重建当代社会与神话传承的联系，利用象征——民族神话、图腾物来神化本氏族的起源，是基于古老的树崇拜和天崇拜观念的结合，具有祖先历史神圣化的文化功能，其对古代阿尔泰语系民族树生人神话或文化的传承与保留以及重建蒙古族族源历史记忆方面发挥了历史性作用。

综上所述，我们通过对蒙古族各类型族源神话传说之间的比较研究发现，蒙古族族源传说的主要类型为图腾型族源传说、天命所生型族源传说、树木始祖型族源传说三大类。其中其他类型族源传说都与天命所生型传说有着渊源联系，天命所生型族源传说成为各类型族源传说传承的重要母体。蒙古族族源传说的传承基于蒙古人的"天命论"思想，这一文化现象的产生缘由及最终根源都归结到萨满教最高神——"苍天"崇拜。蒙古族各类型族源传说虽然形态各异，但却有着相同的叙事结构和类似的故事情节。这是因为他们的族源传说脱胎于共同的神话传统，但是各类型族源传说都是别具一格的。蒙古族各类型族源传说的类同性，不仅给我们提供了他们在历史发展进程中曾有过文化上的交流和交融的信息，而且还反映了一个历史事实，即蒙古民族共同体的形成过程的多元一体性。虽然我们没有确凿的证据认为，蒙古族各类型族源传说都是同一起源，但是它们之间都普遍存在着极其重要的共同点。其中最重要的一点就是把自己的族源跟"天"联系起来。因此，我们认为各类型族源传说共同拥有一个传统母体——天降型族源传说，也就是说在天降型族源传说的雏形上逐步发展成为同源异流的诸类型族源传说。蒙古族族源传说的雏形生成于蒙古各部落尚未各自迁徙到今天居住的地域之前共同生活在一起的时期和地带。另外，蒙古族先民的生存环境和历史地理决定了族源传说的内容和形式。虽然蒙古族族源传说的传统思想中"天命论"思想占据着主导地位，但是各部落根据自身的文化传统和政治需要而创造了不同类型的族源传说。族源传说与部落历史密切相关，不同部落的不同历史发展阶段的族源传说表现出不同的形态特征。还有，由于一些蒙古部落相互之间的历史联系一直未曾间断和长期居住在相邻、共同的地域，所以蒙古族各部落的族源传说不仅保存了其文化传统，而且在其传统的基础上又产生了诸多大同小异的族源传说异文。这反映了蒙古族族源传说在几千年的历史变动和民族融合中所展现的那种地理上的文化流动和民族学上的精神汇流以及民族形成过程中的多元一体化历程。

参考文献

［1］司马迁：《史记·匈奴列传》，中华书局 1974 年版。

［2］［蒙古］沙·比拉：《蒙古史学史》，内蒙古人民出版社 1958 年版。

［3］［蒙古］杜力玛：《蒙古神话形象》，内蒙古文化出版社 1998 年版。

［4］郭淑云：《原始活态文化——萨满教透视》，上海人民出版社 2001 年版。

［5］［日］小南一郎：《中国神话传说与古小说》，孙昌武译，中华书局 1993 年版。

［6］吴天明：《中国神话研究》，中央编译出版社 2003 年版。

［7］宝音贺希格：《蒙古历史传说》，内蒙古人民出版社 1982 年版。

［8］仁钦道尔吉·郎樱：《阿尔泰语系民族叙事文学与萨满文化》，内蒙古大学出版社 1990 年版。

［9］陈见徽：《北方民族的树崇拜》，《中国典籍与文化》，1995 年。

［10］富育光：《萨满教与神话》，辽宁大学出版社 1990 年版。

［11］［瑞典］多桑：《多桑蒙古史》（上），何高济译，内蒙古人民出版社 1980 年版。

［12］古开弼：《中华民族的树木图腾与树木崇拜》，《农业考古》2002 年第 1 期。

［13］阿尔达扎布：《蒙古秘史》新译集注，内蒙古大学出版社 2005 年版。

（作者单位：中央民族大少数民族语言文学系）

鄂温克族起源神话中的族群精神

杨 迪

[摘 要] 鄂温克族拥有丰富的神话，而这些神话也有各种母题，有些母题是全人类普适，也有鄂温克族独有的。无论如何，这些母题的出现都与鄂温克族族群精神有着很大关联。而本文将利用母题研究的方法对鄂温克族的族群精神进行着重分析，并进一步揭示鄂温克族的族群精神。

[关键词] 鄂温克族 神话 母题 族群 族群精神

作为大众而言，很少有人知道鄂温克民族只是一个统称，它是在1954年之后，国家进行广泛的民族识别认定，由原来的"索伦"、"通古斯"、"雅库特"共同组成"鄂温克"族。鄂温克族拥有丰富的文化底蕴，还有丰富的神话资源，族群认同感是非常强烈的。神话中体现的族群精神也是非常值得我们研究探索的，这将有利于我们更好的理解这个族群的内涵，更好地认识这个民族。

首先要认清一点，民族的概念和族群的概念是不一样的。我们的民族识别是人为的、非自然性的、带有强烈的政治性原则。它对于团结各少数民族，维护国家统一是具有独特作用和地位的，但是，在研究民族起源和民族民间文学时，要想获得一个较为全面、深入的研究，我们就必须对其族群特征进行考察。本文在此提及这一观点，旨在让大家认识到本文所引用的神话传说并非属于某一个民族的，而是属于这三个族群祖先和今人的共同智慧的结晶。

一 什么是神话

在论述问题之前，我们先谈谈什么是神话。"英文神话一词'Mythology'来源于希腊语的 mythos 和 logos，主要包含以下几个方面：一种想象的故事；远古时代的故事或神与英雄的故事；实际的历史中传说着的通常故事。Logos 意为记述。Mythos 和 Logos 合起来就可以解释为三方面的意思：关于神话和故事的学问和知识；对神话的搜集和整理；传说的书物等。"①

美国学者邓迪斯曾这样描述神话："神话是关于世界和人怎样产生并成为今天这个样子的神圣的叙事性解释。"② 而我国学者钟敬文先生的神话概念一直影响着中国当代神话学。他认为："神话作为民间文学的一种形式，是远古时代人民所创造的反映自然界、人与自然的关系以及社会形态的具有高度幻想性的事。"③ 而伟大的哲学家马克思认为："神话是远古时代的人们对其所接触的自然现象和社会现象所不自觉地幻想出来的具有艺术意味的集体的口头描述和解释。"④ 我们可以从这三位学者的叙述对神话的特性有一个初步的了解：

（1）神话具有历史性，即是它经历了历史的淘洗，来源于远古时代，是远古人类的创造的智慧结晶；

（2）神话还具有叙事性，神话是具有叙述事件的功能的，它叙述了一个族群对于自然界和人与自然关系的思考过程，它还叙述了这个族群历史上的起源与迁移，等等；

（3）神话还具有幻想性，神话现象是非自然科学能够解释的，它是建立在远古人类的高度幻想基础上的；

（4）集体性又是神话的另一个特点，神话的创作一定是群体参与，群体分享，群体传承的，它并不是一个人所独有的，而是集体所有；

（5）而神话最重要的一个特性就是，神话是具有很强的口头性特征，在古代，神话的讲述必须是在一个非常严肃正式的场合，由讲述人讲述，受众对其深信不疑。

---

① 谢六逸：《神话学 ABC》绪论，上海文艺出版社 1989 年版。
② ［美］阿兰邓迪斯：《西方神话学论文选导言》，朝戈金等译，上海文艺出版社 1994 年版，第9 页。
③ 钟敬文主编：《民间文学概论》，上海文艺出版社 1980 年版。
④ 马克思：《政治经济学批判导论》，杨文进译，中国财政经济出版社 2006 年版。

二　研究方法——母题研究

本文主要采用的是母题研究方法，对鄂温克族的起源神话进行相关研究与论述。母题研究是民间文学界的重要研究方法。母题（英文 motif 或 motive）是国际民间文艺学界常用的术语。母题（motif）这个词源于拉丁文 moveo，是动机的意思，所以母题的意义与动机有关。而随着关于母题的探究逐步深入，中西方学者对于母题的定义更加严谨，在此我们主要探究神话的母题，陈建宪先生在他的《神祇与英雄》一书中指出"神话母题是构成神话作品的基本元素，这个元素能在文化传统中独立存在，不断复制，它们的数量是有限的，但通过不同的排列组合，可以构成无数作品，并能组合在各种文学题材和形式之中，它们表现了人类共同体集体意识，其中一些母题由于悠久的历史性和高度的典型性成为该群体的文化标识。"①

世界上的神话可谓纷繁复杂，种类繁多，但是，我们都能从这些复杂的神话中总结出许多规律。那就是母题，它是每篇神话中的微观因素。可以在这打一个不恰当的比方，母题就像是语言学中的音素，是能够在线性话语中切分出的最小的语音单位。当然这么一来，对于语言学和母题的定义来说实在是不够严谨，真正的音素远比这一句话要复杂得多。不过，打这个比方正是为了阐明神话母题是每个神话中的最小构成要素。鄂温克族的神话中有许多母题，这是我们值得去研究的，也是本文主要的研究方向。

接下来本文将通过母题研究方法并辅以举例论证说明母题在鄂温克族的族源神话中充当的族群精神的作用。

三　鄂温克族神话的分类

鄂温克族有许多神话，如果不对这么多的神话进行分类的话，那我们就很难从神话当中进行研究和说明。这种分类在一定程度上是非常有用的，而随着研究的深入我们也会发现过度的强调分类是没有多大意义

---

① 汪立珍：《鄂温克族神话研究》，中央民族大学出版社 2006 年版，第 14—16 页。

的。在此，本文仅仅对收集到的鄂温克族的族源神话进行分类。鄂温克族的族源神话，本文笔者认为可以分为以下几种：

（1）人兽造人神话；

（2）萨满造人神话；

（3）天神造人神话；

（4）巨人族源神话；

（5）洪水再造神话；

（6）后期融合产生的新神话。

首先，我将举出人兽造人的神话的例子。在古代由于人类对自然的崇拜和对自然的思考，人与兽之间的关系是非常和谐，这也造就许多少数民族在神话题材上就有许多关于动物的神话，比如鄂温克的《猎人和狐狸》的传说，其情节是："很久以前，有一条大河，河边有一所房子，住着一个猎人。一天，他见到一只狐狸趴在门旁，他很奇怪。自此以后，每天房子都被打扫得干干净净，还有人把饭做好。一天打猎归来，看到狐狸竟然变成一个漂亮的姑娘，他们便结婚了。结婚后生了十个孩子，都各有特长。有的会种地，有的是木匠，有的识字会算数。后来，这兄弟十人分散了，木匠便成了鄂温克的祖先，种地的成了汉人的祖先。"① 我们可以从这则神话中看到鄂温克族在这则神话中所表现出来的母题——狐狸和人兽交配。这是一个非常普遍的现象。在中国少数民族神话中，动物的母题出现频率是非常高的，而人兽杂交也是非常普遍的。不过，也要注意其中出现了汉人祖先的来源，这个问题将在后面进行探讨。

这就向我们传递出一个信号，鄂温克族对动物有一种原始的崇拜，狐狸是他们族群的祖先，这就是蕴涵在鄂温克这个族群中的精神。也就成了这个群体的一种集体无意识，它灌注在每一代的鄂温克人的灵魂当中。

接下来，本文将举出萨满造人的神话。研究鄂温克族神话，甚至是北方少数民族（尤其是东北一带的游牧渔猎民族）都无法避开对萨满神话的研究。萨满文化是一个非常值得研究的对象。北方这些少数民族

---

① 黄任远、黄定天、白杉、杨治经：《鄂温克族文学》，北方文艺出版社 2000 年版，第 46 页。（转引自吕光天《鄂温克族》转引时有改动）

多以多神论也就是万物有灵论作为其核心的价值观，而萨满崇拜就是这种价值观下的一种延伸。"'萨满'一词，源自通古斯语'Saman'，原意为'兴奋鼓舞之人'，因通古斯——满语各民族称巫师为萨满而得其名。宋人徐孟莘在《三朝北盟会编》卷三中说：'珊曼者，女真语巫妪也。'即为萨满，也是巫师。巫师则是神灵的媒介，所以萨满能与神沟通，神灵通过萨满的嘴和人间说话，自认能治病消灾、救苦救难，并且萨满的灵魂能从肉体中飞出，在神灵世界遨游，能把死者的灵魂从阴间找回，使死者死而复生，所以人们都崇仰萨满。正是基于这种万物有灵的认识论和灵魂不灭观念，鄂温克族原始先民便凭借自己的丰富想象，通过不自觉地艺术加工，创造编织了许多神幻奇异的萨满神话。"①　一则萨满造人的神话说："太阳出来的地方，有个白发老太太，她有个很大很大的乳房、老太太是个抚育万物的萨满，人间的幼儿幼女，都是由她来赐予的。"②　从这则神话故事，我们能够看出一个神话母题，就是萨满。萨满在鄂温克族人心中是处于一个神圣的地位的，所以，他们在神话中就会把萨满这一母题运用到神话题材中，当然也包括族源神话题材中。从中我们也可以看出鄂温克族的民族信仰。萨满信仰是鄂温克族人的最原始的宗教信仰，这也是一种多神信仰，即我们理解的万物有灵。所以，鄂温克人对自然是非常崇拜的，而这种崇拜在神话中通过萨满这一"通灵人"体现出来。

　　天神造人神话也是人类起源神话之一，其中就有一则《人类和万物起源》神话是这样记述的："很久以前，天神用地面上的泥土，捏成一个一个人和生灵万物的模样，从此，世间才有了人类和万物。可是，捏来捏去，泥土很快用光，天神知道有很多泥土压在大龟的身子底下。这个龟是很有法力的神物，天神不敢惊动它。正当天神为难的时候，从东边太阳出来的地方，过来一位骑着长鬃大马、背负弓箭的萨满，他问天神为什么犯难，天神把情况告诉萨满。萨满早有明察，说：我用宝弓神箭杀了那条龟。天神听了之后，赶紧说，别伤害大龟的性命，只叫它动一下身子就行。萨满只好听从了慈祥天神的嘱咐。萨满射过一箭后，神

　　①　黄任远、黄定天、白杉、杨治经：《鄂温克族文学》，北方文艺出版社2000年版，第50页。
　　②　王士媛、马名超、白杉编：《鄂温克族民间故事选》，上海文艺出版社1989年版，第9页。

龟四角朝天昏过去了。这时，天神从神龟挪动过的地方，得到了像山一样的无尽泥土。而神龟撑开四脚撑住天，这样，天神便日夜不停地造人和万物了。从那个时候，人慢慢地多了起来，世上的万物也越来越多，人类一天天变得和美。"① 这则神话又体现出鄂温克神话的母题与世界神话母题的共同性，那便是"神龟"形象和"抟土造人"。在古代，尤其是远古时代，当时的人们就会使用龟壳或者兽骨进行占卜。而"神龟"母题出现在鄂温克的造人神话中无不显示出在鄂温克族有着一种原始的宗教崇拜，这是鄂温克人对于天命和自身命运的思考和探索，对未知事物的敬畏！"抟土造人"也是一个具有普适性的神话母题。比如在汉族的"女娲造人"神话中，就是女娲通过"抟土造人"的方式造出了人类。这也就出现一个值得我们思考的问题，古代人类在对自己的来源进行思考时，对于自己来自土地是深信不疑的。这就是在当时的那种认知水平和生产条件下的客观反映。

但是在鄂温克族的天神造人的神话中也有一个非常有趣的现象，就是萨满的形象再次出现，可见萨满的独特性，不仅在萨满造人神话中出现还在天神造人的神话中出现。这就使我们对萨满文化对鄂温克族的深刻影响应有更深层次的理解。

巨人族源神话也是鄂温克族起源神话中的一种。流传较广的一个神话就是《来摩尔根和巨人》："很早以前，有一群靠吃山果兽肉的人，住在黑龙江发源地一带。其中，有个叫来摩尔根的人，是那群人的首领。起初，他们只知道吃苔藓过生活。来摩尔根出生以后，学会了使用弓箭打山里奔跑的野物。没过多久，又学会生火了，因为没有锅，只会架起木材，点火烤肉吃。后来，黑龙江边的野兽打光了，来摩尔根就骑上他的大红马，渡过黑龙江到北岸去打猎。在一座大山顶上，发现有一匹高头大马，马背上端坐着一个像红松似的巨人。走到近前，见那马和巨人都只睁了一只眼睛，这是来摩尔根从来没有见过的。他来到巨人面前，巨人神兽跟他要烟袋。当来摩尔根抽出烟袋，正要递过去时，不知怎的，他自己的红马忽地往后惊跑起来，煞也煞不住。那巨人便跟在后头，紧紧拉住他死死不放。别看巨人高大，马也膘肥体壮，却都是一只

---

① 王士媛、马名超、白杉编：《鄂温克族民间故事选》，上海文艺出版社1989年版，第21页。

眼，没有来摩尔根机灵。跑着跑着，到南岸上，他从后头向那头巨人喊道：'你有能耐，过来比一比？'巨人见来摩尔根那么威风神气，只得瞪起独眼，不敢轻易泅渡过江。来摩尔根回到了部落，把看到的巨人的事跟众人说了。他告诉众人：'到对岸去，没啥指望了，只有上别处寻个好猎场。'部落里的人，有愿意跟上走的，也有不愿意离开的，来摩尔根说：'愿意走的，今晚睡觉时就头朝西南方；不愿走的，就朝北睡。'第二日清晨，来摩尔根起身一查点，还是头朝西南睡的人多，就领着那些人顺黑龙江往下去了，在沿河边住下了，这就是后来的鄂温克人，那些留在山上的，就是鄂伦春人。"① 这个神话故事便出现了"巨人"这一母题，这同样也是一个普适性的神话母题。在许多民族神话中，都显示出对巨人的崇拜。如汉族"夸父逐日"的神话："夸父族的人住在北方大荒中一座叫做'成都载天'的山上，一个个都是身材高大的巨人，力气极大，耳朵上挂两条黄蛇，手里拿着两条黄蛇，可是他们的性情却比较和气善良。"② 这也应是人类在远古时期对超越自身局限的一种奇妙幻想。鄂温克族人通过对这类巨人的想象，表达了他们对改变自身局限的精神诉求。

再有，就是洪水神话："一个鄂温克族村庄里有个老头，他住的地方不靠海，也不靠河，老头却成天在那里做船。别人问：'你做船上哪儿使？'老人说：'总有一天会使上的。'老头叫他们也去造船，可是没有一个人听。过了不久，发了洪水。老头带着吃的上了船，只有他没被淹死。水上的动物，他什么也没管，只救上一条狗。过了好些天，水终于平静下来。这时候，地面上的生物，只有那个有远见的老头和被他救上来的狗。老人带着狗在荒山野林中过上了日子。大水过后，又有了太阳、火。有一回，雷击火，草甸子起了火，老人眼看被烧死，那狗跳进水里，蘸得满身湿淋淋，往老人身上抖落，救治老人。"③ "洪水"固然是这个神话中的母题，而且人们对其的研究已经不浅。但是也不能忘却"狗"这一神话母题。在南方许多少数民族神话中，就有不少神话中出现"狗"的母题。这也是值得我们注意的研究方向。我们从神话中可

---

① 汪立珍：《鄂温克族神话研究》，中央民族大学出版社 2006 年版，第 68 页。
② 袁珂：《中国神话传说》，人民文学出版社 1998 年版，第 195 页。
③ 汪立珍：《鄂温克族神话研究》，中央民族大学出版社 2006 年版，第 88 页。

以看到，狗在对老人的报恩上是占了很多笔墨的。这就表明，鄂温克族在族群思想中灌输了一种人与自然、动物和谐相处的精神。这种精神就蕴涵在神话的母题当中。

最后，我们不得不说说后期融合产生的神话。在本文开头已经提及了一个概念，即是民族与族群概念的区别。开头也介绍了，鄂温克族，是由"索伦"、"通古斯"、"雅库特"三个族群组成的。而在神话流传这方面，现实就是索伦族的神话保存得较多，而之前我所引用的《来摩尔根和巨人》神话在研究中应该属于索伦族所独有的。在汪立珍教授的一篇博士论文中就有这样一段记载："实际上，这个神话的原型不是这种结尾。该神话的原型最早见于 1958 年《内蒙古东北少数民族社会历史调查资料》，1983 年由马名超先生汇编入《黑龙江民间文学》第 6集，其结尾为：'第二天，他带领愿意跟他一起走的人们，就顺黑龙江往下，朝西南方向走下来了。后来在大河边居住下来的，就是索伦鄂温克。愿意留在山上的就是鄂伦春族。'而 1989 年上海文艺出版社出版的《鄂温克民间故事选》中，该神话的前部分与原型基本保持一样，但是结尾部分发生变异，由原来的鄂温克族索伦部落变异为鄂温克族。"①其中产生变化的原因并不是本文的研究重点。不过本文作者得出三种猜想可为日后的相关研究提供一点思路。

原因猜想有三：一是，鄂温克族在民族识别之后，三个族群相互融合，产生了新神话，即是三个族群对鄂温克这一统称的共同认同所致；二是，在两本书籍关于这则神话记录时的作者的情感所致，一方对鄂温克族的认同较深，另一方，对三个族群分立的认同较深；三是，第一本书在记录该神话时，搜集该神话的作者在搜集该神话时主要对象为索伦这一支部落，或者在搜集其他两个部落神话时没有搜集完整。以上均为个人猜想，要成为结论，必须进行大量的田野调查并寻找当年甚至是更为久远的文献典籍记载，如作者本人在世，必须对两个作者进行采访、调查。

在结束之前，我想在此阐述我的几个观点，在学者对神话进行分类后，本文中引用的几个神话故事似乎都不是纯正的"族源神话"。所以，我要进行详细地说明。一个族群的族源神话不应该仅仅限定在氏族

---

① 汪立珍：《鄂温克族神话研究》，博士学位论文，中央民族大学，2003 年，第 40 页。

神话、族群神话和民族神话当中。造人神话也应该归并入内。为何？从造人神话的内容题材等看，每个族群的造人神话都有异同，除了各族群之间的人类共同特征外，其余的特征即是这个族群所特有的。可想而知，从进化论以及人类起源迁移的观点看，人类是具有同一个祖先的，只是在迁移的过程中，随着定居地自然环境的变化，或是族群本身的变化，才产生不同特性的族群，从而具有各自的独特性。最早的造人神话在创作上应该具有很大的共性。因为这些造人神话都是人类在思考自己的起源时所共同思考的，即哲学的三大问题：我是谁？我来自哪里？我要去哪？但随着族群特性的逐步凸显，造人神话也不断具有本族群的特性（其中也具有普适性的母题，如洪水，动物等）。而这一本族特性无疑就把他们和最原始的祖先分离开来，从而形成众多的族群。我们可想而知，在远古那种闭塞，交通极度匮乏的环境下，族群与族群的交流是很难达到高度繁荣的。那么，他们在思考人类起源时，也就不会把其他族群考虑在内。当然，有些学者会认为，一些族源神话中不是也提及了其他族群的起源吗？我的解释是，在人类生产力发展，社会变迁和族群迁移中，族群之间难免会频繁的交流。而这时，他们才会对神话进行再次创编。如满族一则神话《恩都乌勒胡玛》中，就叙述了满族、蒙古族、鄂温克族的共同起源。所以从神话自身演变的角度，造人神话被归入族源神话本质上是说得通的。我们对神话的研究侧重点应为神话本身的，并非单纯地为神话定义，分类。我们忽略神话本身，而把精力完全放在对神话的归类中实是没有必要的。因为神话本身有许多问题更加值得我们研究，而我们往往忽略了它们。

四　结论

通过对鄂温克族神话十分浅显的研究后，我发现，母题往往伴随着神话。而各民族的神话母题有着极大的相似性。但是，在其独特的神话母题当中，就能反映这个民族精神内涵，反映出这个民族对自然，对社会和对他们自身的思考。而鄂温克这个民族的丰富神话中潜藏着丰富的母题，这些母题共同表现了鄂温克族对自然的崇拜，对人与自然和谐相处的精神表达。这就是神话的独特魅力。

参考文献

［1］谢六逸：《神话学 ABC》绪论，上海文艺出版社 1989 年版。

［2］［美］阿兰邓迪斯：《西方神话学论文选导言》，朝戈金等译，上海文艺出版社 1994 年版。

［3］钟敬文主编：《民间文学概论》，上海文艺出版社 1980 年版。

［4］马克思：《政治经济学批判导论》，杨文进译，中国财政经济出版社 2006 年版。

［5］汪立珍：《鄂温克族神话研究》，中央民族大学出版社 2006 年版。

［6］黄任远、黄定天、白杉、杨治经：《鄂温克族文学》，北方文艺出版社 2000 年版。

［7］王士媛、马名超、白杉编：《鄂温克族民间故事选》，上海文艺出版社 1989 年版。

［8］汪立珍：《鄂温克族神话研究》，中央民族大学出版社 2006 年版。

（作者单位：中央民族大学少数民族语言文学系）

第三编　语言篇

论蒙古语、达斡尔语、鄂温克语及鄂伦春语对"马"的共同称谓

朝 克

从严格意义上讲，蒙古族、达斡尔族和鄂温克族与鄂伦春族均属于我国东北早期马背民族，他们的祖先远古时期均生活在内蒙古自治区呼伦贝尔地区大小兴安岭及其大草原。我们完全可以说，马是呼伦贝尔大草原上自古以来生活的野生动物，后来被这些民族的先民驯服，成为他们远古畜牧业生产的重要工具和生活、交通、运输、迁徙、战争的重要依靠。马成为他们生产生活的必需物，与他们生活的呼伦贝尔大草原有其必然而无可割舍的内在联系。那时，他们的先民赶着驯鹿先后从茂密而原始的大小兴安岭走向大草原。然而，一望无际的大草原上，他们在山林生产活动及其生活中驯服的驯鹿根本无法生存，也无法满足他们将要开始的草原畜牧业生产生活的各种需求。特别是，从山林间自然牧养驯鹿及狩猎生产活动，走入草原经营自然牧养家畜的产业转型时期，客观因素和主观愿望都迫不及待地要求他们的先民必须从辽阔无边而水草富美、风吹草低见牛羊的呼伦贝尔大草原上寻找、选择能够替代驯鹿的野生动物，并驯化为畜牧业生产生活中使用的家畜及其工具。为实现这一目的，他们的先民付出了艰苦卓绝的劳动，进而取得了鼓舞人心的辉煌成绩。这使美丽富饶的呼伦贝尔原始大草原，自然而然地成为他们的先民繁衍生息、经营寒温带草原畜牧业经济的天然牧场。而且，经过漫长岁月的自然粗放式畜牧业生产的初期阶段，他们在水草富美、各种野生动物富有的呼伦贝尔大草原上驯化出马、牛、羊、山羊、骆驼五种家畜，从而初步构建了呼伦贝尔大草原寒温带牧场粗放式自然牧养牲畜的畜牧业经营格局和模式。

说实话，作为美丽富饶的大小兴安岭和呼伦贝尔大草原的原住民蒙古族、达斡尔族和鄂温克族与鄂伦春族的先民，一直以来过着你中有我、我中有你、谁也离不开谁的共同生活。多少年来，在这辽阔无边的

天然大牧场上，他们用共同的劳动和智慧共同经营自然牧养牛、马、羊、山羊和骆驼的畜牧业生产。而且，他们经营的自然牧养式畜牧业生产，依靠得天独厚的水草丰美的天然大牧场，依靠他们先民的共同努力和辛勤劳动，从无到有、从小到大发展得很快，从而成为他们最重要的生产活动方式，成为他们衣食来源和生活的最为重要的依靠。或许正因为如此，在他们共同使用的畜牧生产生活语言里，拥有了数量十分可观的畜牧业生产生活词汇。这些属于寒温带草原牧场的畜牧业生产生活用语及其词汇是，他们的先民用漫长的生产活动和生活实践中用共同的劳动创造的不可多得的智慧财富。当我们细心地观察和认真地思考，他们几乎用信仰和生命传承的寒温带畜牧业生产生活用语及其词汇系统时，就会不难发现其中十分活跃而相当重要的与"马"有关的符号系统。用他们的话说："没有'马'，也就没有呼伦贝尔大草原的畜牧业生产生活！"确实如此，在那辽阔无边的大草原上，还没有任何交通工具的早期社会，如果没有"马"根本无法从事自然牧养式的畜牧业生产活动。再说了，在那远古时期，那一特定的自然环境和条件下，其他任何一种驯化好的野生动物或家禽都不能够替代"马"而在畜牧业生产生活中发挥如此重要的作用。所以，他们的生产生活都离不开"马"，由此"马"就自然而然地成了他们寒温带草原畜牧业生产生活的最为重要的依靠。同时，也成为他们精神生活的一个组成部分，有了"马"的崇拜和信仰。也就是说，在他们的生产生活及其精神生活中"马"所占有的位置越来越大，所发挥的作用也越来越多，他们对于"马"的依赖也变得越来越重要，他们的语言交流中有关"马"的话语及词汇变得越来越丰富、全面和系统。在本文中，把"马"作为话题，主要分析讨论在他们的语言里共同使用的与"马"有关的共同称谓。

一 与"马"的年龄、性别、性格特征相关的称谓

"马" ⇨ 早期他们均称 morin。后来，鄂温克语有了 moriŋ 之叫法。也就是说，将词尾鼻辅音 n 发音成 ŋ 音。另外，蒙古语里也出现将 morin 词尾鼻辅音 n 省略后用说 mori 实例。而且，说 mori 甚至说 mor 的现象越来越多。在现代达斡尔语口语中，他们几乎都将 morin "马"词尾部分的语音形式 in 省略后，就用 mor 之语音形式称呼"马"。实际

上，蒙古语的有关方言土语里也有说 mor > mœr 的现象。

　　"马驹" ⇨ 蒙古语 unaga，达斡尔语 huanag ~ wanag，鄂温克语 noohoŋ，鄂伦春语 ŋɔokon 等。我们认为，该词的早期语音形式应该是 *kunagan。后来，在不同语言的使用过程中出现（1）*kunagan > *hunagan > wanagan > wanag，（2）*kunagan > *hunagan > unagan > unaga，（3）*kunagan > *hunagan > unagan > unohan > noohan > noohoŋ > ŋɔokon 等不同程度音变。再说，我们还依据鄂温克语方言土语中至今保存的 nogohan 之说，可以假定他们对于"马驹"的早期说法中或许还有过 *nogohan 之例。而且，该词在不同语言或在不同时期还产生过 *nogohan > noohan > noohoŋ > ŋɔokon 式音变。通过以上分析，我们进一步假定在他们语言里使用的由 *kunagan 及 *nogohan 两种说法演化而来的不同实例，或许均源于更为早期的 *kunagahan 一词。

　　"小马"或"二岁马" ⇨ 蒙古语 daga，达斡尔语、鄂温克语、鄂伦春语都说 daaga。显而易见，它们是从 *dagagan > *dagahan 之说，经过 daagan > daagan > daaga > daag ~ daahan > dahan > daahən 式音变而来的有所不同的称谓。在这里，还需要说明的是，达斡尔语及其蒙古语的 daaga > daga 主要指"二岁马"，也可以表示"小马"之意。而在鄂温克语及鄂伦春语里的 daaga 着重表示"小马"，同时也含有"二岁马"的意思。不过，在鄂温克语与鄂伦春语内还有专门指含"二岁马"的 sutʃuhan > sutʃuha（鄂温克语）、sutʃuka（鄂伦春语）之说。毫无疑问，它们是共同源于早期的 *sutʃuhan 之说。

　　"三岁马" ⇨ 达斡尔语及鄂伦春语 artu，鄂温克语 artu > attu。他们的这种说法应该源于早期的 *artun。很有意思的是，蒙古语中没有 *artun 之说，该语言内却用 *sidulən > ʃidʉləŋ > ʃidlən > ʃʉdləŋ 来表示该词义。在认真查看调研资料时，我们也发现在莫日格勒地区的鄂温克语中也有用 ʃidlən > ʃʉdləŋ 指"三岁马"的实例。如此说来，蒙古语、达斡尔语、鄂温克语与鄂伦春语里对于"三岁马"的称谓应该有 *artun 与 *sidulən 两种，且有不同使用区域。

　　"四岁马" ⇨ 达斡尔语 kidʒlan，鄂伦春语 kedʒalan，蒙古语 hidʒalaŋ > hidʒlan，鄂温克语 hedʒalaŋ。可以看出，该同源名词是按照 *kidʒalan > kidʒlan > kedʒalan ~ hidʒalaŋ > hedʒalaŋ 之音变规程，在不同语言里产生了不同程度的音变。与此同时，在鄂伦春语及鄂温克语内还有用 seebtu > seetta 表示"四岁马"的现象。相比之下，在他们的语言里 seebtu > seetta 的使用率要远远高于 kedʒalan > hedʒalaŋ 的使用率。而且，在鄂伦春语及鄂温克语内，已经不怎么用 kedʒalan > hedʒalaŋ，而是绝大多数情况下只用 seebtu > seetta。不论怎么说，在这四种语言里，对于"四岁马"同样有属于不同词源关系的 *kidʒalan 和 *sa jibatu 两种称谓。

"母马" ➩ 蒙古语 *gəngu > gəguʉ > gəngʉ > gəʉ > gʉʉ，达斡尔语 gəʉ，鄂温克语 gəʉ > gʉʉ ~ gəə，鄂伦春语 gəəg 等。从以上实例我们看得出来，在这些语言里对于"母马"的早期说法应该是 *gəngu。那么，在具体使用过程中产生（1）*gəgu 出现 gəguʉ > gəgʉ > gəʉ > gʉʉ，（2）*gəgu > gəʉ > gʉʉ ~ gəə，（3）*gəgu > gəəngʉ > gəəg 等有所不同的语音变化。

"种子马" ➩ 蒙古语 adʒirga ~ adʒirag，达斡尔语 adʒrag，鄂伦春语 adirga，鄂温克语 adigga。不过，在鄂温克语里也有叫 adʒirga ~ adʒigga 的时候。特别是，莫日格勒地区的鄂温克语几乎均叫 adʒirga。另外，其他满通古斯语族语言内也说 adʒirgən（赫哲语）、adʒir（女真语）、ad ʐ irgan（满语及锡伯语）等的现象。毋庸置疑，该词的早期说法应该是 *adʒiragan ~ *adʒirgan。后来，在不同语言里出现不同程度的音变。主要表现在词第二音节辅音 dʒ 发生的 dʒ > d ʐ > d 式音变，以及词尾语音形式 -ragan 的 -rgan > -rga > -gga 式音变等方面。

"生马" ➩ 蒙古语、达斡尔语、鄂温克语均叫 əmnig，只有鄂伦春语说 əmnin。也就是说，词尾辅音 g 在鄂伦春语里被发作了 n 音。除鄂伦春语之外的语言里，əmnig 之说完整地保留了原有的语音形式。

"骟马" ➩ 蒙古语 agta > akta > ahta > akt ~ aht，鄂温克语 agta > akta > akt，达斡尔语及鄂伦春语 akta > akt。在我们看来，该词的早期语音形式应该是 *agata，在具体使用过程中产生 agta > akta > akt ~ ahta > aht 式音变等。

"骏马" ➩ 达斡尔语 kulug > kuləg，鄂伦春语 kʉlʉg，鄂温克语 hʉlʉg，蒙古语 hələg。对于"骏马"的早期称谓是 kulug，在不同语言里出现（1）词首辅音 k 的 h 音变，（2）词中元音 u 的 ʉ > ɵ > ə 式音变等。

二　与"马"的毛色相关的称谓

　　蒙古语、达斡尔语、鄂温克语与鄂伦春语四种语言的有关马的众多叫法中，依据不同颜色的毛给马起名的实例也有不少。而且，此类马称谓基本都属于修饰式结构类型的复合词。其中，作为修饰语的一般由颜色形容词充当，被修饰语只能由名词 morin > moriŋ > mori > mor "马"来充当。另外，修饰语要位于被修饰语的前面，主要修饰"马"的不同毛色，进而表示不同毛色的马。因为，我们在前面，已对作为被修饰语的"马"的 morin > moriŋ > mori > mor 式音变特征及其使用关系作了分析和交代，所以在这里着重讨论作为修饰语的颜色形容词的构成特征、音变现象、使用关系等方面的学术问题。

　　"白马" ⇨ 蒙古语 sagaral mori > saaral mori > saral mori，鄂温克语 saaral moriŋ，鄂伦春语 ʧaaral morin，达斡尔语 ʧaaral mor。不难看出，表示"白马"的"白毛色的"颜色形容词 sagaral 在不同语言里发生 saaral > saral ~ ʧaaral 等音变。与此同时，他们将"沙马"（"斑白毛色的马"）叫 bogorol mori（蒙古语）、boorol mor（达斡尔语）、boorol morin（鄂伦春语）、boorol moriŋ（鄂温克语）。该例词里，作为修饰语的颜色形容词 bogorol > boorol 主要表现出的是马身上的"斑白色的"毛色。

　　"红马" ⇨ 蒙古语 ʤəgərdə mori > ʤəərdə mori，达斡尔语 ʤəərdə mor，鄂伦春语 ʤəərdə morin，鄂温克语 ʤəərdə moriŋ > ʤəəddə moriŋ。很显然，在他们的语言交流中，表示"红马"的"红"之颜色概念时，均使用了专用于红毛色马的颜色形容词 ʤəgərdə > ʤəərdə > ʤəəddə。再说，蒙古语里 ʤəgərdə mori > ʤəərdə mori 除了用于指"红马"之外还包含有"枣红马"之意。很有意思的是，作为呼伦贝尔大草原上最早从事畜牧业生产的原住民及其马背民族，在表达"红马"的"红"之概念时却没使用专指"红"颜色的形容词 kulaan > kulan（达斡尔语）、hulagan > ulagan > ulaan（蒙古语）、ularin（鄂伦春语）、ulariŋ（鄂温克语），而是共同使用了 ʤəgərdə > ʤəərdə > ʤəəddə 这一专用于马毛色的颜色形容词。然而，他们称呼与"红毛色"有关的其他一些"马"时，却都用了 *kulagan > hulagan > ulagan > ulaan > ularin > ulariŋ "红的"这一广泛而常用的颜色形容词。例如，"赤红马" ⇨ kulan ʤəərdə mor

（达斡尔语）、ulaan ʤəərdə mori（蒙古语）、ularin ʤəərdə morin（鄂伦春语）、ulariŋ ʤəəddə moriŋ（鄂温克语）；"红棕马"⇨ hulan hʉrən mor（达斡尔语）、ulaan hʉrəŋ mori（蒙古语）、ularin hʉrin morin（鄂伦春语）、ulariŋ hʉriŋ moriŋ（鄂温克语）；"红骝马"⇨ kulan həər mor（达斡尔语）、ulaan həər mori（蒙古语）、ularin həər morin（鄂伦春语）、ulariŋ həər moriŋ（鄂温克语）；"红青马"⇨ kulan bor mor（达斡尔语）、ulaan bor mori（蒙古语）、ularin bor morin（鄂伦春语）、ulariŋ bor moriŋ（鄂温克语）；"红沙马"⇨ kulan boorol mor（达斡尔语）、ulaan boorol mori（蒙古语）、ularin boorol morin（鄂伦春语）、ulariŋ boorol moriŋ（鄂温克语）；"赤灰马"⇨ kulan saarəl mor（达斡尔语）、ulaan saaral mori（蒙古语）、ularin saaral morin（鄂伦春语）、ulariŋ saaral moriŋ（鄂温克语）等。完全可以看得出来，前面提到的这些实例里均出现了表示"红"之概念的颜色形容词 *kulagan > hulagan > ulagan > ulaan > ularin > ulariŋ。并且，所表现出的颜色基本上都是与"红"颜色有关的马毛色。另外，被修饰语的名词 morin > moriŋ > mori > mor "马"前使用的修饰语全是由重叠式结构组合而成的两个颜色形容词。然而，在表现程度上，前置颜色形容词*kulagan > hulagan > ulagan > ulaan > ularin > ulariŋ "红的"所占的概率要高于后置的颜色形容词。换言之，"红的"表现出的是强势概念或主要意思，而后续的颜色词表现出的是弱势概念或次要含义。与前面所说的不同，这四种语言里说"海骝马"（也就是"黑马鬃黑马尾的红马"）时，却没有使用重叠式结构类型的两个形容词，也没有使用颜色形容词 *kulagan > hulagan > ulagan > ulaan > ularin > ulariŋ "红"，而是只用了专指"海骝马"的"黑马鬃黑马尾及身上的红毛色的"颜色形容词 *kaligun > halgun > halwun > ka jlun > ha jlun。比如说，他们用 kalwun mor（达斡尔语）、halgun mori（蒙古语）、ha jlun moriŋ（鄂温克语）、ka jlun morin（鄂伦春语）之说称谓"海骝马"。

　　"深米黄马"⇨ 达斡尔语 kulan ʃarag mor，蒙古语 ulaan ʃirga mori，鄂伦春语 ularin ʃirga morin，鄂温克语 ulariŋ ʃigga moriŋ。该修饰式结构的复合词的修饰语也是由重叠式出现的两个形容词构成。很有意思的是，在第一个修饰语中他们同样共同使用了颜色形容词 *kulagan > hulagan > ulagan > ulaan > ularin > ulariŋ "红"，第二个修饰语是在这些语言里表示马"黄毛色"的专用语 *siraga > ʃirga > ʃigga > ʃarag。在该词里，作为重叠式修饰语的前置颜色形容词 *kulagan > hulagan > ulagan > ulaan > ularin > ulariŋ "红"虽然显出了强势概念，但后置专用颜色形容词同样发挥了重要作用，由此人们将其译成"深米黄毛色的马"词义的中心似乎落在"黄色"上。**"黑鬃黄马"**（也叫"金黄马"）⇨ 达斡尔语 kual mor，鄂伦春语 kol morin，蒙古语 hula mori，鄂温克语 hol moriŋ。毫无疑问，作为修饰语的颜色形容词 *kula > kuala > kual > kol > ~ hula > hol "黑鬃黄毛色的"在不同语言里，首先出现词首辅音 k 按音变规律在蒙古语及鄂温克语内产生 h 音变，其次词首音节元音 u 除蒙古语之外的语言里演化为 o 音及复元音 ua 的同时，词尾元音 a 也出现脱落现象。**"米黄马"** ⇨ 蒙古语 ʃirga mori，达斡尔语 ʃarag mor，鄂伦春语 ʃirga morin，鄂温克语 ʃigga moriŋ。这里出现的颜色形容词 *siraga > ʃirga > ʃigga > ʃarag 在讨论"深米黄马"时也遇到过，是属于专指马毛色的形容词。不过，该颜色形容词除表示马的"深米黄色的毛色"之外，也可以表达马的"米黄颜色的毛色"。所以，在"米黄马"的称谓中同样能够使用该颜色形容词。依据这些语言的音变规律，颜色形容词 ʃirga > ʃigga > ʃarag 的早期语音形式应该是 *siraga，后来在不同语言里产生不同程度的音变而出现有所不同的说法。**"淡黄马"** ⇨ 达斡尔语 koŋgor mor，鄂伦春语 koŋgor morin，蒙古语 hoŋgor mori，鄂温克语 hoŋgor moriŋ。显而易见，对于"淡黄毛色的马"的称谓里 koŋgor > hoŋgor 自然是指马毛的"淡黄颜色"。**"乾草黄马"**（这里所说的"乾草黄"是指马毛的"淡黄"或"浅黄"颜色）⇨ 鄂伦春语 kuwa morin，达斡尔语 kua mor，鄂温克语 huwa moriŋ，蒙古语 hua mori。这一马称谓中，作为修饰语的 kuwa > kua ~ huwa > hua 所表示的是马的"淡黄"或"浅黄"的毛色。相对而言，kuwa morin "乾草黄马"的颜色形容词 kuwa > kua ~ huwa > hua 包含的"淡黄"之概念要比 koŋgor morin "淡黄马"里的颜色形容词 koŋgor > hoŋgor 包含的"淡黄"还要"淡一些的黄"毛色。

　　"黑马"（也就是"黑毛色的马"）⇨ 达斡尔语 kar mor，蒙古语 hara mori，鄂伦春语 konnor morin，鄂温克语 honnoriŋ moriŋ > honnor moriŋ。在这四种语言里，作为修饰语出现的 *kara > kar ~ hara > har 与 *konnorin > konnor ~ honnoriŋ > honnor 虽然属于两个不同来源的颜色形容

词，但它们都表示"黑的"之意。不过，应该指出 *kara > kar ~ hara >
har 与 *konnorin > konnor ~ honnoriŋ > honnor 两个颜色形容词不是专门用
于马的毛色，而是一般意义上的颜色形容词，泛指所有"黑的"、"黑
颜色的"的事物。"黑青马"（一般指"黑灰毛色的马"）⇨ 达斡尔语
kar bor mor，蒙古语 hara bor mori，鄂伦春语 konnor bor morin，鄂温克语
honnor bor moriŋ > honnoriŋ bor moriŋ。也就是说，他们在对于"黑青马"
的称谓中使用了由 *kara > kar ~ hara > har 与 *konnorin > konnor ~
honnoriŋ > honnor "黑的"以及 *boro > bor "灰的"等颜色形容词重叠
式结构形式构成的修饰语。"菊花青马"（主要指带有"黑斑点毛色的
马"）⇨ 蒙古语 tolbotu mori > tolbot mori，达斡尔语 tolbot mor，鄂伦春
语 tolbotu morin，鄂温克语 tolbotu moriŋ。在该马的称谓中，充当修饰语
的 tolbotu > tolbot 是专指马的"黑斑点毛色的"颜色形容词。

　　除了以上提到的之外，还有"**豹花马**"（也叫"杂色马"、"斑驳
马"等）⇨蒙古语 ʧohor mori，达斡尔语 ʧookor mor，鄂伦春语 ʧokor
morin，鄂温克语 sohor moriŋ。其中，作为修饰语的 ʧokor > ʧohor >
ʧookor > sohor 是属于表示"杂色的"、"斑驳的"等词义的颜色形容词。
在该词的使用过程中出现（1）词首辅音 ʧ 的 s 音变，（2）词中辅音 k
的 h 音变，（3）词第一音节元音 o 的长音化现象等演变。"**花斑马**"
（也说"花白马"或"花毛马"等）⇨ 蒙古语 alag mori，达斡尔语 alar
mor，鄂伦春语 alga morin 或 alaar morin，鄂温克语 alaar moriŋ。该词里
作为修饰语的 alag > alar > alaar > alga 应该均源于形容词 *alagan "花
的"，只是在不同语言环境中产生有所不同的音变而已。再说了，他们
还将"**栗色马**"（也就是"棕色马"）称作 ⇨ 鄂伦春语 kɯrin morin，达
斡尔语 kɯrin mor，鄂温克语 hɯriŋ moriŋ，蒙古语 hɯrin mori。不难看
出，这里出现的 kɯrin > hɯrin > hɯriŋ 是修饰名词 morin > moriŋ > mori >
mor "马"的颜色形容词。根据我们的调研资料，该颜色形容词除了指
"栗色马"之外，还可以表示其他"棕色的"事物，不单单用于马的
毛色。

三　其他与马相关的称谓

　　在这里，还应该提到的是，作为呼伦贝尔地区的原住民蒙古族、达

斡尔族、鄂温克族、鄂伦春族使用的各自不同的语言内，除了以上谈到的与马的年龄、性别、性格，以及毛色相关的共有词之外，还有不少与马的某一体质结构及其特征，以及与马的生性特征或马身上用的各种用具等密切相关的名词术语。请看下面的分析讨论。

对于马身上的不同鬃毛的称谓方面有："马鬃" ⇨ 蒙古语、达斡尔语、鄂伦春语、鄂温克语均叫 dəl。不过，也有说 dəlu 或 dələn 的现象。由此，我们认为，该词的早期说法可能是 *dəlun，后来出现 *dəlun > dəlu ~ dələn > dəl 式音变。"马脑鬃" ⇨ 达斡尔语 kugul，鄂伦春语 kugul，鄂温克语 hugul，蒙古语 həhəl。该词的音变规程应为 *kugulu > kugul > hugul > həhəl。"马尾鬃硬毛" ⇨ 达斡尔语与鄂伦春语 saka，蒙古语及鄂温克语 saha。"马尾鬃毛" ⇨ 鄂伦春语 kilgasu > kilgas，达斡尔语 kilgas，蒙古语 hilgasun > hilgas，鄂温克语 hilgasuŋ > hilgas。该词的早期语音形式应为 *kilgasun，后来出现 *kilgasun > kilgas ~ hilgasun > hilgasuŋ > hil gas 式音变。

对于马体结构的称谓方面有："马鼻梁" ⇨ 达斡尔语 kaŋʃiar，鄂伦春语 kaŋʃir，蒙古语 haŋʃi yar > haŋʃiar > haŋʃar，鄂温克语 haŋʃar。该词在不同语言的使用中按照 *kaŋʃi yar > kaŋʃiar > kaŋʃir 及 *kaŋʃi yar > haŋʃi yar > haŋʃiar > haŋʃar 式音变原理发生了不同程度的语音变化。"马膝骨" ⇨ 鄂伦春语 takim ~ to yig，鄂温克语 tahim ~ to yig，蒙古语及达斡尔语 toig。可以看得出来，在鄂温克语及鄂伦春语里，对于"马膝骨"有两种称谓，一是 takim > tahim，二是 to yig。相比之下，第一种说法的使用率要高于第二种说法。而且，第二种说法 to yig 与蒙古语及达斡尔语的 toig 应属同根同源。只不过是，在蒙古语及达斡尔语里，词中辅音 y 脱落而已。"马小腿" ⇨ 蒙古语、达斡尔语、鄂温克语、鄂伦春语均称 ʃilbi。不过，在鄂伦春语与鄂温克语内有 ʃirbi 之说。"马脚后跟" ⇨ 蒙古语、达斡尔语、鄂温克语、鄂伦春语都称其为 borbi。尽管如此，在鄂温克语及鄂伦春语的有关方言土语内还有说 borbo 或 bobbi 的现象。

对于不同生性特征马的称谓方面："强性马" ⇨ 蒙古语、达斡尔语、鄂温克语、鄂伦春语均叫 tʃaŋga。"温性马" ⇨ 达斡尔语 nomkon mor，鄂伦春语 nomoki morin，蒙古语 nomhon mori，鄂温克语 nomohi moriŋ。该称谓中作为修饰语的性质形容词 *nomokon 在具体使用过程中产生 nomkon > nomoki ~ nomhon > nomohi 等变化。"劣性马" ⇨ 蒙古语 dokʃin mori，达斡尔语 dokʃin mor，鄂伦春语 doktʃin morin，鄂温克语 dotʃʃiŋ moriŋ。很显然，对于"劣性马"的"劣性"之性质概念表述时使用的 dokʃin 一词出现 dokʃin > doktʃin > dotʃʃiŋ 式音变。"弩马" ⇨ 鄂伦春语 kaʃin morin，达斡尔语 kaʃin mor，蒙古语 haʃan mori，鄂温克语 haʃiŋ moriŋ。该词里，作为修饰语的性质形容词 *kasin 在不同语言内发生 kaʃin > haʃiŋ > haʃan 式音变。"笨马" ⇨ 鄂伦春语 bidu morin，鄂温克语 bidu moriŋ，蒙古语 bidu mori，达斡尔语 bidu mor。"胆小马" ⇨ 鄂伦春语 olika morin，达斡尔语 olika mor，鄂温克语 oliha moriŋ，蒙古语 oliha mori。作为该马称谓的修饰语 olika > oliha 是属于表示"胆小的"之意的性质形容词。

对于马的用具方面有："马嚼子" ⇨ 达斡尔语 kadʒaar，鄂伦春语 kadal，蒙古语 hadʒagar > hadʒaar，鄂温克语 hadal。我们认为，该词的早期说法是 *kadʒagar。然而，在使用过程中产生（1）词首辅音 k 的 h 音变，（2）词第二音节首辅音 dʒ 变读为 d 音，（3）词尾部分的语音形式 aga 的 aa > a 式变化；（4）词尾辅音 r 与 l 的交替等语音变化。"缰绳" ⇨ 蒙古语 dʒilogo > dʒiloo，达斡尔语 dʒilo，鄂伦春语及鄂温克语 dʒolo。不难看出，*dʒilogon 是按照 dʒilogo > dʒiloo > dʒilo > dʒolo 式音变规律产生了不同程度的演变。"偏缰" ⇨ 鄂伦春语 tʃilbor，蒙古语 tʃulbugur > tʃulbuur > tʃulbur，达斡尔语 tʃualbur，鄂温克语 ʃilbor。该词的早期语音形式可能是 *tʃilbugur，后来出现（1）词首辅音 tʃ 在鄂温克语里变读为 ʃ 音；（2）词第一音节元音 i 在蒙古语中被后续音节元音逆同化为 u 音的同时，在达斡尔语内发生 u > ua 式音变；（3）词尾部分的语音形式 ugu 的 uu > u > o 式音变等。不过，在达斡尔语及鄂温克语的有关方言土语里也有叫 tʃualwur、ʃilwor 的实例。"鞍子" ⇨ 蒙古语与鄂温克语 əməgəl，达斡尔语及鄂伦春语 əmgəl。"鞍鞴" ⇨ 蒙古语与鄂温克语 tohom，达斡尔语及鄂伦春语 tokom。"鞍子皮绳" ⇨ 蒙古语 gandʒuga，达斡尔语 gandʒug，鄂温克语 gaŋdʒoha，鄂伦春语 gaŋdʒoka。该词的演变规程应该是 gandʒuga > gandʒug > gaŋdʒoka > gaŋdʒoha。"鞍子吊带" ⇨ 蒙古语、达斡尔语、鄂温克语、鄂伦春语均叫 dʒirim。"肚带铲子" ⇨ 蒙古语 gorgi，达斡尔语与鄂伦春语 gorki，鄂温克语 gorhi。这里词尾音节首辅音出现了 g > k > h 式音变。"鞍蹬子" ⇨ 鄂温克语

dʉrən > dʉrə，达斡尔语与鄂伦春语 dʉrə，蒙古语 dərəgə > dərəə > dərə > dərə。该词的早期语音形式为 dʉrəgən，后来出现 dʉrəgən > dʉrəən > dʉrəə > dʉrə > dərə 式音变。"马绊子" ⇨ 蒙古语 tʃidor，达斡尔语、鄂温克语、鄂伦春语 ʃidər。"套马杆" ⇨ 达斡尔语 kuarag，鄂伦春语 kurga，鄂温克语 hugga，蒙古语 urga。他们对于"套马杆"的早期说法应为 *kuragan。结果，具体使用过程中，在不同语言内却出现（1）词首辅音 k 在鄂温克语里的 h 音变及在蒙古语中的脱落，（2）词首音节元音 u 在达斡尔语里变读为复元音 ua，（3）词中辅音 r 后续元音 a 除达斡尔语之外的语言里被脱落，（4）词中辅音 r 在鄂温克语里演化为 g 音，（5）词尾部分的语音形式 an 在达斡尔语里被脱落的同时，词尾鼻辅音 n 也在其他语言中出现脱落现象等。

　　总而言之，内蒙古自治区呼伦贝尔地区原住民蒙古族、达斡尔族、鄂温克族、鄂伦春族等民族使用的语言里，源于他们共同开创的我国东北寒温带草原畜牧生产生活的词语有很多，进而成为他们在畜牧业生产生活中共同使用的，最为原初、最为熟悉、最为亲切的共同记忆、共同符号系统、共同交流语言。其中，就像在该文中所论述的那样，与"马"相关的词语极其丰富和复杂。而且，在他们的畜牧业生产生活里发挥着十分重要的作用，甚至成为了他们畜牧业生产生活的核心组成内容之一。并伴随他们畜牧业生产活动的不断拓展和开发，伴随他们畜牧业生活内容的不断丰富和充实，与"马"相关的词汇系统，以及与"马"相关的说法也变得越来越多、越来越丰富。在本文里，我们只是论述了从与"马"的年龄、性别、性格、生性、体形、体质结构，与"马"身上的毛色和不同鬃毛，及与马相关的用具等方面的不同称谓里选择性地挑出一小部分词语展开了比较分析。可以说，在本文中，被选入或者说挑选的有关"马"的词汇，基本上都是属于至今还用的，在语义及语音结构等方面还保持相当一致的实例。事实上，像这样的例子还有很多。对此，以后还可以进行进一步全面、系统、深入地展开学术研究。对于有史以来生活在寒温带森林草原，并开拓和经营呼伦贝尔畜牧业生产生活的原住民来说，讨论他们早期的畜牧业生产生活及其使用的语言，或许我们从中能探索出他们远古时期的文明，从而构拟出他们远古的共同体，包括远古的共同祖先。

参考文献

[1] 燕京、清华、北大 1950 年内蒙古工作调查团编：《内蒙古呼纳盟民族调查报告》，内蒙古人民出版社 1997 年版。

[2] 史禄国：《北方通古斯的社会组织》，吴有刚等译，内蒙古人民出版社 1984 年版。

[3] 干志耿、孙秀仁：《黑龙江古代民族史纲》，黑龙江人民出版社 1986 年版。

[4] 呼伦贝尔地方志编：《呼伦贝尔盟情》，内蒙古人民出版社 1986 年版。

[5] 苏勇主编：《呼伦贝尔民族志》，内蒙古人民出版社 1986 年版。

[6] 王志民主编：《呼伦贝尔年鉴》，黑龙江人民出版社 1987 年版。

[7] 杨保隆：《肃慎挹娄合考》，中国社会科学出版社 1989 年版。

[8] 吉林社科院历史研究所编：《明实录东北史资料集》，辽沈书社 1990 年版。

[9] 杨旸主编：《中国的东北社会》，辽宁人民出版社 1991 年版。

[10] 张碧波、董国尧主编：《中国古代北方民族文化史》（上下卷），黑龙江人民出版社 2001 年版。

[11] 孙进已：《东北各民族文化交流史》，春风文艺出版社 1992 年版。

[12] 傅仁义等：《东北古文化》，春风文艺出版社 1992 年版。

[13] 陈芳芝：《东北史探讨》，中国社会科学出版社 1995 年版。

[14] 姜艳芳、齐春晓：《东北史简史》哈尔滨出版社 2001 年版。

[15] 吉日格勒：《游牧文明史论》，内蒙古人民出版社 2002 年版。

[16] 薛双喜：《莫日格勒河往事》（蒙文版），内蒙古文化出版社 2003 年版。

[17] 邢莉：《游牧中国——一种北方的生活态度》，新世界出版社 2006 年版。

[18] 朝克等：《北方民族语言变迁研究》，中国社会科学出版社 2012 年版。

[19] 朝克等：《东北人口较少民族优秀传统文化》，方志出版社 2012 年版。

[20] 朝克：《满通古斯语族语言研究史论》，中国社会科学出版社 2014 年版。

[21] 朝克：《满通古斯语族语言词源研究》，中国社会科学出版社 2014 年版。

[22] 朝克：《满通古斯语族语言词汇比较》，中国社会科学出版社 2014 年版。

[23] ［日］角田文伟：《古代北方民族文化研究》（日文版），新时代出版社 1971 年版。

（作者单位：中国社会科学院科研局）

蒙古语言文化源流及其变迁

曹道巴特尔

一　蒙古语言文化源流

蒙古人及其语言文化的变迁，经历过两次重要的历史性转变。第一次转变是从游猎社会分离出来，来到草原地带，融入匈奴、突厥影响范围，发展游牧语言文化。第二次转变是在中国境内部分地区向农牧结合和蒙汉混合式方向转变。这种历史性变化不仅包括语言本体的语音、语法和词汇，也包括语言使用方面的变化，并且都导源于文化变迁和技术更新。一方面源于蒙古人的社会环境变化和物质文化变迁以及随物质文化变迁而发生的制度文化变迁和精神文化变迁；另一方面源于技术革命对传统生活方式的冲击，尤其是电子革命时代以来的冲击越来越明显。技术更新对于全人类来讲是一种普遍意义的变革，而对蒙古人及其语言文化来说也有其重要而独特的意义。

众所周知的蒙古人至今的传统文化是一种以游牧经济为核心的文化，其根源与古代的匈奴、东胡、突厥等先民的文化传统有关。可是这并不是我们可以追溯到的最远的源头。在远古时代，蒙古人尚未接触到上述草原群体之前的语言文化应该是位于西伯利亚森林地带的一种游猎的或者半游猎和半游牧的混沌状态的文化。当时，偶像教或万物皆有灵的原始思维占据其整个的思维空间，人们极度依赖日月星辰和大自然。

自从进入匈奴、东胡、突厥等游牧人社会以来，蒙古人的语言思维方式、整个的词汇结构、语句中的情感表达方式等发生了相应的变化。随着经济文化类型的转变，逐渐形成了有意识地支配大自然和以有利于自身发展的方式适应周边环境的能力，同时也以驯化、饲养的方式支配一些特定的动物，借鉴学习使用或创造丰富的牧业文化词语。其结果，最终构建蒙古人一切文化词语都与传统的游牧文化紧密相连的基本格局。经过几个世纪的发展变化，蒙古人把古代匈奴人、东胡人、突厥人的遗产继承并弘扬，创造蒙古人自身的文化体系，其核心往往是马文化。原来手握弓箭，脚踏雪橇，飞速穿梭于林海雪原中的猎人后代，逐渐构筑为草原上呼风唤雨的马背牧人的世界。

　　一个外来的偶遇改变了一个群体。匈奴、东胡、突厥等草原游牧群体对早期蒙古人的影响一开始时只是个微弱的扰动，它使其边缘地带发生了局部变化，产生了一个奇异的吸引子。随着时间的推移，对于游猎群体而言尚属微不足道的游牧文化这个外来因素或者其周边形成的一股沿流，慢慢变成了引发根本性演化的初始条件（也称初值），使一波一波蒙古人走出森林，汇入西伯利亚森林南沿草原地带的游牧文化的洪流。一开始时，刚走出森林的蒙古人群体还对崭新的领域尚不深知，长期漂泊于游牧文化圈北方边缘地带，历经好几个世纪。但是到了 13 世纪，蒙古人逐渐进入草原游牧文化核心地带，使蒙古人由游猎群体引诱出来的那个微不足道的沿流或者奇异的吸引子，即向游牧文化靠拢的迹象，使蒙古人群体逐渐带入游牧人的行列，最终使之变成了掌握 13 世纪人类风向的引领者。这种游猎→游猎游牧结合→游牧的渐进式变化是一个完整的非线性的、混沌学意义上的发展过程。蒙古人走出森林没有其必然，但是一旦走出森林进入草原，要融入游牧文化是其必然。游猎和游牧没有因果关系，但是游猎人来到草原进行动物饲养业，有其先天优势，因为懂得动物，更是因为家畜最初也是由野生动物分离出来的。

　　就物质文化和语言文化的关系而言，古老的文化词汇总是代表着某一历史时期的或者某一经济文化类型区的物质文化信息。蒙古人和西伯利亚或者东北亚民族的远古渊源都在这些古老词汇上得到印证。

　　在西伯利亚森林深处，古老的"莫儿根"（神箭手，北方猎民的首领称号）最初只是一个让人羡慕的神箭手，因为能够给家族或者群体带来更多的食物和皮毛，在漫长的岁月里他们逐步成为公认的首领，所以在广阔的西伯利亚森林地带几乎所有的游猎部落都把神箭手称号"莫儿根"当作了他们部落首领的名号。蒙古人在森林地带狩猎时期，也有过很多以"莫儿根"命名的部落首领，《蒙古秘史》等记录蒙古人历史的古代文献的记载中出现过 10 世纪之前的"豁里察儿·蔑而干"、"朵奔·蔑而干"等很多的"蔑而干"。这个"蔑而干"就是"莫儿根"

的另一种文献拼写变体，就是由神箭手称号引申而来的部落首领名号，是北方东北亚文化圈诸多民族共有文化所携带的共同源流信息来源。因为蒙古人在草原上继承和发展了游牧文化，部落首领名号不再是"莫儿根"而是以"伯颜"所替代了，因为游牧社会经济发达，出现贫富差距，智慧超群、驯养能力强的人构成了富有阶层，掌握了私有制社会部落及部落联盟的支配地位，本来只有"富有者"词义的"伯颜"一词成为游牧蒙古人部落联盟首领的称号，比如《蒙古秘史》中出现9—13世纪的"脱罗豁勒真·伯颜"、"纳忽·伯颜"等很多部落首领名称。从而"莫儿根"一词在草原上发生了词义转移，演化成对智慧、知识的形容词。在12—13世纪的蒙古社会中，"伯颜"的地位也受到了挑战，部落联盟产生了具有更为显赫地位的"汗"（君主）和"可汗"（皇帝）名号。从而"伯颜"一词又回到"富有、富饶、丰富"的词义上。纵览蒙古族人社会历程，每个时期的称号都在代表着不同的发展水平。"莫儿根"对应于森林中的原始狩猎生活，"伯颜"对应于私有制初期的贫富分化的部落联盟时期，"可汗"称号对应于封建时期的有组织的统治政权。

蒙古人在8—12世纪建立了以游牧经济为核心的文化体系。直到20世纪，大部分蒙古人的语言文化仍然是以马文化为核心的游牧人语言文化为主体。但是，20世纪的科技进步和中国社会的风云变化，从技术革命和文化接触两个方面，改变了中国境内蒙古人的语言和文化。当今，我们所看到的中国蒙古语是发生了局部的、急剧变化的一种语言。

毫无疑问，蒙古人及其语言文化首先是从古老的西伯利亚森林游猎群体中分离出来的，后来再次从古代匈奴、东胡、突厥文化中分离出来。游牧文化是蒙古人作为一个民族群体所拥有的物质文化、精神文化、制度文化之所以有自身独特性的基础。这个基础导源于一个初始条件，即蒙古人在自己对动物的熟悉程度、草原所提供的饲养场所和先民饲养经验、蒙古人自己所处的森林和草原交错地带为文化过渡所提供的便利条件等基础上的第一次迈步。这个初始条件及其壮大决定了蒙古文化的个性和能够成为全民族普遍价值取向的定型。

近代中国蒙古语言文化发生了又一次的变化，蒙古族和汉族在蒙古地方的接触和汉族文化的影响向蒙古文化的扩散导致了一个重要的分叉，也是一个新的初始条件。另一个具有极大的普遍意义的作用因素是新技术革命，它是对人类具有普遍影响的发展动力。所以，蒙古人语言文化的变迁，尤其是近现代中国蒙古语言文化的变迁并非是线性而由单一的因素作用下的简单的变化，它是多种因素协同作用的结果，其中新技术革命的意义重大，还有民族语言文化接触的巨大影响。

二　游牧语言文化体系

我们能够勾勒出的或者可以看到的从古至今的蒙古族文化系统是以马文化为核心的牧业文化。其语言文化上的最重要的表现为蒙古语词汇基本以畜牧业文化词语为其词汇系统的核心部分。包括在生产、生活、心理、宗教、自然的任何方面，蒙古语都有着大量的来源上与畜牧业文化相关的极其丰富的词语。这些词语主要以名词、形容词、动词为主。

（一）姓氏人名词（蒙古语词语／音译／汉语词义）

【01】malčinkü　／玛拉沁夫／放牧的男孩

【02】angčinkü　／安柯钦夫　／狩猎的男孩

【03】buqandai　／布汗岱　像犴牛一样的

【04】qarabars　／哈日巴拉／黑虎

【05】bürgud　／布日古德　／雄鹰

【06】maγunoqai　／木淖海／癞皮狗……

在这里，只有【01】属于纯粹的牧业文化词汇，与草原牧业文化有关。在蒙古语中 mal 是"家畜"，而在突厥语里是"家畜"和"货物"，蒙古语把"放牧人"或者"牧民"称作 malčin。因为狩猎时代或者森林深处不具备动物饲养条件，就从来没有诸如"家养"、"家畜"之类语义的词语。人名 malčinkü 是由 mal +čin + kü 构成，mal 是"家畜"，mal + čin（家畜 + 者）＝malčin（牧者）是"牧民"，malčin + kü（牧者 + 男儿）＝malčinkü（牧童），作家玛拉沁夫的名字就是如此而来。上述例子中【02】—【06】是游猎文化和游牧文化皆有的共有词。草原上的蒙古人至今仍然没有丢失狩猎传统，蒙古语中把"猎物"称作 ang，把"猎人"称作 angčin；人名 angčinkü 是由 ang +čin + kü 构成，ang 是"猎物"，ang + čin（猎物 + 者）＝angčin（猎者）是"猎人"，angčin + kü（猎者 + 男儿）＝angčinkü（猎童），作家兼学者安柯钦夫的名字就是如此而来。蒙古语中

buq-a 主要指"牤牛"或"种牛",但同时也指"种鹿"等雄性野生动物。所以它是游猎文化和游牧文化的共有词。同样,qarabars(哈日巴拉,黑虎),bürgud(布日古德,雄鹰),maɣunoqai(木淖海,癞皮狗)等中的动物名称词 bars(虎),bürgud(鹰),noqai(狗)等词语当然也是游猎文化和游牧文化的共有词。

(二)植物名称词

在蒙古语的植物名称词中有着大量的以动物词语命名的名词术语。一般都是根据该植物某一基本形状或者某一特征与动物某一器官之间的相似之处来给这些植物取名的。例如:

蒙古语植物名称 / 汉语直译词义 / 汉语植物名称

【07】temegen kuku　/ 骆驼的乳头 / 地梢瓜

【08】uker un nidu　/ 牛眼 / 黑醋栗

【09】imagan eber　/ 山羊角 / 杠柳

【10】qonin nidu　/ 绵羊的眼睛 / 歌仙草或柳叶旋覆花

【11】unagan segul　/ 马驹的尾巴　远志草

【12】taulai in boger-e　/ 兔子的肾脏 / 毛栗

【13】gujegeljegen-e　/ 毛肚子果 / 草莓……

【14】noqai hosigu　/ 狗嘴 / 枸杞子

【15】qonin jangguu　/ 绵羊苍耳 / 苍耳

从下面对于一些蒙古语词语的来源的简单解释,可以看清楚蒙古语的语言思维同汉语思维之间的不同之处。

地梢瓜:在沙漠草原地带,temegen kuku 是常见的植物,其汉语名称是地梢瓜,还有地梢花、羊不奶棵、小丝瓜、浮瓢棵、地瓜瓢,驴奶头等不同名称,英文名称为 Cynanchum the-sioides(Furyn)K. Schum。地梢瓜外皮绿白色,内肉鲜嫩,内有乳汁一样的白色液汁,十分甘甜,是孩子们喜欢吃的一种野生水果类。因为其有极像乳头的菱形形状并且内有乳色液汁,蒙古人形象地称其为 temegen kuku,即"骆驼的乳头"。

黑醋栗:黑醋栗也是蒙古人所熟悉的野生果类,又名黑加仑,学名黑穗醋栗(Ribes nigrum L.),其成熟果实为黑色小浆果,形状如同眼珠,故蒙古人形象地称其为 uker un nidu,即"牛眼"。

杠柳:杠柳的英文学名为 Periploca sepiumBge,汉语别名还有叫羊奶子、北五加皮、羊角桃、羊桃等，属萝摩科杠柳属缠绕灌木，具有极强的固沙作用。因为成熟时长出像山羊角形状的果实，蒙古人称其为 imagan eber，即"山羊角"。

在蒙古语中，这种以动物词语形象地命名植物的词语很多，这一点是与蒙古人的动物知识和畜牧业生产经验密不可分的。

（三）自然景观的名称词

【16】uker cilagu ／ 牛石 ／ 巨石

【17】temegen qada ／ 骆驼岩 ／ 一个地名，因为远看形似骆驼而得名

【18】adugun cilagu ／ 马群石 ／ 一个地名，因为远看形似一群马而得此名

【19】qabirgan sara ／ 肋月 ／ 月牙儿

【20】ogeken cilagu ／ 脂肪石 ／ 鹅卵石

【21】ajirgan borogan ／ 种马雨 ／ 暴雨……

上述诸例子都以动物词语形象地命名不同形状的自然景观，尤其是把月牙儿称为 qabirgan sara（肋月）是一种十分恰当的描绘。还有河道水中的鹅卵石的确很像一块儿一块儿的椭圆形脂肪块。另外，暴雨下的速度和力度，真的很像烈马狂奔，所以形容为"种马雨"是最恰当不过了。

（四）动物名称词

【22】morin melekei ／ 马蛙 ／ 青蛙

【23】uker melekei ／ 牛蛙 ／ 牛蛙

【24】uker kedegen-e ／ 牛蜂 ／ 大蜂

【25】kumun qar-a gorogesu ／人黑猴／猩猩

【26】bup-a sibagu ／ 牤牛鸟 ／ 苇莺

【27】qonin qariyaci ／ 绵羊燕子 ／ 河滩燕

【28】temegeljegen-e ／ 骆驼虫子 ／ 螳螂……

上面的例子表明，蒙古语不仅有以动物命名的植物和自然景观，还有不少的以动物命名的动物名称词。其中一些词语是与汉语共同的，比如牛蛙，但是更多的还是蒙古语特有的词语，很有游牧文化味道，往往把野生

动物联系到与家畜的某种关系或者相似之处来命名。比如，苇莺的鸣声很像牤牛的声音，蒙古语的"牤牛鸟"这个名称如此而来。又如，河滩燕是一种喜欢在河岸峭壁上打窝的草原燕子，一到春夏，很多河滩燕在河边吃草的羊群上边低矮处飞来飞去，所以每个人称其为"绵羊燕子"。

（五）器具名称词

【29】morin sil／马瓶／大瓶

【30】uker puu　／牛炮　／大炮

【31】imagan buriy-e／山羊号／寺庙用的小型法号

【32】uker buriy-e　／牛号／寺庙用的大型法号

【33】bup-a terge　／牤牛车／火车头……

【34】qonin dung　／绵羊螺号／寺庙用的一种短粗的法螺

蒙古语还有很多以动物命名的器具。一般体积大的器具形容为牛、马，体积小的器具形容为绵羊、山羊等。上述例子中【29】和【33】值得谈一谈。20 世纪五六十年代，曾有过能装两三公斤的酒瓶，一方面由于其体积和容量大；另一方面可以搭在马背上，所以蒙古人称其为"马瓶"。把"火车头"称为"牤牛车"完全来源于对火车头的打鸣和牤牛鸣叫之间的一种联想。

（六）部落外号

【35】uker bargu　／牛巴尔虎／对巴尔虎部人的外号

【36】imagan caqar　／山羊察哈尔／对察哈尔部人的外号

蒙古族各不同部落之间都有一些比较代表性的个性特征或者标签式的差异，这种特征往往是与他的文化背景、周边环境等有着密切的联系。上述例子所示蒙古语中的 uker bargu（牛巴尔虎）、imagan caqar（山羊察哈尔）等分别把巴尔虎人和察哈尔人的性格归纳为"倔强、执着如同牛一样的巴尔虎人"和"善变不定，冷热无常，如同山羊肉一样热得快、冷得也快的察哈尔人"。无论贬低还是褒奖，这种形容极其概括反映出了这两个部落民众的较为代表性的个性差异。

（七）动词

蒙古语的"光临"为 morila-（毛日拉），是"来到"的敬体，其词根 mori-（毛日）是蒙古语马名称词 mori（毛日）。"客人光临，皇帝驾到，天神下凡……"等带有敬畏、尊重的语义都用这种词语。蒙古人称"启程"为 morda-（毛儿达），也是敬体词，其词根也是蒙古语马名称词 mori（毛日）。尊贵的人、长辈等的"谢世、归天、逝世""离开、走开"等都用这种词语。

三　新技术革命对马文化的历史性颠覆

随着新技术革命，包括工业化、机械化、电子革命的推进，传统的畜牧业文化发生了巨大的变化，骏马在生产、战争中的重要地位早已被机械设备代替，草原上的牧民，骑着摩托车放牧，开着拖拉机收割饲料，用卡车运输一切生活、生产用品，畜力运输工具牛车和马车、畜力生产工具等也退出日常应用，草原上的马群越来越少，马的主要意义只在于体育竞技比赛等狭小的用途，蒙古人的马文化面临新的挑战。如果说原来城里人不太懂得马和与马有关的文化，那么现在草原上的年轻牧民都不太熟悉马文化，马名称、马具名称与马有关的一切文化词汇逐渐远离蒙古人的生活，在日常语言中出现的频率越来越少。随着社会的发展，蒙古人也改变游牧生活，开始了定居或者半定居的生活，与游牧文化相关的四季游牧生产、生活用语，与蒙古包生活相关的词语等也逐渐淡化。奶食品、肉食品的生产、加工方式方法也发生了改变，因此与之相关的词语同样也逐渐被淡忘。没有了固有的生产、生活方式，就没有了固有词语使用的基础，蒙古语逐渐向着新的方向发展变化。

四　农耕化与汉语文化的影响

自清代中期开始，蒙古人居住的地方出现农业汉族人，开始改变蒙古地区的生产、生活方式。进入 20 世纪，尤其是建立统一国家以来，向蒙古族地区大量迁徙汉族人口，中国蒙古人的社会环境发生了根本变化，与汉族人杂居的蒙古人完全或者局部地接受农业文化，放弃了传统的牧业经济，蒙古语中增加了丰富的农业文化词语，从汉语吸收大量的相关农业、科技、政治词语，逐渐形成蒙汉混合式的方言土语，而且已经成为中国蒙古语在人口和应用上占有压倒性比例的科尔沁—喀喇沁蒙汉混合式蒙古语。这种语言在很多方面不同于传统的蒙古语，正在以自身独特的个性向着主导未来中国蒙古语的方向发展。

五　中国蒙古的语言文化新面貌

大部分蒙古语言学家主张要保护蒙古语标准音和基础方言的合法地位，以现代蒙古书面语和标准音来规范已经发生严重变异的科尔沁—喀喇沁蒙汉混合式蒙古语。但是这种合情合理的主张和努力正在面临挑战。比起科尔沁—喀喇沁蒙汉混合式蒙古语的使用者，更多不同的方言区域里的蒙古人正在争先恐后地学用汉语，蒙古语中夹杂着为数不少的汉语词语已经成为中国蒙古人语言的普遍现象。在这种局面面前，很多普通民众和知识界人士开始担忧蒙古语的未来前景，有的人迷恋经典蒙古语的心理越来越强。虽然形成于 17—18 世纪的中国现代蒙古语为人们留下了相当丰富的遗产，蒙古人用它创造了不少的经典作品，但是它有可能是因为科尔沁—喀喇沁蒙汉混合式蒙古语的冲击而逐渐走向边缘化，甚至在不久的未来有可能其主导地位被科尔沁—喀喇沁蒙汉混合式蒙古语所替代。

无论使用人口还是适用范围，科尔沁—喀喇沁蒙汉混合式蒙古语正在逐渐壮大，以复合化的词语为主的新的形式日趋取代蒙古语固有语法形态。尤其是在不断涌现的新词术语面前，蒙古语的造词能力显得非常吃力，虽然学院派的语言工作者们不断推出蒙古语翻译新词术语，但是其中很少有完全符合蒙古语原有表达式的术语，那些被命名为"新词术语"的难以理解的短语结构无法满足一般群众的语用要求，一次一次推出的新词术语没有被吸收到日常的语言使用当中，现在的蒙古人几乎都在原封不动地使用着汉语新词术语。也就是说，在蒙古语中吸收汉语词语已经是蒙古人语言交际的必不可少的一种重要途径。过多地吸收汉语词语会不会改变蒙古语的纯正、独立性质？这样的顾虑早已成为热爱民族语言文化的一般蒙古人和知识界精英人士的心病。可是在客观现实面前，这样的顾虑和担心还能够怎样呢？其实，蒙古语历来不是单纯的纯正的语言，世界上也从来不存在任何的纯正的语言，所有的语言都是程度不同地带有混合成分的语言。

中世纪以前的蒙古语是经过突厥语洗礼之后形成的，后来依次受到来自汉语、藏语、满语的影响。蒙古语中应该有很多的古匈奴、古梵语、波斯语、女真语、契丹语的成分，真的很难说得清楚当今蒙古语中真正属于蒙古人自己的语言成分到底有多少。这样的一个大混杂物被所有的蒙古人指认为是地道的、纯正的民族语言，很多人不希望它有什么不太正常的变化，但是保持它的原样已经不太可能了。就这样，中国蒙古语将进入科尔沁—喀喇沁蒙汉混合式蒙古语时代。定居农耕的科尔沁蒙古人人口密集、使用着一口很不标准的蒙古语，而且口语中夹杂着的汉语词汇也失去了原来固有的声调，变成了蒙古式的无声调词语。科尔沁蒙古人的风土人情已定，语言文化风格也逐渐定型，民间文化、文学语言也形成了独特的科尔沁风格，使用人口占中国全体蒙古语人口的一半以上，已经是国内最大的方言，而且不断地扩大着影响力。科尔沁蒙古人遍布全国所有蒙古人居住地方的行政、科研、教育、服务、金融、生产等各个领域，各地蒙古人也逐渐接受科尔沁蒙古人的文化，包括语言在内。

科尔沁—喀喇沁蒙汉混合式蒙古语是一种地方话，广大农业化蒙古人所使用的语言，是一种具有雄厚群众基础的大众语言，它正在构成新的经典，经过一段发展过程，科尔沁—喀喇沁蒙汉混合式蒙古语有可能成为中国蒙古语基础方言。中国蒙古语将是一种以科尔沁—喀喇沁蒙汉混合式蒙古语为基础的，有点像韩国语、日本语、越南语那样的新型混合式语言。其特点是词汇中包含大量的汉语词语，语法形态仍然是阿尔泰式的黏着形式，是一种不同于传统蒙古语的新的形式。无论如何它还是蒙古人的语言，不大可能成为汉语的附属品或者特殊的方言。到时候全体蒙古人和今天把传统蒙古语看为经典的标准一样，会加倍地热恋这种新的形式，通过它表达对生活的热爱之情，写诗歌、做文章、颁行政府文件，处理社会日常的一切事物。报刊语言，广播语言，电视语言都将是这种语言。

结语

远古时期，人们在森林、山川奔波的原始时代，其生活与其他动物没有太大的区别。那个时候应该是一个动态存在的稳定态。但是人类潜藏着别的动物所没有的创造性基因。事先他没有任何征兆，默默地潜伏着很长的时期，发展到原始社会时期人们学会了利用火，也学会了保存火种，这是一个飞跃，是重要的分叉，从此人类永远离开了其他动物，人类的智慧走上了发展的道路。第二次分叉是人类学会采集和狩猎，学会利用天然洞穴简单搭建住处的本领。第三个分叉是人类根据不同的自然环境开始有意识适应和利用大自然，在不同的地方分别产生了不同的经营模式，例如狩猎、驯化动物、种植庄稼、海上捕鱼，等等。当然语言文化也得到了不同的发展。这些不同的发展阶段经历了不同长度的发展过程，凡月往后，所经历的时间越短，从上一阶段过渡下一阶段的飞跃也越迅速。在第三个阶段人类发明了文字，记录了自身发展的历史，自青铜器以来进入冷兵器时代，骏马和铁器成为征服世界的最尖端武器，各种符合当时知识水准的发明遍布世界。当每一个稳定态结束时，都从自身内部孕育出下一个定态要发生的初始条件。取火和炼铁之间经历的过程可能是几十万年，但是人类最终还是会把火和矿石连接起来并且能够炼出铁来。同样，人类在火和铁的基础上，没有经历太多的时间，几千年以后就进入了工业革命时期，其标志是蒸汽机，到处奔跑的人造机器，骏马和机器最终进入弱势状态。这是第四个分叉。工业革命时代经历了短短几百年，人类在 20 世纪后期全面进入电子革命或者信息技术时代。这就是技术革命的力量。蒙古人在冷兵器时代曾经活跃过一段时间，他在北方草原继承和发展了匈奴和更为古老时期的马文化传统。但是进入工业革命以来，他的命运发生了变化，落伍了。尤其是当代，骏马完全退出生产和生活，只留下一个体育娱乐的消遣功能。因为蒙古人在包括工业革命在内的整个科学时代没有任何发明创造，所以其文化面临了整体性的挑战，甚至被颠覆。这是人类文明发展中一切文化都会面临的问题。就是新技术革命对旧文化的颠覆和旧文化如何适应新技术而得到新的发展的问题。本文只是企图通过以蒙古语言文化为例探讨新技术革命对语言文化发展变化的决定性作用。

（作者单位：中国社会科学院人类学与民族学研究所）

呼伦贝尔阿尔泰语系部族语言与原蒙古语圆唇元音

白音门德　娜仁托娅

呼伦贝尔地区自远古以来就是阿尔泰语系部落活动的重要舞台，也可能是蒙古民族的发源地之一。现在居住在这里的巴尔虎、布里亚特、达斡尔、鄂温克、鄂伦春等部落和民族都是用阿尔泰语系的语言，他们的语言当中隐藏着远古语言和文化的某些信息是完全有可能的。我在这里仅从这些语言的某些特点中探索原蒙古语的圆唇短元音问题。因为蒙古语从原蒙古语到现代蒙古语的 1000 多年的发展历程中圆唇短元音变化最多，也代表蒙古语发展的一个内在规律。

一　关于蒙古语历史阶段划分

蒙古语的历史划分在学术界一直存在着不同的观点。弗拉基米尔佐夫没有划分蒙古语本身的历史阶段，而对蒙古书面语的发展阶段进行了划分。他把蒙古语书面发展阶段分为：（1）古代（起始年代不详—14 世纪初叶），（2）中期（14 世纪初—16 世纪下半叶），（3）过渡时期（16 世纪末—17 世纪初），（4）新时期或古典时期（自 16 世纪末至今）。① 这个主要是从使用文字角度进行的划分。鲍培把蒙古语历史划分为三个时期，即古代时期（ancient period），中古时期（middle period），近代时期（modern period）。② 认为 12 世纪以前的是古代蒙古语（Ancient Mongolian），12—15 世纪（或 16 世纪）为中期蒙古语（Middle Mongolian），③ 他的另一部著作中的观点

① ［苏］弗拉基米尔佐夫：《蒙古书面语与喀尔喀方言比较语法》，陈伟、陈鹏译，青海人民出版社 1988 年版，第 32 页。

② N. POPPE, Introduction to Altaic Linguistics, Otto Harrassowitz·Wiesbaden, 1965, p. 18.

③ Ibid., p. 21.

也是一样，在那部著作中他明确提出 16 世纪为止是中期蒙古语，16 世纪
至今为现代蒙古语。① 小泽重男把 13—16 世纪末的蒙古语称作"中世蒙
古语"或"中期蒙古语"②，把中期蒙古语又分为前期后期两个阶段，17
世纪初到现在的蒙古语称作现代蒙古语。③ 小泽先生把契丹语当作古代蒙
古语代表来分析是他的著作的一个特点。亦邻真教授把蒙古语发展历史分
为原蒙古语、古蒙古语、近现代蒙古语。他还提出蒙古语这几个历史阶段
大体形成时间。认为原蒙古语形成于 8 世纪，古蒙古语形成于辽金元时
代，后形成了近现代蒙古语。他还认为从原蒙古语到古蒙古语的过程中
"突厥化"起到了关键作用。"室韦—鞑靼人，包括蒙兀人，是原蒙古
人，他们的语言是原蒙古语。原蒙古语同古蒙古语有很大差别，后者形
成于辽金元时期，是突厥化了的原蒙古语。"④ 还提出古蒙古语时期可
以肯定的有三个方言，即合木黑方言和外剌人的方言和八儿忽人的方
言，但后者"同合木黑人的方言有一定差距"⑤。认为蒙古各部落几百
年的突厥化过程使他们所使用的"原蒙古语的语音构成发生了很大变
化。大量的突厥词汇被移植到蒙古语词汇中，有的突厥语词作为同义
词，有的干脆就代替了蒙古词"⑥。"从元代传下来的古蒙古语又经历了
一个瓦剌化的过程，才逐渐变成了近代蒙古语。"⑦

　　我们在这里探索的原蒙古语就是与蒙古族族源有关的室韦—鞑靼
人，包括蒙兀人的语言。我们假设那些原蒙古人所使用的语言按自己内
在发展规律发展的同时受周围语言的影响也是在所难免，其结果是蒙古
语本身在受周围语言影响的同时，周围语言也受蒙古语影响，也保留一
些蒙古语远古的信息。

二　关于原蒙古语圆唇元音

　　关于原蒙古语圆唇元音，有两个问题特别引起学界关注，一个是原

---

① ［美］N. 鲍培：《蒙古语比较研究绪论》（油印本），第 8—9 页。
② ［日］小泽重男：《中世蒙古语诸形态的研究》，开明书院 1979 年版，第 5 页。
③ 同上书，第 23 页。
④ 亦邻真：《畏兀体蒙古文和古蒙古语语音》。
⑤ 同上。
⑥ 同上。
⑦ 同上。

蒙古语有几个圆唇元音？那些圆唇元音的舌位是怎么样的？关于这两个问题学者们提出了很多观点。

关于原蒙古语曾经有过几个圆唇元音问题，学界大概有三种不同的观点，即四元音说，三元音说，二元音说。从历史和影响来说坚持四元音说的更多一些。著名蒙古语学家和阿尔泰语学家鲍培认为共同蒙古语有*a，*o，*u，*ɤ，*i，*e，*ö，*ü8 个元音，① 也就是说共同蒙古语时代就有*o，*u，*ö，*ü4 个圆唇元音。桑席叶夫也认为原蒙古语有 4 个圆唇元音，布里亚特语没有 ö 而只有 ü 是 ö 和 ü 合并的结果。② 持有三元音说的只有昂日布一人，他认为上古蒙古语中曾经有ɑ，ə，i，ɔ，ʊ，ʉ6 个元音，到了中古蒙古语时期，形成ɑ，ə（ė），i，ɔ，ʊ，ɵ，ʉ7 个元音。也就是说上古蒙古语中有ɔ，ʊ，ʉ3 个圆唇元音。昂日布的依据就是现代科尔沁方言和巴尔虎—布里亚特方言没有 ɵ 这个圆唇元音。

坚持二元音说的有符拉基米尔佐夫、亦邻真、呼格吉勒图等。符拉基米尔佐夫说过这样的话："上面列举的例词表明，蒙古语—突厥语的*ö＞ö，ö，ȯ，y，ü，而蒙古语—突厥语的*ü＞ü，u，ÿ，y。"呼格吉勒图教授根据符拉基米尔佐夫这句话认为他是坚持四元音说的代表，以我的理解符拉基米尔佐夫这句话恰恰说明他是坚持二元音说的。亦邻真教授是第一个明确提出二元音说的代表人物，他深入研究蒙古语族语言材料后指出："原蒙古语的基本元音大约有低后元音 a，靠后的央元音 e，高前元音 i，偏中的圆唇后元音 ŏ，高圆唇后元音 u 这五个音位。"③ "变化最大的是圆唇元音：偏中的后元音 ŏ 和高后元音 u 这两个音位分化成 ŏ，ö，u，ü 四音，最后变成了现在的次低后元音 ŏ，高中后元音 o，次高后元音 ŭ，高后元音 u 四个音位。"④ 呼格吉勒图教授利用在丰富的蒙古语诸方言土语以及蒙古语族语言材料的基础上得出的结论也是与亦邻真教授的观点完全一致。⑤ 可以说呼格吉勒图教授用大量的材料证明亦邻真教授观点的正确性。

---

① N. POPPE, Introduction to Mongolian Comparative Studies, Helsinki, 1987, p. 24.

② ［苏］桑席叶夫：《蒙古语比较语法》，民族出版社 1959 年版，第 99 页。

③ 畏吾体蒙古文和古蒙古语语音。

④ 同上。

⑤ 呼格吉勒图：《蒙古语族语言基本元音比较研究》，内蒙古教育出版社 2004 年版，第270 页。

　　根据我们的观察呼伦贝尔地区的阿尔泰语系部族的语言材料证明原蒙古语曾拥有两个圆唇元音的说法。达斡尔语是保留原蒙古语圆唇元音原貌的语言，只有［ɔ］，［u］两个圆唇元音，巴尔虎土语和布里亚特土语都有［ɔ］，［ʊ］，［u］三个圆唇元音。它是代表分化的第二个阶段。鄂伦春语虽然有［ɔ］，［ʊ］，［o］，［u］，［y］5 个圆唇元音，但这里值得一提的是鄂伦春语的［o］在词里出现的不多，出现在词首的［o］可以换读为［u］。① 这说明鄂伦春语仍处在［o］分化的阶段。鄂温克语虽然跟蒙古语一样有［ɔ］，［ʊ］，［o］，［u］4 个圆唇元音，但在鄂温克语圆唇元音与蒙古语元音的对应关系上可以看出它的远古信息。如鄂温克语和蒙古语都有［o］元音，但鄂温克语的［o］有时候与蒙古语［ʊ］对应，鄂温克语［u］对应蒙古语［o］。如，鄂温克语：ɔd ɔm，蒙古语：ʊdam，鄂温克语：muŋgun，蒙古语：moŋgo。② 这些表明鄂温克语也保留着圆唇元音分化的痕迹。从这里可以看出原蒙古语两个圆唇元音中首先［ɔ］元音分化成［ɔ］，［ʊ］两个元音，然后［u］分化成［o］，［u］两个圆唇元音。根据这个观点蒙古语的语音发展史，更确切地说圆唇元音的发展史是走了"分化"的路，而不是桑席叶夫也认为的那样走"合并"的路。"分化"之说更符合蒙古语语音发展的历史事实。实际上这种分化经过千年之久后现在还在延续，其结果是现在的蒙古语方言土语中出现了更多的圆唇元音。如，巴林土语就有［ɔ］，［ʊ］，［o］，［u］，［œ］，［ɤ］，［y］7 个圆唇元音音位。③ 其中［œ］，［ɤ］，［y］是第一音节元音受后面音的影响而变化的结果出现的圆唇元音。形成原因比较复杂，［œ］和［ɤ］是第一音节［ɔ］和［ɤ］受后面音节 i 的影响而前化的结果，如，mœr < mori（马），xœn < qoni（绵羊），ɤl ɐːs < uliyasu（杨树）；［y］主要有以下几个来源，一是蒙古书面语第一音节 i，与第二音节圆唇元音逆同化结果形成的，如，ʃ yt < sidü（牙齿），ʧ ys < ǰ isü（颜色）；还有一个是蒙古书面语第一音节 ü 受周围辅音影响前化的结果。如，ʧ ysə x < ǰ üsükü（用刀切开），ʃ ɤl < šülü（汤），jyri ːn < yerü-yin（普通的）。

---

① 胡增益：《鄂伦春语简志》，民族出版社 1986 年版，第 4 页。

② 斯仁巴图：《鄂温克语和蒙古语及名词语法范畴比较研究》，博士学位论文，内蒙古大学，2007 年。

③ 参见白音门德《巴林土语研究》，内蒙古人民出版社 1997 年版。

　　关于原蒙古语圆唇元音还有一个问题必须说明。那就是原蒙古语两个圆唇元音的舌位问题。亦邻真教授认为原蒙古语的两个圆唇元音是"偏中的"①。但从呼伦贝尔地区阿尔泰语系语言情况看原蒙古语两个圆唇元音极有可能是后元音。这一点达斡尔语、巴尔虎土语和布里亚特土语的材料可以证明。蒙古语的圆唇元音的央化或前化是语音内部发展规律和外部因素双重作用下形成的结果。其中 i 元音的作用和突厥化的过程同样起到了重要作用。

　　从上述情况看，呼伦贝尔地区阿尔泰语系语言部族语言包含着原蒙古语圆唇元音的一些信息，为我们提供了通过这个窗户观察远古语言特点的机会。

（作者单位：内蒙古大学）

---

　　① 畏吾体蒙古文和古蒙古语语音。

语言接触中的母语意识与母语传承

照日格图

语言作为人类精神高级产物，世代相传，生生不息。语言的传承性与其他的人类精神产品的传承性有很大的区别。主要表现在以下两个方面。（1）语言的传承具有全民性。语言属于一个社会，对那个社会的每个成员完全平等地服务。因而，那个社会的所有成员都学习、使用、继承其语言。语言的传承性不受阶级、职业、贫富、信仰、文化、性别的干扰，语言为其所属社会的不同阶级、不同职业、不同信仰、不同文化、不同性别的人提供平等的使用和传承机会。所以，人类精神高级财富的语言比人类其他的任何精神产物更具有全民性。也就是说，更具有普遍性和广泛性。（2）语言的传承具有强制性。语言为其社会的每个成员提供平等的服务，满足他们的各种交际与社会需求，所以，全社会的每个成员都必然要学习、使用、继承语言。否则，就无法与社会的其他成员进行交流，满足不了各种交际与社会需求。语言的这种学习、使用、传承上的强制性不以个人或行政单位的意志、指向而转移。所以，前辈有义务、有责任把母语传承给后辈，后辈也有学习、使用、传承母语的义务和责任。

这是语言学理论所解释的语言传承性的两个特点。但是，在实际语言生活中语言的使用与传承是很复杂的。它受方方面面因素的影响。自古以来，许多语言未被传承而消失。比如：众所周知，满语未被传承而消亡了。也有的语言正在面临着灭亡的危险，比如：我国的许多少数民族语言。某个民族语言与其他民族的强有力的语言接触时，因自己的弱势而存在被吸引、被代替的可能性。这不是语言接触单方面造成的，更重要的是与政府的语言政策的真正实施与否、母语意识的强与否有直接的关系。

我们都知道蒙古语的使用与传承也遇到了很大的挑战，危机四伏。

那么蒙古语言文字的使用与传承中为什么会出现不尽人意的情况呢？我们应该仔细地研究其中的原因。

蒙古语是蒙古民族的母语，千百年来它为蒙古族社会服务，满足他们的各种交际与社会需求，充分显示了其强大的交际能力和旺盛的生命力，深受蒙古族人民的拥护与爱戴。当前，我国社会、文化正处于变迁中。社会生活的深刻变化、地区经济的迅速发展、国际合作交流的日益频繁以及强势语言的影响，给蒙古语使用与发展方面带来了很大的机遇和冲击，并向蒙古语言学界提出了解决蒙古语使用上所遇到的一些问题的迫切要求。其中涉及在新的社会环境下蒙古民族对其母语的看法和心态问题。为了了解新的社会环境下蒙古民族对其母语的看法和心态，我们出了下列几道题和可能的答案以供接受调查的人们选择。

1. 你喜欢说蒙古语吗？

    （1）喜欢 （2）不喜欢 （3）不清楚

2. 你认为说蒙古语是件好事吗？

    （1）是 （2）不是 （3）不清楚

3. 你认为说蒙古语是否有益？

    （1）有益 （2）无益 （3）不清楚

4. 你认为有无学习蒙古语的需要？

    （1）有 （2）无 （3）不清楚

5. 你认为有无学习蒙古语的要求？

    （1）有 （2）无 （3）不清楚

6. 你认为在你们这儿有无学习蒙古语的条件？

    （1）有 （2）无 （3）不清楚

调查所得到的初步结果是：（1）牧区有94%的人、半农半牧区有97.9%的人、呼和浩特市有95.7%的人、二连浩特市有93.2%的人认为自己喜欢说和用蒙古语、有需要和要求学习掌握使用蒙古语、有条件学习掌握使用蒙古语。（2）而牧区有6%的人、半农半牧区有2.1%的人、呼和浩特市有4.3%的人、二连浩特市有6.8%的人持有相反的观点。

任何民族对自己所使用的语言文字都怀有深厚的感情。而且所使用的语言文字时间越长，对它们的感情越深。对自己使用的语言文字充满深厚的感情，所以他们世世代代使用、相传、充实、丰富、发展自己的语言文字。任何民族对自己的语言文字的感情淡化，失去信心，其语言文字传承性的强制作用逐渐消失，从而其语言文字传承的全民性也逐渐淡化，最后导致本民族的语言文字失去交际能力而消失。

所以，蒙古民族对其母语的学习掌握、使用、传承方面的看法和心态不仅能够较客观地反映出蒙古族人民对自己的语言文字的感情程度和使用态度，而且对今后的蒙古语言文字的学习、使用、传承起到不可忽略的，甚至决定性的作用。

从调查所得到的初步结果看，95.2%的蒙古族同胞认为自己喜欢说和用蒙古语、有需要学习掌握使用蒙古语、有条件学习掌握使用蒙古语。这说明绝大多数蒙古族同胞对自己的母语有着深厚的感情和信心，并有学习、掌握、使用蒙古语的意识及决心。这是内蒙古自治区蒙古语言文字使用中表现出来的蒙古族同胞心态的积极反映，也是蒙古族同胞在学习、使用、传承自己民族语言文字方面的主流。也就是说，蒙古民族的母语意识很强，蒙古语言文字的学习、使用、传承有扎实的群众基础。毫无疑问，这对将来的蒙古语言文字学习、使用、传承会起到积极的推动作用。

但4.8%的人持有相反的观点。也就是说，4.8%的蒙古族同胞认为自己不太喜欢说和用蒙古语、没有必要学习掌握使用蒙古语，也没有条件学习掌握使用蒙古语。这说明一些蒙古族同胞对自己民族的语言文字失去了信心，毫无感情可言。这是内蒙古自治区蒙古语言文字使用中表现出来的蒙古族同胞心态的消极反映，也是蒙古族同胞在学习、使用、传承自己民族语言文字方面的支流。确切地说，蒙古民族的母语意识中出现了消极因素，有些蒙古族同胞的母语意识正在淡化。那么，为什么出现有些蒙古族同胞的母语意识淡化的现象呢？其原因何在？我们应该认真地思考这种现象，探究出现这种现象的原因。

中国的蒙古民族是在经济、文化、教育处于优先地位，人口占绝大多数的汉族为主体的中华人民共和国居住、生活、工作的少数民族之一。在中华人民共和国居住、生活、工作的一些少数民族使用着自己民族的语言文字。但由于各民族的人口比例、经济科学的发展、文化教育的进步等的差别，他们的语言文字之间在使用范围、受重视的程度等方面也有了一定的差别。事实上，作为国家通用语言的汉语已成为大语言、强势语言，其他少数民族语言则成为小语言、弱势语言。我认为正因为中华人民共和国居住、生活的各民族语言文字之间有了这种使用范围、受重视程度等方面的差别，有些蒙古族同胞丧失了对自己民族语言文字的热情，失去了对自己民族语言文字的信心，从而在其母语意识中出现了消极倾向。

一些蒙古族同胞丧失了对自己民族语言文字的热情，失去了对自己民族语言文字的信心，并在其母语意识中出现了消极倾向。这主要表现在以下几个方面。

一是，蒙古族家庭成员之间的交往中使用蒙古语的比例正在下降。大多数蒙古族同胞在家庭成员之间的交往中虽然主要使用蒙古语，但在晚辈的交往中使用蒙古语的比例正在下降。比如：牧区有 88.7% 的人、半农半牧区有 94.3% 的人、呼和浩特市有 87% 的人、二连浩特市有 91% 的人同上一代人的交往中使用蒙古语。但是，同下一代人的交往中牧区有 77.7% 的人、半农半牧区有 85.2% 的人、呼和浩特市有 56.8% 的人、二连浩特市有 66.7% 的人使用蒙古语。显而易见，虽然各地区蒙古族家庭成员之间的交往中使用蒙古语的比例不尽相同，但随着时间的推移，蒙古族家庭成员之间的交往中使用蒙古语的比例逐渐下降。

二是，有一部分蒙古族同胞已用汉语言文字满足读报、看书、听广播、看电视等个人文化生活的需求。这次蒙古语言文字使用情况的调查研究中得知牧区有 9% 的人、半农半牧区有 21% 的人、呼和浩特市有 25.9% 的人、二连浩特市有 19.3% 的人已经用汉语言文字满足他们的文化生活的需求了。

三是，大部分蒙古族同胞认为孩子们应该用他们的母语——蒙古语或蒙汉两种语言接受小学或初中教育，但也有一些蒙古族同胞认为孩子应该用纯汉语接受教育。牧区有 8.6% 的人、半农半牧区有 10.4% 的人、呼和浩特市有 1.1% 的人、二连浩特市有 13.6% 的人认为他们一开始就应该用纯汉语接受教育。

四是，一部分蒙古族家长把孩子送入纯汉语授课的学校，让其子女用汉语接受教育。牧区有 7.7% 的人、半农半牧区有 10% 的人、呼和浩特市有 38.5% 的人、二连浩特市有 25% 的人把孩子送入纯汉语授课的学校接受教育。

把孩子送入纯汉语授课的学校的蒙古族家长认为纯汉语授课的学校离家近、纯汉语授课学校的教学质量好、孩子不太懂蒙古语、纯汉语授课学校毕业后升入大学的比例高、找到工作的机会多等，这些五花八门的原因促使他们把孩子送入纯汉语授课的学校。

五是，应该使用蒙古语言文字的场合、拥有使用蒙古语言文字的条件、自己也有能力用蒙古语言文字充分表达思想意识的情况之下，有些蒙古族同胞用汉语言文字表达其思想意识。甚至，与会者或听者都懂蒙古语的情况之下，有些蒙古族同胞不愿意使用蒙古语言文字，而是用汉语言文字。

母语传承是第一传承，也是直接传承。它受到最初生活环境、家庭乃至其生存社会的每个成员的影响和制约。所以，母语的传承是具有强制性的。在我们国家作为通用语的汉语已成为大语言、强势语言，其使用范围广、更受重视的情况下，只有依靠党的少数民族语言文字政策，依靠少数民族每个成员的母语意识及其有效行动，才能加强母语传承的强制性，从而使少数民族的语言文字积极向上、蓬勃发展。

事物发展的过程中有外在因素和内在因素。其中内在因素起着决定性作用。蒙古语言文字的学习、使用和传承面临着很大的危机。这个事实中汉语的强势语言环境是外部因素，蒙古族人的母语意识里发生的危机是内部因素。只有明白这两个因素的轻重，我们才能够保证蒙古语的学习、使用、传承的顺利进行。

每个民族都对本民族的语言文字有着深厚的感情。这个民族的历史越长这种感情越深。某个民族的语言文字之所以传承到今天，就是因为有这种感情。如果，哪一个民族对自己的语言文字失去信心、失去感情，那么这个民族的语言文字也就会慢慢失去它在传承中的全民性和强迫性。这个现象能导致这个民族语言的灭亡。

因此，我认为是否有学习、掌握、使用、传承蒙古语言文字方面的意识不仅反映蒙古民族对自己民族语言文字的感情程度，而且是对该民族语言文字的未来使用起关键作用的核心因素。

（作者单位：内蒙古大学蒙古学研究中心）

简述呼伦贝尔布里亚特蒙古语语音与形态结构特征

希德夫

布里亚特部落是蒙古民族中最古老的分支之一，据传，他们从远古以来就生活在贝加尔湖一带。关于布里亚特人的历史，早在 12 世纪的《蒙古秘史》中就有记载。在成吉思汗统一蒙古各部时，布里亚特人也毫无例外地成为了当时蒙古帝国的隶属。可以说，在人类历史的长河中，布里亚特人用自己的灵与肉创造了独特而丰富的物质世界和精神文化。其中，作为重要的精神文化形态之一的布里亚特蒙古语方言，以其优美而鲜明的独特性，在蒙古语里自然占据着一个特殊地位。

要知道，布里亚特（БУРЯАД）蒙古语具有很多种方言，其中以霍里方言为基础的、在我国境内使用的布里亚特蒙古语就是霍里布里亚特蒙古人使用的语言，布里亚特蒙古语也叫布里亚特语。布里亚特蒙古语属于阿尔泰语系蒙古语族语言的蒙古语东部方言布里亚特土语。也有的专家将布里亚特蒙古语看成是蒙古语的一个特殊方言。布里亚特蒙古人主要居住在我国内蒙古自治区呼伦贝尔市鄂温克族自治旗锡尼河西苏木（ЩИНЭХЭН БАРУУН СОМ）和锡尼河东苏木（ШЭНЭХЭН ЗҮҮН СОМ）。另外，在鄂温克族自治旗五牧场、试验站、巴音塔拉苏木等地也有一些布里亚特蒙古人居住。据不完全统计，目前在鄂温克族自治旗境内大约有 6000 名布里亚特蒙古人，而且，他们基本上都会说布里亚特蒙古语。由此，完全可以说，布里亚特蒙古语是布里亚特蒙古人日常生活中使用的最重要的交流工具。除了布里亚特蒙古人之外，同他们杂居的鄂温克人和达斡尔人，甚至是一部分汉族人也会说布里亚特蒙古语。布里亚特蒙古人除会说布里亚特蒙古语之外，还会说鄂温克语、达斡尔语、汉语等民族语言。他们的孩子到了入学年龄都要上蒙文学校，通过标准化蒙古语学习文化知识。不过，也有一部分孩子到汉文学校读书。但牧区的学生基本上都就读于完全用蒙古语授课的小学以及中学，上汉文授课的小学或中学的学生绝大部分是属于在城镇生活的布里亚特蒙古孩子。由于布里亚特蒙古人经济状况较好，生活水平都较富裕，所以他们受教育情况都较好。

布里亚特蒙古人主要从事畜牧业生产，不过现在也有一部分人在从事畜牧业生产的同时，也经营一些农业生产或餐饮业等。他们主要信仰喇嘛教，也就是藏传佛教。布里亚特蒙古人具有在多年的畜牧业生产生活实践中积累和创造出的独特而丰富的语言文化、衣食住行文化、婚丧文化以及精神文化等。

可以说，对于有着独特语音结构和表述形式的布里亚特蒙古语还没有进行系统而全面的研究。然而，约有 6000 人使用的布里亚特蒙古语已进入濒危状态。随着我国科学技术的迅速发展，牧区生活的城镇化系数的不断提高，琳琅满目和丰富多彩的汉语广播电视节目的不断增多和普及，布里亚特蒙古语的使用空间和机会不断缩小，尤其是上学的学生和参加工作的干部职工们使用布里亚特蒙古语的场所越来越少。他们只有在布里亚特蒙古人之间使用布里亚特蒙古语，甚至有时他们之间都使用汉语或标准化了的蒙古语。毫无疑问，所有这些使布里亚特蒙古语自然而然地成为了濒危语言。如果不去抓紧时间保护和抢救的话，布里亚特蒙古语就会从我们的生活中消失得无影无踪。

一　布里亚特蒙古语语音形态结构

元音　在布里亚特蒙古语中具有 /a/ə/и/e/ĕ/o/y/Y/ю/я 等单元音。其中，单元音 /a/и/ə/o/y/Y/ 的发音方法和部位，同标准蒙古语的元音 /a/и/ə/o/y/Y/ 的发音方法和部位基本一致。但单元音 /e/ 同标准蒙古语的 /ə/ 有所区别，布里亚特蒙古语单元音 /ə/ 的发音部位有些接近于国际音标的次低展唇央元音 [ɛ]。如，эдеэ（н）"食物、食品、饭食"；布里亚特蒙古语的这些单元音基本上使用于词首、词中、词尾。/a/азарга "公马、牡马"，басаган "姑娘"，наha（н）"年龄、岁数"；/ə/эр "男"，сэбэрхэн "清洁的、俊俏的"，хYсэхэ "希望、有望、请求"；/и/изагуур "族、氏族、世系"，ши "你"，юумэшни "你的东西"；/e/ехэ "大的、巨大的"，Yер "春讯、洪水、水灾"，ехые "多、许多"；/ĕ/ ĕho（н）

"规律、法则、准则"，соёрхол "恩准、不吝赐予、惠允"，соёл "文化、文明"；/o/ он "年"、модо（н）"树木"，honop "敏锐的、灵敏的、尖锐的"；/y/унага "马驹"，тугал "牛犊" хун "天鹅"；/ʏ/ ʏбhэ（н）"草、青草"，hʏни "夜、夜间、夜晚"，hʏ（н）"奶、乳、乳汁"；/ю/ юhэ（н）"九、九个"，нюдэ（н）"眼睛"；/я/ яhала "足够、够了、相当、完全"，яряа（н）"谈话、交谈"。

在布里亚特蒙古语方言中，单元音/a/э/o/e/и/ʏ/无论在词头和词首第一音节、词中或词尾里均可出现，而单元音 y 除了不在词尾里出现之外，均可存在于词头、词首音节或词中，但以长元音形态出现在词尾；而单元音 ю 只出现在词头或词中，词尾不出现；单元音 я 一般出现在词头里，词中或词尾里很少出现，不过以复合元音 яа 或 ая 形式出现在词中。

在布里亚特蒙古语方言中除了单元音以外，还有 аа、ээ、ии、оо、уу、өө、ʏʏ 等长元音。这些长元音也可以使用于词的各个部位。/aa/ аалин "轻的、静的、慢的"，агаар "空气、天气"，ашаа "重量、货物"；/ээ/ ээрэхэ "纺（纱）"，энэншэг "像……那样、这样的"，шэбээ "篱笆"；/ии/иихэ "与此同时"，шииг "湿的、潮湿的"，минии "我的"；/oo/оohop "线绳"，солхооб "钱"，мохоо "钝的"；/yy/ уул "山"，адууhан "家畜、牲畜"，хушуу "凸出的部分、旗（县）"；/өө / өөhэндэ "自己、他"，юрөөл "祝愿"，шʏтөө "祭祀、信仰"；/ ʏʏ / ʏʏлэ "云彩、乌云"，зʏʏдэ（н）"梦、梦境"，зʏʏ "针"等。

除此之外，在布里亚特蒙古语元音系统里也有 ай、эй、ой、уй、ʏй、еэ、ёо、ая、юу、яа 等复合元音。/ай/айлшан "客人"，хайша "剪子、剪刀"，арай "不容易"；/эй/ эбтэйхэн "友好的、友爱的、和睦的"，эбдэрхэй "破的、残的、破碎的、废的"；/ой/ойро "近、不远"，оройдоо "真的、完全、绝对"，толгой "头、头脑"；/уй/ уйлаха "哭"，гуйха "请求"，хуй "刀鞘、龙卷风"；/ʏй/ʏйhэ（н）"桦树皮"，зʏйл "种类、等级"，ʏнэгʏй "便宜的、廉价的"；/еэ/ пеэшэн "炉子"，эдеэлхэ "吃、吃东西"，бэе "物体、身体、肉体、机体"；/ёо/ ёолоо（н）"呻吟、哼哼声"，морёор "骑着（马）"，дохёо "信号、标记"；/яа/аяга "碗、茶杯、杯"，аяар "远的、遥远

的、远方的，很长久、好久"；/юу/ юумэ（н）"东西、物品"，аюул
"危险"；/яа/ яаһан"怎么样、什么样、如何"，аяараа"随便的、没有
什么用意的"。

在布里亚特蒙古语里单元音的使用率最高，其次是长元音的使用
率，相对而言，复合元音的使用率要低一些。其中 эй 很少出现在词头
里，其他复合元音均出现在词首、词中或词尾中；而 ая、юу、яа 几乎
不出现在词尾中。

辅音　在布里亚特蒙古语中存在/б/в/г/д/ж/з/к/л/м/н/п/р/с/т/
ф/х/һ/ц/ч/ш/щ/等辅音音位。其中，辅音 в、к、п、ф、ц、щ 基本上
在人名或借词里被使用，其他辅音可以出现在词首、词中或词尾。/б/
баабгай"熊"，ябахагүйб"我不走"；/г/габьяа"功、功劳"，гаргаха
"搬出、抬出、拿出、送出"，гараг"星期、周"；/д/дэгэл"皮大衣、
皮袄"，үдэ"下午、晌午"，басагад"姑娘们"；/ж/жэл"年、周年"，
жэжэг"小的、微小的、细小的"，гэжэ"说、想要……叫作，所
谓"；/з/забһар"间隔、间隙"，зон"人、人们"，байз（а）"等一
等、停止、站住、打住"；/л/лоом"（刨冰的）铁棒"，сэлмэг"光明
的、明亮的、晴朗的、清新的、清澈的"，гол"河"；/м/мүлһэ"冰、
冰块"，тэмээ"骆驼"，олом"马肚带"；/н/нютаг"故乡"，набша
"叶子"，малшан"饲养员、牧人"；/р/руу"向、往"，арал"岛"，
баатар"英雄"；/с/саг"时间"，хубсаһа（н）"衣服、服装"，хос
"一双、一对"；/т/талха"面粉"，алта（н）"金子、黄金"，ша-та
"台阶"；/х/харгы"路、道路"，ахай"哥哥"，хүхихэ"开心"；/һ/
һай（н）"好"，уһа（н）"水"；/ш/шашаг"好闲扯的"，сошохо"惊
恐、惊吓"。

上述辅音音素基本上都出现在词头、词中或词尾，但以/т/х/һ/ш/
结尾的词很少。另外，在布里亚特蒙古语方言中的辅音/в/к/п/ф/ц/ч/
щ/等音素（除 п 以外），一般出现在借用的外来词中。例如，вагон
"车厢"，ведро"水桶、筲、桶"；капуста"白菜、卷心菜"，кино
"电影"；пионер"少先队员"，пэешэн"火炉、炉灶"；фронт"前
线"，физик"物理"。然而，以舌尖前浊塞擦音 ч 和舌尖前清塞擦音 ц
及舌尖前清擦音 щ 词头的词语或借词，在布里亚特蒙古语方言中十分
稀少。

　　布里亚特蒙古语诸多辅音音位的发音方法以及发音部位基本上同于标准蒙古语辅音音位的发音方法和发音部位。不过，标准蒙古语的辅音 c 在布里亚特蒙古语里经常被发音为 h 或 д。例如，书面蒙古语的 босхо "起来"，opoc "俄罗斯"，ycy "水"，xyca "桦树" 等，在布里亚特蒙古语里被发音为 бодхо、opoд、yhy、xyha 等；还有，标准蒙古语的辅音 ч 在布里亚特蒙古语里被发音为 c 或 ш。例如，书面蒙古语的 чэчэг "花"，малчин "牧民"，чaг "时间"，хайчи "剪刀"等，在布里亚特蒙古语里被发音为 сэсэг、малшан、caг、хайша 等；再则，舌尖中浊鼻音 н 在词尾与-ha-、-ho-、-hэ-等后缀构成的音节后出现时发生特殊的语音现象，即发舌根浊鼻音［ŋ］。例如，apha（н）"皮、皮张"；оймhо（н）"袜子"；yhэ（н）"毛、发"。其中，-ha-和-hэ-出现在舌根浊鼻音 н 之前的频率较高。另外，书面蒙文语的辅音 ж 在布里亚特蒙古语里亦发 з 音。有关这一方面的实例很多，对此不一一赘述。

　　音节　布里亚特蒙古语的音节以元音为中心构成，一个词里有几个元音就有几个音节。而且，在名词、代词、数词以及形容词的音节结构多为两音节至三音节。动词多为三音节至四音节词。其音节的内部结构形式基本上是 cv、cvc、cvcc、vc、vcc 五种。其中使用率最高的是 cv、cvc、vc 三种形式的音节结构。

　　重音　布里亚特语词重音一般在词首音节的元音上，但在词的第二音节或第三音节有长元音的话，词重音要移到有长元音的音节上。

二　布里亚特蒙古语语法形态结构

　　布里亚特语常见的语法范畴有数、格、人称、体、时、式等。

　　数的范畴　布里亚特语静词类分为单数和复数。单数没有专属后缀，要用词根或词干形式表示。例如：

абжаа　　танайд　　ошоо "姐姐去你们家了。"

姐姐　　　你们　　 去了

хуряахай　машинаар　хушуу　ороһэн "姐夫乘车去旗里了。"

姐夫　　　乘车　　　旗　　去了

上例中的 абжаа "姐姐"、хуряахай "姐夫"、хушуу "旗"，均属于

单数名词。

名词复数后缀主要有-д、-ууд、-ҮҮд、-нууд、-нар、-нэр、-шуул、-шҮҮл 等。例如，морид "马群"，басагад "姑娘们"，зонууд "人们"，Үнеэ́нҮҮд "牛群"，шубуунууд "鸟类"，багшанар "老师们"，дҮҮнэр "弟弟们"，залуушуул "青年们"，ҮбгэшҮҮл "老人们"。

（1）后缀-д、-ууд、-ҮҮд 主要用在以辅音 н 收尾的相应静词词干后面；（2）后缀-нууд 一般用在以元音结尾的词干和以辅音结尾的词干后面；（3）后缀-нар、-нэр 用于表示人并以元音结尾的静词词干后面；（4）后缀-шуул、-шҮҮл 主要用在以元音、舌尖音 н 结尾的词干后面。

格的范畴　布里亚特语有主格、领格、与格、宾格、造格、从格、共同格、方向格、位格等基本格。

（1）主格。布里亚特语主格是以单复数词干形式出现，在句中用做主语和谓语。例如：малшан тэргэ ерээд ошоо́һэн "汽车来了走了"，энэ минии һурагшад "这是我的学生们。"

（2）领格。布里亚特语领格主要以后缀-ын 表示。例如：абын нютаг "父亲的故乡"，эжэ́ын хайра "母亲的爱" 等；另外，布里亚特语里还有以后缀-н、-ии、-ай、-эй 表示领有和归属关系的名词或单复数人称代词的现象。例如：оройн хурьга "晚产的羊羔"，шинии юумэн "你的东西"，манай хубсаһа "我们的衣服"，тэдэнэй Үмдэ "他们的裤子" 等。

（3）与格。布里亚特语与格的标志为-д、-т。带有-д、-т 后缀的名词一般在句中充当间接宾语。例如：харбинд ошохобди "我（们）要去哈尔滨"，гэрт айлшан ирээ "家里来客人了"。

（4）宾格。布里亚特语宾格只用来表示行为的对象，作直接宾语。它的后缀主要以-яа、-ые、-эе 等表示。例如：ами һаһаяа арад зоной жаргалай тҮлθθ тэмсэлдэ зорюулха "把生命献给为人类幸福而斗争的事业"，жэл бҮриин бҮридхэлые тодолхо "确定每年的名额"，хуби заа́яэ шиидхэхэ "决定命运" 等。宾格除了有附加成分以外，还有以辅音和元音结尾的静词词干和复数人称代词词尾后增加后缀 е 表示。例如：сай бариха "敬茶"，шоно алаха "杀狼"，таниие таная ҮгҮйбэ "没有认出您" 等。

（5）造格。也叫工具格。布里亚特语造格的后缀为-aap、-oop、-ээр、-өөр 等一般接缀于名词词干后面。例如：rap ytahaap "用手机"，модоор хэһэн "用木头做的"，тэргээр бусаха "乘车回来"，нюдөөр хараха "用眼睛看"。

（6）从格。布里亚特语从格后缀主要以-haa、-hoo、-hээ 表示。例如：ахайнhaa ерэхэ "从哥哥那里来"，xoтohoo мордохо "从城里出发"，тэргэhээ бууха "从车上下来"。

（7）共同格。布里亚特语共同格的词尾标志为 тай、тэй。例如：самхаадтай ябаха "骑自行车走"，тэргэтэй ерэхэ "乘车来"。

（8）方向格。布里亚特语方向格的后缀为-pyy 等。例如：клуб pyy "向俱乐部…"，тархи pyy "朝头部…"，сэхэ pyy "径直…"。

（9）位格。布里亚特语位格一般以-coo 后缀表示。例如：yhah coo "在水里，往水里"，клуб coo "在俱乐部里"，хүнүүд coo "在人群中"。

领属范畴　布里亚特语里有人称领属和反身领属之分。

第一，人称领属分为单数第一人称、第二人称、第三人称和复数第一人称、第二人称、第三人称。

（1）单数第一人称后缀有-мни。例如：нютагмни hайхан "我的家乡美"。（2）单数第二人称后缀有-шни。例如：hамганшни яhала hайн хүн гээшэб "你妻子确是挺好的人"。（3）单数第三人称后缀有-нь。абань haхатай болоhон "他的父亲岁数大了"。（4）复数第一人称有-мны。例如：багшамны бокс hонирходог "我们的老师欣赏拳击比赛"。（5）复数第二人称后缀有-тны。例如：hомонтны олон малтай бэзэ "你们的苏木有很多牲畜吧？"（6）复数第三人称后缀有-нь。例如：абынь ажалшан юм "他们的父亲是工人"。

第二，在布里亚特语里，反身领属后缀按元音和谐律接缀于主格以外其他各格后面，但没有人称变化。反身领属后缀有-raa、-roo、-oo、haa、-hээ 等。例如：малынhaa тоо "牲畜的头数"（领格），эжыдээ бишэг эльгээхэ "给母亲捎信"（与格），заяагаа этигэхэ "相信命运"（宾格），морёороо ябаха "用骑马走"（造格），гэрээhээ гараха "从家里出来"（从格），моторттайгоо hунажа ябаха "骑摩托车奔跑"（共同格）。

形容词级的范畴　布里亚特语分为一般级、比较级、最高级的形容词形态结构。

A. 一般级。即形容词的原级。例如：улаан"红"，хүхэ"蓝"，hайн"好"，муу"坏"等。B. 比较级。一般用后缀-бтар、-бтэр、-бар、-бэр、хан、-хэн等表示。例如：улаабтар"浅红的"，хүхэбтэр"有些发青的"，сагаабар"微白的"，набтархан"低矮的"，үндэрхэн"相当高的"等。C. 最高级。它是以在重复的同一两个原形容词中，选择前一个词干的词首音节，并在其后面增加辅音 б 来表示。例如：хаб хар"黑黑的"，уб улаан"红红的"，ноб ногоон"绿绿的"等。

态的范畴　布里亚特语的动词主要有主动态、被动态、使动态、共同态、互动态。

（1）主动态。布里亚特语动词主动态没有专属后缀，是以词根或词干形式表现。例如：шоно（狼）хони（羊）бариhан（抓住）"狼抓羊了"；ном（书）уншаха（读）"读书"。（2）被动态。其后缀有-гд/-д。例如：тэр（他）намда（被我）наншагдаб（打了）"他被我打了"；энэ（这）ном（书）олдоход（得到）бэрхэ（困难）"这本书很难找到"。（3）使动态。其后缀有-лга、-уул、-үүл。例如：зонуудые（把人）гэртэ（屋里）залажа（请到）hуулга（坐吧）"把人们请到屋里坐"；тэрээниие（把他）гэртээ（房子里）оруулба（让进）"把他让进自己的房子"；сааhанда бэшүүлжэ байха"正在纸上写着"。（4）共同态后缀有-лса、-лсэ、-лсо等。例如：бидэ（我们）хоёр（俩）танилсаха（认识）"我们俩认识"；бэе бэеэ（各自）мэдэлсэhэн（了解）зон（人们）"他们彼此了解对方"。（5）互动态后缀是-лда、-лдэ。例如：бүхэ（摔跤手）барилдаха（角力）"摔跤"；тэрэнтэй（跟他）хөөрэлдэжэ（交谈）байhан（在、存在、处在）"和他交谈来着"。

体的范畴　布里亚特语的动词体一般是由副动词形式接加助动词形式构成。从外部形态上，它可分为普通型、形态变化型、连接型与助动词的结合型和动词连接型重叠等形式。

A. 普通型无专门后缀，以动词词根或词干来表现。例如：ши унша"你读"，та бэшэ"您写"。B. 形态变化型是以不同表现形式表示不同体范畴。例如：гал улалзажа байха"火在红光闪烁"（反复体）。

C. 连接型与助动词的结合型。例如：hooho хайшалжа эхилээ "剪羊毛开始了"（持续体）。D. 动词连接型重叠。例如：hanaaд hanaaд орхихо "想一想就放下了"（重叠法）。

动词的式形态　布里亚特语的动词的式形态主要分为陈述式、祈使式、连接式、兼役式和助动词五种。

（1）陈述式有过去时、现在将来时。过去时后缀主要有-б、-бди、-лде 等。后缀-б 表示过去时单数第一人称，-бди 表示过去时复数第一人称。例如：би ном уншааб "我读书了"，бидэ шоно хараабди "我们看见了狼"。后缀-лде 一般表示单复数第二人称。例如：тэрэш гэртэ ябаалде "他是回家了"，тэдэ хото ошоолде "他们去城里了"。另外，以-а、-о、-ө结尾的动词词干后接后缀-а、-о、-ө，可以表示过去时单复数第三人称。例如：тэрэ гэртээ ябаа "他回家了"，тэдэ хото ошоо "他们去城里了"，нохой шоные хөгөө "狗追上了狼"。现在将来时后缀-на 有单复数第一人称和单数第三人称、复数第三人称形式。例如：ерэхэ жэл би（бидэ、тэрэ、тэдэ）японда hуралсажа ябана "明年我（我们、他、他们）赴日本学习"。

（2）祈使式后缀有意愿式第一人称、命令式第二人称、希望式第二人称和第三人称、请求式第二人称、放任式第三人称、祝愿式第三人称、顾虑式第三人称等。a. 意愿式单复数第一人称由后缀-наб/-хаб 等表示。малгайм хаанаб даа "我的帽子在哪里？" бидэ булатадаа ябахабди "我们大家都走"。b. 命令式第二人称除由动词词干表示以外，还可以用后缀-гты 表示。例如：яба саашаа "（你）走开！" гарагты "出去！" c. 希望式第二人称后缀为-ары、-гты。例如：зам даа hайн ябаары "祝一路平安！" hайн hуужагарагты "希望（你、你们的）生活平安"；希望式第三人称后缀有-гтные。例如：тон hайн байhытные хYсэхэбди "（我们）希望你们更加美好"。d. 请求式第二人称后缀有-ыш。例如：ташуураа намайда Yгыш "（你）把鞭子给我吧！" e. 放任式第三人称由后缀-г 表示。例如：тэрэ（тэдэ）аяараа болог саашаа "随他（他们）去吧！" f. 顾虑式第三人称后缀为-шуудиг 等。例如：тэрэш моринооhоо унашуудиг "他可能从马背上摔下来呀"。

（3）连接式（副动词）后缀有并列式、先行式、联合式、目的式、假定式、紧随式、界限式、衔接式、延续式等。a. 并列式后缀为-жа。

例如：багшамни тэндэ ябажа байһан "我的老师在那里走来着"。b. 先行式后缀有-аад。例如：бидэ энээниие абаад ерэхэбди "我们会把这个带回来的"。c. 联合式后缀是-н。例如：тэрээниие ошон байжа мэдэхэб "那个事（我）去了以后定吧"。d. 目的式后缀为-хаар。例如：xotoһaa юмэн абахаар ошоо "上城里购物去了"。e. 假定式后缀有-һaa、-лһaa。例如：та ерээлхатны ехэ һайн байгаа даа "您要来的话，再好不过了"。f. 紧随式后缀是-yytaa。例如：би тэндэ ошоуутаа шамайда шэмээ ябуулхаб "我到了那里就给你回信"。g. 界限式后缀是-тар。例如：һүгуули тартар байхабди "（我们）待在学校放假为止"。h. 衔接式后缀为-мсаар。例如：намайе ябамсаар тэрэ ерээһэн "我一走他就来了"。j. 延续式后缀有-һaap。例如：маандуудын ябаһаар байтармни һүни болшоо "我们走着走着，天就黑了"。

（4）兼役式（形动词）后缀可以分为过去时、现在将来时、主体性、可行体、持续体、经常体等。a. 过去时后缀有-һэн。例如：холын зон һүни хүрэжэ ерээһэн "远方的客人深夜到达"。b. 现在将来时后缀为-хаа 等（有元音和谐变体）。例如：тэрэ ябахаа байна "他（她）要走了"。c. 主体性后缀有-гша、-гшэ 等。例如：һая ерэгшэ хүн хэн гээ-шэб "刚才来的人是谁呀"。d. 可行体后缀是-маар 等（有元音和谐变体）。例如；шамтай уулзамаар байналде "（他、他们）很想和你见面"。e. 持续体后缀为-аа、-гаа。例如：һомны зонгууд хайшаа ябаа гээшэ "苏木的人都去哪里了？" f. 经常体后缀有-даг、-дэг。例如：абамни ходо манайхаар ябадаг（ерэдэг）һэн "我的父亲经常来我们家"。

（5）助动词。布里亚特语有助动词形态变化结构。助动词一般分为否定助动词、肯定助动词、判断助动词、应许助动词、能愿助动词等。a. 否定助动词有 бэшэ "不是"，үгүй "没有、无" 等。例如：тэрэ басаган гоё бэшэ "那姑娘不漂亮"，тогоон соо yha үгүй "锅里没有水"。b. 肯定助动词表示 "在、有" 等意思。例如：газаа һалхитай байна "外面有风"。c. 判断助动词主要用 гээшэ "是" 表示。例如：энэ машинш шэнэ гээшэ "这辆汽车是新的"。d. 应许助动词有 ёohoтой "应该"、болохо "行、可以" 等。例如：хани нүхэр хоорондоо туһалалсаха ёohoтой "朋友之间应该互相帮助"。e. 能愿助动词有 шадаха "能、会"，

хүсэхэ "愿意"等。例如：ши бэшэгээ hайнаар hуража шадаха байhан байха "你一定会好好学习的"，булта hайн hайхан ябаhые хүсэнэбди "（我们）祝愿大家万事如意"。

（作者单位：内蒙古广播电台）

满语借词在达斡尔族语言词汇中
所占比重问题初探

玉　山

[摘　要] 本论文以翔实的历史资料和语言对比，论证了满语借词在达斡尔族语言词汇中所占比重问题。

[关键词] 满语借词　达斡尔族　语言词汇　所占比重

16—17 世纪，地处中国北方的满族开始强盛，从而不仅占领了处于中国东北境内的各少数民族的领土，还于 1644 年入主了中原，成为中国末代封建王朝的主要统治者。其中，世居外兴安岭以内，黑水北岸的达斡尔族由于沙俄军队的入侵，与之进行殊死的抗争后由于实力悬殊，最终失败，被迫无奈，最后归附于满清政府。在此期间，清朝统治者，也对包括达斡尔族在内索伦部进行过五次大规模的征战。关于这段历史实事，在《莫边达瓦斡尔族自治旗志》"大事记"一栏中记载："1616 年努尔哈赤统一女真各部，建立后金政权，即派重兵征服黑龙江流域之达斡尔等族各部。至 1643 年（清崇德八年），发动了三次大规模地征服索伦部（包括达斡尔、鄂温克等族各部）的战争，完成了对黑龙江流域的统一。与此同时，达斡尔、鄂温克族中部分部族相继归顺后金和清廷。臣服较早的有：1627 年'萨哈尔察部落之头目费扬古，满代，率四十六人来朝，献貂皮一千七百六十九张'（《清太宗实录》卷十六）；1634 年'黑龙江地方头目巴尔达奇率四十四人来朝，贡貂皮一千八百一十八张'（《清太宗实录》卷十八）。加之武装征服，崇德年间，达斡尔族等部众全部归顺清廷。"又记载："自 1643 年，沙皇俄国派哥萨克匪帮武装入侵我国黑龙江流域（俄国人称之为达呼里亚地方），抢、掠、烧、杀。我国北疆达斡尔、鄂温克等族人民奋起反抗，进行了长期英勇顽强的抗击，为捍卫国家领土完整做出了巨大的民族牺牲。后应清朝政府的命令,世居黑龙江流域的达斡尔、鄂温克等族各部相继南迁,定居嫩江西岸广大地方。……至康熙初年,莫旗境内出现了大量的达斡尔族、鄂温克族村屯。为方便管理,清政府编达斡尔族的都博浅、莫尔登、讷莫尔三'扎兰',鄂温克族为涂克敦、阿尔拉、雅鲁、济信、托信五'阿巴',并在齐齐哈尔屯设布特哈打牲处总管,管辖布特哈地区事务。布特哈打牲处政务归理藩院管辖,军务归宁古塔将军管辖。"鉴于上述情况,达斡尔全面归顺清朝后,其生产方式、政治经济、语言文化等方面都受到了满族的影响。尤其在语言文化方面的影响较大。当时在达族居住区域所办的学校,其教育以满语为主,故达斡尔族语言词汇中产生了较多的满语借词,如当时的诸多政治术语,生产、生活方面较先进的名词术语也都被达斡尔人所借用,从而不同程度地丰富了达斡尔语,也成为其语言词汇中不可分割的一部分。关于这一点《达斡尔资料集》第二集中有明确翔实的记载。据这一记载来看,1696年(清康熙三十四年)黑龙江将军萨布素在当时的将军衙门所在地墨尔根(今嫩江县城)设立八旗学堂,送学生学习满文。1744年(乾隆九年)在齐齐哈尔、墨尔根、黑龙江(今爱辉镇)各设官学一所,同样送学生学习满文。

在达斡尔族中出现一批懂满文的知识分子后,在民间纷纷办起满文私塾。今齐齐哈尔市郊区哈拉屯在清末有70余户,办私塾一所,学生30余人。爱辉县坤河屯在清末不足10户,也办起一所私塾。布特哈、海拉尔等地达斡尔人普遍建立了满文私塾。

满文官学或私塾的教学,首先学字母,把字母表横竖背熟后,开始学课文(如《三字经》、《名贤记》等满文译本)。由于当时缺乏纸张,初学者的主要文具是"萨木然"和"水盘"。"萨木然"是长宽各一尺或尺余的正方形或长方形光面木板,用时上面涂上一层油脂,再撒一层草木灰,用尖棍在上面练写,写满擦去后再涂油撒灰练写。"水盘"之大小与"萨木然"相仿,上面上一层桐油,使之光滑,用毛笔在上面练写,写满后用湿麻布擦掉重写。

随着学满文者日益增多,不仅满族文化,而且汉族文化也以满文为媒介传入到达斡尔族中。大批汉文著作满文译本在达斡尔族中广为流传。其中有天文历法方面的著作,也有古典小说《列国志》、《三国演义》、《水浒传》等。达斡尔族知识分子,也把他们经历的历史事件记载下来，流传于民间。其中有达斡尔八旗兵巡逻黑龙江流域边防的满文线路图，布特哈副总管奇三上书乾隆皇帝的满文奏折抄本，以及大批满文书写的族谱等。由于满文的普及，达斡尔人吸收不少满语词汇，丰富了本民族的语言。笔者从现有的达汉词典中检索出 500—600 字左右的与满语词意和读法相近的达斡尔词语，从数量上来说这部分词汇占达斡尔语常用词汇的 10% 左右。例如：

达语：aapuu　　aimən　　aiʃ　　aiʃil
满语：aapuugu　aiməm　　aiʃ　　aiʃil

达语：aitbu　anee　agdun　algeen　jaldəm
满语：aitbu　anee　agdun　algeen　jaldəm

达语：iʃkee　jergeen waa　　waarəl　lali
满语：iʃkee　jergeen waa　　waarəl　lali

达语：wak　wəəʃ　inbu　wəilti　əigəən　əntgəm
满语：wak　wəəʃ　inbu　wəilti　əigəən　əntgəm

达语：ənduriŋgə　əneʃkuwəən　ojinbo　uuməə
满语：ənduriŋgə　əneʃkuwəən　ojinbo　uuməə

达语：ulin　lək　nijakən　nijolun　kitʃbəə guajidan
满语：ulin　lək　nijakən　nijolun　kitʃbəə guajidan

达语：məin　ʃakʃin　ʃarənʃarən　tʃuwag　tasəg
满语：məin　ʃakʃin　ʃarənʃarən　tʃuwag　tasəg

达语：tamən　tabəl　tuʃaan　ʤalən　purdaan　pətən
满语：tamən　tabəl　tuʃaan　ʤalən　furdaan　pətən

达语：banigəl　sarin　xuwailəg　bitəg　kant　magəl
满语：banigəl　sarin　xuwailəg　bitəg　kant　magəl

达语 :dukuaa　　sardiŋgee　　gulgun　　gurundʒətʃin

满语 :dukuaa　　sardiŋgee　　gulgun　　gurundʒətʃin

达语 :gijaalan　　tatʃin　　naur　　tos　　tatʃiku

满语 :gijaalan　　tatʃin　　naur　　tos　　tatʃiku

　　上述现象充分说明，具有统治能力的先进民族的语言词汇一定能不同程度地影响其他弱小民族或不如她发达的民族的语言词汇，从而丰富和发展这些民族的语言词汇，但总存在一些发音或意义上的部分变异现象。例如，先进民族的反映新统治方式的崭新的政治术语和反映科技新成果的自然科学方面的术语都被借用于其他民族，在当时看来较先进的各种术语，都原原本本地被借用和保留于达斡尔族词汇中。就拿现在来说，由于汉族最先进，故我国 55 个少数民族语言词汇中出现了逐渐增多的汉语借词。如窗户、暖壶、呢子、料子、胶皮等。但随着某一个先进民族在历史发展过程中跟不上形势而没落或消亡，也随着时间的流逝，原来受其影响的各少数民族的语言词汇中，其原借用词也会随着减少或被现在的先进民族的语言词汇所代替。如以前达语中从满语借用的封建社会中常用的术语现已基本上消失了或不被复用了。由于有引进的满语和被淘汰的满语借词，故达斡尔语词汇中目前被应用的满语词已经不足 1000 字了。这是历史发展的必然结果。

　　总之，满语借词在达斡尔语词汇发展中起到了一定的推动作用，这一点是毋庸置疑的。

参考文献

［1］莫旗达斡尔学会主编：《达斡尔资料集》第二集。

［2］那顺达来主编：《汉达词典》。

　　　　　　（作者单位：呼伦贝尔学院"三少"民族语言文化研究所）

试论蒙古语敬语及其渊源

哈申格日乐

[摘　要] 本文在前人研究的基础上，主要从蒙古语敬语的起源、蒙古语敬语的特征及蒙古语敬语与蒙古族社会文化等方面着手，简单描述了敬语在蒙古族社会生活当中的应用情况及其与蒙古族社会文化之间的关系。

[关键词] 蒙古语　敬语　社会文化

蒙古语敬语的研究自 20 世纪七八十年代以来取得了较好的成绩。其主要研究著作有蒙古国语言学家 R. jagbaral《蒙古语敬语》（1976）、查干夫《蒙古语敬词小议》（1985）、巴特尔《蒙古语敬语》（2001）、色音巴雅尔《论古代蒙古语的敬范畴》（2005）、浩特劳《浅论蒙古语避讳词》（1982）、朝鲁《蒙古语避讳词和避讳》（1996）、敖特根《关于蒙古语敬词和避讳词的一些问题》（1982）、其其格《蒙古语敬词的功用》（1983）、玛·满都拉《关于蒙古语敬词》（1984）等。

一　蒙古语敬语的起源

蒙古语敬语的起源应该说很早。在远古时期，蒙古族在艰难的环境下，伴随牧场的变化，过着一年四季不断迁徙的游牧生活。试想，在这种生活环境中，人们对这个世界会有一个什么样的认识呢？下面，我们就以家庭为单位来分析这个问题：首先，一个家庭中会有夫妻二人。在当时那种只靠体力劳动，靠天吃饭的生活环境中，丈夫是家里的顶梁柱，是主要的劳动力，自然地，丈夫在这个家庭中的地位是不可侵犯的。另一面，女性在这种生产活动中是属于弱势群体。那么作为妻子的她们在生活上自然就会产生对丈夫的完全依赖。她们会认为，无论是在多么艰难的环境、多么残酷的自然条件下，只要有了丈夫的呵护，就可以顶天立地，就可以改变她们的生活，就能获得幸福美好的未来。这是她们从内心自然表露的一种依赖。渐渐地这种依赖就深化为一种信仰或仰慕，进而就产生了妻子对丈夫的一种美好的心理结构。她们用一种敬仰的语言来表述自己这种心理结构，这样的一种表述形式在她们的心灵中应当是一种神圣的概念。这种语言表述手段会表现在她们对自己心灵中所依靠的对象的更高尚的一种称谓和一种说法上。

因此自然地就产生了妻子对丈夫使用的一种特殊的词汇，即我们所说的敬语。

这种心理和这些词汇也自然而然地会影响到孩子们。从小跟随父母长大的孩子，每天看着父母的言行举止，耳濡目染地就会去学习、去模仿。并且，每天父母出去劳作、放牧，孩子们跟老人接触的时间就会增多，进而也就产生了孩子对老人、晚辈对长辈、年少者对年长者用的语言。

所以说蒙古语敬语产生的根源就在于蒙古族的这种生产生活方式，来源于家庭成员之间的相互依托关系，比如说，婴儿对母亲的依赖、妻子对丈夫的依赖、孩子对大人的依赖。也可以说来源于晚辈对长辈、年少者对年长者的生活用语。总而言之，蒙古语敬语来源于蒙古族游牧经济生活方式，是蒙古族不可遗忘的、宝贵的语言文化财富。

二 蒙古语敬语的特征

蒙古语作为阿尔泰语系蒙古语族语言的重要组成部分，理所当然的，也有自己的敬语体系。并且，在蒙古语词汇、语法、句法当中有其独有的特征。下面从词汇特征、语法特征和句法特征来简单地描述蒙古语敬语的特征。

（一）词汇特征

蒙古语里，有些名词、动词和人称代词有其相对应的表达敬意的词语。为了便于理解，我们用"敬语"和"普通语"来区别这两个概念。如表1所示。

表1

	敬语	普通语	意义	例句（汉译）
名词	motor	ɣar	手	tan-u aldar ken gedeg bui
	aldar	nere	名字	（怎么称呼您）
动词	müsiye –	iniye –	笑	Č ai joɣuɣla
	joɣuɣla –	ide-/uuɣu –	吃/喝	（请喝茶）
代词	ta	Č i	您	tan-u aldar ken gedeg bui

也就是说，蒙古语中的"ɣar"（手）、"iniye –"（笑）、"č i"（你）这些词语在表达敬意的时候用"motor"（手）、"müsiye –"（笑）、"müsiye –"（您）等词语。下面先分析表1中的例句"tan-u aldar ken gedeg bui"。这个句子的蒙古语直译和汉译如下：

tan-u　　aldar　　ken　　gedeg　bui
您的　　名字　谁/什么　叫作　吗　（蒙古语直译）
怎么　称呼您　　　　　　　　（汉译）

这个句子中有两个敬语"ta"和"aldar"，其中"ta"（您）是"č i"（你）的敬语、"aldar"（尊称/称呼）是"nere"（名字）的敬语。蒙古族在询问对方的姓名时有很多种问法，但上面的这个句式是经常用到的一个，因为这个句式可以表达出说者对听者的尊敬之意，也能显示出说者的文化素养。

（二）语法特征
蒙古语中有些词缀附在名词、动词和人名之后可以构成敬语。如表2所示。

表2

	词缀	普通语	敬语	意义
名词	-tan/-ten	noyan	noyantan	对男子的敬称
	-ɣtai/-gtei	qatun	qatuɣtai	对已婚女性的敬称
动词	-ɣa Č i/-ge Č i	qariɣula	qariɣulaɣa Č i	（请）回答
	-ɣarai/-gerei	üg	üggügerei	（请）给
人名	-ɣuai	Batu	Batu-ɣuai	巴图

"-tan/-ten"、"-ɣtai/-gtei"附在名词后面可以构成敬语。像表格中的名词"qatun"加上词缀"-ɣtai"可以构成"qatuɣtai"这个表示敬意的词语。"qatun"是"夫人"的意思，古时候多指帝王之妻，到了现代之后，这个词表达的意义已经很广泛了，日常谈话之中也会出现。比如跟老师或者年长者交谈时，如果询问其夫人时就可以用到"qatun"这个词。在这种场合"qatun"也能起到表达敬意的作用。词缀"-ɣtai"附加在名词"qatun"后出现的"qatuɣtai"这一名词是对已婚女性的敬称。

"-ɣaǒi/-geǒi"是表示命令、希望等意义的词缀。附在动词词干之后构成敬语，表示说话者希望或者要求听话者完成某个动作或行为。如表2中的"qariɣulaɣaǒi"与"qariɣula"都是"回答"的意思。但前者较之后者在语气上显得比较委婉，使说者的语气不会显得特别僵硬，进而也能表达出对听者的敬意。

"ɣuai"是附加于人名后的词缀，它在话语交谈中可以起到尊敬对方的作用。如"Batu-ɣuai"就比直呼其名"Batu"要委婉得多，能表达出说者对"Batu"的敬意。

（三）句法特征

蒙古语里，有敬语和普通语组合在一起构成新的敬语的现象，而且其表达的意义更深刻。

如"aldar ner-e"（名声/名气）。前面谈到过"aldar"是"ner-e"的敬语。那么"aldar"和"ner-e"组合到一起又将是什么情况呢。在蒙古语里"aldar ner-e"（名声/名气）比"aldar"（名字）更能表达出敬意。"aldar ner-e"（名声/名气）一般用于比较庄重、严肃或气势庞大的场合。如"aldar ner-e-ban mandaɣuluɣad/ ner-e aldar -ban mandaɣuluɣad"（扬眉吐气/争光/峥嵘等）。

三　蒙古语敬语与蒙古族社会文化

应该说，敬语是人类语言、人类自身成熟的一种表现形式，是伴随着人类语言的不断成熟而产生的一种语言表达形式。它是社会文明发展的一个特殊阶段产生的语言的一种表现形式。它的产生与人的语言实践的不断成熟，表述功能的不断强化，人对不同层面、不同社会的深度解释和不同情感的一个更明朗、更精确的表述有关系，与人对事物的认知态度有关系。

从某种意义上讲，敬语的产生是人类思想自然成熟的表现形式和过程，也是人们内心世界的自然表露和表现手段。从这个角度来讲，或许敬语产生的根源、根本也就在这里。从人类远古走来，在他们发展和自我成熟的过程中，他们从内心世界，从他们的感性认识到理性认识有了一个思想和语言深化的过程。伴随人类思想的不断成熟，他们的表述能力就会变得越来越高深，在这种环境中，敬语就会发挥更大的作用，就会更加精确无误地把他们内心深处的、细微的变化和深刻的敬仰的思想意识表露出来。随着人类对世界的认识与理解能力的逐渐升华，他们就逐渐会拥有自己独特的民族文化。民族语言的运用都会以其特有的这种民族文化为基础，民族文化与民族语言的研究是摆在我们面前的重要课题，通过这种研究，可以了解民族语言与文化的渊源，也能推测其未来。蒙古语敬语作为蒙古语词汇的重要组成部分，与蒙古族社会文化有着不可分割的、千丝万缕的关系。蒙古语敬语及其渊源研究是蒙古语乃至蒙古族文化、历史、宗教信仰、民族思维研究的重要组成部分。

参考文献

[1] R. Jagbaral：《蒙古语敬语》，乌兰巴托，1976 年。

[2] ［日］菊地康人：《敬语》，角川书店 1994 年版。

[3] ［日］金田一京助：《国语研究》，八云书林，昭和十七。

[4] ［日］林四郎·南不二男：《敬语用法辞典》，明治书院，昭和四十九。

[5] 满都呼：《蒙古语言民俗研究》，民族出版社 2006 年版。

[6] 查干胡：《试论蒙古语敬语》，《内蒙古社会科学》1985 年第 5 期。

[7] 巴特尔：《蒙古语敬语》，《蒙古语文》2001 年第 2 期。

（作者单位：中国社会科学院民族学与人类学研究所）

关于呼伦贝尔通古斯鄂温克语与
蒙古语的名词共有词

多丽梅

[摘　要] 鄂温克族和蒙古族在文化、宗教、社会、历史及语言等领域，尤其是语言学方面，存在诸多相同或相近之处。根据我们掌握的语言资料，通古斯鄂温克语和蒙古语之间，存在着相当数量的共有词，这些共有词涉及野生动物与自然物、畜牧业、日常生活、政治社会文化等方面。本文从语音、构词等角度，对存在于通古斯鄂温克语与蒙古语之间的 33 个名词共有词进行比对、梳理，冀以通过对二者相互关系的分析，找到其内在联系。

[关键词] 通古斯鄂温克语　蒙古语　共有词

一　绪言

鄂温克族和蒙古族都是跨境民族，他们所使用的语言同属阿尔泰语系，分属满通古斯语族和蒙古语族。鄂温克族一般分为索伦鄂温克、通古斯鄂温克和雅库特鄂温克三大分支。他们使用的鄂温克语分别称为"索伦鄂温克语"、"通古斯鄂温克语"、"雅库特鄂温克语"。在本文中，讨论的是通古斯鄂温克语，使用这种方言的人口有 3000 人左右。通过全面细致的田野调查我们发现，通古斯鄂温克语和蒙古语之间，存在一定数量语音对应、语义相同或相近的词，我们称之为"共有词"。潘悟云教授曾指出："人类语言中最稳定的成分是基本词汇和音系结构，我们可以通过基本词汇的语音对应关系，判断语言发生学上的亲疏关系。"① 本文即试

---

① 潘悟云：《同源词语音关系揭示东亚人群起源》，《中国社会科学报》2012 年 12 月第 389 期 A06 版。

图从语音、构词等角度，通过对二者相互关系的分析，找到其内在联系。

同时，我们也发现，通古斯鄂温克语和蒙古语的共有词不仅仅是名词，也存在于动词、形容词、数词等其他词类之中。而限于篇幅，本文着重讨论存在于通古斯鄂温克语和蒙古语之间的名词共有词，作为讨论之重点。本文的通古斯鄂温克语的基本词汇主要根据笔者 2012 年 8 月和 2013 年 7—8 月在内蒙古自治区呼伦贝尔市陈巴尔虎旗鄂温克苏木的调研资料；同时还参考了朝克研究员早期的调研材料；蒙古语资料，则参考孙竹研究员编著的《蒙古语族语言词典》。

二　通古斯鄂温克语和蒙古语之间的名词共有词

根据现有资料，笔者找出 33 个存在于通古斯鄂温克语和蒙古语之间的名词共有词。这些名词共有词可分为野生动物和自然物、畜牧业、日常生活、政治社会文化等四类，下面按照分类逐一进行分析讨论。

（一）野生动物及自然物

通古斯鄂温克语和蒙古语及其方言土语之间存在着一定数量涉及野生动物及自然物的共有词汇，其中野生动物的共有词汇居多，自然物的共有词汇也有不少。以下选择富有代表性的实例进行分析。

（1）"骆驼"——通古斯鄂温克语 təməəgən，蒙古标准语 təməgən，陈巴尔虎蒙古语和布里亚特蒙古语 təmee，达尔罕蒙古语 téməə，喀喇沁蒙古语 tómóó，鄂托克和阿拉善蒙古语 temee，都兰蒙古语 temeen，和静蒙古语 temùùn。可以看出，通古斯鄂温克语与蒙古语及其方言土语对于"骆驼"的称谓基本相一致。其中，蒙古标准语第二个音节短元音 ə 在通古斯鄂温克语里被发音成长元音 əə。与此同时，蒙古方言土语里有音节被脱落的情况。比如说，陈巴尔虎蒙古语和布里亚特蒙古语等都脱落了词尾音节 gən。

（2）"鹿"——通古斯鄂温克语 bogu，蒙古标准语 bugu，正蓝旗蒙古语和陈巴尔虎蒙古语 bog，鄂托克蒙古语和阿拉善蒙古语 bogu。其中，蒙古标准语称为 bugu，而在蒙古语的方言土语里有词尾元音 u 被脱落现象，如正蓝旗蒙古语和陈巴尔虎蒙古语 bog，而在通古斯鄂温克语里则保留了词尾元音 u，读作 bogu。由此可见，通古斯鄂温克语与蒙古语及其方言土语对于"鹿"的称谓之间存在共有关系。

（3）"刺猬"——通古斯鄂温克语 Para，蒙古标准语 Raraga，正蓝旗蒙古语 Rira，陈巴尔虎蒙古语 Para，东苏尼特蒙古语和阿拉善蒙古语 Paraa，鄂托克蒙古语 Raraa，和静蒙古语 zaraa。不难看出，通古斯鄂温克语与蒙古语及其方言对于"刺猬"的称谓之间相一致。其中，蒙古标准语的词首音节 Ra 在蒙古语的方言土语的词首音节发作 Ri > Pa > Ra > za，这在通古斯鄂温克语里发作 Pa。

（4）"兔子"——通古斯鄂温克语 toolə，蒙古标准语 taulai，正蓝旗蒙古语和巴林右旗蒙古语 tuulɛ，陈巴尔虎蒙古语和布里亚特蒙古语 tuulai，喀喇沁蒙古语 toolɛ / toolœ，阿拉善蒙古语 tuulù，都兰蒙古语 tuulaa。可见，蒙古标准语第一个音节 tau 在通古斯鄂温克语里发作 too，第二个音节 lai 在通古斯鄂温克语里发作 lə，这在蒙古语方言里的情况也一样。所以，通古斯鄂温克语与蒙古语及其方言对于"兔子"的称谓之间是共有关系。

（5）"老鼠"——通古斯鄂温克语 hologna，蒙古标准语 hologən，正蓝旗蒙古语 hulganɛɛ，巴林右旗蒙古语 hulgən，陈巴尔虎蒙古语和达尔罕蒙古语 hulgan，鄂托克蒙古语 hulgun，都兰蒙古语 hulgana，和静蒙古语 hulgunu。由此看出，通古斯鄂温克语与蒙古语及其方言之间对于"老鼠"的称谓存在共有关系。同时，蒙古标准语是 hologən，在蒙古语方言里有元音被脱落现象，如陈巴尔虎蒙古语和达尔罕蒙古语中脱落了第二个音节中的元音 o，称为 hulgan，这在蒙古语的其他方言里也同样脱落了元音 o，读作 hulganɛ、hulgən、hulgun、hulgana、hulgunu 等。而在通古斯鄂温克语里则保留了元音 o，读作 hologna。

（6）"蚂蚁"——通古斯鄂温克语 ʃirgoldʒi，蒙古标准语 ʃirguldʒi，正蓝旗蒙古语和巴林右旗蒙古语 ʃurguuldʒ，陈巴尔虎蒙古语和东苏尼特蒙古语 ʃorgooldʒ，布里亚特蒙古语 ʃorgooldʒiŋ，达尔罕蒙古语 ʃorgoldʒɛɛ，喀喇沁蒙古语 ʃurguldʒaa，鄂托克蒙古语 ʃorguuldʒ，阿拉善蒙古语和和静蒙古语 ʃorgoldʒ，都兰蒙古语 ʃorgooldʒin。以上可以看出，通古斯鄂温克语与蒙古语及其方言之间对于"蚂蚁"的称谓非常相近。特别是，蒙古标准语的词首音节 ʃir 在蒙古语各方言里变成 ʃur > ʃor > ʃur 等，而在通古斯鄂温克语里也用 ʃir。

（7）"鸟"——通古斯鄂温克语 Sibgan，蒙古标准语 ʃibagu，陈巴尔虎蒙古语和巴林右旗蒙古语 ʃubuu，布里亚特蒙古语是 ʃubuuŋ，都兰蒙古语与和静蒙古语 ʃubuun。这里，蒙古标准语 ʃibagu，在蒙古语各方言里发生词尾音节脱落的现象，如陈巴尔虎蒙古语和巴林右旗蒙古语 ʃubuu，词尾脱落了音节 gu，蒙古语其他方言也是类似情况。但是通古斯鄂温克语 Sibgan 保留了词尾音节，只是发生了音变，变成 gan。所以，通古斯鄂温克语与蒙古语及其方言之间对于"鸟"的称谓是相一致的。

（8）"木头"——通古斯鄂温克语 moo，蒙古标准语 modo，正蓝旗蒙古语、巴林右旗蒙古语、陈巴尔虎蒙古语 mod，布里亚特蒙古语 modoŋ，达尔罕蒙古语 moo/mood，鄂托克和阿拉善蒙古语 modu。通古斯鄂温克语和蒙古语及其方言土语之间对于"木头"的说法保持一致。其中，蒙古标准语 modo，在蒙古语各方言里变成 mod、modoŋmoo/mood、modu，而在通古斯鄂温克语里称作 moo。

（9）"金子"——通古斯鄂温克语 alta，蒙古标准语 alta，正蓝旗蒙古语和巴林右旗蒙古语 alt，布里亚特蒙古语 altaŋ，鄂托克蒙古语和都兰蒙古语 alta，和静蒙古语 altn。可见，通古斯鄂温克语与蒙古语及其方言对于"金子"的说法之间存在非常密切的共有关系。其中蒙古标准语 alta，在蒙古语方言土语里有词尾元音 a 脱落的情况，如正蓝旗蒙古语和巴林右旗蒙古语 alt；也有的方言保留了词尾 a，如鄂托克蒙古语和都兰蒙古语 alta；而布里亚特方言除了保留词尾 a 之外，还增加了辅音 ŋ，变成了 altaŋ；和静蒙古语则是词尾 a 脱落，增加了辅音 n，读做 altn；而通古斯鄂温克语和蒙古标准语则保持了完全一致关系，都用 alta 表示。

（10）"银子"——通古斯鄂温克语 muguŋ，蒙古标准语 móŋgón，正蓝旗蒙古语 móŋ，巴林右旗蒙古语和喀喇沁蒙古语 móŋ/móng，陈巴尔虎蒙古语 méŋg，布里亚特蒙古语 méŋgəŋ，达尔罕蒙古语 méŋ，东苏尼特蒙古语 móng，鄂托克蒙古语和阿拉善蒙古语 møŋgø，和静蒙古语 møŋgøn。由此我们看出，通古斯鄂温克语与蒙古语及其方言对于"银子"的称谓之间存在着密切的共有关系。

（二）畜牧业

畜牧业是通古斯鄂温克族的主要经济，蒙古族也长期从事畜牧业。

因而存在于通古斯鄂温克语和蒙古语及其方言土语之间的共有词汇很多，特别是与畜牧业相关的畜类词汇较多，另外还有一些与之相关的畜牧业工具词汇，下面找出一些富有特点的实例进行分析讨论。

（11）"牛"—— 通古斯鄂温克语 ukur，蒙古标准语 uhər，巴林右旗蒙古语、陈巴尔虎蒙古语、布里亚特蒙古语 éhər，阿拉善蒙古语与和静蒙古语 ykyr，都兰蒙古语 yker。能够看出，通古斯鄂温克语与蒙古语及其方言对于"牛"的说法之间是共有关系。另外，蒙古标准语及其方言里第二个音节 hər > kyr > ker 在通古斯鄂温克语的第二个音节发作 kur。

（12）"牛犊"—— 通古斯鄂温克语 tugutsian，蒙古标准语 tugul，巴林右旗蒙古语、陈巴尔虎蒙古语、布里亚特蒙古语 tugal，鄂托克蒙古语、阿拉善蒙古语、和静蒙古语 tugul。其中，蒙古标准语 tugul 和蒙古语方言基本上保持一致，如布里亚特蒙古语 tugal，和静蒙古语 tugul 等。而通古斯鄂温克语则用 tugutsian 表示，在词尾部分保留了 tsian。由此可见，通古斯鄂温克语与蒙古语及其方言对于"牛犊"的称谓之间存在共有关系。

（13）"山羊"—— 通古斯鄂温克语 imagaŋ，蒙古标准语 imagan，巴林右旗蒙古语、陈巴尔虎蒙古语、布里亚特蒙古语 jamaa，和静蒙古语 jamaan。可见，通古斯鄂温克语和蒙古语及其方言土语之间对于"山羊"的说法上保持高度一致。同时，蒙古标准语的第三个音节 gan 在通古斯鄂温克语里发作 gaŋ，而在蒙古语方言土语里则脱落了这个音节 gan。

（14）"马"—— 通古斯鄂温克语 morin，蒙古标准语 morin，巴林右旗蒙古语、达尔罕蒙古语、喀喇沁蒙古语 mœr，陈巴尔虎蒙古语和东苏尼特蒙古语 mori，布里亚特蒙古语 moriŋ，和静蒙古语 mørn。不难看出，通古斯鄂温克语与蒙古语及其方言对于"马"的说法是相一致的。其中，蒙古标准语 morin 和通古斯鄂温克语 morin 保持高度一致，而在蒙古语方言里则有音节脱落和词尾辅音脱落现象，如喀喇沁蒙古语 mœr，脱落了音节 in，而在陈巴尔虎蒙古语和东苏尼特蒙古语里则脱落了词尾辅音 n，发作 mori。

（15）"儿马"—— 通古斯鄂温克语 adzelka，蒙古标准语 adʒirga，正蓝旗蒙古语 adʒrag、巴林右旗蒙古语、喀喇沁蒙古语 edʒrəg，陈巴尔虎蒙古语和东苏尼特蒙古语 adzrag，布里亚特蒙古语 adzzrag，达尔罕蒙古语 adʒrəg，鄂托克蒙古语 adʒarag，阿拉善蒙古语 adʒirag，都兰蒙古语与和静蒙古语 adʒirga。以上可以看出，通古斯鄂温克语与蒙古语及其方言对于"儿马"的称谓是非常一致的。其中蒙古标准语的第二个音节 dʒir 在通古斯鄂温克语里发作 dzel，而在蒙古语方言里则发作 dʒ > dz > dʒa > dʒi 等。

（16）"马驹"——通古斯鄂温克语 unaakan，蒙古标准语 unaga，巴林右旗蒙古语、陈巴尔虎蒙古语、布里亚特蒙古语 unag，阿拉善蒙古语和都兰蒙古语 unaga，和静蒙古语 ungun。由此可见，通古斯鄂温克语与蒙古语及其方言对于"马驹"的称谓之间存在共有关系。其中，蒙古标准语第二个音节短元音 a，在通古斯鄂温克语第二个音节里被发作长元音 aa，读作 unaakan。而在蒙古语方言中有元音脱落现象，如布里亚特蒙古语 unag，词尾元音 a 被脱落，有的则保留了词尾元音 a，如阿拉善蒙古语和都兰蒙古语 unaga。

（17）"套马杆"——通古斯鄂温克语 orika，蒙古标准语 urga，巴林右旗蒙古语 urəh/urag，陈巴尔虎蒙古语和布里亚特蒙古语 urh，达尔罕蒙古语 urx，喀喇沁蒙古语 urah，鄂托克蒙古语 urxa，阿拉善蒙古语 urxu，都兰蒙古语 urax，和静蒙古语 urxu。以上可以看出，蒙古标准语的元音 u 在通古斯鄂温克语里发作 o，而词尾音节 ga 在通古斯鄂温克语里则发作 ka。同时，在蒙古语方言则有词尾元音脱落的现象，如陈巴尔虎蒙古语和布里亚特蒙古语 urh，脱落了元音 a。从而我们找出通古斯鄂温克语与蒙古语及其方言对于"套马杆"的说法之间的一致关系。

（三）日常生活

我们在调研时发现，通古斯鄂温克语和蒙古语及其方言土语之间涉及日常生活的共有词汇也不少，这里有生活用具、日常用品，以及与生活息息相关的物品。这从下面的举例中可以看出。

（18）"床"——通古斯鄂温克语 oro，蒙古标准语 oro，巴林右旗蒙古语、陈巴尔虎蒙古语 or，布里亚特蒙古语 oroŋ，阿拉善蒙古语 oro，和静蒙古语 oron。由此可见，通古斯鄂温克语与蒙古语及其方言对于"床"的称谓之间保持高度一致的共有关系。其中，蒙古语标准语是

oro，通古斯鄂温克语也是 oro。而在蒙古语方言里有元音被脱落现象，如陈巴尔虎蒙古语 or，另外还有增音现象，如布里亚特蒙古语 oroŋ、和静蒙古语 oron。

（19）"箱子"——通古斯鄂温克语 abdar，蒙古标准语 abdar。二者的共有关系显而易见，同时共有关系也存在于通古斯鄂温克语和蒙古语方言土语之间，如正蓝旗蒙古语和陈巴尔虎蒙古语 abdar，巴林右旗蒙古语 abdər，达尔罕蒙古语 ɛbdər。

（20）"剪子"—— 通古斯鄂温克语 haitsi，蒙古标准语 haitʃi。显而易见，二者存在共有关系，同时在蒙古语方言里也存在和通古斯鄂温克语的共有关系。如正蓝旗蒙古语和巴林右旗蒙古语 hɛɛtʃ，陈巴尔虎蒙古语和布里亚特蒙古语 haiʃ，东苏尼特蒙古语和鄂托克蒙古语 haitʃ，阿拉善蒙古语与和静蒙古语 hùùʃ，都兰蒙古语 hùùtʃi。

（21）"斧头"—— 通古斯鄂温克语 suku，蒙古标准语 suhə，正蓝旗蒙古语和巴林右旗蒙古语 sóh，陈巴尔虎蒙古语和布里亚特蒙古语 héh，达尔罕蒙古语和喀喇沁蒙古语 séh，阿拉善蒙古语与和静蒙古语 suk。可见，通古斯鄂温克语与蒙古语及其方言对于"斧头"的称谓之间保持一致关系。

（22）"柴"—— 通古斯鄂温克语 tuləʃi，蒙古标准语 tulugə。二者的共有关系不仅存在于通古斯鄂温克语和蒙古标准语之间，而且通古斯鄂温克语和蒙古语方言对"柴"的说法上也存在共有特征。如正蓝旗蒙古语和东苏尼特蒙古语 téləə，巴林右旗蒙古语 télɛɛ，陈巴尔虎蒙古语和布里亚特蒙古语 téləə，喀喇沁蒙古语 télee，阿拉善蒙古语和都兰蒙古语 tylee，和静蒙古语 tylùùn。其中蒙古标准语 tulugə 在蒙古语方言里脱落了词尾音节 gə，如喀喇沁蒙古语 télee，而在通古斯鄂温克语里则发作 tuləʃi。

（23）"玻璃"—— 通古斯鄂温克语 ʃilə，蒙古标准语 ʃil，陈巴尔虎蒙古语和布里亚特蒙古语 ʃil，喀喇沁蒙古语 tœl。其中，蒙古标准语的词尾元音 ə 被脱落，通古斯鄂温克语则保留了元音 ə，读作 ʃilə，这在蒙古语方言里也同样脱落了元音 ə，读作 ʃil 和 tœl。可见，通古斯鄂温克语与蒙古语及其方言对于"玻璃"的称谓之间存在共有关系。

（24）"车"—— 通古斯鄂温克语 tərgəŋ，蒙古标准语 tərgən，陈巴尔虎蒙古语和布里亚特蒙古语 tərəg，鄂托克蒙古语和阿拉善蒙古语 tereg，和静蒙古语 tergen。这里，蒙古标准语 tərgən 的词尾音节 gən 在蒙古语方言里词尾脱落，如陈巴尔虎蒙古语和布里亚特蒙古语 tərəg，在通古斯鄂温克语里保留词尾 gəŋ。因此，通古斯鄂温克语与蒙古语及其方言对于"车"的称谓之间存在高度一致关系。

（25）"井"——通古斯鄂温克语 kodog，蒙古标准语 kuddug。不只是在通古斯鄂温克语和蒙古标准语中存在如此的共有特征，在通古斯鄂温克语与蒙古语方言对于"井"的称谓间同样存在很强的共有关系。比如说，巴林右旗蒙古语和陈巴尔虎蒙古语 hudag，达尔罕蒙古语 hudəg，鄂托克蒙古语与和静蒙古语 hudug 等。

（26）"药"——通古斯鄂温克语 əəm，蒙古标准语 əm。另外，通古斯鄂温克语与蒙古语其他方言土语间对于"药"的称谓也属共有关系。例如，巴林右旗蒙古语和陈巴尔虎蒙古语 əm，布里亚特蒙古语 əmə，达尔罕蒙古语 ém，喀喇沁蒙古语 əm，鄂托克蒙古语 em，阿拉善蒙古语 eme。可以看出，词首元音在通古斯鄂温克语里被发为长元音 əə，而在蒙古语及其方言里却发作了短元音 ə > e > é。

（四）政治、社会、文化

随着社会的发展，在通古斯鄂温克语与蒙古语之间关系到政治、社会、文化类的词汇也很多，以下是实例分析。

（27）"旗子"——通古斯鄂温克语 tog，蒙古标准语 tug。通古斯鄂温克语与蒙古语及其方言对于"旗子"的称谓之间是共有关系。例如，巴林右旗蒙古语、陈巴尔虎蒙古语、布里亚特蒙古语、达尔罕蒙古语 tug，鄂托克蒙古语 tugu。这里，通古斯鄂温克语的短元音 o，在蒙古标准语及其方言里发作 u。

（28）"信"——通古斯鄂温克语 dʑakidal，蒙古标准语 dʑahidal。能够看出，二者是共有关系，同时，这种共有关系也存在于通古斯鄂温克语与蒙古语的方言土语之间。比如说，正蓝旗蒙古语 dʑihdl，巴林右旗蒙古语 dʑɛhdl，陈巴尔虎蒙古语 dʑahjaa，布里亚特蒙古语 zahjaa，达尔罕蒙古语 dʑɛhaa，东苏尼特蒙古语 dʑahjaa，阿拉善蒙古语 dʑahaa，都兰蒙古语 dʑakaa，和静蒙古语 zakaa-zakaan。

（29）"老师"——通古斯鄂温克语 bagʃi，蒙古标准语 bagʃi。毫无疑问，二者存在高度一致的共有关系，同时，通古斯鄂温克语与蒙古语方言对于"老师"的称谓之间也存在共有关系。例如，正蓝旗蒙古语、巴林右旗蒙古语、陈巴尔虎蒙古语、布里亚特蒙古语、达尔罕蒙古语都叫 bagʃ，都兰蒙古语称 bagʃe。

（30）"英雄"——通古斯鄂温克语 baatar，蒙古标准语 bagatur，正蓝旗蒙古语 baatər，巴林右旗蒙古语 baatr，陈巴尔虎蒙古语、布里亚特蒙古语、达尔罕蒙古语、喀喇沁蒙古语 baatar。可见，通古斯鄂温克语与蒙古语及其方言对于"英雄"的说法是一致的。

（31）"富人"——通古斯鄂温克语 bajiŋ，蒙古标准语 bajan。可见，通古斯鄂温克语和蒙古语对"富人"的说法是一致的，同时在通古斯鄂温克俄语和蒙古语方言土语之间也同样存在共有关系。如正蓝旗蒙古语、巴林右旗蒙古语、陈巴尔虎蒙古语、布里亚特蒙古语 bajin，达尔罕蒙古语 bajan、东苏尼特蒙古语 bajaŋ。

（32）"城市"——通古斯鄂温克语 hoto，蒙古标准语 hota。很明显，二者存在很密切的一致关系，同时，通古斯鄂温克语与蒙古语方言对于"城市"的称谓之间也存共有关系。例如，正蓝旗蒙古语、东苏尼特蒙古语、鄂托克蒙古语 got，巴林右旗蒙古语、陈巴尔虎蒙古语、布里亚特蒙古语、达尔罕蒙古语 hot。

（33）"庙"——通古斯鄂温克语 sumu，蒙古标准语 sumə。另外，通古斯鄂温克语与蒙古语方言对于"庙"的称谓之间也属共有关系。例如，正蓝旗蒙古语、巴林右旗蒙古语 sóm，陈巴尔虎蒙古语、布里亚特蒙古语 hém，达尔罕蒙古语、东苏尼特蒙古语、鄂托克蒙古语 sém，阿拉善蒙古语、都兰蒙古语、和静蒙古语 sym。

三　结语

以上所列存在于通古斯鄂温克语和蒙古语之间的 33 个名词共有词，涉及野生动物和自然物、畜牧业、日常生活和政治社会文化等方面。通过对 33 个名词共有词进行分析，我们发现：

第一，这些共有词可以非常有力地证明，通古斯鄂温克族和蒙古族在诸多领域存在一定深度和广度的交流与沟通，他们之间有着广泛而深入往来的历史。

第二，通古斯鄂温克语和蒙古语通过相互影响形成了"我中有你、你中有我"的局面。这提示我们，在讨论这两个民族语言关系时，不仅要注意到蒙古语对通古斯鄂温克语的影响，还要注意到通古斯鄂温克语对蒙古语的影响。那么，这意味着，传统的观点认为经济不发达地区的民族必然融合于经济发达地区的民族是片面的，事实上，相邻民族之间的渗透和融合是相互的。

最后须指出，本文列举的仅仅是通古斯鄂温克语和蒙古语及其方言中的一部分名词共有词，除此以外，在两种语言的动词、形容词、代词、副词等其他词类里，也存在着一定数量共有词，有待我们进一步整理和分析。我们相信，随着研究的不断深入，将进一步证明，这些共有词对我们探讨两个民族更深层次的关系，有着不可忽视的作用。

参考文献

［1］G. J. 兰司铁：《阿尔泰语言学导论》，陈伟、沈成明译，中国社会科学出版社1981年版。

［2］鲍培：《阿尔泰语言学引论》，周建奇译，内蒙古教育出版社1984年版。

［3］尤哈·杨虎嫩：《有关东北哈穆尼堪鄂温克的研究材料》，《蒙古学信息》1994年第1期。

［4］［俄］瓦西列维奇：《鄂温克语俄语方言词典》，1934年，俄文。

［5］［日］福田昆之：《日本语和通古斯语》，丸井图书出版股份公司，日文，1989年。

［6］孙竹：《蒙古语族语言词典》，青海人民出版社1990年版。

［7］道尔吉：《鄂温克语汉语词典》，内蒙古文化出版社1998年版。

［8］朝克：《满通古斯诸语比较研究》，民族出版社1997年版。

［9］朝克：《中国通古斯诸语对照基础词汇集》，日本小樽商科大学，日文，1997年。

［10］朝克：《鄂温克语研究》，民族出版社1995年版。

［11］朝克：《鄂温克语三方言对照基础词汇集》，日本小樽商科大学，日文1995年。

［12］朝克：《鄂温克语基础语汇集》，日本东京外国语大学，日文1991年。

［13］蒙赫达赉：《鄂温克苏木的鄂温克人》，内蒙古文化出版社2003年版。

［14］《蒙汉词典》，内蒙古大学出版社1976年版。

　　[15] 朝克、李云兵等：《中国民族语言文字研究试论》第一卷，北方卷，中国社会科学出版社 2013 年版

　　[16] 多丽梅：《内蒙古呼伦贝尔市陈巴尔虎旗鄂温克苏木调查资料》，2013 年8 月。

（作者单位：中国社会科学院研究生院）

论蒙语和满语词源关系的
有关共有名词

卡　佳

　　根据语言谱系分类学说，蒙古语族和满通古斯语族均属于阿尔泰语系语言。不过，阿尔泰语系理论，从一开始起就引起阿尔泰诸语言文字研究专家学者的浓厚兴趣和不断争论。然而，这一理论，在争辩中步履艰难地得到扩张和充实，并已经走过了近一个世纪的学术生涯。说白了，它的根本问题或争论点就是被列入阿尔泰语系语言范畴的突厥语族、蒙古语族、满通古斯语族三大语族间存在的诸多深层次的关系，是属于同根同源还是在后来的相互接触中产生的借用关系。从这个意义上讲，学术界对于阿尔泰语系语言内存在的具有代表性的共同属性，以及相关学术问题的来源还没有得出让人们心服口服的科学结论，或者说至今还未说得十分清楚。因此，需要我们去更加慎重、更加深入、更加广泛、更加科学而细腻地探讨它们之间存在的诸多共同点，或者说那些共有成分。

　　语言是人类历史的化石，特别是对于那些没有本民族文字，或者说本民族文字历史较短的民族来讲，他们用生命、用口耳相传的语言更加体现出他们的历史文化与文明。就像上面所述，蒙古语和满语书面语同属于阿尔泰语系语言，他们语言的语音、词汇、语法里有其相当多的共有成分和因素。所有这些，直接关系着这两个民族他们共同的历史文化与文明。众所周知，呼伦贝尔的辽阔大草原及其神秘的大森林，均和蒙古族和满族的祖先、先民及其历史文化的原初有着千丝万缕的内在联系。无论从事蒙古族历史文化研究，还是从事满族历史文化的探讨，都离不开呼伦贝尔大草原及神秘莫测的大兴安岭。蒙古族及满族的先民，在历史上就共同生活在那里，他们用共同的劳动和智慧创造过适合于寒温带草原森林的采集业、狩猎业、畜牧业、农业和手工业生产生活及其文化与文明。然而，我们能够看到的他们共同走过的历史足迹却变得十分模糊，留给后人的历史记忆、历史文献、历史资料不是太多。尽管如此，通过他们现有的语言资料，通过语言资料中展现出的共有符号及其系统，我们还是能够一定程度上了解和分析他们的有关历史与历史来源，以及他们后来进入各自发展的历史阶段以后产生的不同变化。

依据我们搜集和整理的词汇资料来看，蒙古语及满语书面语里的共有词绝大多数与早期社会生活、生活环境、自然条件、生产活动、衣食住行、思想信仰有密切关系。这些共有词，从另一个方面也阐释着共有的历史文化与文明，以及历史上的共同发展演变的过程等。所以，对他们的共有词展开学术探讨，尤其对于那些共有关系比较突出，与远古历史文化与文明密切相关的共有词展开比较研究，深度挖掘和研究他们的共同属性、共同要素、共同成分显得十分重要和有价值。进而不断完善、不断充实、不断提升该项研究事业。从而逐步解释他们的历史来源，论证阿尔泰语学存在的实际内涵。在我们看来，这也是阿尔泰语言学研究事业得以发展的重要途径。经过艰辛而卓有成效的科研工作，我们或许能拿出一些令人满意的研究论据来推动这一科研工作。进而，为阿尔泰语系理论的建立健全，发挥力所能及的学术作用。出于这一思路，结合社科基金重大项目"蒙古族源研究"，从词源学、词汇发展学、词的语音变化论的角度，探讨蒙古语及满语书面语里存在的共同要素。众所周知，在阿尔泰语系语言内，蒙古语族语言及满通古斯语族的亲密度，或者说相互关系的复杂性要远远超过它们与突厥语族语言之间的语音、词汇、语法等各方面的关系。再者说，蒙古语是蒙古语族语言的代表性语言，满语书面语是满通古斯语族语言的代表性语言。它们均有文字，而且满文是在蒙文的基础上创制的文字，所以在写法上存在诸多共性，除了个别圈点之外几乎都一样。加上历史上共同生活在内蒙古呼伦贝尔山林草原，他们的语言词汇中存在诸多共有成分。这些共有词，关系到词汇的方方面面。

本论文将在这两个语言里共同使用的词语，称为共有词，并从共有词的角度进行探讨。在文中，还充分参考了过去的学术研究资料及其成果。不过，为了更有力地阐释那些例词的共有关系，论文里除了比较分析蒙语书面语和满语书面语共有词的同时，还将蒙古语族的相关语言及其蒙古语正蓝旗蒙语、巴林右旗蒙语、陈巴尔虎旗蒙语、布里亚特蒙语、达尔罕蒙语、喀喇沁蒙语、东苏尼特蒙语、鄂托克蒙语、阿拉善蒙语、都兰蒙语、和静蒙语等方言土语内使用的诸多实例也作为旁证纳入话题中一并展开学术讨论。从而更深入、更广泛地论述了蒙古语和满语内有其次元关系的一部分共有词。

　　不过，在这里，还应该需要说明的是，本文中主要讨论了那些富有代表性的一些共有名词，其他词类没有涉及。不过，这不是说，除名词之外的词类里不存在有其词源关系的共有词。其实，像代词、数词、形容词、动词、副词，甚至在虚词内也都有一定数量的共有词。因为，除名词之外的共有词资料，还没有进行深入系统的整理分析。所以，本论文里只对那些词源关系比较清楚，语音变化现象不太明显，在语义结构方面也相一致的一部分共有名词展开比较研究。我们认为，至今还没有完全搞清楚这些语言是否属于某一远古的母语之前，从共有词的视角讨论这些词的共有关系，进而论证相关语音变化现象及其使用特征，对于我们进一步科学把握它们的历史渊源关系有其特定的学术价值和意义。

　　我们已经搜集整理到的蒙古语及满语书面语共有词里，确实有不少共有名词。这些实例涉及到人体结构、亲属关系、不同身份、社会阶层等诸多方面。而且，在各自的语言内，有其相当广泛的使用面，有相当高的使用率。例如：

词义		满　语	蒙　语
"手"	☞	gala	gar ~ Gar
"脸"	☞	tʂira	tʃiræʁ ~ tʃər ɛɛ ~ tʃ ɑr ɛɛ
"父亲"	☞	ama	aab ~ ab
"母亲"	☞	əni jə ~ əmə	əmeə ~ ə ʒii ~ əətʂ
"弟弟"	☞	dəo ~ di	dyy ~ dʉʉ
"孙子"	☞	omolo	ombolo
"牧人"	☞	adu tʂi	aduutʃin ~ aduutʃiŋ ~ aduutʃ
"汉人"	☞	nikan	nɛ xaan
"使者"	☞	əltʂin	əltʃ ~ eltʃ ~ eltʃi

　　下面我们对于以上提到的蒙古语及满语书面语共有词，从词汇学及其词汇语音变化论的角度逐一进行具体分析。而且，为了更好地说明它

们的共有关系，以及在使用过程中产生的不同语音变化，除了在蒙语书面语和满语书面语之间展开比较分析之外，还引用了蒙古语族相关语言及其蒙古语方言土语中的一些实例，一并作了讨论。另外，为了使蒙语书面语与蒙古语族相关语言及其方言土语的不同说法看得更清楚，将满语书面语实例放在了最前面，其次列举的是蒙语书面语的例子，再后面就是按照语音变化的大小排列的蒙语方言土语及蒙古语族相关语言的实例。

*tʃira > tʃirai "脸" —— 满语书面语 tsʒira，蒙语书面语 tʃirai，和静蒙语 tʃiræɛ，巴林右旗蒙语、喀喇沁蒙语 tʃɛrɛɛ，鄂托克蒙语 tʃɑrɑi，阿拉善蒙语 tʃɑræɛ，正蓝旗蒙语 tʃɑrɛɛ，都兰蒙语 tsɑræɛ，达尔罕蒙语 ʃɛrɛɛ，达斡尔语 ʃɑr。分析上面的实例，我们可以得出如下结论：（1）将词首语音辅音 tʃ 满语书面语发作 tsʒ 音，都兰蒙语说成 ts 音，而在达尔罕蒙语及达斡尔语内出现 ʃ 音变；（2）词第一音节元音 i 在蒙语方言土语及相关语言里产生 i>ɛ>ɑ 式音变；（3）词尾元音 a 也发生 a>ɑ>ai>ɑi>ɛɛ>æɛ 式音变或被脱落。

*gara "手" ——满语书面语 gala，蒙语书面语及其正蓝旗蒙语、巴林右旗蒙语、陈巴尔虎蒙语、布里亚特蒙语、达尔罕蒙语、喀喇沁蒙语、东苏尼特蒙语、鄂托克蒙语、阿拉善蒙语、都兰蒙语 gar，和静蒙语 Gar。在我们看来，对于"手"的早期说法应该是*gara，而满语书面语将原有的词中辅音 r 发作了 l 音。另外，蒙语方言土语中还出现词首辅音 g 变 G 音及词尾元音 a 脱落等现象。

*aba > ama "父亲" —— 满语书面语 ama，蒙语书面语 abu，土族语 aaba，保安语 abo，都兰蒙语 aabu，正蓝旗蒙语、巴林右旗蒙语、达尔罕蒙语、喀喇沁蒙语、东苏尼特蒙语、鄂托克蒙语、阿拉善蒙语、和静蒙语 aab，陈巴尔虎蒙语、布里亚特蒙语 ab。我们认为，满语书面语 ama 的辅音 m 或许属于 b 的一种变音，应为满语方言里也有将"父亲"叫 aba 的现象。再说，作为满语亲属语言的通古斯语支语言也都叫 aba。以上蒙语书面语及其蒙语方言土语和蒙古语族相关语言的实例还告诉我们，*aba 一词在他们的语言里出现：（1）*aba > abo > abu > ab；（2）*aba > aaba > aabu > aab 两种形式的音变。

*əmə "母亲" —— 满语书面语 əmə，蒙语书面语 əhe ~ ədʒi，达尔罕蒙语 əmə > əməə，布里亚特蒙语 ə ʒii，正蓝旗蒙语、陈巴尔虎蒙语

以及东苏尼特蒙语 əədʒ，都兰蒙语 eedʒi，鄂托克蒙语、阿拉善蒙语以及和静蒙语 eedʒ。再说，达斡尔语、土族语、东乡语以及保安语中的母亲一词分别是 əwə ~ aama ~ ana ~ amo。也就是说，满语书面语及达尔罕蒙语中的 əmə 之说保持了原有语音形式。而包括蒙语书面语在内的其他蒙古语族语言及方言土语里的音变现象表现在：（1）词首元音的 ə > əə > ee > aa 式音变；（2）词中辅音的 m > n ~ w > h > dʒ > ʒ 式音变；（3）ə > əə > a ~ o ~ i > ii 式音变三个方面。

　　*dəgu "弟弟" —— 满语书面语 dəo，蒙语书面语 dəguu，达斡尔语和保安语 dəo，巴林右旗蒙语、陈巴尔虎蒙语、布里亚特蒙语、达尔罕蒙语、喀喇沁蒙语、东苏尼特蒙语、鄂托克蒙语 duu，阿拉善蒙语、都兰蒙语、和静蒙语及东部裕固语 dyy。根据以上实例，我们可以假定他们对于弟弟的早期说法应该为 *dəgu。这就是说，在满语书面语里词第二音节的 gu 出现辅音 g 的脱落及元音 u 的 o 音变。而在蒙语书面语内词尾元音 u 被发作长元音 uu。蒙古语族达斡尔语和保安语同满语书面语相一致，把 *dəgu 发音为 dəo。可是，在蒙语其他方言土语里，该共有名词词首辅音 d 后面的 əgu 这一语音结构却产生 əgu > uu > yy 式音变。

　　*omolo "孙子" —— 满语书面语 omolo，蒙语书面语 ombolo，达斡尔语书面语 omul。毫无疑问，对于"孙子"的说法上，满语书面语完整地保存着早期语音结构特征。不过，蒙语书面语里却增加了词中辅音 b，由此把原有的 omolo 发音成 ombolo。在达斡尔语内词中元音 o 被变读为 u 音的同时，词尾元音 o 产生脱落现象。不过，蒙古语里还有 atʃi 之说。

　　aduʧin "牧人" —— 满语书面语 adu tʂi，蒙语书面语 aduʧin，巴林右旗蒙语、喀喇沁蒙语、鄂托克蒙语、阿拉善蒙语 aduuʧin，正蓝旗蒙语、东苏尼特蒙语 aduuʧiŋ，和静蒙语 aduuʧ，达尔罕蒙语 aduuʃin。显而易见，蒙语书面语将原有的 aduʧin 之说保存得比较好，而在满语书面语及其他蒙语内却出现：（1）第二音节元音 u 在蒙古语族语言及其方言土语中的长元音 uu 之音变；（2）词第三音节首辅音 ʧ 在满语书面语里变读为 tʂ 音的同时，在达尔罕蒙语内演化为 ʃ 音；（3）词尾部分的语音形式 in 发生了 in > iŋ > i > 零形式的音变。

　　nikan ~ kitad "汉人" —— 满语书面语 nikan，蒙语书面语 kitad，

达斡尔语书面语 nekan，科尔沁蒙语书面语 naɛ ʒɜn。对于"汉人"的说法上满语书面语使用了早期的 nikan 之说，达斡尔语书面语里除了将词第一音节元音 i 变读为 e 音之外，其他语音结构也没有出现什么变化。在科尔沁蒙语书面语中把词第一音节元音 i 发作长元音 ɜɜ 的同时，词中辅音 k 也发生 x 音变。依据我们掌握的资料，蒙语书面语里虽然写成或说成 kitad，但在他们的口语中还是有 nikan > nekan > ne xan 等说法。不过，相比之下，还是说 kitad 的居多。

əltʃin "使者" —— 满语书面语 əltʂin，蒙语书面语 əltʃin，正蓝旗蒙语、巴林右旗蒙语、陈巴尔虎蒙语、布里亚特蒙语、东苏尼特蒙语书面语 əltʃ，都兰蒙语书面语 eltʃi，鄂托克蒙语、阿拉善蒙语、和静蒙语书面语 eltʃ。依据以上资料，对"使者"一词的语音变化现象进行解释的话：（1）词首元音 ə 在鄂托克蒙语、阿拉善蒙语、和静蒙语中发生 e 音变；（2）词第二音节首辅音 tʃ 在满语里演化为 tʂ 音；（3）词第二音节元音 i 及其词尾鼻辅音 n 在蒙语方言土语里产生不同程度的脱落现象。不过，在蒙语书面语将 əltʃin 的原有语音结构特征保存得比较完整。

根据以上分析，我们从另一个侧面或角度了解到蒙语及其方言土语，包括蒙古语族其他语言在内，与满语书面语间存在词源关系的共有词的研究价值和意义。特别是，通过对于与人体结构、亲属关系、不同身份、社会阶层等相关的名词实例的讨论，我们一定程度上了解到这些词在使用过程中产生的语音变化现象及其规律。这对于我们了解和掌握这些共有词的语用情况、音变现象以及历史来源有其特定的学术价值。再者说，该文中讨论的 *tʃira > tʃirai "脸"、*gara "手"、*aba > ama "父亲"、*əmə "母亲"、*dəgu "弟弟"、*omolo "孙子"、adutʃin "牧人"、nikan ~ kitad "汉人"、əltʃin "使者" 等共有词均有较强的代表性。这些共有词的分析讨论，给我们带来许多新的启发和构想。从中我们还感悟到蒙族和满族曾在历史上共同度过的悠久而漫长的岁月，还可以窥视到其中包含的丰厚的共同文化底蕴。众所周知，满族和蒙古族同属于我国北方的原住民。更准确地讲，他们都起源于呼伦贝尔大草原及兴安岭。他们的先民在历史上长期生活在呼伦贝尔大地，从而创造了属于自己又属于人类的王朝与帝国，他们都有过辉煌的历史文明。他们用共同的劳动和智慧创造了我国东北寒温带及温寒带地区的采集业生产、狩猎业生产、畜牧业生产、农业生产及手工业生产。毫无疑问，与此同时他们同样用共同的劳动和智慧创造了他们相互交流的语言。就如前面所说，语言是人类文化与文明的宝藏，是人类文化与文明的活化石。通过语言符号的研究，通过语言的语音系统、词汇结构、语法关系的研究，我们可以探索人类早期的思维结构、表述规则、语音形式等。话说回到蒙语及满语的共有词研究，同样有其诸多思考的方面。尤其是，对于探讨他们早期的社会关系、先民的来龙去脉、族源的定位均有着极其重要的学术价值。事实上，在他们的语言里有起源关系的共有词很多，而且关系到词汇的方方面面。所有这些，对于蒙古族族源研究有着特定意义和作用。在我们看来，从历史比较语言学角度，可以用来比较的核心词数量达到如此高概率的情况，在语言历史研究、语言接触关系研究中是难能可贵的重要理论依据。总之，从该文中讨论的那些共有名词，我们可以从另一个学术视角，阐释蒙古族与满族间有史以来保存下来诸多共有特征，或者说早期遗留下来的共同要素。因此，这种科学研究很有意义，从中应获取的早期共同信息及符号比较丰富。这些信息及符号系统，同他们早期社会文化及其历史等有着千丝万缕的内在联系，进而我们或许会找到他们共同的远古历史，以及在漫长的岁月里共同走过的历程。

参考文献

［1］内蒙古大学蒙古语文研究室编：《蒙汉辞典》，内蒙古人民出版社 1976 年版。

［2］安双成：《满汉大辞典》，辽宁民族出版社 1993 年版。

［3］刘景宪、赵阿平、赵金纯：《满语书面语研究通论》，黑龙江朝鲜民族出版社 1997 年版。

［4］胡增益：《新满汉大词典》，新疆人民出版社 1994 年版。

［5］安双成：《汉满大辞典》，辽宁民族出版社 2007 年版。

［6］孙竹：《蒙古语族语言词典》，青海人民出版社 1990 年版。

［7］高娃：《满语书面语蒙古语比较研究》，中央民族大学出版社 2005 年版。

［8］朝克：《满——通古斯诸语比较研究》，民族出版社 1997 年版。

［9］朝克、赵阿平：《黑龙江现代满语书面语研究》，黑龙江教育出版社 2001 年版。

［10］赵杰：《现代满语书面语研究》，民族出版社 1989 年版。

［11］赵杰：《新疆蒙古族语言研究》，新疆人民出版社 2009 年版。

［12］斯琴巴特尔：《蒙语中满语书面语借词 ombolo 及其相关问题试探》，《满语书面语研究》2009 年。

［13］高娃：《蒙古语和满语书面语基本颜色词的比较研究》，《满语书面语研究》2001 年。

（作者单位：北方民族大学）

后　　记

　　本论文集的论文主要来自 2013 年 6 月 22—23 日在内蒙古自治区呼伦贝尔市召开的国家社科基金重大委托项目"蒙古族源与元朝帝陵综合研究"首届学术研讨会——蒙古族源与呼伦贝尔原住民历史文化关系的会议论文。国家哲学社会科学规划办主任佘志远先生，中国社会科学院考古研究所所长、"蒙古族源与元朝帝陵综合研究"项目首席专家王威研究员、呼伦贝尔市宣传部长"蒙古族源与元朝帝陵综合研究"项目首席专家孟松林先生、中国社会科学院科研局副局长朝克研究员等出席会议，并在会上作主题发言。会议汇集了国内从事蒙古族及呼伦贝尔原住民历史、语言、文学、民俗、宗教、民俗等诸多学科领域卓有成就的专家学者，对蒙古族及呼伦贝尔诸民族族源历史、神话史诗、语言文化、宗教信仰等相关问题展开卓有成效的讨论。

　　与会者在会上讨论，会下进一步交流、切磋，就蒙古族源与呼伦贝尔原住民历史文化关系提出了许多真知灼见。由于时间有限，专家们很多精彩学术观点无法展开，于是，我们决定将本次会议论文选录成册出版发行，惠及更多的学者，发挥更大的社会效益。

　　感谢"蒙古族源与元朝帝陵综合研究"项目办负责人王威、孟松林、刘国祥、白劲松各位先生，在他们的鼎力支持下，本论文集得以出版。

　　感谢我的学生汪亭存、宋晗等同学为本书编辑和校对做出的大量工作，在此一并致谢！

汪立珍

2014 年 1 月 16 日